民國歷史與文化研究

十四編

第 **2** 冊

人學視域中的「文藝復興」思想重估

徐從輝 著

花木蘭文化事業有限公司

國家圖書館出版品預行編目資料

人學視域中的「文藝復興」思想重估／徐從輝 著 -- 初版 --
新北市：花木蘭文化事業有限公司，2022〔民 111〕
序 4+ 目 2+290 面；19×26 公分
（民國歷史與文化研究 十四編；第 2 冊）
ISBN 978-986-518-760-6（精裝）
1.CST：周作人 2.CST：學術思想 3.CST：文學評論
628.08   110022095

ISBN-978-986-518-760-6

9 789865 187606

民國歷史與文化研究
十四編 第 二 冊   ISBN：978-986-518-760-6

人學視域中的「文藝復興」思想重估

作 者 徐從輝
總 編 輯 杜潔祥
副總編輯 楊嘉樂
編輯主任 許郁翎
編 輯 張雅淋、潘玟靜、劉子瑄 美術編輯 陳逸婷
出 版 花木蘭文化事業有限公司
發 行 人 高小娟
聯絡地址 235 新北市中和區中安街七二號十三樓
     電話：02-2923-1455 ／傳真：02-2923-1452
網 址 http://www.huamulan.tw 信箱 service@huamulans.com
印 刷 普羅文化出版廣告事業
初 版 2022 年 3 月
定 價 十四編 9 冊（精裝）台幣 30,000 元

人學視域中的「文藝復興」思想重估

徐從輝　著

作者簡介

徐從輝，浙江師範大學教師，副教授，碩士生導師，校「我心目中的好老師」。劍橋大學、復旦大學訪問學者。畢業於華東師範大學，中國現當代文學專業博士。研究方向：周氏兄弟，新文化，20 世紀中英文學關係，海外漢學（中國現代文學）研究等。編有《周作人研究資料》，在《文學評論》《中國現代文學研究叢刊》《魯迅研究月刊》《文藝爭鳴》《華東師範大學學報》（哲社版）《新文學史料》等刊物發表有文章。

提　　要

　　新文化運動作為一個由變動不居的「心靈社群」為主體所組成的具有「多重面相性」和「多重方向性」的文化努力與嘗試，其「文藝復興」之夢始終存在。「文藝復興」醞釀於西學東漸，重建中國文化主體性的語境之中。尤其是中國近代以來的家國危機加速了中國向西方尋求出路的轉向。文藝復興作為文化改革的層面與政治改革、社會改革一道構成晚清民初的復興之夢的風景線，成為面對「數千年未有之變局」的國人追求中國文化現代性的重要一維。先賢們的逐夢之旅是中華民族文化復興的重要嘗試，於今仍具有重要意義。

　　作為新文化重鎮的周作人在後五四時期從「思想革命」到「復興」之路的轉變對於考察新文化諸賢的復興之夢具有重要意義。取範西方的失敗促使周回歸到東方性的自我，把文學革命溯源至明末公安、竟陵「言志」派。注重對以孔子為代表的原始儒家以及明清以來的儒家日常人生化取向的復興，亦糅合了「科學」與「美」。文藝上周更注重對中國自詩經以降以及兩希文學中抒情傳統的復興。他的這種帶有自力性質的「復興」成為中國文學與文化史上的獨特風景，也構成了對現代性的另類回應。尋訪「周作人」，重臨「新文化」，再估「文藝復興」之夢！

本成果受浙江省高校重大人文社科攻關計劃青年重點項目（編號 2021QN065）、浙江省哲學社會科學重點研究基地（江南文化研究中心）項目（編號 14JDJN04YB）資助，在此予以表示感謝！

序　言

楊揚

　　徐從輝博士的專著《人學視域中的「文藝復興」思想重估》即將出版，
多年的學術努力，有了一個小小的結果，這是一件讓人高興的事。

　　從專業角度講，周作人研究不是一件太容易的事，尤其是對剛進入研究
領域不久的青年人。曾有學者論及周氏兄弟，認為「他們在明清掌故、小說、
筆記、野史等方面，都涉獵得很廣。他們也同受教於章太炎的門下，雖未傳
章氏的專門絕業，但國故學的常識都十分豐富，而且品味很高。」周作人讀
書很多，而且很雜。研究周作人的文學思想，很重要的基礎工作之一，就是
對周作人影響較大的一些筆記小說、明清掌故，乃至他翻譯的一些外國作品，
要有所掌握，這樣才能夠對周作人的思想來源，有一個比較清晰的瞭解。譬
如 1930 年代周作人的有些雜論，都是與讀書有關，他對社會時事的感受，常
常不是直接發表議論，而是借讀書體會，隱晦曲折加以表達。如果對一些雜
著和筆記不瞭解，就無法體會到周作人在文章中所要表達的意思。除了這一
知識門檻之外，具體到對周作人文學思想的評價，也是需要研究者用心辨別
的。有一些文學史研究者的意見是，周作人五四時期倡導思想解放、人的文
學。但五四之後，「周作人漸漸與時代的步伐脫節，心態日見頹唐，他的名字
在青年心目中日益暗淡。到抗日戰爭起來，北平淪陷，周作人留在北平沒有
走，不久，就由於他對抗戰前途的悲觀，抵不住敵偽的迫誘，墜入叛國附敵
的深淵」。上述意見，在周作人研究中，表現為對他 1920 年代之後的思想走
向，基本持否定態度。但這樣的評價，與文學史進程有時不完全吻合。如 1920
年代初，茅盾改革《小說月報》時，頻繁與周作人聯繫，希望獲得他的支持。
至於沈從文、廢名、俞平伯等京派作家，更是終身受周作人文學思想的影響。

1935 年上海良友圖書公司出版《中國新文學大系》，分卷主編集一時之人選，胡適、魯迅、茅盾、鄭振鐸等都在其中，周作人和郁達夫是散文卷的主編。這說明周作人的影響並沒有減弱。甚至是 1938 年 2 月，周作人因參加有日本軍部背景的「更生中國文化建設座談會」而引發國內輿論一片譴責時，茅盾領銜的 18 位作家聯名簽署的《給周作人的一封公開信》，還是「忠告先生，希能幡然悔悟，急速離平，間到南來，參加抗敵建國工作」。而郭沫若則發表了《國難聲中懷知堂》的文章。從這些文學史材料看，周作人在整個 1920 年代，乃至 1930 年代前半部分，還是享有很高的社會聲望。所以，對一個文學史研究者而言，面對文學史的複雜情況，需要具體情況具體分析，而這種具體性的分寸拿捏，恰恰是對一個文學研究者研究水平的考驗。好在徐從輝博士研究周作人已經有一些前期積累。早在攻讀博士學位期間，他曾花費兩年時間大量搜集、整理和閱讀周作人研究資料，並編選了一百多萬字的《周作人研究資料》。該書由天津人民出版社 2014 年出版。在此基礎上，他撰寫了《「東洋人的悲哀」：周作人與浮世繪》，論文發表在 2012 年第 6 期的《文學評論》上。這些研究積累，給他以一定的學術自信，也影響到他最終博士學位論文選題也是研究周作人。

徐從輝的博士論文是以 1924～1937 年之間，周作人的文學思想作為研究對象，他側重從三方面來展開：一是人學的內涵；二是日常生活的藝術化；三是中國傳統文化在現代條件下與古希臘、希伯來文化之間的關係。當然，在這其中還貫穿著他對中日文化之間關係的思考。他的這篇學位論文秉承研究者的客觀研究的態度，對這一時期周作人的文學思想，有較為獨到的認識和梳理。周作人是新文化陣營中的領袖人物，但五四之後，他與陳獨秀、魯迅、胡適等不同，基本上是維持著一種不黨不派的文學職業生涯。他在大學教書，注意力和興趣幾乎都在文學、文化方面，與現實政治保持著一定的距離。但這並不意味著他對中國社會、政治問題不關注不關心，對文學、文化問題缺乏敏感和思考，而是周作人有他自己的方式。包括《閉戶讀書論》等文章，魯迅認為含有對當權者的一種批評和暗嘲。所以，在五四之後，周作人對中國的文學和文化，從建構角度講，是有著自己的努力方向和社會影響，形成了一些學者所稱謂的「周作人的道路和傳統」。這條道路和傳統，在整個 1920 年代至 1930 年代前期，是蓬勃發展的旺盛期，不僅有新的內容和文學文化實踐，而且，在社會上形成獨特的影響，真正構成了不同於魯迅，也不

同於胡適的周作人的文學影響力量。徐從輝的博士論文依照自己的研究和對文學史的體會，強化了周作人在五四之後中國文學史發展過程中的作用和影響，他的這些努力，獲得了答辯老師的好評。幾年過去了，徐從輝在高校任教之餘，依然不放棄周作人研究，他不僅發表了《周作人與抒情傳統》等研究文章，還進一步修改學位論文，最終完成書稿，得以正式出版。

人文學術研究，需要洞見和堅持己見，也需要長久的積累與思考。徐從輝的周作人研究，是新世紀以來國內年輕學者中較為紮實的學術成果，書稿的出版，想必會使更多的研究者關注五四之後中國文學的複雜性和多樣性，也會讓徐從輝的學術研究進入到一個更加廣闊的領域，獲得新的成績。

是為序。

楊揚

2016 年 2 月於上海寓所

目

次

序　言　楊揚

緒　論 ……………………………………………… 1

　一、作為方法的「周作人」與「後五四」 ……… 6

　二、分化與重組 ………………………………… 9

　三、從「思想革命」到「自己的園地」 ………… 17

第一章　「文藝復興」之夢：從晚清到民初 ……… 23

　一、「特洛伊城陷落之後」 ……………………… 24

　二、「整理國故，再造文明」 …………………… 28

　三、「一國之立必有其特出文明方可貴」 ……… 34

第二章　後五四時期「小品文」的審美政治與
　　　　文化邏輯 ………………………………… 41

　一、「信口信手，皆成律度」：「小品文」的發生與
　　　實踐 ………………………………………… 42

　二、「言志」與「載道」：「小品文」的審美政治 … 45

　三、「重知」與「實行」：「事功」思想的重構與
　　　彌散 ………………………………………… 50

第三章　有情的文學：周作人與「抒情」傳統 …… 55

　一、周作人的「抒情」文學觀的建構 ………… 56

　二、周作人的「美典」：以《雅歌》、《國風》與
　　　「薩福」為中心 ……………………………… 65

　三、周作人與抒情傳統及對新文學觀的回應 …… 78

第四章 「生活之藝術」與「禮樂」方案 ………… 87
　　一、「現在所愛的乃是在那藝術與生活自身罷了」
　　　　………………………………………… 93
　　二、「生活之藝術，其方法只在於微妙地混合
　　　　取與捨二者而已。」………………… 109
　　三、「科學精神」與「美」 ……………… 121
第五章 「左聯」與「右翼」之間：「自由意識」
　　　　及其張力 ………………………… 135
　　一、周作人與魯迅的「左轉」…………… 135
　　二、周作人與「北方左聯」……………… 142
　　三、周作人與國民黨「右翼」…………… 151
第六章 「復興」的起點：「人」的發現與危機 … 165
　　一、周作人的人學思想…………………… 165
　　二、周作人的人學思想淵源──以藹理斯為中心
　　　　的考察 ……………………………… 172
　　三、「人」的危機：「獸」、「人」、「鬼」與「神」…189
結語 回望「五四」：未竟的「復興」………… 201
　　一、重返「五四」………………………… 201
　　二、對話「現代性」……………………… 209
　　三、未竟的「復興」：「夢想者的悲哀」……… 214
參考文獻 ……………………………………… 219
附錄 周作人佚文小輯及附注（共 16 則）……… 251
後　記 ………………………………………… 287

緒　論

《聖經‧傳道書》：

　　傳道者說：虛空的虛空，虛空的虛空，凡事都是虛空。

　　人一切的勞碌，就是他在日光之下的勞碌，有什麼益處呢？

　　一代過去，一代又來，地卻永遠長存。

　　已有的事，後必再有；已行的事，後必再行。日光之下，並無新事。

　　已過的世代，無人紀念；將來的世代，後來的人也不紀念。

　　我專心用智慧尋求查究天下所作的一切事，乃知神叫世人所經練的是極重的勞苦。我見日光之下所作的一切事，都是虛空，都是捕風。

　　我在心裏議論說，我得了大智慧，勝過我以前在耶路撒冷的眾人，而且我心中多經歷智慧和知識的事。我又專心察明智慧、狂妄和愚昧，乃知這也是捕風。

　1929 年，周作人寫下了《偉大的捕風》一文，諳熟《聖經》曾一度有過翻譯計劃的他卻宣布：「在這裡我不得不和傳道者的意見分歧了。」「察明同類之狂妄和愚昧，與思索個人之老死病苦，一樣是偉大的事業，積極的人可以當一種重大的工作，在消極的也不失為一種有趣的消遣。虛空盡由他虛空，知道他是虛空，而又偏去追跡，去察明，那麼這是很有意義的，這實在可以當得起說是偉大的捕風。」！〔註1〕追尋後五四時期的周作人，這未嘗不是當時周作人心態的寫照：由「吶喊」走向「沉思」，由「啟蒙」走向

――――――――――――――――
〔註 1〕周作人：《偉大的捕風》，1929 年 5 月 13 日作，收《看雲集》。

「自己的園地」。

五四新文化落潮後，周作人一度彷徨，《小河》、《尋路的人》、《畫夢》、《閉戶讀書論》等作流露出周的猶疑和迷茫，但五四「人」的思想以及周「浙東人的脾氣」使他依然進行著「偉大的捕風」。如果說魯迅的「絕望之抗爭」是絕地一擊，嘶啞著「狼之子」的哀嗥與激憤，那麼後五四時期周作人對「虛空」的追跡更像晚霞夕暉中哀鳴的孤雁，獨語著飛翔的輓歌，亦或是窗前的一杯苦茶，溫婉地咀嚼，染遍全身，也打濕了人生。

如果把周作人的這種「捕風」進一步具體化，在筆者看來，是周後五四時期對個人言說自由的堅持，是對「復興」想像。「復興千年前的舊文明」，也復興屢弱的中國，這種「復興」體現為作為個體的凡人對生活與藝術的回歸和生活之藝術的倡導，它接洽了儒家的日常人生化傾向，糅合了「科學」與「美」的思想；文藝上便是對抒情傳統的追尋。「復興」一詞或可用「綜合性再創造」，之所以用「復興」一詞，因為周更注重對以孔子為代表的原始儒家，以及晚明以來儒家的日常人生化這一取向的復興，更注重對中國和兩希文明中抒情傳統的復興。而這種「復興」又是建立在現代「人學」思想的基礎之上，因此周的「復興」並不是完全意義上的復古，當然周的這種「復興」帶有理想化的想像。

回望周作人是一件有意義的事情。周氏兄弟為五四新文化運動的雙塔，兩人在後五四時期不同的道路抉擇不僅具有重要的文學史意義，同樣也具有思想文化史的意義。然而兩人身後飛揚與落寞兩種迥然不同的際遇卻使我們從這一「接受史」中窺見「我們」的真面。直至今日，對周作人附逆的爭議仍是我們談論周作人的中心之一。作為一個研究者，對周作人的研究，並不是對周作人的褒揚和拔高，而是以平靜的眼光來檢閱他留給我們的「遺產」：包括他之於「個人」、「人」、「歷史」的觀察與思考，以及他的文學實績，他的翻譯實踐等等。對於他的附逆，他無從逃脫「歷史」的法則，但一個研究者更宜從思想文化的角度以超越的視野試圖靠近和理解歷史本身，也要正視周的另面。正如海德格爾之於德國，龐德之於美國。〔註2〕「他（周作人）的這條道

〔註2〕我更樂於把周作人作為一個雜家來看，但總體上看，他的文學翻譯、文學批評、文學創作以及「思想革命」的成績卓異，思想深廣駁雜，當然他不幸捲入政治。毋庸諱言，周作人也像其他現代中國知識分子一樣在一定時期具有的國家與民族意識，但是思想與文化的追尋以及對東亞文化共通的某種認同，使其超越了一般意義上的民族沙文主義者。沙文民族主義和政治民族主義有

路本身亦作為近代文學在中國的命運的一個象徵，具有完全不亞於魯迅的重要性。」〔註3〕重讀周作人，重回歷史。

　　周作人是誰？百年之前這個名字恐怕很少有人知道，1913 年，從日本留學歸來一年有餘的他尚是一名中學英文教師，29 歲，風華正茂！百年之後，2013 年的今天，斯人已去 46 載，屍骨無存，周作人這個名字同樣很少有人知道。歷史是如此的弔詭，又是如此的反諷！曾經的繁華已禁不住歷史風塵的掩埋和摧折，黯然凋零！然而歷史的悲情仍讓我們在故紙堆中尋求歲月的溫度，感知當年的人和事。周作人這個名字，隨著新文化大幕的拉開而熠熠生輝！

　　五四新文化〔註4〕是中國 20 世紀以及當下不斷重臨的文化原點，無數學者為尋求中華民族的復興之夢展開文化尋根之旅，然而在世紀風雲的縱橫開合中，這種求索猶如負石的西緒福斯承載了一次次的希冀與落寞。

　　新文化是什麼？是啟蒙？是文藝復興？是現代性的縱橫開合？還是後人隨手拈來尋求自我合法性的道具？這種本質主義的或比附式的追尋或許並不重要，新文化就在歲月深處靜靜地躺著，等待追尋的人。然而，容顏易老，生動的表情已隨故事裏歡蹦亂跳的故人漸漸散去，留給我們的是斑駁發黃的文字和含混模糊的期許！然而生命流傳，我們想像著一場思想與文化的盛宴！雖然歷史「從來就不能完全擺脫神話性質」，是「一個解碼和重新編碼

個共同的特點就是對國家與中央權威的強調與服從，而周相反，更強調對個人的尊重。他也不是一個文化民族主義者，他向來希望包括希臘在內的各種思想中科學與美的元素能對中國傳統思想文化加以調和與影響。民族國家對於周而言，更多的是存在史意義上的概念。關於對周作人的定位，周作人本人曾談及陶明志編的《周作人論》，唯獨欣賞蘇雪林所寫的《周作人先生研究》，蘇在此文中說道：「如其說周作人是個文學家，不如說他是個思想家」。而周作人對自己的評價「（我的隨筆）因為年代不同，文筆與意見當然有些殊異，但是同在啟蒙運動的空氣中則是毫無意義的……」（《文壇之外》1944），把自己大半生的創作歸之於啟蒙。他在《苦口甘口》序中云：「我一直不相信自己能寫好文章，如或偶有可取，那麼所取者也當在思想而不是文章。」雖有自謙，但也不是全無道理。周多次提到自己「道德家」的角色，但「浙東人的習氣」卻也難改，至於晚年在遺囑中稱自己的一生的文字「無足稱道」則不無對寄予啟蒙厚望的文字遭際失敗而喟歎的況味。而周的啟蒙思想在蘇雪林的認可後隨著周的附逆而變得「一損俱損」，少有人提起。

〔註3〕〔日〕木山英雄：《文學復古與文學革命》，北京大學出版社 2004 年版，第 82 頁。

〔註4〕學界一般分為兩個「五四」：一個是狹義的，指發生在 1919 年的五四學生愛國運動，與政治密切關聯；另一個是廣義的，指以文學革命為開端的思想文化運動，常被稱為「新文化運動」或「新思潮」等，本文主要指後者。

的過程。」〔註5〕然而我們並不能放棄對歷史真實的問尋！五四先賢和無數五四之子的文化探索餘溫猶存。翻閱泛黃的報刊，故紙堆中的人物翩然而至，目光蜿蜒到全球化語境的當下，磨礪著當下的文化神經。從頭說起。

1933年7月胡適在美國芝加哥大學比較宗教學系作題為「當代中國的文化走向」的系列演講，後結集出版題名《中國的文藝復興》，胡適稱新文化運動與歐洲的文藝復興有著驚人的相似處，新文化運動是「一個古老民族和古老文明的新生的運動。」〔註6〕胡適把新文化運動稱作中國的第五次文藝復興。1935年胡適在香港大學演講時重申了這一想法。他之所以把新文化運動看做文藝復興是因為「它包含著給予人們一個活文學，同時創造了新的人生觀。它是對我國的傳統的成見給予重新估價。」〔註7〕1960年代，胡適在《四十年來的文學革命》一文中也表達了把文學革命稱作「中國的文藝復興」的意願並重申白話作為「一個美麗的媒介」，對於「活的文學」以及「現代中國文學」的重要性。〔註8〕考察晚年的胡適，他表達了始終把五四新文化運動看做「中國的文藝復興」之意願。

何謂「文藝復興」？據考證，中文「文藝復興」一詞最早出現在傳教士編的丁酉（約1837）年二月的《東西洋考每月統計傳》中對西方「經書」的介紹。〔註9〕陳衡哲 1925 年在《歐洲文藝復興小史》中指出「文藝復興」（renaissance）有兩個意義：復生（rebirth）與新生（new-birth），兩者都不錯「大抵在文藝復興的初期，他的傾向是偏於復古的；後來到了盛極將衰的時期，卻又見到老樹根上，到處產生新芽兒了」。〔註10〕那麼，新文化是文藝復興嗎？而在 1986 年，李澤厚發表《啟蒙與救亡的雙重變奏》，提出：因民族危機的深重，新文化運動作為文化思想的啟蒙為政治救亡的任務所壓倒，成為未竟的事業。

〔註5〕〔美〕海登懷特：《話語的轉義》，大象出版社 2011 年版，第 98、104 頁。

〔註6〕胡適：《中國的文藝復興》，1933 年在芝加哥大學演講，見胡適：《中國的文藝復興》，外語教學與研究出版社 2001 年版，第 181 頁。

〔註7〕胡適：《中國文藝復興》，1935 年 1 月 4 日在香港大學演講，載《聯合書院學報》第 1 卷第 49 期，見《胡適全集》第 12 卷，安徽教育出版社 2003 年版，第 242 頁。

〔註8〕1961 年 1 月 10 日胡適作題為《四十年來的文學革命》的英文演講，中文譯稿載 1961 年 1 月 11 日臺北《徵信新聞》。見《胡適全集》第 12 卷，第 487 頁。

〔註9〕轉引自羅志田：《裂變中的傳承》，中華書局 2003 年版，第 57 頁。

〔註10〕轉引自羅志田：《裂變中的傳承》，中華書局 2003 年版，第 86 頁。

新文化運動是否如胡適所言，是中國的文藝復興？還是如李澤厚所言，是中國的啟蒙運動？「五四既非中國的文藝復興，也非中國的啟蒙運動。」〔註 11〕余英時如是說。無論是學理上的溯源，還是從話語權的生產來看。余英時以知識考古的方式向我們展示：五四是一個由變動不居的「心靈社群」為主體所組成的具有「多重面相性」和「多重方向性」的語義場。它既包括傳統意義上的新文化者比如胡適、陳獨秀、二周、蔡元培等人，也應把「國故」學者諸如王國維、陳寅恪、湯用彤，以及被新文化視為保守的學衡派比如梅光迪、吳宓諸人置於五四新文化的同一論述結構之中，成為新文化的組成部分。余展示了一個廣闊的語義場。

雖然有學者提出五四並沒提出「打倒孔家店」的口號，而是「打孔家店」，意義有別。但有一點必須明確，那就是新文化運動時期，五四諸人反傳統的激進主義傾向是明確的。錢玄同 1923 年 8 月致周作人的信中就表明對吳稚暉、陳獨秀等人的「將東方化連根拔去，將西方化全盤採用」的主張表示贊同。〔註 12〕錢本人也在新文化運動之時提出廢除漢字，倡用世界語，「學外國文」、「讀外國書」，「我以為今後的中國人，應該把所有的中國舊書盡行擱起，凡道理，智識，文學，樣樣都該學外國人，才能生存於二十世紀，做一個文明人。」〔註 13〕等主張。不過，五四新文化高潮之後，五四同人出現了分化，有的走上了革命救亡的道路，有的則對之前的激進做法表示了反省。周作人、錢玄同等人即是其例。錢玄同 1926 年 4 月 8 日致周作人信：「我們以後，不要再用那『必以吾輩所主張者為絕對之是而不容他人之匡正』的態度來作『詘詘』之相了。前幾年那種排斥孔教，排斥舊文學的態度狠應改變……但即使盲目的崇拜孔教與舊文學，只要是他一人的信仰，不波及社會——波及社會，亦當以有害於社會為界——也應該聽其自由。此意你以為然否？但我——錢玄同——個人的態度，則兩年來早已變成『中外古今派』了。可是我是絕對的主張『今外』的；我的『古中』，是『今化的古』和『外化的中』，——換言之，『受過今外洗禮的古中』。」〔註 14〕錢一改往日的激進態度，以寬容之姿態接納不同的意見，成為可納「百川」的「中外古今派」了。錢 1927 年 8 月

〔註 11〕余英時：《文藝復興乎？啟蒙運動乎？》，見余英時：《重尋胡適歷程》，廣西師範大學出版社 2004 年版，第 258 頁。

〔註 12〕錢玄同：《錢玄同文集》第 6 卷，中國人民大學出版社 1999 年版，第 65 頁。

〔註 13〕錢玄同：《錢玄同文集》第 1 卷，中國人民大學出版社 1999 年版，第 220 頁。

〔註 14〕錢玄同：《錢玄同文集》第 6 卷，中國人民大學出版社 1999 年版，第 75 頁。

2 日致胡適信：「我近來思想稍有變動，回想數年前所發謬論，十之八九都成懺悔之資料。今後大有『金人三緘其口』之趨勢了。」〔註15〕錢從「全盤西化」到「古今中外派」文化立場的轉變意味深長，非錢獨然。新文化運動整體上經歷了一個由全盤西化到中西古今融合的過程，期間轉變的軌跡尤為值得反思。

如上文所言，「文藝復興」，有復生（rebirth）與新生（new-birth）兩種意義，就新文化運動而言，其激進的反傳統傾向算不上文藝復興。然而這並不意味著先賢們放棄了文藝復興的文化努力與嘗試。論文以 1924～1937 年（或曰後五四時期）周作人的文化選擇為中心，展開對五四新文化的文藝復興之夢的探尋。

一、作為方法的「周作人」與「後五四」

之所以以周作人的復興思想為中心，在我看來，它對於展開五四新文化的文藝復興思想的分析具有方法論的意義。這緣於以下理由：

其一，周作人是五四新文化的重鎮，是二十世紀中國文學、文化史上「巨大而複雜的存在」，他的文化選擇尤其是後五四時期的文化選擇對於二十世紀的中國具有特別的意義。從「思想革命」到「復興千年前的舊文明」的轉身究竟蘊含了何種文化邏輯？他所要復興的「舊文明」的具體內涵又是什麼？它和思想革命的命題有哪些聯繫和衝突？這些都是值得考察的對象。

其二，周作人的思想本身使然。五四新文化落潮之後，較之陳獨秀對於政治的抱負，較之於胡適的「好政府主義」，較之於魯迅的「左轉」，較之於紛紛南下的文人學者，他選擇了留守自己的園地，在這片幾近荒涼的文化土地上，其帶有自力性質的復興之夢破土發芽。這一文化選擇本身的含義值得考察，具體內涵將在後文展開。

之所以選擇後五四時期（1924～1937 年）這一時間段，主要有兩點考慮：其一，一般而言，五四新文化運動，以 1915 年《新青年》的創刊為上限，以1923 年的科學與玄學論爭的平息為下限。當五四新文化迎來繁華之後的低潮，我們更容易從中看出歷史的完整面目。在我看來，「後五四」不失為觀察五四新文化運動乃至二十世紀中國的一個重要窗口。當新文化運動初步確立近現代文明的轉型之時，這種自我主體性剛剛完成儀式上的確立，隨即又陷入了

〔註15〕錢玄同：《錢玄同文集》第 6 卷，中國人民大學出版社 1999 年版，第 118 頁。

自我的內在矛盾的纏繞。如果說「五四」屬於「大時代」,「後五四」同樣屬於,這既是一個血與火的年代,也是一個多元和紛爭的時代。「後五四」可以構成對五四的重要關聯。在邏輯上,「五四」並不意味著一定能夠得出「後五四」,然而它們時間上的先後和文化上的承接卻能夠使「後五四」成為走近「五四」的一種方法,對「後五四」本體的考察意味著一種接近「五四」的努力,其實它本身亦有眾多值得追尋的意義。因此「後五四」在這裡具有本體論和方法論的雙重意義。其二,對於周作人而言,1924 年,40 歲,不惑之年,以更加成熟的眼光看世界。經過五四時期狂熱的烏托邦想像,比如世界主義、新村主義等思想實踐,現實的種種沮喪使周作人不得不重新調整自己的姿態,新文化驟然煙消雲散使他意識到自己之前的各種思想根本不足以應對中國產生的種種危機,《小河》、《尋路的人》、《晝夢》等篇章便是這樣的歉惋與迷茫。但這同時也意味著另一種意義上「新生」的可能,《自己的園地》和《生活之藝術》的產生可以說是這種轉型的流露。1924 年,周在《生活之藝術》中指出生活之藝術即「微妙的混合與取捨」,是「本來的禮」,「中國現在所切要的是一種新的自由與新的節制,去建造中國的新文明,也就是復興千年前的舊文明,也就是與西方文化的基礎之希臘文明相合一了。」〔註 16〕周提出與古希臘文明相合的以中國傳統禮樂文明為基礎的「復興」之夢。

「後五四」這一概念首先來源於國立臺灣大學教授殷海光,他稱自己是「後五四」一代人,以示和胡適的區別。殷海光 1967 年致張灝的信件中把自己歸屬於「a post May-fourthian」。〔註 17〕殷作為一個自由主義人物具有濃厚的五四情結,自稱「五四的兒子」,「a post May-fourthian」。及至臨終,殷仍感慨自己的際遇浮沉與對理想的希冀:「我是五四後期的人物(Post-May-Fourthian),正像許多後期的人物一樣,沒有機會享受到五四時代人物的聲華,但卻遭受著寂寞、淒涼和橫逆。我恰好成長在中國的大動亂年代,在這個大

〔註 16〕周作人:《生活之藝術》,載 1924 年 11 月 17 日《語絲》第 1 期,署開明。收《雨天的書》。

〔註 17〕殷言:「近年來,我常常要找到一個最適當的名詞來名謂自己在中國這一激盪時代所扮演的角色。最近,我終於找到了。我自封為『a post May-fourthian』(五四後期人物)。這種人, being ruggedly individualistic(堅持獨立特行),不屬任何團體,任何團體也不要他。這種人,吸收了五四的許多觀念,五四的血液尚在他的血管裏奔流,他也居然還保持著那一時代傳衍下來的銳氣和浪漫主義的色彩。然而,時代的變動畢竟來得太快了。」見殷海光著,張斌峰、何卓恩編:《殷海光文集(2)》,湖北人民出版社 2009 年版,第 214 頁。

動亂的年代，中國的文化傳統被連根的搖撼著，而外來的觀念與思想，又像狂風暴雨一般的沖激而來。這個時代的知識分子，感受著種種思想學術的影響；有社會主義，有自由主義，有民主政治，也有傳統思想的悖逆反應。每一種大的思想氣流都形成各國不同的漩渦，使得置身其中的知識分子目眩神搖，無所適從。在這樣的顛簸之中，每一個追求思想出路的人，陷身於希望與失望、吶喊與彷徨、悲觀與樂觀、嘗試與獨斷之中。我個人正是在這樣一個大浪潮中間試著摸索自己道路前進的人。」〔註18〕殷海光描述了後五四時期所具有的時代特徵以及和五四的關聯。也有譯者把「Post-May-Forthian」譯為後五四人物。章清在《思想之旅：殷海光的生平與志業》中寫道：「殷海光心路歷程的意義在於，他不僅意識到自身的『代』，還為自己做了界定，從而為我們思考『後五四』一代提供了重要參照。」文中，章把「Post-May-Forthian」譯為「後五四一代」。〔註19〕許紀霖進一步發揮了他的看法，提出「六代知識分子」的劃分，其中包括「後五四」知識分子。〔註20〕郭齊勇在《試論五四與後五四時期的文化保守主義思潮》一文中提出「後五四時期」，文章把文化保守主義作為五四文化的傳統之一從「前五四」、「五四」到「後五四」加以梳理，其中後五四時期的文化保守主義涉及1923年至1924年的科玄論戰、學衡派、1935年的《中國本位文化建設宣言》、抗戰時期的梁漱溟、張君勱、賀麟、唐君毅的文化活動，1949年錢穆、唐君毅創辦「新亞書院」、1952年張君勱、唐君毅、牟宗三、徐復觀發表的《中國文化與世界》的宣言。〔註21〕可知後五四時期在這裡指五四新文化高潮後期。羅志田在《歷史記憶中抹去

〔註18〕殷海光：《病中語錄》，1969年8月18日記錄，參殷海光著，張斌峰、何卓恩編：《殷海光文集（4）》，湖北人民出版社2009年版，第305～306頁。

〔註19〕章清：《思想之旅：殷海光的生平與志業》，河南人民出版社2006年版，第12頁。

〔註20〕主要是：建國前三代即第一代晚清知識分子，包括康、梁、嚴復、章太炎、蔡元培、王國維等，是中國最後一批士大夫。第二代即「五四」知識分子，魯迅、胡適、陳獨秀、李大釗、梁漱溟、周作人、陳寅恪等。第三代即「後五四」知識分子，他們多經歷過「五四」運動，但是和「五四」知識分子不一樣。「五四」知識分子在「五四」運動當中多是老師，但「後五四」知識分子多在「五四」運動當中的學生，比如傅斯年、顧頡剛、羅隆基、聞一多等，他們成為五四白話文運動堅實的實踐者。見許紀霖：《20世紀中國六代知識分子》，《晚霞》，2007年第16期。

〔註21〕郭齊勇：《中國文化月刊》（臺灣）1989年10月第121期，見劉青峰編《歷史的反響》，三聯書店（香港）1990年版，第243～246頁。

的五四新文化研究》一文中提出關於「後五四時期」一些值得繼續大力研究的問題，比如 1923 年的「科學與人生觀」之爭、北伐後的「人權論爭」、九一八後的「民主與獨裁」等論爭。〔註 22〕這些這些論爭可以見出思想界對「五四」理念的反思。也是「五四」理念在「後五四時期」的深入發展，如何繼承、揚棄「五四」的理念是當下學界所面對的一個重要課題。羅未言明後五四時期的具體時間範疇，但從其討論問題的時間限度看來，大致是指從五四新文化分化的 1923 年到 1930 年代中期。作者分析了後五四時期被人們忽視的諸多問題：如五四精神的斷裂，五四理念的轉變，五四人的分化等等。其鮮明的問題意識給了我很大的啟發。復旦大學章清教授在《1920 年代：思想界的分裂與中國社會的重組──對〈新青年〉同人「後五四時期」思想分化的追蹤》（《近代史研究》2004 年第 6 期）一文亦引入了「後五四時期」這一概念，從政治和派系等多層因素分析了知識分子在「五四」運動之後的分化和組合。

　　本文中，我並不想尋求「後五四」這一概念的本質主義式的意義，其中「後五四時期」一方面大體指 1924 年「五四」新文化運動落潮後到抗日戰爭爆發前期這段時間，另一方面表示這段時間的時代文化特徵和「五四」時期既關聯又有所變異，也構成對五四新文化的一種延承和回應。因為雖然沒有了「五四」的激昂，抗日的烽火也還沒抵達，但其中亦孕育著冰與火，菊與刀，革命軍的北伐，「三‧一八」的屠戮，革命文學的變奏，都使得這一時期非同尋常。也正因為這一時期，知識分子的分化與選擇成為觀察 20 世紀中國思想與文化的重要窗口。

二、分化與重組

　　1924 年，新文化的繁華漸漸風流雲散。正如魯迅的感慨，五四時期的思想革命的戰士，現在又剩得幾個呢？「有的高升，有的退隱，有的前進，我又經歷了一回同一戰陣中的夥伴不久還是會這麼變化。」〔註 23〕這種夢醒了無路可走的心態也並非魯迅一人。

　　綜觀後五四時期的新文化諸將，陳獨秀和李大釗信仰了馬克思主義，建立

〔註 22〕羅志田：《歷史記憶中抹去的五四新文化研究》，《讀書》，1999 年第 5 期。
〔註 23〕魯迅：《〈自選集〉自序》，見《魯迅全集》第 4 卷，人民文學出版社 2005 年版，第 469 頁。

了政黨。而「出了研究室就入監獄，出了監獄就入研究室」的陳獨秀最終被拋向歷史的邊緣，李大釗遭受被軍閥殺害的命運。蔡元培 1923 年 7 月遠赴歐洲，直至 1926 年 2 月方回。1922 年底，北京發生「羅文幹案」，蔡元培為抗議侯任教育總長彭允彝憤而提出辭職。1923 年 1 月發表《不合作宣言》：「……而這個職務，又適在北京，是最高立法機關行政機關所在的地方。止見他們一天天的墮落：議員的投票，看津貼有無；閣員的位置，稟軍閥意旨；法律是舞文的工具；選舉是金錢的決賽；不計是非，止計利害；不要人格，止要權利。這種惡濁的空氣，一天一天地濃厚起來，我實在不能再受了。」〔註24〕北大師生的「驅彭挽蔡」運動雖保留了蔡的校長名義，但北大的蔡元培時代基本結束了。回國後，而這位曾經發起組織光復會、參加同盟會和出任中華民國臨時政府教育總長的他徘徊於政治與學術理想之間，北大對於他來說已漸行漸遠。而胡適也漸漸放棄「二十年不談政治的決心」，回歸其實驗主義哲學和自由主義政治。

作為五四新文化的另一中堅力量，新潮社年輕一代的知識分子多踏上了留學之路。傅斯年於 1920 年留學英國倫敦大學。1923 年 9 月至德國柏林大學。1926 年 10 月回國後赴廣州任中山大學（戴季陶為校長）文學院院長兼國文、歷史系主任。羅家倫、康白情於 1920 年秋獲得穆藕初獎學金的資助，留學美國普林斯頓大學。1922 年秋，羅轉入哥倫比亞大學。其後，赴德國柏林大學和法國巴黎大學學習。1926 年 6 月回國後，參加國民黨北伐隊伍，成為蔣介石的馬前卒。並於 1928 年執掌清華，對清華進行軍事化管理，有「黨化」清華的評語。

五四新文化諸將風流雲散，《新青年》1920 年移至上海，並從本年 9 月起成為上海共產主義小組的機關刊物；《新潮》由於人員、經費等方面的原因 1922 年 6 月徹底終刊。

其實，從某種程度上而言，五四新文化運動伊始，作為第一代現代意義上的知識分子從統一到新文化的旗幟下就沒有停止過思想文化抉擇上的分歧和爭議，不過那時尚在「兼容並包」的原則下並沒有構成大的分歧。但隨著社會矛盾的日趨激化，這種思想文化抉擇上的分歧逐步演繹為行動層面的分裂和政治層面的分化。

如果說 1919 年的問題與主義之爭尚限於學理上的爭論，那麼 1922 年的「非宗教大同盟」運動則使這種分歧更加明顯化。當年春，北京爆發了「非

〔註24〕蔡元培：《不合作宣言》，載 1923 年 1 月 25 日《申報》。

基督教運動」。當世界基督教學生同盟決定於 4 月 4 日在中國北京清華學校舉行第十一屆大會消息傳來，國內學生抗議與批判不斷。3 月 9 日上海部分左派學生發表《上海非基督教同盟宣言及通電》宣布：「我們反對資本主義，同時必須反對這擁護資本主義欺騙一般平民的現代基督教及基督教會。」〔註 25〕3 月 21 日，北京成立了非宗教大同盟，發表宣言及通電，號召國人「掃除宗教之毒害」。〔註 26〕蔡元培、陳獨秀、胡適、李大釗、丁文江等人紛紛予以響應支持。但周作人、錢玄同、沈兼士等人卻發表《主張信教自由者的宣言》，稱「我們不擁護任何宗教，也不贊成挑戰的反對任何宗教。我們認為人們的信仰，應當有絕對的自由，不受任何人的干涉，除去法律的制裁以外。」〔註 27〕在周看來，學生聲討基督教的口氣太過威嚴，一種「詔檄露布」的口氣，感到「壓迫與恐怖」〔註 28〕。其實，周對基督教文化也早有接觸，在日本留學時期，周一度有翻譯《聖經》的計劃，後來因為有了譯本便放棄了。周比較認同基督教文化中的「愛」與「寬恕」精神，甚至認為基督教對於新民，對於滌除國民劣根性有所裨益。但周對基督教也有所保留：「其一是這新宗教的神切不可與舊的神的觀念去同化，以致變成一個西裝的玉皇大帝；其二是切不可造成教閥，去妨礙自由思想的發達。」〔註 29〕周認為中國的非宗教運動有一種盲目排外的傾向和民族主義的情緒並進而發展為對思想自由的障礙，情緒高於理性，衝動多於慎思，「自以為是科學思想與西方化，卻缺少懷疑與寬容的精神，其實仍是東方式的攻擊異端：倘若東方文化裏有最大的毒害，這種專制的狂信必是其一。」〔註 30〕周作人們的思想和另一批新文化運動人的思想分歧已經顯出端倪。〔註 31〕事隔多年之後，寬容與思想自由的重要性在胡適等人那裡得到了重新回應：「容忍是一切自由的根本；沒有容忍，就沒有

〔註 25〕《非基督教學生同盟宣言》，載 1922 年 3 月 17 日《晨報》。

〔註 26〕《非宗教大同盟公電及宣言》，載 1922 年 3 月 20（21，22）日《晨報》。

〔註 27〕周作人等：《主張信教自由者的宣言》，載 1922 年 3 月 31 日《晨報》。

〔註 28〕周作人：《報應》，載 1922 年 3 月 29 日《晨報副刊》，署式芬。

〔註 29〕周作人：《山中雜信（六，致伏園）》，1921 年 9 月 3 日作，載 6 日《晨報副刊》，署仲密。收《雨天的書》。

〔註 30〕周作人：《濟南道中之二》，1924 年 6 月 1 日作，載 9 日《晨報副刊》，署開明。收《雨天的書》。

〔註 31〕關於非宗教運動，詳情參見哈迎飛：《周作人與非宗教運動》，《廣州大學學報（社會科學版）》2007 年第 5 期；尾崎文昭：《與陳獨秀分道揚鑣的周作人：以一九二二年非基督教運動中的衝突為中心》。

自由。」〔註32〕胡反思了自身的經歷、宗教自由史以及白話文運動等，不承認有「絕對之是」，勸解自己更不能「以吾輩所主張者為絕對之是」。陳獨秀把基督教看成西方文化侵略的一部分，家國危亡之語境、民族主義的情緒使陳對基督教加以排斥，而周作人們的宣言更多的出自於對思想言論自由的堅持，以現在的後知之明來看，這一意義尤為重要！

除此之外，泰戈爾來華事件亦是其例。1924 年 4 月 12 日至 5 月 30 日，泰戈爾訪華，受到中國的文學界、思想文化界甚至政治界各界，尤其是以梁啟超、張君勱為代表的「東方文化派」和「玄學派」的熱烈歡迎。但對於泰戈爾的到來也有不同的聲音，陳獨秀、瞿秋白等共產黨人持反對態度。陳獨秀、瞿秋白、惲代英、雁冰等人分別發表文章批判泰戈爾特別是他在中國的講演。尤以陳獨秀為烈，他先後發文十餘篇，指出「像泰谷兒那樣根本的反對物質文明科學與之混亂思想」根本沒有翻譯和介紹的必要〔註33〕，「……他（泰戈爾）是一個什麼東西」，指責之激切超過了人們的想像。實際行動層面，一些左派青年還組成「驅象團」，到泰戈爾講演的會場散發批判泰戈爾的文章和傳單。泰戈爾第一次向北京青年的公開演講，即遭到反對者「我們為什麼反對泰戈爾」的傳單要攆他走的境遇。5 月 10 日，泰戈爾在真光影戲院對北京青年學生進行第二次演講。演講前，胡適不得不以再次警告泰戈爾的反對者：「外國對於泰戈爾，有取反對態度者，余於此不能無言。余以為對於泰戈爾之贊成或反對，均不成問題，惟無論贊成或反對，均需先瞭解泰戈爾，乃能發生重大之意義，若並未瞭解泰戈爾而遽加反對，則大不可……」〔註34〕然而胡適的警告仍未收到實際效果，泰戈爾仍遭到「激顏屬色要送他走」的待遇。

圍繞泰戈爾訪華，周作人有《「大人之危害」及其他》、《太戈爾與耶穌》、《濟南道中之三》、《「問星處」的預言》等幾篇文章涉及。此次泰戈爾來訪，周作人「在反對與歡迎兩方面都不加入」，採取冷靜觀察的立場。其實，這其中隱含了對泰戈爾一個小小的不滿，「我對太戈爾也有一點不滿，這並非別事，

〔註32〕胡適：《容忍與自由》，載 1959 年 3 月 16 日《自由中國》第 20 卷第 6 期。

〔註33〕實庵：《我們為什麼歡迎泰谷兒？》，載 1923 年 10 月 27 日《中國青年》第 2 期，見《陳獨秀著作選編》卷 3，上海人民出版社 2009 年版（下同），第 137 頁。

〔註34〕參見 1924 年 5 月 11 日《晨報》。見孫宜學編：《詩人的精神：泰戈爾在中國》，江西高校出版社 2009 年版，第 62 頁。

便是他以宗教家與詩人而來談政治及文化，即便並不因吃了牛肉茶而敷衍，宗教的政治論與詩人的文化觀總是不很靠得住的。」〔註35〕在周作人看來，泰戈爾的身份地位更宜定位在「宗教家」「詩人」上，而不能超越自己的專業範圍來談政治文化問題。這延續了他在作於 1918 年《人的文學》中對泰戈爾的觀點，周在此文指出「印度詩人泰戈爾（Tagore）做的小說，時時頌揚東方思想……」說他的一篇小說描寫一個寡婦「心的撒提（Suttee）」，一個守節的故事。撒提是印度古語，指寡婦與她丈夫的屍體一同焚化的習俗。周意在指責泰戈爾頌揚這種畸形的道德禮法。不過正如有研究者所指出的，泰戈爾並無讚美撒提之意。〔註36〕這是周對泰戈爾的一種誤解。比較有意思的是這種泰戈爾理解的偏頗同樣存在於魯迅身上，魯迅在《〈狹的籠〉譯者附記》中寫道：「廣大哉詩人的眼淚，我愛這攻擊別國的『撒提』之幼稚的俄國盲人埃羅先珂，實在遠過於讚美本國的『撒提』受過諾貝爾獎金的印度詩聖泰戈爾；我詛咒美而有毒的曼陀羅華。」〔註37〕從兩文的寫作時間上看，當時兩兄弟都在北京住在一起，這種理解的偏激極有可能是其中一方影響的結果。而造成文本解讀的偏頗或是來源於泰戈爾宣揚東方文明的主張，這在新文化運動除舊布新，宣揚西方文明打孔家店之際是多麼不合時宜，周氏兄弟先入為主的觀念可能是造成文本誤讀的原因。但這並不影響周對泰戈爾的接納，甚至為泰戈爾受到「驅象團」的白眼而打抱不平，言其「不幸而適來華」，受「無妄之災」，因為他覺得「地主之誼的歡迎是應該的，如想借了他老先生的招牌來發售玄學便不正當，至於那些擁護科學的人群起反對，雖然其志可嘉，卻也有點神經過敏了」，這更符合他文藝批評之寬容的主張。在這幾篇文章中，則把矛頭指向了「驅象團」的陳獨秀們，周認為懷疑與寬容是必要的精神，而不是攻擊，否則流入專制的狂信，太戈爾反對運動即是如此，「他們自以為是科學思想與西方化，卻缺少懷疑與寬容的精神，其實仍是東方式的攻擊異端：倘若東方文化裏有最大的毒害，這種專制的狂信必是其一了。」〔註38〕

〔註35〕周作人：《太戈爾與耶穌》，載 1924 年 6 月 30 日《晨報副刊》，署朴念仁。
〔註36〕參見英溪：《周作人對泰戈爾的誤解》，《中國現代文學研究叢刊》2002 年第 3 期。劉建：《在「有限」中證悟「無限」的歡樂》，2010 年 8 月 5 日《社會科學報》。
〔註37〕魯迅：《〈狹的籠〉譯者附記》，載 1921 年 8 月《新青年》第 9 卷第 4 號。
〔註38〕周作人：《濟南道中之三》，1924 年 6 月 10 日作，載 20 日《晨報副刊》，署開明。收《雨天的書》。

這裡包含著周作人的雙重寓意：一方面是感慨中國國民劣根性的難以改變，思想的力量對群眾的影響很小，並不是怕外來思想對國民的生活思想帶來什麼影響，而是怕具有劣根性的國民難以接受或拒絕接受外來新思想的影響。在周作人看來，泰戈爾的演講同杜威、羅素一樣，只會熱鬧一陣子，而與將來中國的生活不會產生什麼影響，因為「中國遇見一點異分子便要『阻遏它向上的機會』」，這不能不是國民的悲哀。其中蘊含了周作人對於新文化落潮後復古勢力日盛的擔憂以及「故鬼重來」的深刻觀察，「新改宗的梁公正在這邊講演，『厚六大冊』的柳公又在那邊講演——而且那部寶書也將問世，孔教的氣勢日盛一日了。反對的方面怎樣？《新青年》裏的老英雄哪裏去了？『非宗教大同盟』裏的小英雄哪裏去了？」〔註39〕另一方面，周作人對於新文化同人由於缺乏「懷疑與寬容的精神」而導致「專制的狂信」的警惕。具體而言，「驅象團」的行為本身已經構成了對新文化兼容並包精神的悖反，成為取締思想定於一尊的封建禮教思想的再生，他不僅存在於「老頭子」，更在於「青年」，成為「歷史唯一的用處是告訴人又要這麼樣了」的演繹。歷史證明，周的這種警惕具有前瞻和遠見。

同樣值得意味的還有魯迅與胡適。和周作人相對平和相比，魯迅多了一份激進。在《〈狹的籠〉譯者附記》（1921年9月）、《論照相之類》（1925年1月）、《馬上日記之二》（1926年7月）、《無聲的中國》（1927年3月）、《罵殺與捧殺》（1934年11月）等文中雖然認同泰戈爾文壇之地位：「現在沒有聲音的民族是那幾種民族……印度除了泰戈爾，別的聲音可還有？」（《無聲的中國》）但談及泰戈爾及相關人員時多有譏誚之意。〔註40〕對於魯迅與泰戈爾訪華已有相關研究，本文不再贅述。值得指出的是，周氏兄弟均未對泰戈爾的文學實績或文化思想主張作出正面詳細論述，都存在著一定的誤讀，兩人對其聲望都不懷疑，但在接納姿態上，周作人正如上文所論述的顯示出一種相對平和包容的姿

〔註39〕周作人：《「予欲無言」》，1924年3月8日《晨報副刊》，署荊生。
〔註40〕比如《馬上日記之二》：「這兩年中，就我所聽到的而言，有名的文學家來到中國的有四個。第一個自然是那最有名的泰戈爾即『竺震旦』，可惜被戴印度帽子的震旦人弄得一塌糊塗，終於莫名其妙而去；後來病倒在意大利，還電召震旦『詩哲』前往，然而也不知道『後事如何』」。《花邊文學·罵殺與捧殺》：「人近而事古的，我記起了泰戈爾。他到中國來了，開壇講演，人給他擺出一張琴，燒上一爐香，左有林長民，右有徐志摩，各各頭戴印度帽。徐詩人開始介紹了：『唵！嘰哩咕嚕，白雲清風，銀磬……當！』說得他像活神仙一樣，於是我們的地上的青年們失望，離開了。神仙和凡人怎能不離開呢？」

態，而魯迅多譏誚之語，當然其中不無性格使然。同時值得注意的是胡適在泰
戈爾來華一事上所表現的態度。泰戈爾來華期間活躍著胡適的身影。按照胡適
的西化主張，他對泰戈爾的東方文化優勝論是有所保留的，但是仍作出了歡迎
的姿態，胡認為可以有不同的見解，但要尊重對方表達自身觀點的自由。這與
他深受美式教育，養成自由與民主的氣質相關。正如他對 1925 年 11 月發生的
群眾焚燒《晨報》館事件的思考。「這幾年以來，卻很不同了。不容忍的空氣充
滿了國中。並不是舊勢力的容忍，他們早已沒有摧殘異己的能力可。最不容忍
的乃是一班自命為最新人物的人……我怕的是這種不容忍的風氣造成之後，這
個社會要變成一個更殘忍慘酷的社會，我們愛自由爭自由的人怕沒有立足容身
之地了。」〔註41〕而對於陳獨秀要求他發文批評的要求也未予響應。這一點上，
胡適和周作人表現出驚人的相似：對思想言論自由的捍衛，對專制的抗爭。這
種自由主義的立場也是他們的共通之處。

　　這一事件所激起的中國知識界各方面的反應成為中國知識界狀況的一面
鏡子，也預示了新文化陣營繼「問題與主義之爭」、「非基督教運動」、「科玄論
戰」之後的進一步分裂。如果說科玄論戰展示了「自由主義」、「激進主義」和
「文化保守主義」的三元鼎立的輪廓，那麼在泰戈爾訪華事件上的辯駁更加劇
了新文化陣營的分裂。陳獨秀將胡適與張君勱、徐志摩等人相提並論，大加諷
刺。〔註42〕陳獨秀之激進溢於言表，陳獨秀們的激進與不包容加劇了五四新文
化人的分化。

　　如果說以上是新文化人思想分化之一斑，那麼隨之而來的流血事件更是
給知識分子帶來了極大的震動。費正清有一個觀察：「隨著學界革命和文化革
命不斷戰勝傳統秩序，它漸漸失去統一的目標：這個陣營內部分化成廠兩大
派，一些人傾向於從事學術研究、改革和漸進演變，而另外一些人則傾向投

〔註41〕胡適：1925 年 12 月《致陳獨秀信》，《胡適文集》卷 7，人民文學出版社 1998
　　　年版，第 76 頁。
〔註42〕陳諷刺道：「在他（泰戈爾）講演的會場中發散反對他的傳單而反映出來的濃
　　　厚的反對空氣之中，匆匆地『精神大為懊喪』地離開我們這個『君子之國』
　　　了。這自然是自況『如高空中之青天，知道太戈爾有如喜馬拉亞山之誠實偉
　　　大』的徐志摩。歟然申說『任我們怎樣的歡迎他似乎都不能表示我們對於他
　　　的崇慕與敬愛之心的百一』的鄭振鐸，『希望泰戈爾此次之來，可更增進華印
　　　間之友誼』的張君勱，以及『有禮的，能容忍』的，『君子國之國民』的胡適
　　　之──這諸位先生『很感著不快』的事啦！」見求實：《送泰戈爾──並慰失
　　　意的諸位招待先生》，1924 年 6 月 1 日《民國日報·覺悟》。

身政治行動、暴動和暴力革命。」〔註43〕其實不僅僅是統一目標的漸漸失去，更多是暴力和流血事件的介入加劇了知識分子的分化。

「五卅慘案」、「三‧一八事件」，以及國民黨的「清黨」運動等，使知識分子認識到現實的殘酷、生命的脆弱無力以及「文字」的無力。有的是自身經歷了鮮血的考驗，有的是身邊的同事以身殉職，有的是自己的學生倒在屠刀之下。當劉和珍們被殺，當李大釗們被弔在「絞刑架」下，當魯迅們被通緝，當周作人們倉惶躲藏，世界的一切都變了。知識分子這種對於「血」的獨特的生命感受深入骨髓，使他們久久難以忘懷，這不僅和他們當初所信奉的新文化理想背道而馳，也是對人基本生存權利的極大威脅。這種難以忘卻的對「血」的紀念的文字在知識分子的筆下何其之多！

當朱自清參加三一八的遊行，生平第一次聽到槍聲，「有鮮紅的熱血從上面滴到我的手背上，馬褂上了，我立刻明白屠殺已在進行！」〔註44〕當他從死人身上跨過逃去，這種記憶是何等驚悚，何以不堪回首：「血是紅的！／血是紅的！／狂人在疾走，／太陽在發抖！／血是熱的！／血是熱的！／熔爐裏的鐵，／火山的崩裂！／血是長流的……」〔註45〕這種帶著體溫的血色經歷使他畢生難忘。

面對三一八的屠殺，魯迅寫下了：「這不是一件事的結束，是一件事的開頭。墨寫的謊說，決掩不住血寫的事實。血債必須同物償還。拖欠得愈久，就要付更大的利息！以上都是空話。筆寫的，有什麼相干？實彈打出來的卻是青年的血。血不但不掩於墨寫的謊語，不醉於墨寫的輓歌，威力也壓它不住，因為它已經騙不過，打不死了。」〔註46〕然而這種悲憤也僅僅只能是轉化為文字，但文字似乎並不能防止這樣的事件再次發生，隨後而來的「四‧一二」大屠殺證明了知識分子行之於文字努力的失敗，最後的結論似乎只能是以「血」換「血」！歷史給予了「革命」與「行動」充分的合法性！

流血事件的後果是可見的，它開啟了「對知識階級的恐怖時代」〔註47〕，

〔註43〕費正清：《中國：傳統與變遷》，世界知識出版社2001年版，第521頁。

〔註44〕朱自清：《執政府大屠殺記》，見《朱自清全集》第4卷，江蘇教育出版社1990年版，第183頁。

〔註45〕朱自清：《血歌》，見《朱自清全集》第5卷，江蘇教育出版社1990年版，第98～99頁。

〔註46〕魯迅：《無花的薔薇之二》，原載1926年3月29日《語絲》第72期，見《魯迅全集》第3卷，人民文學出版社2005年版（以下同），第279～280頁。

〔註47〕周作人：《紅樓內外》，1948年10月25日、12月3日《子曰叢刊》第4、5輯，署王壽遐。

改變了知識分子的心靈圖景，使他們不得不改變自己原來的願景，面對現實！
這也帶來了知識分子的挫敗感和無力感，處於改變現實的激切的需要，他們
中的一部分人選擇了政治的道路。這種流血事件改變了知識分子的版圖分布，
造成了文化中心的轉移。鮮血和暴力加劇了知識分子轉向和分化的速度，五
四新文化運動所提出的語言革命、思想革命與文化革命已經不再是戰場的前
線和話語中心，這意味著知識分子要麼追隨已經開始的轟轟烈烈的革命和政
黨鬥爭，要麼退出時代的話語中心，成為歷史的旁觀者和反思者。第一種無
疑更具誘惑力，因為五四知識分子從根本上說並沒有擺脫「天下興亡匹夫有
責」的思想意識，現實關懷和家國抱負使知識分子的相當一部分人開始根據
革命需要調整自己的思想，以適應革命的需要。也有部分知識分子繼續優游
於各大高校繼續著書齋式的學者生活，直到抗日戰爭的爆發徹底打亂了他們
日常生活的節奏。

　　1925 年之後，林語堂、魯迅、顧頡剛、俞平伯、何思源、趙元任、羅常
培、楊振聲等大批知識分子紛紛南下。1927 年，隨著北伐的勝利，國民黨政
府在南方統治地位的鞏固，漸漸形成了京派、左翼、海派以及國民黨的黨派
文學的格局，文學文化有了新的版圖。

三、從「思想革命」到「自己的園地」

　　當新文化運動呈現出分化與重組之際，周作人的思想也經歷了一些變化，
這種變化隨著五四新文化低潮的到來而展開。這和五四同人的分化，周作人
新村主義的幻滅，以及周 1921 年的一場大病而進行的人生姿態的調整等多重
因素密切相關。

　　在我看來，周作人在後五四時期經歷了兩次身份認同的轉換。第一次發
生在五四新文化落潮之際，在經歷了上文所言的分化與重組之後，周從思想
啟蒙者的身份轉化為文藝工作者，體現為從「思想革命」到確立「自己的園
地」為文藝；第二次發生在 1930 年代中期，周宣布「文學店鋪」的關門，自
稱「海軍出身」，「棄文從武」。周「落水」以後，完成了從一個雜家型的文藝
工作者到文人型政客的轉變。下面我將對此加以展開，並聯繫周身份認同轉
變的背景及與之緊密相關的文藝與思想。

　　1922 年周作人發表《自己的園地》，提出「自己的園地是文藝」，而且這
種文藝不同於「為藝術的藝術」和「為人生的藝術」，是一種「以個人為主人」，

表現人生情思,使人獲得「共鳴與感興」的藝術,具有「獨立的藝術美與無形的功利」〔註48〕。這是周作人繼1921年宣布「自己的勝業」〔註49〕之後的再一次確認。這對於周作人而言是一個重要轉折:從啟蒙者的「思想革命」轉向「自己的園地」:文藝。

　　新文化時期,周作人發表了《人的文學》、《平民文學》、《新文學的要求》等文進行「文學革命」,然而從實質上看乃是進行「思想革命」。周作人標舉「人的文學」本意在於去發現人,「辟人荒」,是一份思想革命的宣言。司馬長風指出《人的文學》「嚴格的說,並不是文學理論,而是一篇人文主義論或人道主義論。」它把「文學獨立之目的貶為養成人的道德,改善人的自治的手段」,陷入「文以載道」的迷途,「是『為人生而藝術』一派思想的先河」,甚至是革命文學、普羅文學的始作俑者。〔註50〕在我看來,司馬長風把周作人此論看作是文學功利化的「始作俑者」稍有偏頗,一方面中國早就有「文以載道」的傳統,另一方面梁啟超也早在1902年在《論小說與群治之關係》中把小說作為新民的工具。但是如果從文學的審美性來看,司馬長風對周作人文學功利化傾向的批評倒也是事實。五四新文化時期,周作人以文學為思想變革的武器,希望能造成「人的文學」。包括對新村主義在內的各種思想的提倡,建立新村北京支部。這些都可以看出其對各種主義理想的追求。周的這種追求和時代氛圍具有很大的關係。然而這種高遠的理想很快遭到了現實的打擊。各種挫敗的經驗使周作人「由信仰而歸於懷疑」〔註51〕,轉換自己的園地:生活與藝術。雖然這一時期周由於「浙東人的脾性」仍時有「呵佛罵祖」,未能放棄思想啟蒙,但和新文化時期的高蹈飛揚有了不同。

　　1930年代中期,周作人進行了第二次身份轉換,周宣布自己的「文學小鋪」「下匾歇業」,準備「棄文就武」。〔註52〕周在這裡更大程度上是運用了反諷策略,是對左翼「賦得」文學的譏諷。針對來自左翼對其文章「不積極」、

〔註48〕周作人:《自己的園地》,1922年1月22日《晨報副刊》,署仲密。收《自己的園地》。

〔註49〕周作人:《勝業》,1921年7月30日《晨報副刊》,署子嚴。收《談虎集》。

〔註50〕司馬長風:《周作人的文藝思想》,見《中國新文學史》(上卷),昭明出版社1980年版,第262～264頁。

〔註51〕周作人:《〈藝術與生活〉序二》,1930年10月30日作。收《藝術與生活》。

〔註52〕周作人:《棄文就武》,1934年12月22日作,載1935年1月6日《獨立評論》第134期,署知堂。收《苦茶隨筆》。

「小擺設」的指責，周作人認為自己的文章的毛病是「太積極」，文學不具有現實的功利價值，「無論大家怎樣希望文章去治國平天下，歸根結蒂還是一種自慰。」〔註53〕這是對包括魯迅在內的左翼文學的抗爭性回應。周希望文學是個人自由發聲的表現，而不是「賦得文學」、「遵命文學」。周通過宣布「棄文從武」來表達自己的抗議。周真正實現「棄文從武」的轉變應該是從他「落水」之後開始。筆者發現，周作人附逆時期在各種場合的演講中對於自己身份的強調：自己是海軍出身，是武人，而不是文人。〔註54〕這迥然不同與此前他對自己的定位。那麼周作人為何會出現這種身份認同的變化，這一問題值得另文考察，但比較明確的是：周作人已經從一個「文人」走向一個文人型政客。這和1920年代初期宣布自己的園地是文藝時的他已經有了很大的不同。

　　本章將集中探討後五四時期的周作人的復興思想。作為雜家型的文藝工作者的周作人，這和思想啟蒙者的周作人以及文人型政客的周作人有所不同。雖然周作人在自述中稱自己非文人學者，自己的工作只是「打雜，砍柴打水掃地一類的工作」。〔註55〕然而從後五四時期周作人的文字與思想來看，周作人是一個雜家型的文藝工作者。當然這種身份認同的轉變是重心的轉變，前後兩者並非是截然二分和對立的，常常相互交織與延宕。比如後五四時期周作人並且完全放棄五四時期的思想啟蒙，「啟蒙」的色彩依然有所餘留，這也是周承認自己的文字不「平淡」的原因之所在。只是他不再信託各種主義信仰，不再認可文學的功利性取向。這種「啟蒙」的延宕是周的性情及當時的歷史語境所影響的結果。即使在周作人「落水」成為政客之後，仍未能擺脫其文人氣質，這一點可以在已有的許多史料中得到證明。周作人是一個複雜的客體，他的思想發展絕非三段論式的或直線式的，在不同的時期固有各自的特點，但其中的延宕和連續性也是可見的。所以，本文對後五四時期周作人思想與文學的論述僅僅是一種走近周作人，走近歷史的方法之一種，是多面中的一面。

〔註53〕周作人：《關於寫文章》，1935年3月24日《大公報》文藝副刊第144期，署知堂。收《苦茶隨筆》。

〔註54〕可參見附錄中《學問之用》、《女子教育和一般中學教育的經驗》、《整個的中國文學》的演講以及周在1940年代初期發表的言論。

〔註55〕周作人：《周作人自述》，1934年12月作。收1934年12月上海北新書局版陶明志編《周作人論》。

　　周作人後五四時期的思想和文學構成了對新文化的另類回應。之所以說「另類」，是因為周作人在後五四時期所堅持的對思想自由的言說回應了「權威主義」對言說自由的壓抑；對生活之藝術的倡導及生活與藝術的回歸所開創的「小敘事」回應了以革命文學和左翼文學等為代表的各種權力話語的「宏大敘事」；周對「抒情」文學觀的標舉有力地回應了把文學政治化工具化的歧途。這些構成了後五四時期周作人獨特的個人印記，構成了對主流敘事的另類回應。並呈現出「復興」的特徵，而這一切都統一在周作人的「人學」思想之下。

　　本著各章安排如下：

　　第一章論述從晚清至民初的文藝復興思想地圖，這是下文展開的思想背景。從晚清至新文化運動時期，無數先賢均有整理國故、匯通中西、再造文明之思想。然而在具體問題上的偏向、分歧和姿態激化了他們的立場選擇，呈現出文化的交鋒，從而也出現了概念化的命名，或曰保守主義，或曰激進主義，或曰自由主義，等等。其實他們之間既有駁雜和相對，也寓有豐富的張力和緊密的聯繫，然而都籠罩在文藝復興之夢的光輝中。本章以辜鴻銘、梅光迪和胡適為個案，展示時代背景下復興思想的緊張關係。

　　第二章主要考察周作人的語言與文體選擇，及其背後的思想對話。周作人的「復興」想像是在五四新文化落潮和以革命文學和左翼文學為代表的權力話語對話的語境下產生的。周通過「言志」與「載道」「八股」的概念來反抗「遵命文學」。周運用「黨八股」「洋八股」等概念，一方面看到「八股」成為政黨統一思想，削奪個人主體性的工具；另一方面「士」對「八股」思想的繼承，表現為空喊口號，尚空談，包括氣節八股，缺少理性，沒有實行，沒有事功，更是超出了自己的崗位範圍，文人談武，武人談文，或是「自己」一面浸在溫泉裏一面吆喝「衝上前去」的虛偽的愛國主義，它最終導致了一個「八股」之時代，一個虛弱的中國。周對「八股」思想批判的背後，是其「己所不欲勿施於人」的儒家思想和對人的生命權利尊重的現代人道主義思想。

　　第三章重在考察周的文學抒情觀以及他對抒情傳統的繼承。文學作為「藝術」是周念茲在茲的周遭。考察周的「言志」主張，其實是「緣情」，在周看來，「志」就是「情」。「情」在周作人的文學觀中始終處於核心地位，不過由於不同時期語境不同，「情」的內涵有所轉移。周張舉包括《雅歌》、《國風》與「薩福」在內的抒情「美典」，兩希文學中的抒情傳統和中國文學自《詩經》以降的抒情傳統共同構成了周作人的抒情資源。

第四章考察周在後五四時期的文化選擇，也即周的文化復興的內涵及其生成語境。與對各種話語權力的疏離相對，周選擇了對「藝術與生活自身」的熱愛以及對「生活之藝術」的探求，轉向一種凡人日常生活敘事，這是對儒家日常人生化的接洽。在周看來，人民的歷史是日用人事的連續，凡人的日常生活本身就具有意義，也是「道」的體現者與歸宿處，這種「小敘事」縫合了現代人道主義思想，構成對「博學鴻詞」的反動，寄寓了審美與政治的張力。而「生活之藝術」提出緣於藹理斯的啟發，它是「微妙地混合取與捨」「禁慾與縱慾的調和」，是中國「本來的禮」，是「中庸」，這暗含著對中國遠古的「禮樂傳統」的美好想像和對當下文明方案的另類訴求：以凡人大眾為主體，以日常生活為生命的常態形式，以中庸等原始儒家的人文價值為規範，融合「科學精神」與「美」，通向一個眾生有情的世界。

第五章探討周後五四時期的自由意識及其張力。周對包括左聯、國民黨右翼在內的各種權力話語的疏離，展現了一個具有自由意識的知識分子立場。與周相對，魯迅在後五四時期的「左轉」則顯示出兩人在歷史語境、文藝觀、文化空間和思想資源的不同。周的自由意識既有西方自由主義的精神來源，又有中國文化中具有的「中庸」、「重知」、「疾虛妄」等精神傳統。

第六章探討周作人復興思想的邏輯起點：「人學」思想。現代「人學」思想是周作人思想的核心。在此基礎上，周延伸出對「自由」的堅持，對生活之藝術的熱愛與對文學抒情取向之偏好。周作人的人學思想來自諸多方面，儒家人文主義、藹理斯的思想對周作人的人學思想產生重要影響。周作人的人學思想形成了「獸」「人」「鬼」「神」的譜系，「獸」是「人」的生理起點，「鬼」是對「人」的蠻性輪迴的憂懼，而「神」則蘊含著周對壓抑「人」的各種權力話語的反抗。周作人在後五四時期與各種話語的對話以及對「復興」的想像是以這一思想譜系為邏輯起點的。

結語部分探討周作人對於新文化運動本身的看法，以及和胡適所宣稱的「文藝復興」的比較。周作人更願採取平實的眼光來看待，並不認為其是「文藝復興」。五四新文化運動積蓄不夠，持續時間也不夠長久，其影響很快被政治與革命所壓抑；新文化運動缺乏動力機制，尤其體現在「人」的方面，其中「仕」的思想為烈等。但這並不代表後五四時期的周作人放棄對中國「復興」的想像。周更注重對以孔子為代表的原始儒家以及明清以來的儒家日常人生化取向的復興，同時糅合了「科學」與「美」，文藝上周更注重對中國和兩希

文明中抒情傳統的復興。而這種復興又是建立在現代「人學」思想的基礎之上。周作人以對思想自由的堅持,「凡人的日常人生」和「抒情」文學構成對新文化宏大敘事的另類回應,這種「復興」的想像有別於其他五四新文化人對中國文化及文學的規劃。

第一章 「文藝復興」之夢：
從晚清到民初

　　把新文化運動視為中國的文藝復興，非胡適獨然。蔣夢麟就賦予五四以文藝復興的意義：「『五四』學生運動，就是解放的起點。改變你做人的態度，造成中國的文運復興；解放感情，解放思想，要求人類本性的權利。」〔註1〕改變自己的舊習慣舊思想，學習西洋之文學科學美術等，復生自己，實現文藝復興。蔡元培也以中國周季文化比擬古希臘羅馬文化，提出「五四運動的新文學運動，就是復興的開始」〔註2〕，「觀察我國的文化運動，也可用歐洲的文藝復興作一種參證。」〔註3〕當然，也有學者把中國的文藝復興向前延伸到清代，比如梁啟超把「以復古為解放」的清代兩百餘年之學術比附歐洲的文藝復興。然而，這都醞釀於西學東漸，重建中國文化主體性的語境之中。尤其是中國近代以來的家國危機加速了中國向西方尋求出路的轉向，一系列的「文藝復興」便是明證。自晚清以降，面對內憂外患，無數先賢莫不以復興家國再造強盛為己任，從馮桂芬的「以中國之倫常名教為原本，輔以諸國富強之術」，薛福成的「今誠取西人器數之學，以衛吾堯、舜、禹、湯、文、武、周、孔之道」，到張之洞的《勸學篇》，康梁的孔教會，及至新文化運動的激烈

〔註1〕蔣夢麟：《改變人生的態度》，見蔣夢麟：《過渡時代之思想與教育》，商務印書館1933年版，第27頁。
〔註2〕蔡元培：《中國新文學大學·總序》（1935年8月6日），見《中國近代思想家文庫·蔡元培卷》，中國人民大學出版社2014版，第564頁。
〔註3〕蔡元培：《吾國文化運動之過去與將來》（1934年6月13日），見《中國近代思想家文庫·蔡元培卷》，中國人民大學出版社2014版，第548頁。

的反傳統，中國本位的文化建設宣言，滲透著國人對中國及中華文化出路的思考。其中，文藝復興作為文化改革的層面與政治改革、社會改革一道構成晚清民初的國族復興的風景線，成為面對「數千年未有之變局」的國人追求中國文化現代性的重要一維。先賢們的文化之旅是中華民族文化復興的重要嘗試，於今仍具有重要意義。

本章把先賢們的文藝復興思考放置於廣義的「新文化」語義場，以三種主要面向：復古、西化、調和為中心，梳理其間的梳理、駁雜與緊張。比如復古者認為西方文明是物質實利主義的化身，是特洛伊木馬，中國唯有保持孔子的禮樂方能建立正真的文明，辜鴻銘即是其例；西化者反對中國的文化傳統，以西化為世界趨勢，以陳獨秀、胡適、魯迅等人為代表，但其內部富有張力，胡適的西化實質上是充分現代化，視新文化為中國的文藝復興；調和論者不以新文化為然，主張昌明國粹、融化新知，重建孔教，「一國之立必有其特出文明方可貴」，以梅光迪等為代表。本章將選取辜鴻銘、梅光迪以及胡適為個案，探討他們的「復興」思想及其內在的緊張。

一、「特洛伊城陷落之後」

文化復古是中國近代文化思潮的重要潮流，馮桂芬、薛福成、張之洞的中體西用的提出，實質上就是文化守成、復古的體現，他們對中華文化抱有無限的惋惜之情。辜鴻銘亦是其中重要的一位，以其為代表，因為其具有更多的跨文化體驗，在世界有著極高的聲譽，其文化比較與論述更有針對性與實效性。

1910 年，當辜鴻銘在《中國的牛津運動故事》中追悼逝去的以張之洞為首的清流運動時，他不無哀婉的歎道：「但現在，我孤身一人，像維吉爾所寫故事中的英雄一樣。那個英雄在特洛伊城被攻破之後，不得不四處流浪。」〔註4〕當「各自逃命」成為宿命，這位真知同荒謬偕出的學者對清流運動的失敗不無哀歎。其中的特洛伊木馬在辜鴻銘看來就是新學，即引進的歐洲的物質實利主義文明。中日戰爭之後，保國保種的憂患意識使文人學士紛紛把救世的目光投向西方，然而這在辜看來是一個錯誤的選擇，視歐洲的物質實利主義文明為可怕的怪物，中華民族以自身的文明資源和視死如歸之精神衝向現代歐洲的槍口衝鋒，然以失敗告終。似乎宣告了一個結論：「自身的文明資源是無

〔註 4〕辜鴻銘：《辜鴻銘文集》（上），海南出版社 1996 年版，第 296 頁。

效的、不中用的。」辜認為這是一個錯誤的結論。中國由於軍事戰爭上的失利，導致了國人對於自身文明資源的懷疑乃至摒棄。這是一個極為敏銳的觀察。可以說，「力」的失衡致使對「禮」的效用的直接否定。其實，一方面，辜敏銳地看到歐洲的物質實利文明將給中華文明帶來的巨大災難和破壞力量，這顯示出辜的遠見；另一方面，他把「歐化」的概念嚴重窄化與本質化了，將其等同與「物質實利主義文明」，極力排斥歐化，未能逃出二元對立思維的桎梏。

那麼解決的辦法是什麼呢？辜找到了孔子。正如辜所寫道的「中國的牛津運動」，他把北京的翰林院看做牛津——國家精英知識分子的薈萃之地。清流運動就像英國的牛津運動一樣，可看作是儒教中保守的高教會派的復興。運動旨在「反對引進那些為李鴻章和中國自由主義者所熱衷的外國方法和外國觀念，通過呼籲國民更嚴格地信守儒家原則，來淨化民族心靈和規範民族生活。」〔註5〕辜認為孔子制止罪惡、改革世界的辦法就是道德力量：通過一種自尊和正直的生活，「君子篤恭而天下平」。這是把中國的古老文明從歐洲物質實利主義文明的破壞挽救出來的唯一可靠的力量，是重建中華文明的支柱。他的這一觀念倒是得到後來的梁漱溟的響應〔註6〕。那麼，辜為何認為孔子具有這樣的一種力量？辜在他的另一部名文《中國人的精神》道出了其中的邏輯。辜認為中國文明的奧秘在於義禮，而這正是當時歐洲所缺少的，也是歌德對於歐洲人的建議：不以暴抗暴，而應訴諸義禮。尤其是禮是中國文明的精髓。相比較歐洲文明的藍本《聖經》教育人們成為一個「好人」，中國的宗教則要求人們：「做一個識禮的好人」，即「愛之以禮」，辜稱之為「良民宗教」，這是當時的歐洲所需要學習和汲取的文明精神。導致歐戰的道德根源在於英國的群氓崇拜和德國的強權崇拜，並且前者導致了後者。德意志民族「對正義具有強烈的愛」，由此衍生了「對不義、分裂和混亂的恨」，這使得他們不能容忍英國的群氓崇拜，這種恨導致了對強權的迷信和軍國主義的產生。辜對德國人的道德價值的判斷可能緣於其德國留學經歷。不能不說，辜的這一見解慧眼獨具，他其實預言了二戰時期德國法西斯的產生。因而，要制止戰爭必須消除群氓崇拜和強權崇拜，以及由自私和懦弱（導致了群氓崇

〔註5〕辜鴻銘：《辜鴻銘文集》（上），海南出版社1996年版，第298頁。

〔註6〕梁漱溟在《世界未來之文化與我們今日應持的態度》中不認同把清代學術和新文化運動比作中國的文藝復興，認為中國的文藝復興應當是「中國自己人生態度的復興」，也即孔子禮樂文化的復興。

拜）而產生的商業主義精神。所以辜主張要對「愛」進行節制，這就要從中國的「禮」進行借鑒。

人類文明的延承除了對自然界的克服，更重要的是對自身情慾的征服。而對情慾的控制主要依靠道德力，在「上帝死了」，西方的基督教失去其強大的道德力之後，歐洲依靠物質力量來維護社會秩序，對物質力量的運用導致了軍國主義和戰爭。在辜看來，中國的良民宗教提供了一種方案。因為在中國人的道德觀念中，公理和正義高於物質力量，具有道德責任感的個體維護了一個文明社會。中西文明的差異在於對人性的認識。在歐洲人看來，人性本惡，所以要依賴武力來維繫社會，由此產生了宗教和法律，對上帝的敬畏和對法律的敬畏使人們服從秩序。然而，對上帝的敬畏消失之後，歐洲就面臨如上困境。但對於中國人而言，「人之初，性本善。」並由此造就了中國的良民宗教，「一種不需要教士和軍警就能保持全國秩序的宗教」。辜的這一思想具有一定的合理性，但也不無辜對中國傳統文明一廂情願的美好想像。但辜的意義在於他指出了其所謂的「良民宗教」所遭遇的嚴重危機。這種危機來自於「新學」的輸入，「如果歐美成功地破壞了真正的中國人、那中國式的人，且成功地把他變成一種歐美人，也就是說，將其變成一種需要教士和兵警才能就身秩序的人，那麼，無疑地，他們將為這個世界徒增宗教、抑或軍國主義的重累罷了──而這後者在目前已正變成對於文明和人性的一種危險和威脅……正是在存在一筆無法估價的、迄今為止毋庸置疑的巨大的文明這筆財富，就是真正的中國人。」〔註7〕不可否認，辜的這一見解具有一定的合理性，他以人類文明的視野對中西文明進行比較，雖然有把中西文明本質化的傾向。

儒學在中國雖然不是宗教，卻有「宗教性」。宗教起源於自然界與宇宙的神秘莫測、現實人生的變故所給人們帶來的壓迫，對於詩人、藝術家、哲人和科學家而言，可以通過詩歌、藝術、哲學與科學來緩解壓力，對於普通大眾而言，則需要通過宗教帶給他們安全感和永恆感。而儒學則通過建立「國家宗教」來解決，儒學不同於歐洲的宗教要人們成為「一個完人，一個聖者，一個佛陀和一個天使」，而是讓人成為「一個好的百姓，一個小資良民」。它是一個社會宗教，強調服從國家，忠於君主，通過「名分大義」強調責任，其道德教誨可歸納為君子之道，尊奉禮義廉恥，強調忠誠之道：對皇帝的絕對忠誠，皇帝被

〔註 7〕辜鴻銘：《辜鴻銘文集》（下），海南出版社 1996 年版，第 24～25 頁。

神化，而這種超然的對皇權的絕對信仰也賦予了人們一種安全感；對祖先的崇拜，使人體認到族類的不朽。在西方，宗教依靠教堂來激發人們的感情，使之服從道德規範；在中國，儒學則是通過學校——孔子國教的教堂教人以詩文，培養人的美好情感與道德行為規範（興於詩，立於禮，成於樂）。除此之外，還有立著祖先牌位的家庭，對父母、祖先的愛與崇拜之傳統。正是這樣，通過學校、家庭建立一個穩定的道德系統，從而達到道德立國的目的。

這也和其後的梁漱溟——「最後一個儒家」的思想有若干的契合之處。梁認為世界上的兩個先覺，佛是逆著去解脫本能，而孔子是順著調理本能。梁漱溟在《東西文化及其哲學》中指出：「以後世界是要以禮樂換過法律的，全符合了孔家宗旨而後已。因為捨掉禮樂絕無第二個辦法，宗教初不相宜，尋常這些美術也不中用。宗教所培養的心理並不適合我們做這生活之所需，而況宗教在這期文化中將為從來未有之衰微。脫開宗教氣息的美術較為合宜，但如果沒有一整套的哲學來運用他而做成一整套的東西，則不但不濟事，且也許就不合宜。」〔註8〕梁漱溟認為人的情態不外乎宗教與美術兩種，宗教的力量雖大但已式微，普通的美術缺少有一整套的哲學來統籌，而儒家可以濟之。這和明治後的日本形成對比。日本的明治維新，推行全盤西化，幫助日本實現了日本文明的第三次飛躍，但是隨後，國粹主義在日本盛行了接近20年，就連主張「脫亞入歐」的福澤諭吉也在明治十年，反省全盤西化的主張，認為應該講求「防救之術」，而非為「文明的虛偽之說」所欺。但是國粹主義隨後衰落，因為國粹主義缺乏系統性的理論支撐。

以現在的後知之明來看，辜的有些思想是「保守的」，甚至倒退的，在小腳、辮子、納妾、八股文、女子教育等方面，辜更是荒謬。然而，我們也要辯證看待辜某些論述的合理性，比如他對中西文化的鞭闢入裏的分析，對中國文化人文性的發掘，都是具有重大意義，就是在全球化的當下，某些方面仍具有極大的價值和意義。比如他對「文明」的評價，「要估價一個文明，我們最終必須問的問題，不在於它是否修建了和能夠修建巨大的城市、宏偉壯麗的建築和寬廣平坦的馬路；也不在於它是否製造了和能夠造出漂亮舒適的家具、精緻實用的工具、器具和儀器，甚至不在於學院的建立、藝術的創造和科學的發明。要估價一個文明，我們必須問的問題是，它能夠生產什麼樣子

〔註 8〕梁漱溟：《東西文化及其哲學》，載《中國近代思想家文庫‧梁漱溟卷》，中國人民大學出版社 2014 年版，第 312 頁。

的人（What type of humanity）……人的類型，正好顯示出該文明的本質和個性，也即顯示出該文明的靈魂。」〔註9〕這種以國民素養作為衡量文明的標準的思想彌足珍貴。人的建設終將關乎到人類社會生存的終極未來。更重要的是，辜指出了中國文明所面臨的危機：在西學的強烈衝擊下，中國人的心靈世界岌岌可危。固然，辜的解決方案絕非倡導儒家思想之一途。簡而言之，辜鴻銘與梁漱溟都是以儒家的義禮為道德標尺，以培養具有道德自覺的國民為宗旨，從而達到道德立國的目的，以對抗西方由物質主義而導致的軍國主義及其戰爭，從人類文明的高度而言，這無可非議。但其儒家設想在日新月異的當下有些迂遠。

二、「整理國故，再造文明」

面對從洋務運動、維新變法、辛亥革命等一系列變革的失敗，五四先賢轉而從文化層面尋求救國之道。對中國傳統文化的懷疑轉而對中國傳統文化的全盤否定，對中國傳統文化造成極大衝擊的便是新文化運動。從吳虞的打倒孔家店，到陳獨秀的文學革命論，錢玄同的廢除漢字等等，都可以看出新文化激進的身影。相比較，胡適、周作人等相對溫和，其見解更具開放性和可採納性。作為新文化運動中堅力量的陳獨秀、胡適、魯迅、錢玄同、李大釗等人的文化主張則代表了「全盤西化」的路徑。所謂「全盤西化」，在胡看來，是「充分世界化」，是「Wholehearted Modernization」，而不是「Wholesale Westernization」。他拒絕採取中西折衷調和的方式，他認為這是一種「變相的保守論」〔註10〕，而他的「全盤西化」在策略上具有一定的合理性：「我們走了一百里路，大多數人也許勉強走三四十里。我們若先講調和，只走五十里，他們就一步都不走了。所以革新家的責任只是認定『是』的一個方向走去，不要回頭講調和。社會上自然有無數懶人懦夫出來調和。」〔註11〕胡適的文化選擇和錢玄同的廢除漢字，陳獨秀的文學革命，魯迅對中國文化的批判具有一定的代表性，成為新文化初期新生力量的主流。但這種文化態度及策略表述也很難得到梅光迪們的認同。

〔註 9〕辜鴻銘：《辜鴻銘文集》（下），海南出版社 1996 年版，第 5 頁。
〔註10〕胡適：《充分世界化與全盤西化》，載 1935 年 6 月 23 日天津《大公報星期論文》，見《胡適全集》第 4 卷，第 585 頁。
〔註11〕胡適：《新思潮的意義》，1919 年 12 月 1 日《新青年》第 7 卷第 1 號。見《胡適全集》第 1 卷，第 698 頁。

那麼胡適又為何把新文化運動稱為「中國的文藝復興」呢？胡先後在不同時間與場合發表他的這一觀點，1933 年 7 月在美國芝加哥大學比較宗教學系作題為「當代中國的文化走向」的系列演講，1935 年胡適在香港大學的演講，晚年的口述自傳，胡一再申明其觀點：新文化運動是中國的「文藝復興」。胡適的「文藝復興」有哪些內涵？綜合胡幾次的表述，主要有以下方面：文學方面：新文化是以白話文為代表的新文學取代舊語言創作的古文學的運動。尤其白話作為「一個美麗的媒介」，對於「活的文學」以及「現代中國文學」具有重要性。〔註 12〕價值觀念方面：創造了新的人生觀，是「一場理性對傳統，自由對權威，張揚生命和人的價值對壓制生命和人的價值的運動。」〔註 13〕傳統文化方面：進行了文化遺產的整理與重估，「檢討中國的文化的遺產也是它的一個中心的工夫。」〔註 14〕反對傳統文化中的諸多觀念與制度。胡適把新文化運動稱作中國的第五次文藝復興，較前四次，它是「完全自覺的、有意義的運動」。他晚年的口述自傳把文藝復興追溯至其時的青年學生傅斯年、汪敬熙、顧頡剛、羅家倫等人所辦的學生雜誌《新潮》。英文刊名即「Renaissance」。並提出了新思潮作為「中國文藝復興」的根本意義在於一種「評判的態度」，如尼采所說的「重新估定一切價值」，對固有文明的「有系統的嚴肅批判和改造」，再造文明。

在胡看來，新文化運動和歐洲的文藝復興有許多相同之處，主要包括兩個方面：其一，歐洲的文藝復興是從新文學、新文藝、新科學和新宗教的誕生開始的，促使了現代歐洲民族國家的形成。新文化運動雖尚未涉及藝術，但對傳統白話故事、小說、戲劇、歌曲等等活文學之提倡和復興，是「徹頭徹尾的文藝復興運動」。其二，對人的解放。「歐洲文藝復興是個真正的大解放時代。個人開始抬起頭來，主宰了他自己的獨立自由的人格；維護了他自己的權利和自由。」〔註 15〕中國的新文化運動產生了「人的文學」，把個人從傳

〔註 12〕 1961 年 1 月 10 日胡適作題為「四十年來的文學革命」的英文演講，中文譯稿載 1961 年 1 月 11 日臺北《徵信新聞》。見《胡適全集》第 12 卷，第 487 頁。

〔註 13〕 胡適：《中國的文藝復興》，1933 年在芝加哥大學演講，見《胡適全集》第 12 卷，第 487 頁。

〔註 14〕 胡適：《中國文藝復興》，1935 年 1 月 4 日在香港大學演講，載《聯合書院學報》第 1 卷第 49 期，見《胡適全集》第 12 卷，安徽教育出版社 2003 年版，第 242 頁。

〔註 15〕 胡適：《胡適口述自傳》，見《胡適全集》第 18 卷，安徽教育出版社 2003 年版，第 335 頁。

統的舊風俗、舊思想和舊行為的束縛中解放出來，提出解放婦女和個人權利的要求，討論了愛情、婚姻、貞操，個人與國家等重要議題。簡言之，胡適的「文藝復興」強調了新文化對人的解放，傳統文化的重估，評判的態度，以及文學革命的實績，尤其是白話文的重要意義〔註 16〕。但胡缺少對中國新文化運動比之於歐洲「文藝復興」嚴格意義上的學術梳理，余英時〔註 17〕、劉再復〔註 18〕、殷海光等人曾對胡適的這一提法表示過質疑。然而這也並不能抹去那個年代先輩們的求索之夢。

如何對待中國的傳統文化一直是文化建設的核心問題。胡提出「整理國故」。所謂「國故」，包括國粹與國渣，胡要打破門戶成見，用歷史的眼光來整理中國過去的文化歷史，「還它一個本來面目」。胡認為雖然從明末到民國初年近三百年的時間裏，古學取得了一些成績：整理古書、發現古書、發現古物。但學者的研究僅侷限在儒家的幾部經書，「學者的聰明才力被幾部經書籠罩了三百年」，「只有經師，而無思想家；只有校史者，而無史家；只有校注，而無著作」。〔註 19〕這是胡適極為深刻的觀察，為後來的一些學者所響應。整

〔註16〕在胡看來，中國文學史上存在兩個傳統，一個是文人學士、宮廷詩人、精英的文言文學傳統，另一則是產生於普通民眾間的民歌、舞曲、街頭說書藝人的白話傳統，共分五期。而始於 1916 年的文學革命運動是「有意的主張白話文學」，宣告千年的古文已死。毋庸置疑，中國的白話文的極大地推動了中國社會變革的進程，使教育的普及、文學的發展有了新的面貌。但也並非全無瑕疵。辜鴻銘、梅光迪、林紓、黃季剛、唐德剛等人對白話文都提出過批評。

〔註17〕余英時認為：1917 年，胡適最早把文學革命比附為歐洲文藝復興，他提倡白話反對文言和歐洲文藝復興時期土語文學的崛起近似。但胡描述的「理性對抗傳統」、「自由對抗權威」性質上更接近啟蒙運動而非文藝復興。胡適視文藝復興為西方現代性的肇端，啟蒙運動也是上承文藝復興而來，故未能釐清兩者的界限。「啟蒙運動」這一概念緣於 1936 年中共黨員陳伯達、艾思奇為適應抗戰需要而在北京上海發起的「新啟蒙」運動，把五四詮釋為啟蒙運動，和愛國主義掛鉤。在余看來，除盧梭外，「啟蒙哲士無一不是世界主義者。他們自任的天職是陶冶人類、啟迪人類和提高人類的尊貴，而非提升國家利益。」（余英時：《文藝復興乎？啟蒙運動乎？》，見余英時：《重尋胡適歷程》，廣西師範大學出版社 2004 年版，第 249 頁。）

〔註18〕劉認為：從歷史上看，五四運動非撥亂反正式、道德重整式的文化運動，而是審判封建文化。而歐洲文藝復興則是採取復興古希臘、古羅馬文化的「復古」策略，張揚人文主義觀念。而究其精神實質上，也即高舉「人」的旗幟上，兩者是相通的。（劉再復，林崗：《傳統與中國人》，安徽文藝出版社 1999 年版，第 25 頁）。

〔註19〕胡適：《〈國學季刊〉發刊宣言》，見《胡適全集》第 2 卷，第 5 頁。

理國故就是要告訴人們文化歷史的本來面目，或者說「歷史不過如此」，「從亂七八糟裏面尋出一個條理脈絡來；從無頭無腦裏面尋出一個前因後果來；從胡說謬解裏面尋出一個真意義來；從武斷迷信裏面尋出一個真價值來。」〔註20〕其中包括破除偶像迷信，「捉妖」、「打鬼」。「我十分相信『爛紙堆』裏有無數無數的老鬼，能吃人，能迷人，害人的厲害。」〔註21〕清除中國傳統文化中的糟粕是整理國故的重要目的之一。

孔子是中國傳統文化重要的象徵符號之一。胡對孔並不認同。在給《吳虞文錄》寫的序中，胡讚賞吳虞是中國思想界的清道夫，對「孔渣孔滓」、「孔塵」進行掃除。並援引陳獨秀對孔子的批判，認為人們把孔子神化了。胡認為「何以那種種吃人的禮教制度都不掛別的招牌，偏愛掛孔老先生的招牌呢？正因為二千年吃人的禮教法制都掛著孔丘的招牌，故這塊孔丘的招牌——無論是老店，是冒牌——不能不拿下來，捶碎，燒去！」〔註22〕也就是說，無論是孔子還是後來的儒家都應一律抹殺。胡的這種對待傳統文化的激進態度與其待人處事的寬容精神及社會政治路線的緩進改革主張迥然不同。

然而，比較有意味的是：在其他一些場合，比如在海外演說或是一些學術性著作中，胡適對中國的傳統文化又有著近乎相反的表述。其著作《說儒》則肯定了孔子在歷史上的貢獻，認為孔子是儒的中興領袖，「把殷商民族的部落性的儒擴大到『仁以為己任』的儒；把柔弱的儒改變到剛毅進取的儒。」〔註23〕為何胡會有如此不同的表述？對此，林毓生認為胡之所以還保留著文化民族主義，是因為「他在中國傳統中尋求某種東西，從而汲取一點中國人的自尊感來抵消他在接受西方價值時所產生的對中國傳統的真正自卑感。」〔註24〕相比較，我更樂於接受周明之的解釋，他指出胡適在學術著作和面向大眾寫作的論戰言論之間對待中國傳統文化的差異原因在於：「當他進行學術研究時，

〔註20〕 胡適：《新思潮的意義》，載於1919年12月1日《新青年》第7卷第1號。見《胡適全集》第1卷，第698頁。
〔註21〕 胡適：《整理國故與「打鬼」》，見《胡適全集》第3卷，安徽教育出版社2003年版，第146～147頁。
〔註22〕 胡適：《〈吳虞文錄〉序》，原載1921年6月20至21日《晨報副刊》，見《胡適全集》第1卷，第763頁。
〔註23〕 胡適：《說儒》，見《胡適全集》第4卷，第1頁。
〔註24〕 〔美〕林毓生著，穆善培譯：《中國意識的危機》，貴州人民出版社1986年版，第149～150頁。

他有一種超然感，不得不遵從證據，這就極大地限制了他的自由表達……當胡適以學者的方式來評價中國的過去時，他是一個現代的歷史學家；而為大眾寫作時，他是一個糾結在中國當代困境中而無法自拔的普通中國人。」﹝註25﹞在我看來，固然有上述因素，但更多的是：他的所謂的「全盤西化」只是使中國「充分現代化」的策略表達，這並不意味著他對中國文化傳統的全面拋棄，相反，只有在經歷所謂的西化之後，才能真正實現中西文化的融合與互通。否則，又會重回到傳統的老路上來。1935年胡在致日本評論家室伏高信中說到：「凡文化都有他的惰性，都會自己保守自己的……我個人決不愁東方遺產與東方文明的失墜。我所焦慮的是我們東方民族剛開始同世界人類的最新文化接觸，就害怕他的誘惑，就趕快退縮回到抱殘守缺或自誇自大的老路上去。」﹝註26﹞胡的這種文化焦慮和當時的文化環境以及政治社會環境是分不開的。他似乎並不關注採用何種文化，而是擔心各民族世界化的路上，中國重回過去，從而喪失了生存權以及與世界平等對話的機會。對於有學者把中西文明概括為精神文明與物質文明，胡認為這是不妥的。他認為大凡文明都包括物質的與精神的兩個因子，而西洋現代文明也非物質文明，乃是理想主義的。他拒絕中西文化的本質化，認為社會的發展是物質與精神共同發展的結果，而非兩分，人生理上的共同性造就了文化上的共通性。

不僅僅是文化建設，胡在社會變革的宏觀設計上也表現出非同尋常。比如要打倒貧窮、疾病、愚昧、貪污、擾亂五大仇敵，建立一個治安的、普遍繁榮的、文明的、現代的統一國家，要採用什麼路線？是激進的革命還是慢慢地自然演進？在胡看來，以暴制暴非真革命，武力的結果是造成一個兵匪世界。而是採用「自覺的努力作不斷的改革」，是「充分採用世界的科學知識與方法，一步一步的作自覺的改革，在自覺的指導之下一點一滴的收不斷的改革之全功。」﹝註27﹞胡適所主張的路線正是他的實驗主義思想的一種反映。

胡適的文化思想具有多種來源，包括赫胥黎的「拿證據來」的懷疑主義思想，尼采的「重新估定一切價值」，達爾文的進化論等等。而他在美國留學時期的導師杜威的實驗主義思想對胡適影響最大。所謂實驗主義，簡單說，

﹝註25﹞〔美〕周明之著，雷頤譯：《胡適與中國現代知識分子的選擇》，廣西師範大學出版社2005年版，第199～200頁。
﹝註26﹞胡適：《胡適全集》第24卷，安徽教育出版社2003年版，第243～244頁。
﹝註27﹞胡適：《我們走那條路》，原載1929年12月10日《新月》第2卷，第10號。見《胡適全集》第4卷，安徽教育出版社2003年版，第468頁。

只是一種研究問題的方法，是一種漸進的解決問題的方法，是一種「蘇格拉底法則」，不預設一個「終極真理」，而非亞里士多德式的預設了「真理」的「演繹推理法」。胡適化用了杜威的實驗主義思想，將之歸結為：「大膽假設，小心求證」。「注重具體的事實與問題，故不承認根本的解決。他只承認那一點一滴做到的進步，──步步有智慧的指導，步步有自動的實驗，──才是真正的進化。」〔註28〕胡將之奉為再造文明之科學法則。這也體現在他的白話文實驗和文化與政治的嘗試之中。

　　胡適作為新文化的中流砥柱留給中國很多重要的遺產，比如「重估一切」的態度，「大膽假設，小心求證」的方法論以及作為他的「文藝復興」之夢一部分的白話文的理論提倡與創作實踐。就文化而言，胡實質上是一個折衷派，全盤西化對他而言僅僅是方法論上的需要，因為全盤西化可以避免保守派的文化惰性，折衷意味著向傳統文化妥協。這一點遭到另一全盤西化的代表人物陳序經的批評。他在《再開張的孔家店》《東西文化觀》《再談全盤西化》《中國文化的出路》等文中提出要全面全盤西化，認為自張之洞始的「中體西用」是不可能的，因為體用是合一的，不可能僅取西方之用而捨其體，「有其用，必依其體」。並認為復古派和折衷派不可取。而其全盤西化的原因在於：「（1）西洋文化的確比我們進步得多。（2）西洋現代文化，無論我們喜歡不喜歡去接受，它畢竟是現在世界的趨勢。」〔註29〕不過，陳的全盤西化主張背後有進化論的嫌疑，其學理基礎則是生物進化論和社會進化論，他進而推之於文化領域，其線性的文化進化觀值得商榷。陳在批判孔子時認為孔子的「攻乎異端，斯害也已」是「唯我獨尊、排斥異己」思想的體現，進而妨害中國的思想自由，養成排外的心理，造成國家落後之局面。其實，這是對孔子的誤讀，固然「攻乎異端，斯害也已」的含義在當下亦有爭議〔註30〕，但無

〔註28〕胡適：《我的歧路》，見《胡適全集》第 2 卷，安徽教育出版社 2003 年版，第469 頁。

〔註29〕陳序經：《中國近代思想家文庫‧陳序經卷》，中國人民大學出版社 2014 年版，第 94～95 頁。

〔註30〕對於《論語》中的「攻乎異端，斯害也已」做注的著作較多，近有程樹德、錢穆、楊伯峻、李澤厚等人，分歧多產生對「攻」和「異端」兩個概念。主要的解釋有：研究和學習異端的學問有害；攻擊異端學說就可以制止禍害；攻擊異端學說有害；看待事物或求知偏執一端，是有害的。等等。目前學術界多數傾向於後者。認為這是孔子引導弟子如何學會「多聞闕疑」和「多見闕殆」的政治學智慧，體現了孔子「有容乃大」道德容忍胸襟。（參唐代興：

論如何和「排斥異己」關聯不上的。陳對孔子的誤讀是新文化反孔餘緒的一種反映，也是其倒向西化的原因之一。殷海光曾指出陳序經的西化主張實際上不必要也不可能，不必要在於西方現代文化所產生的文明病不在我們的吸收之列，中國文化也並非全無可取之處；不可能在於文化的慣性，即原有文化「文化分子之基本模式性格結構」與外來文化的適應問題，文化的變遷不可能一蹴而就。〔註31〕

三、「一國之立必有其特出文明方可貴」

自晚清「中體西用」的提出，及至新文化運動時期的學衡派，都可以看作是中西文化的折衷派或調和派。現以學衡派的中堅梅光迪為代表來展示這一時期各派之間文化主張的張力。這位哈佛畢業並在哈佛工作的首位留美文學博士師從白璧德，和吳宓、梁實秋等人是中國新人文主義的代表人物。

新文化時期出現的各種「世界潮流」與各種主義，由於時間短促，「思想之淺陋不精」。而且多間接來自日本，不免「間接之弊」。梅認為留學西洋者，多年少而未學成之士，少有人能融通西洋思想。然盤踞學術要津，登高一呼，國之青年靡然從風。這裡主要是對胡適之流的諷刺。但是在梅看來，所謂的「世界潮流」也僅僅是西洋思想之一部分；而且並未能瞭解他們的實在價值，能否適用於中國需要反覆斟酌，以期精深，方能取捨。

以民權為例，梅光迪在《民權主義之流弊論》一文中對於以盧梭為代表的民權主義的流弊提出批評，認為歐洲自法國革命以降備嘗民權主義之利弊。歐美諸國之現狀即是明證，民權固然高於專制，但行之不善，亦有流弊。原因有三：其一，認為歐洲自十九世紀以來，已臻思想自由之極境矣然自由過甚，流弊百出。今人藉口於思想之自由，巧立名目，互相傾軋。其二，民權「獎進庸眾人群退化也。」認為上智少而中資多。梅主張精英政治，相信「上智之人」，而不是群眾。其三，民權致「道德墮落」。盲從人權者「只知權利而

《「攻乎異端，斯害也已」的政治智慧和道德容忍度思想》，《中國社會科學院研究生院學報》2016年第3期）而朱熹卻意思相反，朱熹《四書集注》稱：「攻，專治也，故木石金玉之工曰攻。異端，非聖人之道，而別為一端，如楊、墨是也。其率天下至於無父無君，專治而欲精之，為害甚矣！」可以簡單譯為：「從事於楊、墨、佛一類學說的研究，這是禍害哩！」其實孔子的話只能是針對他在世之時的事來發表議論，把「異端」釋為後孔子百年乃至數百年之後的楊、墨、佛，殊屬牽強附會。陳經序採用的應是朱注，並不合理。

〔註31〕殷海光：《中國文化的展望》，中華書局2016年版，第324～332頁。

不知義務」，梅的部分批評比較極端，梅強調了義務，而不是權利。梅倡導孔子言治平之道，「歸本於修身，內求諸心。以盡為人之天職，則權利之念輕，而相爭相忌之風息。故欲救眾生，在救其心，心之不救，而獨言權利，則人之好勝。」〔註32〕甚至梅把一戰歸罪於民權主義之流弊。簡而言之，梅在「全盤西化」呼聲高漲的當時，對於西方文明弊端的批評是及時的，他指出西方文明亦有缺憾，宜慎擇審取。

梅還對歐洲的浪漫主義亦有批評。在梅看來，浪漫主義主張尊重個性與天才，推崇超人，是民族主義的起源之一，而極端的民族主義便是帝國主義，甚至會導致法西斯主義。〔註33〕認為歐洲的法西斯主義，起源於浪漫主義派的超人論，優勝民族論，及強權論，卡萊爾、尼采兩家思想為代表。「而近代民族主義之發生，與其漸變為帝國主義，蓋皆與浪漫主義息息相關。浪漫主義，由尊重個人天才與特性，進而尊重各個民族之天才與特性，由尊重個人之天才與特性，而崇拜超人……由尊重各個民族之天才與特性，而倡優勝民族說。」〔註34〕梅還對介紹進化論的嚴復進行了激烈的批評，認為其不明歐人學術源流，就以其一時流行者，介紹國人。使國人自甘居於文化落後民族者。其實梅對嚴復的批評和他所推崇的辜鴻銘的觀點基本一致。辜鴻銘認為嚴復翻譯的《天演論》主張物競天擇，優勝劣汰。造成國人只知物競而不知公理，造成兵連禍結，民不聊生。當然梅對自衛的民族主義與侵略的民族主義有著區分。他認為民族主義在適當範圍為現代國家獨立自存之唯一條件，若超出借武力以實現其大一統則為帝國主義，為人類公敵。頗有意味的是梅的態度和魯迅形成了鮮明對比，魯迅早年即在《摩羅詩力說》中提倡拜倫、雪萊等人的浪漫主義詩歌，呼喚「精神界之戰士」，其一生張揚尼采的超人意志。「掊物質而張靈明，任個人而排眾數」，「個性張，沙聚之邦，由是轉為人國」，〔註35〕魯迅意在立人，先有完整的「人」才有「人國」的可能。尤其是在需要「猛藥」的情況下，在家國危難之時，魯迅發揚了尼采的超人精神。而梅光迪則是從文明史的角度來對待浪漫主義與個人主義。梅強調了浪漫主義

〔註32〕梅光迪：《民權主義之流弊論》，原載《留美學生季報》，1916 年第 3 卷第 3 期。見《梅光迪文存》，華中師範大學出版社 2011 年版，第 13～15 頁。

〔註33〕梅光迪：《近代大一統思想之演變》，見《梅光迪文存》，華中師範大學出版社 2011 年版，第 219 頁。

〔註34〕梅光迪：《梅光迪文存》，華中師範大學出版社 2011 年版，第 220 頁。

〔註35〕魯迅：《文化偏執論》，見《魯迅全集》（第 1 卷）2005 版，第 47、57 頁。

所導致的極端個人主義的流弊。當然，梅所理解的個人主義和胡適的個人主義並不相同。

梅光迪對待民權和浪漫主義的看法得益於他在哈佛大學的導師白璧德（Irving Babbitt，1865～1933）。白璧德被視為美國 20 世紀前三十年代新人文主義運動的代表人物。其人文主義重完整的人性，重節制，沒有禁慾，也沒有形式的「神學」，「反對『自我的擴張』而主張對於『普遍的理性』的遵從」，「凡是過渡的都不能合於人文主義的精神。人文主義者要求的是人性之各個部分平衡的發展。浪漫主義偏重不羈的想像和放縱的情感，固然不合人文主義，但是激起浪漫主義的假古典主義，其偏重死板地規律與冷酷的理智，也是同樣的過猶不及。」〔註 36〕我們從中可以看出梅反對浪漫主義的原因。進而，梅對倡導西學的新文化運動者頗不以為然，認為所謂的「新文化運動」者是「詭辯家」、「模仿家」、「功名之士」和「政客」。1922 年，《學衡》雜誌第一期刊登了梅光迪的《評提倡新文化者》，梅在文中對新文化運動嚴厲批評。梅的治學態度固然值得推崇，包括他的文化願景也是好的，「改造固有文化，與吸取他人文化，皆須先有徹底研究，加以至明確之評判，副以至精當之手績，合千百融貫中西之通儒大師，宣導國人，蔚為風氣，則四五十年後成效必有可睹也。」他的路徑是穩健的。然而他對新文化的批評同樣有些苛刻。這固然有他的個性原因，以及他和胡適之間的個人私願〔註 37〕，但其忽略了當時特定的語境以及胡適的文化策略。

對於反傳統的新文化，梅認為「現代中國的激進文化運動有兩個突出的特點：只專注於傳統中的瑕疵；鼓吹低劣而不加選擇的『世界主義』，以此為自己的主要內容。這場運動所扮演的『反彈琵琶』的角色大行其道，帶走了僅剩不多的一點點民族自尊心和自信心，將現代中國推入了自我詛咒的無邊深海中。」〔註 38〕梅的這一觀察具有一定的深刻性。新文化帶來了中國文化主體性的失落。「喪失自身文化的特性和獨立性。」在以西方思想文化為圭臬的語境下，中國文化傳統被質疑，民族自信大打折扣。甚至文藝也變得毫無

〔註36〕 梁實秋：《白璧德及其人文主義》，見段懷清編：《新人文主義思潮：白璧德在中國》，江西高校出版社 2009 年版，第 98～99 頁。

〔註37〕 劉克敵：《從摯友到對手：對胡適與梅光迪「文學革命」爭論的再評價》，《山東師範大學學報》（人文社會科學版），2013 年第 3 期。

〔註38〕 梅光迪：《人文主義與現代中國》，見《梅光迪文存》，華中師範大學出版社 2011 年版，第 193 頁。

意義。這種境況無疑具有一種悲劇色彩。「中國的確需要從她的迷夢中驚醒了：
她的黃金時代已經過去，她也不再是一個靜止不變的世界中不容置疑的中
心……中國人一方面呼籲著要抵抗外國帝國主義及其一切罪惡，另一方面又
熱情地讚美著他認為可以吸收的外國的東西。」〔註39〕儒家經典被「新思想」
所取代，文化轉型的陣痛被梅視為對優良傳統的摒棄，並帶來了主體性的遺
失。然而弔詭的是：在人類文明史上亦不乏接受「新思想」而成功轉型的國
家。以梅之眼光，魯迅關於中國的歷史與文化是「黑屋子」的譬喻便是典型
代表，他，雖抱有對家國之情，也難免帶有一種中西文明對照下的深深悲觀
與失望，以至於我們面對西人時仍有一種自卑情緒。當然魯是在「恨鐵不成
鋼」的情況下做如此激憤之語的。倒是出於對自己國家的熱愛，五四新文化
諸人才有「西化」之舉。

　　既然梅反對新文化，那麼他要建立的是什麼呢？是中國文化的主體性，
是孔教。在給胡適的信中，梅從文明的文明的角度極力推崇恢復孔教。「一國
之立必有其特出文明方可貴，如希臘、羅馬雖久為瓦礫（礫），然世界文明史
上彼終占一最高位置，為今人所憑弔傾仰。印度雖亡，然印度哲學在今日亦
占一重要位置。惟國豪無學，事事取法於人，乃最可恥可痛耳！」一國須有
一國之特有文明，方能在世界文明史上有一席之位，故而梅要恢復中國本土
特有文化——孔教，而恢復孔教的關鍵在於「善讀善解之人」。梅對孔教的推
崇同樣離不開白璧德對其的影響。白璧德諳熟中國的儒家文化，在白璧德看
來，「東西文化歷史中，都不約而同地呈現出源遠流長的兩種傳統：宗教傳統
和人文傳統；前者在西方是基督教，在東方是佛教；後者在西方是古希臘以
蘇格拉底—柏拉圖—亞里士多德為代表的人文哲學，在東方是中國以孔子為
代表的儒家思想。」〔註40〕梅推崇以孔子為代表的原始儒家，即其所謂的「真
孔教」，而反對後來的儒教。留學時梅致胡適的信中言：「欲得真孔教，非推
倒秦漢以來諸儒之腐說不可……孔教之不行於吾國，乃後世腐儒之咎，非孔
子之咎。耶教之得行於歐美，乃歐美人善解耶教之功，非耶教之果有勝於孔
教也。」〔註41〕梅批評了秦儒餘火之下的尊君，漢儒以免禍為要，不切人生

〔註39〕梅光迪：《西方在覺醒嗎？》，見《梅光迪文存》，華中師範大學出版社 2011
　　　　年版，第 180 頁。
〔註40〕段懷清：《白璧德與中國文化》，首都師範大學出版社 2006 年版，第 93 頁。
〔註41〕梅光迪致胡適信，見《梅光迪文存》，華中師範大學出版社 2011 年版，第 515
　　　　頁。

日用，不合人情物理；宋儒倡心性，致空虛，聖人禮樂兵農政治經濟皆不講，又偽造三綱，助專制之虐。而忠君、貞節等觀念皆為後世儒教所為。故要推倒漢宋之學，倡真孔教。在梅看來，正是由於「腐儒」才導致了孔教的衰落，一種不讀孔子之書，一種不出國門，從而或推崇耶教貶低孔教，或妄自尊大，獨尊儒教，排斥耶教。梅企圖使孔、耶兩教合一，甚至一度想成立「孔教研究會」，從而解決中國社會的宗教問題。

整體上看，梅並不排斥西學，正如學衡派的宣言，「昌明國粹，融化新知」，而是對西學要慎取，要透徹研究之後再取。而一國之立必有其特出文明方可貴，尤為精闢！

以梅光迪、吳宓等人為代表的學衡派在新文化運動波瀾壯闊的撞擊之下，很快風流雲散，沒有標語、沒有口號，也遠離了當時的文化中心北京，再加上學衡派內部人員的變動和遠走他方，學衡派很難在與新文化陣營的文化交鋒中取得話語權。然而他們對於中國文化道路選擇的思考卻依然值得今人去探索，近些年對學衡派的價值重估就是一個明證。

以上探討了辜鴻銘、胡適、梅光迪、陳序經、梁漱溟等人的文藝復興思想，雖然各有不同的思想肖像，充斥著張力與衝突，比如辜鴻銘不屑胡適的文學革命，梅光迪批評胡適對於西方思想的囫圇吞棗，其中包含若干思考原點：儒家道德律令的宗教性與西方的物質力量，新文化與歐洲的文藝復興，充分現代化與「重估一切」，新人文主義的「平衡」與個人主義的「激進」，「體」與「用」，主體性等等。但都試圖回答的一個基本問題是：中國的傳統文化是否適應中國在當今世界的發展？

這裡首先要明確一個前提是：文化是否可以全盤移植的問題。如前所述，凡文化皆有惰性，不存在「全盤性」的問題。有論者認為日本文化史上進行了三次大的文化移植：從繩文文化到彌生文化、大化改新、明治維新，這都給他們帶來了繁榮強盛，但同時依然保持了自身強大的主體性。如何解釋這一現象？其實每種文化都有自身的特點，日本文化的特點在於它的開放性，包容性與、駁雜性。日本向西方學習了先進技術，但其基本精神：神道教、佛教和儒教的精神卻一直繼承下來，日本傳統文化的精神成就了一個現代日本。日本的發展是「因為日本民族在不斷吸納一切他人的文化長處，不為自己過時的文化觀念所屏蔽而造成民族性『後天智障』。淵源於東方文化的神道教、佛教和儒教的三種倫理道德體系在日本得到靈活結合，融為一體，形成一股

文化力量，使得日本的文化和經濟獲得發展。日本現代化表明，保持傳統文化同樣可以謀求現代化。」〔註42〕但對自身傳統文化的凝視與反思是不應該缺席的，文化能否傳承應以是否適應國族的整體建設為前提。有論者認為，雖有中國歷史上有幾次外族入侵，但最終都被中華文化同化，所以中華文化博大精深，值得傳承。但試想，有多少人喪命於侵略者的屠刀之下，國民都不存在了，還有什麼值得炫耀自詡的呢！文化的要義之一在於保存人們的生命和人格的獨立！陳獨秀這一點說得很透徹：「吾寧忍過去國粹之消亡，而不忍現在及將來之民族，不適世界之生存而歸消滅也。」當然中國的被侵略，不僅僅是文化原因，或者說文化原因不是主導原因。卡爾・馬克思、馬克思・韋伯、孫中山等人均有文化與社會發展的論述，不再贅述。

但這並非意味著中國文化傳統不能得到應有的傳承。比如「立人」一直是新文化要倡導的，人始終是文化復興中的關鍵因素。由「人」方能構成「人國」，只有「立人」方能「立國」。這一點魯迅先生已經講得非常明瞭。魯迅尋求個人主義的張揚，這也是當下走向世界文明的共識。日本近代思想家福澤諭吉指出：人人獨立，國家就能獨立。因為沒有獨立精神的人，就不會關懷國事，也不可能在接觸外人時保持獨立的權利，而且還會仗勢做壞事。〔註43〕尤其是到保家衛國的時候，各居客位，逃避責任。因為平日他們就沒有民權。文明的力量需要政府和國民，共同來實行，政府如果專制，人民就會狡詐虛偽，政府如果欺詐，人民就會虛偽，從而舉世人心浮靡，缺乏獨立的精神。因此，個人的獨立是國家獨立的重要條件。那麼，作為中國傳統文化中堅的儒家是不是具有一種個人主義的精神呢？因為新文化打倒孔家店，認為儒教／儒家所造成的禮教文化成為壓迫個性的淵藪，成為個人主義的對立面。其實，回顧 20 世紀中國文化史，我們不難發現從一部孔子的盛衰史就是一部政治史，孔子僅僅成為政治的道具，而非其真實面目。那麼作為原始儒家的孔子思想究竟是否有個人主義的容身之所？「在先秦時期原生態的儒家思想中，『個人』並非不被發現不被關注，恰恰相反，先秦以孔孟為代表的早期儒學，在表達熱切的社會關注的同時，也表達著強烈的個人關注，甚至可以說形成了一種具有鮮明儒家色彩的個人主義傳統。對個人道德主體地位和個人精神

〔註42〕楊心浩：《傳統文化、明治維新與日本現代化的再思考》，《貴州教育學院學報》2002 年第 3 期。

〔註43〕〔日〕福澤諭吉：《勸學篇》，商務印書館 2016 年版，第 15～19 頁。

自由以及特立獨行的個人社會存在方式的重視，是先秦儒家學說不可忽視的重要內容，我們可以稱之為『儒家個人主義』。」〔註44〕先秦儒家的個人主義體現為「己所不欲，勿施於人」，體現為「己欲立而立人，己欲達而達人」、體現為「人皆可以為堯舜」、體現為「匹夫不可奪志」，等等。君子殉「道」，而非「君」。這些和後世儒家形成了鮮明的對照。因此，新文化對儒家的批判包含著深深的誤讀，也有以偏概全之弊。這種誤讀根植於晚清民初特定的歷史語境，尤其是和反袁直接關聯。這也許是在一個峻急的時代策略之需要。當然，孔子思想亦有時代的侷限性。

按照胡適對於「中國的文藝復興」的提法，除去白話文學的提倡與復興，另一個重要方面就是「人的解放」。而要談「人的解放」，周作人就不能遺漏。

相對於胡適，周作人並不認為五四新文化運動是文藝復興，而是一個短暫的既閃現著意義而又需要繼續耕耘的空間，是一個需要努力的目標。因此，周在後五四時期進行著自力的「復興」，不過這一「復興」想像仍遭到了歷史的戲謔！

〔註44〕徐克謙：《論先秦儒家的個人主義精神》，《齊魯學刊》2005 年第 5 期。

第二章　後五四時期「小品文」的審美政治與文化邏輯

　　「小品文」是中國現代文學文體研究的一個重要命題，學界已取得一定的成果，但尚有開拓的空間，尤其是「小品文」這一概念的提出語境及其內在的審美政治與文化邏輯值得深入探究。本文認為，周作人「小品」概念的提出緣於 1921 年他在西山養病時對佛經的閱讀，以周作人為代表的小品文實踐對以左翼文學為代表的革命話語構成另一種回應，它隱含著以個人理性對抗革命狂歡，以文學的審美性對話革命文學工具性的企圖，以及對各色「八股」的反動和解構，周重「實行」、「事功」，而輕「空言」、「氣節」，開創了一種以平和沖淡、博識理趣、閒適苦澀為特徵的文體範式，且具有「復興」的意味。

　　五四的中國是個經歷著「千年未有之變」的中國，各種思潮風起雲湧。新文化高潮之後的後五四時期，依然充滿矛盾與交鋒，「五卅」、「三・一八」、北伐、「九・一八」、新生活運動、新啟蒙運動……其中浴著血與火、生與死，魯迅稱之為「大時代」。[註1] 然而，「閒適」的小品文卻產生在浴著血與火的「大時代」。1930 年代，周作人《中國新文學的源流》及沈啟無《近代散文鈔》的印行，林語堂將其主編的《論語》由「幽默」轉向「小品」並接連創刊《人間世》、《宇宙風》，從而掀起全國範圍內小品熱。1934 年被稱為「小品文年」。

〔註 1〕1927 年 12 月的魯迅在《〈塵影〉題辭》中寫道：「在我自己，覺得中國現在是一個進向大時代的時代。但這所謂大，並不一定指可以由此得生，而也可以由此得死……這重壓除去的時候，不是死，就是生。這才是大時代。」（《魯迅全集》第 3 卷，人民文學出版社 2005 年版，第 571 頁。）

但小品文遭到包括革命文學、左翼文學在內的一些人的排斥和反對，產生了「小品文論戰」，尤以魯迅的《小品文的危機》批評為人們所熟知。那麼，在「大時代」，「小品文」文體實踐的語境和思想邏輯是什麼呢？它為二十世紀中國文學提供哪些經驗？這將是下文探討的核心問題。

一、「信口信手，皆成律度」：「小品文」的發生與實踐

對於「小品」，學界已有研究成果，但鮮有研究者指出周作人緣何提出小品文。對於「小品」這一概念，在周作人現有的作品中較早見之於他 1921 年在西山養病時所作的兩篇文章，這在《山中雜信六》有所記載：「我曾做了兩篇《西山小品》，其一曰《一個鄉民的死》，其二曰《賣汽水的人》」。「這兩篇小品是今年秋天在西山時所作，寄給幾個日本的朋友所辦的雜誌《生長的星之群》登在一卷九號上，現在又譯成中國語，發表一回。」〔註2〕即刊於 1922 年 2 月的《小說月報》上。那麼為何此時周作人稱自己的兩篇文章為他以前從未稱呼的「小品」呢？學界鮮有論及，筆者以為這和他此時到西山養病有關。

1921 年，周作人自 6 月始直至 9 月底一直在香山碧雲寺養病，期間除寫詩文、譯著外，還讀了一些佛經。1921 年周作人日記〔註3〕：

6 月 6 日：「上午重九君來下午攜來藥及食物又梵綱經合注一部」。

6 月 8 日：「上午喬風來下午二時去攜來梵綱經直解一部」。

6 月 9 日：「寄佛經流通處函」。

6 月 12 日：「上午大哥來下午去攜來梵綱經古蹟記一部及諸畫函件」。

6 月 14 日：「下午風得玄同函振鐸函流通處緇門警訓等二部」。

6 月 19 日：「上午大哥來攜來彌陀疏鈔等書三部」。

6 月 20 日：「得佛經流通處寄來禪林寶訓筆說三部一本」。

……

「小品」一詞最早來自佛教用語。南朝宋劉義慶《世說新語·文學》第 43 篇：「殷中軍讀小品，下二百簽，皆是精微，世之幽滯。嘗欲與支道林辯之，竟不得。今小品猶存。」第 45 篇：「遣弟子出都，語使過會稽。於時支公正講小品。」南朝梁時劉孝標注：「釋氏辯空經，有詳者焉，有略者焉，詳者為

〔註2〕周作人：《賣汽水的人》附記，1922 年 2 月刊《小說月報》第 13 卷第 2 號。
〔註3〕周作人：《周作人日記》（中），魯迅博物館藏，大象出版社 1996 年版第 189～191 頁。

大品，略者為小品。」〔註4〕鳩摩羅什譯的《摩訶般若波羅密經》有兩種譯本，十卷本的稱「小品般若經」，二十七卷的稱「大品般若經」。「小品」是相對於「大品」而言。後來，「小品」一詞移用到文學領域，如明王納諫編《蘇長公小品》、王思任的《讔庵文飯小品》等，但其文體交雜，詩、詞、賦、韻、散文等均包括在內。直至 1920 年代，「小品文」才在中國現代文壇風行，成為一種特定的文體。在我看來，住於寺廟讀佛經的經歷以及中國的小品傳統完全有激發周作人對「小品」由佛教用語移用到文學用語的可能。

胡適 1922 年 3 月發表《五十年來中國之文學》一文中對「小品散文」的經典表述更是把「小品」聲名遠播。問題是：「小品散文」是不是周此前提出的「美文」呢？周作人之「美文」是「外國文學」「論文」中「敘事與抒情」的一種。

1921 年 6 月，周作人在《晨報》上發表了《美文》一文，提出「美文」這一概念：

> 外國文學裏有一種所謂論文，其中大約可以分為兩類。一批評的，是學術性的。二記述的，是藝術性的，又稱作美文。這裡邊又可以分出敘事與抒情，但也很多兩者夾雜的。這種美文似乎在英語國民裏最為發達，如中國所熟知的愛迭生，蘭姆，歐文，霍桑諸人都做有很好的美文，近時高爾斯威西，吉欣，契斯透頓也是美文的好手。讀好的論文，如讀散文詩，因為他實在是詩與散文中間的橋。中國古文裏的序，記與說等，也可以說是美文的一類。但在現在的國語的文學裏，還不曾見有這類文章，治新文學的人為什麼不去試試呢？

這所謂的「外國文學裏」的「記述的」「藝術性的」「論文」稱之為「美文」，即源於英法兩國文學中的 essay。周作人為何此時提出「美文」這一概念呢？新文學運動初期，白話文運動企圖打破文言文為士大夫專用的士大夫傳統和文人傳統，尋求普遍性的認同。但林紓、章士釗等反對者貶斥「引車賣漿者之徒」所用白話文字卑陋不美。其實這道出了新文化運動初期白話文重「達意表情」、「明白清楚」，而少文詞筆調的美感之缺憾。不同於堅決拒斥文言堅守白話立場的胡適等人，周作人意識到對傳統資源的借鑒。對於以明清

〔註 4〕劉義慶著，劉孝標注、余嘉錫箋疏：《世說新語箋疏》，中華書局 2011 年版，第 200 頁。

小說文章為主或以現代民間言語為主的國語主張，周作人並不認同。周氏認為明清小說專在敘事，卻缺乏抒情和說理；民間言語組織單純，言語貧乏。他主張採納古語、方言和新名詞以及語法的嚴密化，讓白話「化為高深複雜，足以表現一切高上的精微的感情與思想，作為藝術學問的工具」，建立「一種合古今中外的分子融合而成的一種中國語」〔註5〕。這種理想的國語在稍後又有了更精確的表述：「我們所要的是一種國語，以白話（即口語）為基本，加入古文（詞及成語，並不是成段的文章）方言及外來語，組織適宜，具有論理之精密與藝術之美。」〔註6〕周作人認為古文並非鐵板一塊。一方面，周氏認識到古文缺乏文學價值。古文重在模擬，不能適應現代人的情思，常「文」不能盡「意」，宣告「古文的壽命已盡」。〔註7〕另一方面，周認識到古文「是古代的文章語，是現代文章語的先人」，「這個係屬與趨勢總還暗地裏接續著」，他們的差異多是文體的，文字與語法是小部分。在古文專制時，「惡罵力攻都是對的」，但當其「遜位列入齊民」時，應承認其是華語文學的一份子，「把古文請進國語文學裏來」。〔註8〕周對語言的態度體現了他一貫的文藝上寬容主張，弱勢者自由發展時對於壓迫的勢力不應忍受，而「當自己成了已成勢力之後，對於他人的自由發展，不可不取寬容的態度。」〔註9〕周對古文的包容態度不僅來自於作為散文家的周作人的散文創作實踐經驗，也體現了作為文學理論家的眼光。周氏突破了一種線性發展和非此即彼二元對立的思維模式，體現出兼容並包的情懷和鮮明的文學史意識。其實，美文的意義遠不止對於舊文學的示威，它使得白話文的普及成為可能，也使白話文學更有生命力，有了另一種面貌。

但是後來，周作人對這種文體或類似的這種文體出現了不同的命名名稱。1935年，他在《中國新文學大系‧散文一集》所作的《導言》中說：「以後美文的名稱雖然未曾通行，事實上這種文章卻漸漸發達，很有自成一部門的可

〔註5〕周作人：《國語改造的意見》，1922 年 9 月 10 日《東方雜誌》第 19 卷第 17號。

〔註6〕周作人：《理想的國語：致玄同》，1925 年 7 月 26 日作，載 9 月 6 日《京報副刊‧國語週刊》第 13 期。

〔註7〕周作人：《古文之末路》，1925 年 6 月 14 日《京報副刊‧國語週刊》第 1 期，署凱明。

〔註8〕周作人：《國語文學談》，1925 年 12 月 25 日作，載 1926 年 1 月 24 日《京報副刊》第 394 號。

〔註9〕周作人：《文藝上的寬容》，1922 年 2 月 5 日《晨報副刊》，署仲密。

能」。這種不再稱為「美文」的「部門」，又陸續有過一些新的名稱，如「隨筆」「小品」、「小品文」、「新散文」、「筆記」之類。「小品文」在 1930 年代初期達到頂峰，林語堂辦了《論語》《人間世》等小品文雜誌，1934 年也被稱為「小品文年」，更是引起了「小品文論爭」。

　　不過在這一概念的理解上，往往由於使用者的不同而對小品文的理解各有側重，比如朱自清、曾孟樸、李素伯、魯迅、鍾敬文、林語堂等人對小品文的評論。造成這種狀況的原因是兩位「小品」文的先行者周作人、胡適都未對這一概念進行詳細的界定。對這些互相纏雜的文體概念之間的辨析已有一些研究成果，郜元寶曾指出：「周作人論文，看重貨真價實的思想情趣、知識內容和寫法上的自由率性，至於體裁形式，則隨物賦形，不主一名，——有合適的名可，無則亦可，並無從體裁形式角度『提倡』什麼的用意。」「『名稱不成問題』，關鍵是精神和寫法的自由率性，『信口信手，皆成律度』。」〔註 10〕這一觀點頗得要領。

　　本文對周作人的散文創作的考察，是將周作人散文論述與散文創作從這些不同階段的權宜的說明中解放出來，歸於素樸的「文」。從美文到小品文，周作人建立了現代散文話語，把現代文學的文體意識與思想蘊含推向一個新的高度。不過，這種現代文體意識的自覺與其說是受西方文學的影響，不如說是中國散文傳統的繼承與復興。周以為現代散文的發達在於「外援內應」：「外援即是西洋的科學哲學與文學上的新思想之影響，內應即是歷史的言志派文藝運動之復興。」〔註 11〕言志派文學即周在《中國新文學的源流》中所梳理的，將在後文展開。而且，相對於小說、戲劇與詩歌，「現代的散文在新文學中受外國的影響最少，這與其說是文學革命的，還不如說是文藝復興的產物。」〔註 12〕

二、「言志」與「載道」：「小品文」的審美政治

　　1920 年代中後期，隨著革命文學的興起，周作人、包括加入左聯之前的

〔註 10〕郜元寶：《從「美文」到「雜文」——周作人散文論述諸概念辨析》，《魯迅研究月刊》2010 年第 1、2 期。

〔註 11〕周作人：《〈中國新文學大系・散文一集〉編選感想》，載 1935 年 2 月 15 日《新小說》第 1 卷第 2 期。

〔註 12〕周作人：《〈陶庵夢憶〉序》，1926 年 11 月 5 日作，載 12 月 18 日《語絲》第 110 期，署豈明。收《澤瀉集》。

魯迅都成為革命文學批判的對象。成仿吾在《完成我們的文學革命》中指出：
「趣味是苟延殘喘的老人或蹉跎歲月的資產階級，是他們的玩意……而這種
以趣味為中心的生活基調，它所暗示著的是一種在小天地中自己騙自己的自
足，它所矜持著的是閑暇，閑暇，第三個閑暇。」〔註13〕在其後的《從文學
革命到革命文學》一文中又繼續批評道：「他們是代表著有閑的資產階級，或
者睡在鼓裏面的小資產階級。他們超越在時代之上，他們已經這樣過活了多
年，如果北京的烏煙瘴氣不用十萬兩無煙火藥炸開的時候，他們也許永遠這
樣過活的罷。」〔註14〕成仿吾們批評革命年代小品文的「趣味」與「有閑」。
小品文「有閑」嗎？這樣的批評似乎是無法否認。關於「小品文」的審美特
徵，從當時的朱光潛、蘇雪林、曹聚仁、胡蘭成到當下的劉緒源、肖劍南以及
卜立德、蘇文瑜等人都有過經典的表述或系統的研究，可歸結為「簡潔」、「平
淡自然」、「青澀」、「趣味」、「苦」等特點。如果小品文「有閑」的假設成立，
那麼在「大時代」裏，小品文為何選擇「有閑」一途？這是逃避？還是別有新
聲？

　　周作人對這種批評較早的回應是在《文學的貴族性》一文。周對第四階
級文學（無產階級文學、平民文學）來攻擊貴族文學表示異議。他認為「文學
是表現思想與情感的，或者說是一種苦悶的象徵。」它和社會運動、宗教同
出於一個源流：苦悶。社會運動有烏托邦以求人生之滿足正如宗教有天堂樂
土以求靈魂消滅之安慰，「社會運動僅就宗教之來世，而變為今世而已。社會
運動一定要解決問題，完成理想；宗教則克苦自己，注意來生。可是文學則
不然，單表現一種苦悶，一處理想，表現的手段與方法完成後，就算盡了它
本身的能事，並不想到實行，或解決或完成其理想。」〔註15〕言下之意，文
學雖和社會運動、宗教同源，卻不具備改造社會、解決實際問題的功用。然
而，周的這一說法似乎並不能成立。從周早期的作品來看，周1908年發表在
《河南》雜誌上的《論文章之意義暨其使命因及中國近時論文之失》就期待
文章能有「國民精神進於美大」之使命。新文化時期，其《人的文學》、《思想
革命》等文更是發抒文學啟蒙之用。但後五四時期，周為何「棄文而去」了

〔註13〕成仿吾：《完成我們的文學革命》，1927年1月16日《洪水》半月刊第3卷
　　　　第25期。
〔註14〕成仿吾：《從文學革命到革命文學》，1928年2月1日《創造月刊》第1卷第
　　　　9期。
〔註15〕周作人：《文學的貴族性》，1928年1月5日、6日《晨報副刊》。

呢？固然，中國革命的現實使周感到言說的無力，然而，這並未使他放棄了言說的努力，而是寄憂憤於「文抄」，於小品文。那麼，面對革命文學的發難，周的用意究竟在何？這就要考察周後五四時期的散文創作。

這一時期，周的散文大致分為兩類，時評和草木蟲魚式的「悠閒」小品。時評雖然沒有周「閉戶讀書」之前「金剛怒目」式散文的鋒芒，但仍不失對現實的關懷與激切。尤其是 1930 年代，周作人的文風趨於晦澀，以文抄公體、古詩等形式把時評寓於草木魚蟲和引經據典之中。但細察之下，這類文章和古來託物言志的傳統並無二致，但從批評的指向上來看，周文多是對於左翼而發。周對左翼的批評是通過「八股」這一概念的操作來進行的，當然，對「八股」的批評並不僅僅侷限於左翼文學。周有感於中國的「土八股」、「洋八股」和「黨八股」，要打破「統一思想的理論」，周指出八股思想的頑固性和遺傳性：「八股算是已經死了，不過，它正如童話裏的妖怪，被英雄剁做幾塊，它老人家整個是不活了，那一塊一塊的卻都活著，從那妖形妖勢上面看來，可以證明老妖的不死。」〔註16〕八股的危害在何？在周看來，八股的做法是輕思想重填譜，重形式而輕思想，以致淪為一種遊戲，而消泯了現實的思想鋒芒，成為眾口一致的說辭。

八股文作為科舉考試的工具帶有了先天的功利性，最終墮落為統治階層規訓士子的一種手段，儒教思想成為士子的一種集體無意識，這大大削弱了士子的主體性。清初曲江廖燕著《二十七松堂文集》十六卷，卷一《明太祖論》有云：

> 吾以為明太祖以制義取士與秦焚書之術無異，特明巧而秦拙耳，其欲愚天下之心則一也。
>
> 明制，士惟習四子書，兼通一經，試以八股，號為制義，中式者錄之。士以為爵祿所在，日夜竭精敝神以攻其業，自四書一經外成束高閣，雖圖史滿前皆不暇目，以為妨吾之所為，於是天下之書不焚而自焚矣。非焚也，人不復讀，與焚無異也。

廖燕認為制義取士和秦朝的焚書坑儒沒有什麼區別，都在於一統思想，取締士的主體性。對此周認為：「治天下愚黔首的法子是考八股第一，讀經次之，焚書坑儒最下。蓋考八股則必讀經，此外之書皆不復讀，即不焚而自焚，

〔註16〕周作人：《論八股文》，1930 年 5 月 19 日《駱駝草》第 2 期，署啟明。收《看雲集》。

又人人皆做八股以求功名，思想自然統一醇正，尚安事殺之坑之哉。至於得到一題目，各用其得意之做法，或正做或反做，標新立異以爭勝，即所謂人人各異，那也是八股中應有之義……中國臣民自古喜做八股，秦暴虐無道，焚書以絕八股的材料，坑儒以滅八股的作者，而斯文之運一厄，其後歷代雖用文章取士，終不得其法，至明太祖應天順人而立八股，至於今五百餘年風靡天下，流澤孔長焉。破承起講那一套的八股為新黨所推倒，現在的確已經沒有了，但形式可滅而精神不死，此亦中國本位文化之一，可以誇示於世界者歟。新黨推倒土八股，趕緊改做洋八股以及其他，其識時務之為俊傑耶，抑本能之自發，或國運之所趨耶。」〔註17〕「土八股」形式雖滅而精神不死，成為新的「洋八股」「黨八股」，這是周的深刻觀察。周深刻認識到八股之毒害，它對於士子主體性的剝奪，成為統治階層思想統一的工具。周把「八股」推及至左翼之「遵命文學」，「八股」最大的危險性在於它是一種「遵命文學」，以「個人」的消泯為代價，其目的在於博取「功名」：「做『制藝』的人奉到題目，遵守『功令』，在應該說什麼與怎樣說的範圍之內，盡力地顯出本領來，顯得好時便是『中式』，就是新貴人的舉人進士了……吳稚暉公說過，中國有土八股，有洋八股，有黨八股，我們在這裡覺得未可以人廢言。在這些八股做著的時候，大家還只是舊日的士大夫，雖然身上穿著洋服，嘴裏咬著雪茄。」〔註18〕周警惕的是時代在變而思想依舊，文學被用作黨派鬥爭、爭名奪利的工具，個人被置之於集團的權威之中，喪失應有的獨立地位。這和周五四時期所主張的個人主義的人間本位主義有著若干的契合之處。而且，在周看來，其動機似乎也值得懷疑。對貴族文學與平民文學的觀察即是一例。「文學須有豐富之情感，敏銳的思想。有豐富之情感，敏銳的思想，而無表現的手段，不能謂之文學家。是則文學家在情感上，思想上及藝術上，全都要超出常人。所以，文學家實際上是精神上的貴族，與乎社會制度上之貴族迥乎不同。」而第三及第四兩階級「在思想上是一樣的，全都想得到富貴尊榮，或者享有妻妾奴婢……」〔註19〕思想上想求得「富貴尊榮」，或者「享有妻妾奴婢」的文學都是 Bourgeois 階級的文學，無論其社會制度上的地位，哪怕是「平民文

〔註17〕周作人：《關於焚書坑儒》，1935 年 9 月 16 日刊《宇宙風》1 集 1 期，署名知堂，收《苦竹雜記》。

〔註18〕啟明：《論八股文》，1930 年 5 月 19 日《駱駝草》第 2 期。

〔註19〕周作人：《文學的貴族性》，1928 年 1 月 5 日、6 日《晨報副刊》。

學」。反之則是反 Bourgeois 階級。關於這一點可以說是周作人對文學的一個獨特的分類和界定。周作人在《隨感九七・爆竹》一文中進一步論述：「有產者在陞官發財中而希望更升更發者也，無產者希望將來陞官發財者也，故生活上有兩階級，思想上只一階級，即為陞官發財之思想……」〔註 20〕這和魯迅的觀察頗有相通之處。「那麼現在講革命文學的，是拿了文學來達到他政治活動的一種工具，手段在宣傳，目的在成功。」「夫文而欲其載道，那麼便跡近乎宗教上的宣傳。」在周作人看來，以文學為工具的革命文學「和南方吶喊的口號，紙上的標語是一樣的」。這是對革命文學意識形態化爭鋒相對的批評。所以，周企圖以「平淡」「自然」來對抗「革命浪漫」。

1930 年代，周作人在《中國新文學的源流》中提出了「言志」與「載道」的二元對立，這是對於胡適的線性進化的白話文學觀的一種糾偏，具有進步意義。但嚴格上說，這並不是十分規範的學術論文，朱自清、錢鍾書等人曾有論述。但從另一個層面說，周作人「言志」的提出更多緣於當時的革命文學和左翼文學。對周作人與左翼之間的緊張關係，丁文、張旭東等人已有研究，筆者不再贅述，但正如有研究者指出的那樣：「周作人的小品……無論怎樣，都還處處可以找到他對黑暗的現實的各種各樣的抗議的心情。」〔註 21〕用周後來自己的解釋，有些閒適表示的「實際上是一種憤懣」。〔註 22〕

我同時想指出的是，周的休閒的「小品文」和對左翼的疏離一脈相承，猶如硬幣的兩面，在絮絮叨叨的時評的另面則是周的抒情理想，一種通過對貌似悠閒的敘事來抗拒時代集團話語和撫平內心創傷的情感操練，以緩解他和世界的緊張關係。周引入了瓦屋紙窗、清泉綠茶、陶瓷茶具、塵夢、入廁讀書、草木蟲魚等日常概念，這種小敘事無疑解構了激進主義的宏大敘事，不免引來批評。周的小敘事的資源既有中國傳統文人的古典理想，道家之自然要義，儒家之中和思想，承接了自晚明小品以來的脈絡。也有對英國的 Essay以及日本永井荷風、谷崎潤一郎等唯美主義思想以及希臘神話的人間理想的繼承。其中也蘊含了個人的理性自覺與審美偏好。在這些日常敘事中周建構出一個以凡人為主體的日用人生的歷史，這迥然不同與民族國家的宏大敘事。

〔註 20〕豈明：《爆竹》，1928 年 2 月 27 日《語絲》週刊第 4 卷第 9 期。
〔註 21〕阿英：《周作人》，《阿英全集》第 2 卷，安徽教育出版社 2003 年版，第 603
　　　　～604 頁。
〔註 22〕周作人：《重刊〈袁中郎集〉序》，1934 年 11 月 13 日作，載 17 日《大公報》
　　　　文藝副刊第 120 期，署知堂。收《苦茶隨筆》。

人民的歷史本來是日用人事的連續，天地之至道貫於日用人事，從格物中可以溯求到生活的真義。這種小敘事本身的意義已經超越了批評者所指責的「閒適」內涵，周的「言志」也即「個人」之志，並加上理性的清明。周多次強調文學要有「理性的調劑」，這種理性其實是指現代科學理性，是「現代覺醒的新人」的理性，是「人道主義」理性。周的小敘事企圖以個人理性對抗革命狂歡，以文學的審美性對話革命文學的工具性，隱含著對各色「八股」的反動和解構，它構成了對以魯迅以及左翼文學為代表的革命理性的另一種回應。布迪厄曾言：「由於文學場和權力場或社會場在整體上的同源性規則，大部分文學策略是由多種條件決定的，很多『選擇』都是雙重行為，既是美學的又是政治的，既是內部的又是外部的。」〔註23〕周作人的文體選擇蘊含著一種審美政治。簡而言之，具有「平淡自然」、「自由率性」特徵的小品文的審美政治根植於特定的歷史語境之中。

三、「重知」與「實行」：「事功」思想的重構與彌散

如果僅僅停留在上文中周對革命文學、左翼文學的回應，似乎並沒有完全切中周文思想路徑的要害。也並沒有完全回答周為何「消極度日」。在一個烽火連天，舉國抗戰的年代，小品文為何要以「有閒」來「超越」這一時代？類似對小品文的批評從小品文的產生之日一直到當下都沒有停止過，對這一領域關注的人都不難瞭解。因此，除了上文對於「小品文」產生語境及其審美政治的梳理，有必要進一步澄清周這一問題的思想路徑。我認為「節氣」與「事功」是回應這一問題的重要概念。先從《岳飛與秦檜》一文說起。

1930 年代，隨著日軍的步步緊逼，北大清華等高校南遷，一大批知識分子紛紛南下，留守北京的周作人此時發表了《棄文就武》、《關於英雄崇拜》、《岳飛與秦檜》等文卻耐人尋味。尤其是在《岳飛與秦檜》一文中，周聲援呂思勉，揚秦抑岳，引起非議與指責。呂在其著作《白話本國史》第三編「近古史下」中對岳飛與秦檜有如下評語：

> 大將如宗澤及韓岳張劉等都是招群盜而用之，既未訓練，又無紀律，全靠不住。而中央政府既無權力，諸將就自然驕橫起來，其結果反弄成將驕卒惰的樣子。

〔註23〕〔法〕皮埃爾・布迪厄：《藝術的法則──文學場的生成和結構》，劉暉譯，中央編譯出版社 2001 年，第 248 頁。

又云：我說，秦檜一定要跑回來，正是他愛國之處，始終堅持和議，是他有識力肯負責任之處，云云。

……

關於呂的《白話本國史》一案史學界已有研究成果。〔註24〕呂的治史思想受到正當其時的新文化整理國故，「重新估定一切價值」思想的影響，強調考據求真。然而隨著民族危機的加深，其時的國民政府希望通過推崇岳飛的民族精神來抵禦外辱。1935年，國民黨上海市黨部基於歷史教育與現實的考量責令呂修改《白話本國史》。這一查禁令引起了周的注意。周在《岳飛與秦檜》中對呂的觀點基本認同，「鄙人也不免覺得他筆鋒稍帶感情，在字句上不無可以商酌之處，至於意思卻並不全錯，至少也多有根據，有前人說過。」並舉出俞正燮《癸巳存稿》卷八中的《岳武穆獄論》和朱子《語類》中對岳飛的論述，認為「現今崇拜岳飛唾罵秦檜的風氣我想還是受了《精忠岳傳》的影響，正與民間對於桃園三義的關公和水泊英雄的武二哥之尊敬有點情形相同。我們如根據現在的感情要去禁止呂思勉的書。對於與他同樣的意見如上邊所列朱子的語錄也非先加以檢討不可。」並以趙翼《廿二史劄記》中的話卒篇點志：「書生徒講文理，不揣時勢，未有不誤人家國者……」〔註25〕也就是說周從呂思勉對岳飛、秦檜之歷史重估延伸到抗戰陰霾籠罩之當下的介入，周文顯示出周「還曆史本來面目」的治史思想外，其中重要的一點就是：氣節不能代替客觀現實，不能代替「事功」，也不能代替「實行」。《英雄崇拜》〔註26〕中，周針對有人提倡民族英雄崇拜，以統一思想與情感，周以為「難於去挑出這麼一個古人來」，關、岳的信仰是從說唱戲上得來，「關羽」得益於羅貫中，「岳飛」得益於《精忠岳傳》，至於文人者如「文天祥」「史可法」，周認為其死固然「應當表示欽敬」，但「不能算是我的模範」，因為這種死法無異於國家社會，於事無補。「徒有氣節而無事功」，「誤國殃民」。

面對日軍對中國的侵略，周作人曾強調不能迷信「公理戰勝」，依靠開會

〔註24〕最新成果參王萌：《呂思勉〈白話本國史〉查禁風波探析》，《華東師範大學學報》（哲學社會科學版），2015年第2期；劉超：《民族英雄的尺度：〈白話本國史〉教科書案研究》，《安徽史學》2015年第2期。等。

〔註25〕周作人：《岳飛與秦檜》，1935年3月21日《華北日報》每日文藝第108期，署不知。收《苦茶隨筆》。

〔註26〕周作人：《英雄崇拜》，1935年4月21日《華北日報》每日文藝第139期，署不知。收《苦茶隨筆》。

遊行、口號標語來抵抗侵略，「吳公稚暉說過，他用機關槍打過來，我就用機關槍打過去，這是世界上可悲的現象，但這卻就是生存競爭上唯一的出路。修武備，這是現在中國最要緊的事。」〔註27〕這是周面對侵略所秉持的態度。其實，這種態度也即周後來所謂的「重知的態度」〔註28〕，尊重科學精神，尊重「常識」。重知強調實行，而不是空喊口號，「我們高叫了多少年的取消不平等條約的口號，實際上有若何成績，連三十四年前的辛丑條約還條條存在……以後總該注重實行，不要再想以筆舌成事，因這與畫符念咒相去不遠，究竟不能有什麼效用也。」〔註29〕更不是「住在華貴的溫泉旅館而嚷著叫大眾衝上前去革命」。這種重知求實的態度絕非那些「愛惜羽毛」的人所能為。

周1930年代屢次引用顏元、傅青主之言，現照抄一二：

> 文章之禍，中於心則害心，中於身則害身，中於國家則害國家。陳文達曰，本朝自是文墨世界。當日讀之，亦不覺其詞之慘而意之悲也。(《顏氏學記·年譜》)

> 明亡天下，以士不務實事而囿虛習，其禍則自成祖之定《四書五經大全》始。三百年來僅一陽明能建事功，而攻者至今未已，皆由科舉俗學入人之蔽已深故也。(《顏氏學記·顏李弟子錄》)

> 仔細想來，便此技到絕頂要他何用？文事武備暗暗底吃了他沒影子虧，要將此事算接孔孟之脈，真噁心殺，真噁心殺。(傅青主《書成化弘治文後》)

顏元和其弟子李恕谷等組成顏李學派，是清代初期思想領域頗具影響的一個學術流派，標榜「實學」，以「實文、實行、實體、實用」為學術宗旨，與清初官方提倡的宋明理學相對立，顏批評程朱理學的空疏，遠離了經世致用的「真儒學」。提倡一個「習」字，名所居曰「習齋」，即凡學一件事都要用實地練習工夫。梁啟超稱之為「實踐主義」「實用主義」。周對顏李之說的援引與重構，因為「西學新政又已化為道學時文，故顏李之說成為今日的對症服藥，令人警醒」。周更重視務實，重事功，而不是不顧實際的空喊口號。這

〔註27〕周作人：《關於徵兵》，1931年10月27日在北京大學學生會抗日救國會講。收《看雲集》。

〔註28〕周作人：《情理》，1935年5月12日《實報·星期偶感》，署知堂。收《苦茶隨筆》。

〔註29〕周作人：《常識》，1935年6月16日《實報·星期偶感》，署知堂。收《苦竹雜記》。

種「實行」「事功」和虛假的愛國主義形成對比。李劼對此有過精彩的論述：「中國人的傳統慣例卻總是將亡國的責任推到文人美女身上。比如人們一說起明末，便會津津樂道於錢謙益的附道，或陳圓圓的誤國。因此，當時的所謂抗日，在軍人是有沒有能力迎敵，而在文人則是有沒有本事媚俗。越是身處民眾同仇敵愾群情激昂的關頭，文化人的媚俗就越是成為其安身立命的基本工夫。日本人大軍壓境，文化人紛紛南下，逃到一個遠離日本軍隊的地方，成立一個抗敵協會，從而獲得雙重的安全：抗敵的安全，只消在話語上表示一下，不用擔心真槍實彈地喋血沙場；還有媚俗帶來的安全，經由一番對日本軍隊千里迢迢的催動氣功式的語言抵抗，在民眾面前輕而易舉地獲得了抗日學者抗日作家的光榮，不用擔心還會承擔什麼亡國的罪責。」〔註30〕亡國之責推之於文人美女，實不應該。政府軍力不敵導致平民百姓生命受到威脅，我們不去責備其時的國民黨政府，反而苛責於一介百姓，要求以凡人以「英雄」之捨身來成就未能衛戍家國的政府之虛偽口號，其中的邏輯不免荒誕，傾巢之下安有完卵。尤其是生活在太平時代的人們不能一味苛責亂世中人。本文無意為周辯護或批評別種文學之空言，只是進一步梳理周的思想路徑以饗學人。

這種重知，重實行而非空言漸漸轉化為知識分子的崗位意識，「武人不談文，文人不談武」，「武人高唱讀經固無異於用《孝經》退賊，文人喜紙上談兵，而腦袋瓜兒裏只有南渡一策。」〔註31〕具體來說，要「自知」、「盡心」、「言行相顧」。〔註32〕中國傳統知識分子帶有先天的政治性，學而優則仕，然而，經史子集並非包治百病，尤其是在日新月異的二十世紀。這一思想也得到後來的研究者余英時的響應：「『士』的傳統雖然在現代結構中消失了，『士』的幽靈卻仍然以種種方式，或深或淺地纏繞在現代中國知識人的身上。『五四』時代知識人追求『民主』與『科學』，若從行為模式上作深入的觀察，仍不脫『士以天下為己任』的流風餘韻。」〔註33〕日本學者佐藤慎一有這樣的觀察：

〔註30〕李劼：《作為唐‧吉訶德的魯迅和作為哈姆雷特的周作人》，見 http://www.aisixiang.com/data/15736.html。

〔註31〕周作人：《煮藥漫抄》，1935 年 7 月作，載 8 月 3 日《大公報‧小公園》。收《苦竹雜記》。

〔註32〕周作人：《責任》，1935 年 8 月 25 日《實報副刊‧星期偶感》，署知堂。收《苦竹雜記》。

〔註33〕余英時：《士與中國文化‧新版序》，上海人民出版社 2003 年 1 月版，第 6 頁。

「中國古典世界本身就是一個宏偉的知識體系，其宏偉的程度如島田虔次所言，『到 1750 年中國出版的書籍的總數，比到這一年為止世界上除中文之外所印刷的書籍的總數還要多』。值得一學的都應該包含在其中，關於人與社會各種問題的解答都包含在其中。其中人與社會的真理記述在經書中，解決問題的先例則積蓄在史書中。士大夫的任務就是正確地解釋這些書籍，發現確切的答案……但是終究不能找到確切的解答。這是因為經過產業革命與政治革命而成長起來的西方諸國的力量——政治力、經濟力與軍事力——在人類歷史上本身就是前所未有的，如何翻閱中國的古典也不可能到處確切的解答來。」〔註34〕這是中國「士大夫」的悲哀，也是國之悲哀！周一再強調五四以來逐步確立的「現代知識分子的崗位意識」意在避免「故鬼重來」，歷史悲劇之重演，這也正是對傳統「士」的一種關照與審視。這在當下亦不失意義。周作人作為自由主義知識分子拒絕了對政治力量的依附，是「在價值轉換中獲得成功者」〔註35〕。也正是因為以上原因，周之「小品文」話語才和其五四時期的創作有了較大的分野和不同。

簡而言之，「言志」與「事功」是理解周文思想路徑的兩個關鍵詞。「言志」是對「各色八股」的反動，是自由言說之張舉；「事功」及其所包含的「重知」「實行」精神則是對抗 1930 年代「公理」崇拜、「節氣」迷信的又一言說，其中不無蘊含周「文藝復興」之夢想。雖然如此，周仍被捲進了巨大的歷史漩渦，這些舍生求實的「事功」勇氣和文化穿越的夢想在殘酷的現實面前只有讓位於自身的求生意志或別種設想，這也許是周所始料未及的〔註36〕，並一步步走進暗的所在，彌散在大歷史的崇高客體之中。

〔註34〕〔日〕伊藤慎一：《近代中國的知識分子與文明》，江蘇人民出版社 2011 年 4 月版，第 18～19 頁。

〔註35〕陳思和：《關於周作人的傳記》，《中國現代文學研究叢刊》1991 年第 3 期。陳在另文《現代知識分子崗位意識的確立：〈知堂文集〉》（《杭州師範學院學報（社會科學版）》2004 年第 1 期）中指出中國現代知識分子經歷了從傳統士大夫的廟堂價值取向民間崗位價值取向的轉變，周作人是繼王國維之後實現這種價值取向轉變的第二人，即從「廣場」撤離，回歸「民間社會」，並承認其價值。

〔註36〕關於周作人的附逆，學界已有較多成果，本文不再探討。

第三章　有情的文學：周作人與「抒情」傳統

　　本章意在梳理周作人「抒情」文學觀的內涵。周之「言志」實即「抒情」，《聖經》之《雅歌》、《詩經》之《國風》以及「薩福」構成了周之抒情美典。兩希文學中的抒情傳統和中國文學自《詩經》以降的抒情傳統共同構成了周之抒情資源。這是五四時期周之文學觀的重要轉變，也回應了後五四時期的文學之用。

　　周作人 1965 年在自己的遺言中寫道：「余一生文字無足稱道，唯暮年所譯希臘對話是五十年來的心願，識者當自知之。」那麼，除去其晚年所譯的《路吉阿諾斯對話集》外，周作人所寫的大量文字真的「無足稱道」嗎？周在自己的遺言中是自謙還是對自己文字的不滿？時間往前推移。在 1940 年代，周作人屢次在不同場合的演講中稱自己是海軍出身，不是文人。這種變化可以推至 1930 年代，周在自述中寫道：「他原是水師出身，自己知道並非文人，更不是學者，他的工作只是打雜，砍柴打水掃地一類的工作……」〔註 1〕，周的這一角色定位的轉移和 1920 年代形成了對比，那時的他即使聲稱自己的「文學小店」關門之後，仍不忘「閉戶讀書」，周有著知識分子崗位意識的自覺，這和 1930 年代中後期及 1940 年代上期有著較大的反差，毋庸置疑，「苦住時期」他的地位角色的變化是一個極為重要的原因。這種角色意識的變化無疑也是對自己文字的一種否定。重返周作人的文學書寫，是什麼原因造成周對自己文字的不滿？這就要考察周的文學價值標準的依據在何。

〔註 1〕周作人：《周作人自述》，1934 年 12 月作。收 1934 年 12 月上海北新書局版
　　　陶明志編《周作人論》。

一、周作人的「抒情」文學觀的建構

新文化運動時期，周之所以能夠很快成為其中的中流砥柱，一部分原因是和他的文學批評家的身份分不開的。周在這一時期分別發表了《人的文學》、《平民的文學》、《思想革命》、《新文學的要求》、《個性的文學》、《文藝上的寬容》等一系列文章，更是為當時飽受非議的郁達夫、汪靜之鳴不平，書寫了《〈沉淪〉》、《情詩》、《什麼是不道德的文學》等文，綜觀周這一時期的文學理論主張，主要體現為他對思想革命重要性的重視，也即提倡人道主義的個人主義的人間本位主義的文學，尋求文學精神的普遍與真摯。後五四時期，周不再尋求思想上的「佈道」，更注重文學自主性的追求，「情」的意義由此凸顯。

從文藝起源上論文學的本質，新文化運動時期的周作人更倚重「情本體」，認為一切藝術都是作者情感的表現，周時常引用《詩大序》中的一段話：「情動於中而形於言；言之不足，故歌詠之；歌詠之不足，故嗟歎之；嗟歎之不足，故不知手之舞之，足之蹈之。」周認為原始社會的人因為情動於中，不能自己，所以用了種種的形式將它表現出來，後來這種感情和儀式分離開來成為藝術，但這種「神人合一，物我無間的體驗」是共通的。周作人的這種文學觀在托爾斯泰的《什麼是藝術》、克魯泡特金的文學觀，以及安特萊夫（Leonid-Andrejev）、康刺特（Joseph Conrad）、福勒忒等人的文學思想中找到依據。

> 一切的藝術都有這個特性，——使人們合一。各種的藝術都使感染著藝術家的感情的人，精神上與藝術家合一，又與感受著同一印象的人合一。（托爾斯泰）

> 我們的不幸，便是在大家對於別人的心靈、生命、苦痛、習慣、意向、願望，都很少理解，而且幾於全無。我是治文學的，我之所以覺得文學的可尊，便因其最高上的事業，是在拭去一切的界限與距離。（安特萊夫）

> 小說的比事實更要明瞭的美，是他的藝術價值；但有更重要的地方，人道主義派所據以判斷他的價值的，卻是他的能使人認知同類的存在的那種力量。總之，藝術之所以可貴，因為他是一切驕傲偏見憎恨的否定，因為他是社會化的。（福勒忒）〔註2〕

〔註2〕周作人：《聖書與中國文學》，1920年11月30日在燕京大學文學會講，載1921年1月10日《小說月報》第12卷第1號，署周作人。收《藝術與生活》。

　　文學因為造成情感的共通而使人們嘗試理解溝通，這是文學可貴可尊之處。周在《聖書與中國文學》一文中比較了中國的經學研究和歐洲的聖書研究。在周看來，作為文藝上人道主義思想源泉的聖書的研究給中國的經學研究提供了參照，周批評中國古人研究方法之誤。例如對《國風》中戀愛詩的研究，近代龔橙在《詩本誼》中認為「《關雎》，思得淑女配君子也」；《鄭風》中「《女曰雞鳴》，淫女思有家也」。周認為這兩篇只是戀愛詩，分不出什麼「美刺」，但注者卻據《易林》的「雞鳴同興，思配無家」斷為「為淫女之思明甚」，逃不出「鄭聲淫」的成見。周言：即使他這樣大膽的人，也還不能完全擺脫三家遺說的束縛；倘若離開了正經古說訓這些觀念，用純粹的歷史批評的方法，將他當作國民文學去研究，一定可以得到更為滿足的結果。周在這裡雖突出了作為文學研究方法的重要性，但其更注重的是文學是人之情的凸顯。周並認為「希臘古代的頌歌（Hymn）史詩（Epic）戲劇（Drama）發達的歷史，覺得都是這樣的情形。」〔註3〕不過新文化運動時期，周作人的文學觀尚帶有「思想革命」啟蒙的色彩，這一點上文已經論述。

　　其實，在日本留學時期周作人就注意到了文學的情感之用。在《論文章之意義暨其使命因及中國近時論文之失》一文中周論及文章的特性：「蓋精神為物，不可自見，必有所附麗而後見。凡諸文化，無不然矣，而在文章為特著。何也？人生之始，首在求存。衣服飲食居處之需，為生活所必取，故實藝遂生之事即文物之曙光，第其所養者至粗於人，理為極淺。迨文明漸進，養生既全，而神明之地欲然覺不足，則美術興焉。凡自土木金石繪畫音樂以及文章，雖耳目之治不同，而感人則一。特文章為物，獨隔外塵，託質至微，與心靈直接，故其用亦至神。言，心聲也；字，心畫也。自心發之，亦以心受之。感現之間，既有以見他緣，亦因可覘自境。英人珂爾堙普（Courthope）曰：『文章之中可見國民之心意，猶史冊之記民生也。』德人海勒兌爾（Herder）字之曰民聲。吾國昔稱詩言志。（古時純粹文章，殆惟詩歌，此外皆懸疑問耳。）夫志者，心之所希，根於至情，自然而流露，不可或遏，人間之天籟也。」〔註4〕「試觀上古，文章首出，厥惟風詩。原數三千餘篇中，十三國美感至情，曲折

<hr>

〔註3〕周作人：《新文學的要求》，1920年1月6日在北京少年學會講，載1月8日《晨報副刊》，署周作人。收《點滴》、《藝術與生活》。

〔註4〕周作人：《論文章之意義暨其使命因及中國近時論文之失》，1908年5月至6月《河南》第4、5期，署獨應。

深微,皆於是乎在,本無愧於天地至文,乃至刪詩之時,而運遂厄。」〔註5〕周在此處指出文章與心靈情感的關係,認為「言,心聲也;字,心畫也。」並論及中國的詩言志傳統,認為志是至情的自然流露。周的這一觀點也收到美國人宏德(Hunt)的影響,宏德在其《文章論》指出「文章者,人生思想之形現,出自意象、感情、風味(Taste),筆為文書,脫離學術,遍及都凡,皆得領解(Intelligible),又生興趣(Interesting)者也。」〔註6〕周的這一觀點在其後的新文學運動及其後得到延續。雖然在文學的功用上周的觀點前後有所變化,比如上文就帶有民族主義的強烈訴求,希望能借助文學改革國民精神。但周作人在文學的實質這一問題也即文學本體論上的觀點具有內在的延續性。

周作人對文學「情」之訴求,尋求文學的無功利性是在後五四時期自我認同歸於「自己的園地」之後。尤其是革命文學興起之後,周作人更突出了文學的情感表達的主體性,而不是作為一種「為政治的目的,革命的目的,社會運動的工具」,「文學之所以為文學,乃在抒情的一點上」,「工具式的文學,理論上事實上全是靠不住的。」〔註7〕周反對把文學工具化的行為,不贊成「團體的作品」、「民眾的文學」。

1930年代初期,周作人通過《中國新文學的源流》〔註8〕提出了「言志」與「載道」的循環。文學是什麼?在周看來,文學沒有一個本質化的概念。而周的大致意見則是:「文學是用美妙的形式,將作者獨特的思想和感情傳達出來,使看的人能因而得到愉快的一種東西。」這延續了他此前對於這一問題的看法,也即《詩序》對於詩的看法:「情動於中而形於言,言之不足,故嗟歎之;嗟歎之不足,故詠歌之;詠歌之不足,不知手之舞之,足之蹈之也。」〔註9〕周說道:「我的意見,說來是無異於這幾句話的。文學只有感情沒有目

〔註5〕此處恐有誤,「三千餘篇」?「十三國」?見《周作人散文全集》卷一第92頁。未查到原文,暫存疑。

〔註6〕轉引自周作人:《論文章之意義暨其使命因及中國近時論文之失》,同上。

〔註7〕周作人:《文學與常識》,1929年2月28日在燕京大學國文學會講,載3月15日《燕京大學校刊》第24期,署周作人講、李北風筆述。

〔註8〕周作人:《中國新文學的源流》,1932年2~4月在輔仁大學所作的講演,共8次,按日(次)分篇,由學生鄧恭仁(廣銘)記錄,本人校閱後曾單獨印行,此即據單行本。北京人文書店1932年9月第1版,署周作人著。

〔註9〕朱自清在分析《詩序》中的這段話時指出:文中說「在心為志,發言為詩」,卻又說「情動於中而形於言」,又說「吟詠情性,以風其上」。《正義》云:「情謂哀樂之情」,「志。與「情」原可以是同義詞,感於哀樂,「以風其上」,就是「言志」。(見朱自清《詩言志辨》,《朱自清全集》第六卷,江蘇教育出版

的。若必謂為是有目的的，那麼也單是以「說出」為目的。」包括在文學的起源上，周仍然延續了此前的「宗教說」：「文學本是宗教的一部分，只因二者的性質不同，所以到後來又從宗教裏分化了出來。」而在這裡我們也可以看出周作人對於在文學的功用的意見上發生了變化，在留日時期，他受 Hunt 文學觀和民族主義思潮的影響，在其文《論文章之意義暨其使命因及中國近時論文之失》曾指出文學的使命：「文章使命在裁鑄高義鴻思，匯合闡發之也。淺言之，所謂言中有物。」「文章使命在闡釋時代精神，的然無誤也。」「文章使命在闡釋人情，以示世也。」「文章使命在發揚神思，趣人生以進於高尚也。」時光逾越到現在，周則認為「文學只有感情沒有目的」，「只是以表達作者的思想感情為滿足的，此外再無目的之可言。裏面，沒有多大鼓動的力量，也沒有教訓，只能令人聊以快意。」「欲使文學有用也可以，但那樣已是變相的文學了。」「在打架的時候，椅子墨盒可以打人，然而打人卻終非椅子和墨翁的真正用處。文學亦然。」為什麼有這樣的變化？下文中周分析了文學的兩種潮流。在周看來，文學從宗教分化出來以後，便造成兩種潮流：（甲）詩言志──言志派；（乙）文以載道──載道派主張以文學為工具。兩種文學潮流的起伏，便造成了中國文學史。

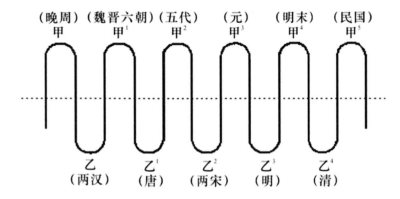

周認為中國文學始終是「言志」與「載道」兩種互相反對的力量的起伏。並把新文學的源流上溯至明朝的公安派和竟陵派，其「獨抒性靈，不拘格套」等文學主張便是對載道思想的一種反動。周對於清代的各種文學的內容和形式的差別用了以下的圖表以示區別：

社 1990 年版第 150 頁）但後來「志」與「情」分離，「志」更多的是關乎政教。

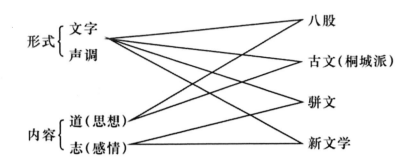

如周所言，八股文以形式為主，以發揮聖賢之道為內容。桐城派古文以形式和思想並重。駢文的出發點為感情，稍偏於形式。新文學則以感情和形式並重的。周對清代桐城派的批評在於他認為桐城派諸人不僅是文人，而且是道學家，在他們看來「文即是道」，近於八股。至此，新文學區別於其他文學的不同之處在於以志（感情）為重心，周在後文中也指出白話文的使用也在於便於感情的抒發。從中我們可以看出周對於文學尤其是新文學抒情觀的一貫的堅持。當然本文也並非嚴格的論文，也存在一些矛盾，缺乏嚴密的學理基礎，比如桐城派「文以載道」，那麼新文學運動本身也同樣面臨著這樣的質問：通過文學表達「西洋的科學哲學各方面的思想」不同樣是道嗎？只不過一個是舊的，一個是新的。「言志」與「載道」是對立的兩元關係嗎？錢鍾書、朱自清等人曾表達了不同的意見〔註10〕，周也在其後對自己的「言志」主張有所解釋：「不佞從前談文章謂有言志載道兩派，而以言志為是。或疑詩言志，文以載道，二者本以詩文分，我所說有點纏夾，又或疑志與道並無若何殊異，今我又屢言文之有益於世道人心，似乎這裡的糾紛更是明白了。這所疑的固然是事出有因，可是說清楚了當然是查無實據。我當時用這兩個名稱的時候的確有一種主觀，不曾說得明瞭，我的意思以為言志是代表《詩經》

〔註10〕參中書君：《評周作人的〈新文學的源流〉》，1932 年 11 月 1 日《新月》第 4 卷第 4 期；朱自清：「現代有人用『言志』和『載道』標明中國文學的主流，說這兩個主流的起伏造成了中國文學史。『言志』的本義原跟『載道』差不多，兩者並不衝突，現時卻變得和『載道』對立起來。」見朱自清《詩言志辨》，《朱自清全集》第六卷，江蘇教育出版社 1990 年版，第 130 頁。其後，朱在西南聯大教授《中國文學批評研究》課程時仍不忘對周的批評：「近來文學批評裏常把言志與載道對言，以為言志是個人的抒情，而載道是文以載道。載道，為「五四」以來所反對。但最近又主載道，不過所載之道不同。但是，言志實即載道，二者不應對立。」見《朱自清中國文學批評研究講義》（劉晶雯整理），天津古籍出版社 2004 年版，第 1 頁。

的，這所謂志即是詩人各自的情感，而載道是代表唐宋文的，這所謂道乃是
八大家共通的教義，所以二者是絕不相同的。現在如覺得有點纏夾，不妨加
以說明云：凡載自己之道者即是言志，言他人之志者亦是載道。」〔註11〕周
意在張明個人的言志對於各色「八股」反動之必要。情感的抒發是周作人文
學本體論的核心之所在。周認為「志」即「情」，周1940年代曾回憶自己對
《詩經》之喜愛：「我讀《詩經》，最喜《國風》以及《小雅》的一部分，隨便
舉出來，如『黍離』、『兔爰』、『氓之蚩蚩』、『谷風』、『燕燕于飛』，至今都還
了了記得。其優生憫亂之情更是與年俱增的深切的感到，此正如聞神之託宣，
語語打人心坎，此種真詩，人豈有不懂得者哉。……（我）以為我們從文藝裏
只能於異中求同，在異時代或異種族的文化中尋出共通的人性來，這才覺得
有意義，也即是有意思。《詩經》云『詩言志』，《詩序》又云『情動於中而形
於言』，然則志也就是動於中的情也。世間或曰神或曰國家，分出許多間隔來。
但此只以理論，若是情則不但無隔而且無不可通……」〔註12〕文學的高貴處
在於抹去隔閡與距離，在於自我的自由言說。周作人思想情感表達的重心由
明澈的科學的情感轉向個人對於自我言說自由的堅持，但這並不意味著放棄
前者，在周後來的文字中我們可以看到周對兩者的承延。

　　為了下文的行文，有必要在這裡澄清周作人與朱自清在「言志」與「載
道」上的分歧，這也是周作人思想的一個重要命題或概念。

　　何謂「詩言志」？何謂詩？《說文》云：詩，志也。從「言」、「寺」聲。
詩即志也；何謂志？據聞一多考證：「志有三個意義：一記憶，二記錄，三懷
抱，這三個意義正代表詩的發展途徑上三個主要階段。志字從『㞢』，卜辭『㞢』
作『㞢』，從『止』下『一』，象人足停止在地上，所以『㞢』本訓停止。卜辭
「其雨庚生」猶言『將雨，至庚日而止』。志從『㞢』從心，本義是停止在心
上。停在心上亦可說是藏在心裏，故《荀子·解蔽篇》曰「志也者臧（藏）
也」，《注》曰『在心為志』，正謂藏在心，《詩序》疏曰『蘊藏在心謂之為志』，
最為確詁。」〔註13〕聞一多認為無文字時代憑記憶，文字產生後則記載，記

〔註11〕周作人：《自己所能做的》，1937年4月24日作，載6月1日《宇宙風》第
　　　　42期，署知堂。收《秉燭後談》。

〔註12〕周作人：《錢譯〈萬葉集〉跋》，1941年4月3日《新中國報·學藝》第112
　　　　期，署知堂。

〔註13〕聞一多：《詩與歌》，原載1939年6月5日昆明《中央日報》副刊《平明》第
　　　　16期，見《聞一多全集》第10卷，湖北人民出版社2004年版，第8頁。

憶、記載皆曰志。「一切記載既皆謂之志，而韻文產生又必早於散文，那麼最初的志（記載）就沒有不是詩（韻語）的了。」由此，歌的本質是抒情的，而詩的本質是記事的。或者這樣說：古代歌是後世詩的範圍，而古代詩是後世史的領域，詩即史。後來「詩」「志」分離，「詩」約定為韻文史，散文史為「志」。詩與歌合流促成了《三百篇》的誕生。膾炙人口的《國風》與《小雅》，是《三百篇》的「最精彩部分」，是詩歌合流「最美滿的成績」。如果說聞一多的考察還不夠完備，朱自清則進行了嚴謹的考證。

朱自清的《詩言志辨》由自序、《詩言志》、《比興》、《詩教》、《正變》五部分組成。其中《詩言志》最初發表於《語言與文學》（中華書局 1937 年 6 月印行），題目是《詩言志說》，這一部分也是全書的核心部分。朱自清《詩言志辨》的考證動力更多的來自對周作人論文學言志與載道二分法的質疑〔註14〕。朱自清認為「詩」、「志」語源上是一致的，「詩」本來就是被用來表達「志」歌詠「懷抱」的，「志」或「言志」，都與「禮」相關，他們抒發的懷抱，關乎個人修身，或國家治亂，都與「政教」分不開，是中國古代「政教」文學思想的一部分，實質與「文以載道」沒有區別。同時朱自清指出中國古代當然也有傳達感情的詩歌，並形成了代表這種創作傾向的主張，那就是「詩緣情」的意念。不過，「詩緣情」說產生比較晚，影響也難與「詩言志」說相比，不足以改變中國詩歌的「政教」傳統。正如鄔國平所指出的：「詩言志」本義表現懷抱，體現諷誦，反映政教，或稱之為「以詩明道」，故與「文載道」是一致的。「詩緣情」則是詩人表現個人情感，無關政教。但「詩言志」是更為悠久的傳統，也體現出中國文學傳統的政教特徵。〔註15〕在這一點上，鄔是把朱自清的觀點進行更深層次的考證，但觀點大致相同，認可中國文學的政教特徵以及「詩言志」較「緣情」更為久遠。

由此，我們也看到頗具政教化特徵的「詩言志」對詩歌的個人情感因素的忽視。然而這也並不意味著《詩經》中沒有注重「緣情」的詩歌，《國風》與《小雅》大部分是抒情詩，朱自清認為那時雖然有抒情的詩歌，但那時還

〔註14〕參李少雍：《朱自清先生對古典文學研究的貢獻》，《文學遺產》1991 年第 1 期；劉紹瑾：《朱自清〈詩言志辨〉的寫作背景及其學術意義》，見徐中玉、郭豫適主編《古代文學理論研究》第二十二輯，華東師範大學出版社 2004 年，第 222～231 頁

〔註15〕參鄔國平：《朱自清與〈詩言志辨〉（上、下）》，《古典文學知識》2009 年第 1、2 期。

沒有抒情的自覺：「《詩經》裏一半是『緣情』之作，樂工保存它們卻只為了它們的聲調，為了它們可以供歌唱。那時代是還沒有『詩緣情』的自覺的。」對此，吳小如曾提出質疑，並不認同朱把「緣情」與「言志」對立起來。他認為「志」的涵義總有「情」的成分在內，「言志」統攝「道」與「情」，先秦時偏政教，兩漢以後近「緣情」，稍晚出現「載道」代替『言志』之說。認為兩者沒有必要對立起來。〔註16〕吳消解了「緣情」與「言志」的對立。鄔溯源了「詩言志」作為更悠久傳統的政教特徵，吳則梳理出「言志」與「緣情」在不同歷史時期內涵的變遷。可以看出只有結合具體的歷史語境才能還原其本意，而沒有一個本質化的概念。

我們或大致可以看出，周作人運用的「詩言志」的內涵實際上相當於「詩緣情」的內涵，注重個人感情的抒發。周對「言志」概念的偏離或緣於其疏於對考證的專注，正如他在 1920 年代中期提出復興千年前的「禮」的概念一樣，都是周作人一種個人化的理想化的想像，並沒有經過嚴格的學術梳理，進而造成他和朱自清概念所指的錯位。當然在這些概念後面，周更注重概念中所體現出的意義的實質內涵。

繼續回到周作人對於文學本體的判斷這一問題上。周在 1920 年代曾進行過美文、小品文的嘗試，這也是他企圖追求文學之美的一種努力，但由於文體的限制，我們並不能以此作為文學審美價值的標準。下面我將繼續循著上文的思路，並尋求周所標舉的範本。周作人在評價自己學生廢名的作品《莫須有先生》時指出：「《莫須有先生》的文章的好處，似乎可以舊式批語評之曰，情生文，文生情。這好像是一道流水，大約總是向東去朝宗于海，他流過的地方，凡有什麼汊港灣曲，總得灌注瀠洄一番，有什麼岩石水草，總要披拂撫弄一下子才再往前去，這都不是他的行程的主腦，但除去了這些也就別無行程了。」〔註17〕周認同情文並茂的作品是好作品，這一點在其後的《自己所能做的》一文中更明白的提出來：「我談文章，係根據自己寫及讀國文所得的經驗，以文情並茂為貴。」〔註18〕周推崇情文並茂，反對宣揚「教義」。

〔註16〕吳小如：《讀朱自清先生〈詩言志辨〉》，《北京大學學報》（哲學社會科學版），1984 年第 6 期。

〔註17〕周作人：《〈莫須有先生傳〉序》，1932 年 2 月 6 日作，載 3 月 20 日《鞭策》週刊第 1 卷第 3 期，署豈明。

〔註18〕周作人：《自己所能做的》，1937 年 4 月 24 日作，載 6 月 1 日《宇宙風》第 42 期，署知堂。收《秉燭後談》。

　　至此，我們可以看出，周作人在文學的價值尺度上始終秉承文學是情感的表達之一說法，「情」在周作人的文學觀中始終處於核心地位，不過由於不同時期語境不同，「情」的內涵有所轉移。五四時期，周側重的是明澈的科學的現代人道主義之情，以期達到文學的無用之用：啟蒙主義的效果；而在後五四時期，周側重的是個人之情的抒發，以對抗「主義」與「集團」對個人感情抒發的壓抑。無論怎樣，周的文學價值取向始終圍繞「情」，這種文學觀念對於俞平伯、廢名及沈從文、汪曾祺等人產生了重要的影響，他們書寫了極有生命力的抒情文學作品。當然這一潮流自有它的傳統，在現代文學史上也並非周作人一人扛起抒情文學的大旗，但縱觀中國的現代文學時期，周對抒情文學觀的發掘和堅持可謂寥寥無幾（關於這一問題將在下文中展開），然而周的抒情文學觀是一種理論上的踐行，並非代表其文學創作就是在這一理念指導之下進行的，在筆者看來，周確實有少數優秀的抒情文學作品，但多數作品用周作人的話說充滿了「道」的意味，當然它是一種「新的道德」，這一部分也是周作人「浙東人的脾氣」使然，這也是周作人對自己的文字不滿的原因。那麼，在周看來，優秀的文學作品應該是怎樣的呢？

　　周作人在《文學的藝術》譯本序中把文學作品按照生命力的長短分別比作「仙人」和「健康的老人」兩種，「第一種大抵是訴於感情的創作，訴於理知的議論類則多屬於第二種，而世俗的聖經賢傳卻難得全列在內，這是很有意思的事。據我看來，希伯來的聖書中就只是《雅歌》與《傳道書》是不老的，和中國的《詩經》之《國風》《小雅》相同，此外不得不暫時委屈。希臘沒有經典，他的史詩戲劇裏卻更多找得出仙人的分子來了。中國不知道到底有沒有國教，總之在散文著作上歷來逃不脫『道』的枷鎖，韻文卻不知怎的似乎走上了別一條路，雖然論詩的人喜歡拉了《毛詩》《楚辭》的舊話來附會忠君愛國，然而後來的美人香草還只是真的男女之情，這是一件很可喜的奇蹟。莫非中國的詩與文真是出自不同的傳統的麼？但總之中國散文上這便成了一個大障害，這方面的成績也就難與希臘相比了。」〔註19〕周把《聖經》中的《雅歌》與《傳道書》，《詩經》之《國風》《小雅》比作文學中的「仙人」。希臘雖沒有經典，卻可從史詩戲劇中找出「仙人」的分子來。如果要從希臘文學中找出周所推崇的「仙人的分子」，在我看來，便是薩福：希臘有名的抒情詩人，只是薩福流傳下來的作品較少，但這並不妨礙周作人對她的推崇。

〔註19〕周作人：《〈文學的藝術〉譯本序》，1933 年 7 月 9 日作。收《苦雨齋序跋文》。

　　周作人對《聖經》之《雅歌》、《詩經》之《國風》以及「薩福」的推崇由來已久，下文將以《雅歌》、《國風》和古希臘抒情女詩人薩福為中心展開分析，進一步探討周作人抒情文學觀究竟包含著怎樣的內容。

二、周作人的「美典」〔註20〕：以《雅歌》、《國風》與「薩福」為中心

　　《詩經》和《聖經》都是中西文學的淵源之作，對後世的文學與文化都產生了極大的影響。對於《聖經》，周作人極為熟稔，曾一度準備翻譯。《聖經》的一些思想也為周所接受，比如愛與恕等。回到上文的問題：為什麼周作人如此推崇《聖經》之《雅歌》與《傳道書》，《詩經》之《國風》《小雅》？當然周自言它們是「訴於感情的創作」，因而列入「仙人」之中。那麼，為了考察周之「訴於感情的創作」，我們有必要進行文本分析，以更明確其中之意。由於篇幅的原因，僅以《雅歌》、《國風》與「薩福」中的部分詩篇為例。

　　《雅歌》是《聖經》中集中愛戀詩歌的篇章。周也認為《雅歌》卻是「特別的作品」，因為其中充滿了熱烈的愛戀。雖然周對《舊約》中的禁慾思想和婦女觀不以為然。以前的研究者把《雅歌》看作宗教詩，借愛情表現靈魂與教會的關係。美國神學博士謨爾（G‧F‧Moore）在所著《舊約的文學》第二十四章內說：「這書（指《雅歌》）中反覆申說的一個題旨，是男女間的熱烈的官能的戀愛。……在一世紀時，這書雖然題著所羅門的名字，在嚴正的宗派看來不是聖經；後來等到他們發見——或者不如說加上——了一個譬喻的意義，說他是借了夫婦的愛情在那裡詠歎神與以色列的關係，這才將他收到經文裏去。」〔註21〕周贊同後來的「戀愛說」，「這實在是普通的戀愛歌，並沒有別的奧義。英國摩爾敦（Moulton）教授等以為他是一篇牧歌，所敘的是所羅門王的事。但美國謨爾（G‧F‧Moore）博士說這是結婚時所唱的情歌的總集，所羅門不過是新郎的一種美稱，這話似乎更為確實。」〔註22〕隨著對《聖經》文學研究的深入，「情歌」說已經得到了人們普遍地接受。

〔註20〕「美典」出自高友工《美典》（生活讀書新知三聯書店，2008年版），指在文化史中形成的藝術典範，如中國的唐詩、草書、宋元繪畫等。

〔註21〕轉引自周作人：《〈舊約〉與戀愛詩》，1921年1月1日《新青年》第8卷第5號，署仲密。收《談龍集》。

〔註22〕周作人：《歐洲古代文學上的婦女觀》，1921年7月21日作，載10月《婦女雜誌》第7卷第10號，署周作人。

　　《國風》是《詩經》的重要篇章，也集中了大量的戀愛詩。《詩經》是我國最早的一部詩歌總集，原稱《詩》或《詩三百》，收集了周初至春秋中葉五百多年間的作品。孔子有言：「不學《詩》，無以言。」（《論語・季氏》）「《詩三百》，一言以蔽之。曰：思無邪。」（《論語・為政》）。及至漢代被尊奉為「經」。按照思想內容和表現手法人們把《詩經》分為風、雅、頌。《風》分 15，共有詩 160 篇。《雅》分《大雅》、《小雅》，共有詩 105 篇。《頌》分《周頌》、《魯頌》、《商頌》，共有詩 40 篇。《國風》，按國別編排。《雅》、《頌》則以十篇為一組，以每組篇首的篇名為組名。比如《小雅》從《鹿鳴》到《魚麗》十篇，就稱之為《鹿鳴》之什。所謂「風」，有不同的說法。《毛詩序》：「風，風也；風以動之，教以化之。……上以風化下，下以風刺上，主文而譎諫，言之者無罪，聞之者足戒，故曰風。」意謂風化教育以感人，諷喻勸諫以規過。而朱熹則認為「凡詩之所謂『風』者，多出於里巷歌謠之作，所謂男女相與詠歌各言其情者也。」（《詩集傳・序》）顧頡剛則認為風為土樂，為聲調。所謂「雅」，朱熹認為：「雅者正也，正樂之歌也。」（《詩集傳・小雅・序》）「《小雅》，燕饗之樂也；《大雅》，朝會之樂也。」所謂「頌」，朱熹概括為：「頌者，宗廟之樂歌。」魯迅認為《詩經》「以性質言，風者，閭巷之情詩；雅者，朝廷之樂歌；頌者，宗廟之樂歌也。」（《詩集傳》）關於風雅頌的考證注疏可謂眾家紛紜，本文的目的不在於這些考證，而是關注《國風》與《小雅》的這一部分的內容。和其他部分相比，這兩部分集中了關於戀愛和婚姻的詩。

　　關於《詩經》和《雅歌》的比較研究當前學界已有一些成果，而我所關注的是兩者中的抒情分子，這也是周一直嘉許的。

　　毋庸諱言，對愛情的歌詠是兩者共同的主題，《詩經》產生於二三千年前的初民社會，民風淳樸，「初民社會，男女婚姻尚無禮教的約束，即使以後有了禮教的制約，統治者為了發展生產力，繁育人口，也還作了一些補充的規定，即：每年仲春時節，凡是超齡未婚男女，可以自找對象，奔者不禁。故歌唱愛情的詩篇，有不少是自由、大膽和開放的。」〔註23〕朱熹在《詩集傳》中道：「凡《詩》之所謂風者，多出於里巷歌謠之作，所謂男女相與歌詠，各言其情者也。」年輕的小夥和姑娘自由地幽會和相戀，《召南・野有死麕》：「野有死麕，白茅包之，有女懷春，吉士誘之。林有樸樕，野有死鹿。白茅純

〔註23〕陳子展、杜月村編著：《國學經典導讀・詩經》，中國國際廣播出版社 2011 年版，第 27 頁。

束，有女如玉。舒而脫脫兮，無感我帨兮，無使尨也吠。」可以說在這些優美的情歌中我們感受到的是情之自由抒發，或等待，或惆悵，或恩愛，或熱烈。我們從中感受到最自然健康的人性形式。對於《雅歌》，雖然在《聖經》中所佔比例極小，但是閱讀《聖經》你就會發現《雅歌》與其他章節的與眾不同。在這裡，沒有上帝的威嚴，沒有男尊女卑，沒有說教與佈道（以上也是周所反對的），也沒有民族的苦難興衰，這裡有的是奔放熱烈的愛情言說與最自然的人性光輝。《雅歌》：

> 2：1　我是沙崙的玫瑰花（或作水仙花），是谷中的百合花。〔新郎〕
>
> 2：2　我的佳偶在女子中，好像百合花在荊棘內。〔新娘〕
>
> 2：3　我的良人在男子中，如同蘋果樹在樹林中。我歡歡喜喜坐在他的蔭下，嘗他果子的滋味，覺得甘甜。
>
> 2：4　他帶我入筵宴所，以愛為旗在我以上。
>
> 2：5　求你們給我葡萄乾增補我力，給我蘋果暢快我心，因我思愛成病。
>
> 2：11　要給我們擒拿狐狸，就是毀壞葡萄園的小狐狸，因為我們的葡萄正在開花。

純淨直白的讚美，暢快的抒懷：「我思愛成病」，連同優美的自然意象：芳美的玫瑰與百合、靜靜的蘋果樹、生意盎然的葡萄園和調皮的小狐狸構成了愛的伊甸園。

對愛情的癡癡追求或尋而不得的踟躕構成了情詩的主旋律。《雅歌》：

> 3：1　我夜間躺臥在床上，尋找我心所愛的。我尋找他，卻尋不見。
>
> 3：2　我說，我要起來，遊行城中，在街市上，在寬闊處，尋找我心所愛的。我尋找他，卻尋不見。
>
> 3：3　城中巡邏看守的人遇見我。我問他們，你們看見我心所愛的沒有。
>
> 3：4　我剛離開他們，就遇見我心所愛的。我拉住他，不容他走，領他入我母家，到懷我者的內室。

尋之不得仍要追尋，愛之迫切，「城中」、「街市上」、「寬闊處」，處處追尋，這種對情人的上下追尋使我們聯想到《詩經》之《蒹葭》（《國風·秦風》）

蒹葭蒼蒼，白露為霜。所謂伊人，在水一方，溯洄從之，道阻
且長。溯游從之，宛在水中央。

蒹葭萋萋，白露未晞。所謂伊人，在水之湄。溯洄從之，道阻
且躋。溯游從之，宛在水中坻。

蒹葭采采，白露未已。所謂伊人，在水之涘。溯洄從之，道阻
且右。溯游從之，宛在水中沚。

《蒹葭》是《詩經》中抒情的名篇，王國維在《人間詞話》贊其：「《詩‧
蒹葭》一篇，最得風人深致。」「風格灑落」。詩中書寫了詩人渴慕伊人，不畏
艱險，上下溯求而不得的憂傷情懷。「道阻且長」、「道阻且躋」、「道阻且右」，
愛之路曲折艱險。儘管如此，詩人仍「溯洄從之」、「溯游從之」，上下求索，
體現了詩人愛之執著。「宛在水中央」、「宛在水中坻」、「宛在水中沚」，終究
是鏡中花，水中月。秋水淼茫中，霜天煙江間，伊人仍是可望而不可及。這種
婉約朦朧含蓄的情致構成了《詩》之愛戀詩的一個重要特徵，和《雅歌》的熱
烈奔放形成對比。如上文中「我拉住他，不容他走，領他入我母家，到懷我者
的內室。」這種情景在《詩經》中是不會出現的，《將仲子》（國風‧鄭風）：

將仲子兮，無踰我里，無折我樹杞。豈敢愛之？畏我父母。仲
可懷也，父母之言亦可畏也。

將仲子兮，無逾我牆，無折我樹桑。豈敢愛之？畏我諸兄。仲
可懷也，諸兄之言亦可畏也。

將仲子兮，無踰我園，無折我樹檀。豈敢愛之？畏人之多言。
仲可懷也，人之多言亦可畏也。

「無踰我里」「無逾我牆」「無踰我園」「無折我樹杞」「無折我樹桑」「無
折我樹檀」，兩情相悅卻小心翼翼，因為畏「父母」「諸兄」「人之多言」，可見
詩中人既愛自己的情人，又怕遭到他人的非議。其實，這種狀況可謂是《詩
經》愛戀詩之縮影。中國先民社會是一個禮樂社會，中庸，節制構成了中國
文化的一大特色，這種文化體現到情人的愛戀之中便為表達的委婉含蓄，即
使男女約會也常常借贈送信物表達愛慕之情。如《靜女》（國風‧邶風）：

靜女其姝，俟我於城隅。愛而不見，搔首踟躕。

靜女其孌，貽我彤管。彤管有煒，說懌女美。

自牧歸荑，洵美且異。匪女之為美，美人之貽。

愛之等待的抒懷構成了《詩經》愛戀詩的重要內容，《采葛》（國風‧王

風）：「彼采葛兮，一日不見，如三月兮！彼采蕭兮，一日不見，如三秋兮！彼
采艾兮！一日不見，如三歲兮！」《子衿》（國風・王風）：「青青子衿，悠悠我
心。縱我不往，子寧不嗣音？青青子佩，悠悠我思。縱我不往，子寧不來？挑
兮達兮，在城闕兮。一日不見，如三月兮。」等待的日子被拉長延展，這種焦
灼的等待與期盼和相見的歡喜組成了愛情的二重唱。《風雨》（國風・鄭風）：
「風雨淒淒，雞鳴喈喈，既見君子。云胡不夷？風雨瀟瀟，雞鳴膠膠。既見君
子，云胡不瘳？風雨如晦，雞鳴不已。既見君子，云胡不喜？」

　　綜上，我們可以看到《詩經》中的抒情模式一個重要的特點就是：愛情
的期盼、等待、相見及愛之阻隔，重點書寫這種懷人之思，這種感情常常和
物境融為一體，「物」起到或賦或比或興的作用，風格含蓄內斂。而在《雅歌》
中卻流露出熱情奔放的情調。《雅歌》中有多處對身體的比喻：

　　　　4：1　我的佳偶，你甚美麗，你甚美麗。你的眼在帕子內好像鴿
　　子眼。你的頭髮如同山羊群臥在基列山旁。

　　　　4：2　你的牙齒如新剪毛的一群母羊，洗淨上來，個個都有雙
　　生，沒有一隻喪掉子的。

　　　　4：3　你的唇好像一條朱紅線，你的嘴也秀美。你的兩太陽在帕
　　子內，如同一塊石榴。

　　　　4：4　你的頸項好像大衛建造收藏軍器的高臺，其上懸掛一千盾
　　牌，都是勇士的藤牌。

　　　　4：5　你的兩乳好像百合花中吃草的一對小鹿，就是母鹿雙生
　　的。

　　　　4：6　我要往沒藥山和乳香岡去，直等到天起涼風，日影飛去的
　　時候回來。

　　　　4：7　我的佳偶，你全然美麗，毫無瑕疵。

　　　　7：1　王女阿，你的腳在鞋中何其美好。你的大腿圓潤，好像美
　　玉，是巧匠的手做成的。

　　　　7：2　你的肚臍如圓杯，不缺調和的酒。你的腰如一堆麥子，周
　　圍有百合花。

　　　　7：6　我所愛的，你何其美好。何其可悅，使人歡暢喜樂。

　　　　7：7　你的身量好像棕樹。你的兩乳如同其上的果子，累累下垂。

　　　　7：8　我說，我要上這棕樹，抓住枝子。願你的兩乳好像葡萄累

累下垂，你鼻子的氣味香如蘋果。

　　7：9　你的口如上好的酒。

　　上文中對身體的書寫從牙齒、唇、頸到兩乳、肚臍，而且散發出性的意味，比如有研究認為「肚臍如圓杯，不缺調和的酒」中的「圓杯」就是女性生殖器的象徵，這在《詩經》中幾乎是沒有的。《碩人》（國風‧衛風）：「手如柔荑，膚如凝脂，領如蝤蠐，齒如瓠犀，螓首蛾眉，巧笑倩兮，美目盼兮。」中也僅僅寫道了手、膚、領、齒部位。其他部位均未涉及。這種情色或性的禁忌在《詩經》中屬於常態。而在《雅歌》中，「只有私處和臀部才是禁忌語」。不難理解，在《詩》奉為經之後，作為育人的教材要尊奉儒家的道德倫理規範。相比較《雅歌》較為開放，《雅歌》開篇即為：「願他用口與我親嘴，因你的愛情比酒更美。」

　　斯洛伐克漢學家馬利安‧高利克對於此曾指出：《雅歌》與《詩經》的抒情性特徵體現為：「《雅歌》多用暗喻式（metaphoric）語言來表達現實的審美維度，而《詩經》多用提喻式（synecdochic）語言突顯更為嚴格的倫理價值。《雅歌》粗獷，而《詩經》內斂。儘管兩部作品的人物不同，但都使用了明喻（similes）。」高利克並把《雅歌》向上溯源為希伯來民族的發祥地美索不達米亞，赤裸奔放的美索不達米亞情歌影響了希伯來情歌的形成，而後者吸取了前者的某些元素並有所超越獲得更多的美感。「中國沒有自己的伊南娜或杜慕次，伊斯塔或搭模斯，阿斯塔特或書瑪妮圖。因此，愛情女神及其戀人們在中國是缺失的，即便他們曾經以某種鮮為人知的方式出現過，也從未流傳下來。」〔註24〕這是高利克觀察之深的地方。

　　雖然愛的方式風格不同，但都共同指向了愛之期盼與明淨的感情，至真至純。《雅歌》雖熱烈奔放但並不污穢；對於《詩經》，孔子則言：「一言蔽之：思無邪。」《毛詩大序》認為，《風》是個人「發乎情，止乎禮義」。這些都是建立在共通的人性基礎上的。

　　除此之外，無論是《國風》還是《雅歌》都具有較強的音樂性。從藝術起源上，詩樂舞是一體的；歷史上，詩教與禮教、樂教也互為一體，互相配合。「《詩》為樂章，《詩》樂合一」是個古老的傳統。《詩經》305篇也皆可合樂歌唱，以四言為主，兼有雜言。在結構上多用重章疊句的形式加強抒情效果。

〔註24〕〔斯洛伐克〕馬利安‧高利克：《〈雅歌〉與〈詩經〉的比較研究》，《基督教文化學刊》，2011年第1期。

迴旋反覆，可以增強詩歌的音樂感和節奏感，更充分地抒發情感，卻能收到迴旋跌宕的藝術效果。語言上多用雙聲疊韻、疊字連綿詞來狀物、擬聲。在押韻上有的句句押韻，有的隔句押韻，有的一韻到底，有的中途轉韻。語言形式上的特徵配合音樂可以很好地抒發情志。而《雅歌》原是古代以色列民族民間流傳的情詩，《雅歌》通常被作為《聖經》中最優美的詩篇在逾越節誦讀詠唱。一如愛之堅強的流傳：

> 8：6　求你將我放在你心上如印記，帶在你臂上如戳記。因為愛情如死之堅強。嫉恨如陰間之殘忍。所發的電光，是火焰的電光，是耶和華的烈焰。

> 8：7　愛情眾水不能息滅，大水也不能淹沒。若有人拿家中所有的財寶要換愛情，就全被藐視。

《傳道書》也為周作人所推崇，多次引用，但由於篇幅所及，暫不論。

周作人稱「聖書與中國新文學的關係，可以分作精神和形式的兩面」，〔註25〕聖書給予了中國新文學的人道主義思想以及文體等方面的影響。周作人也認為「《雅歌》的價值全是文學上的，因為他本是戀愛歌集；那些宗教的解釋，都是後人附加上去的了。」並對《雅歌》中的詩句「愛情如死之堅強，嫉恨如陰間之殘忍。」是極好的詩句，是真摯的男女關係的極致，因為對於周作人而言，男女關係並非不潔的事，愛與嫉妒也是人性中的自然現象。周在這裡肯定了《雅歌》的文學價值，並指出其抒情價值：「是真摯的男女關係的極致」。

《雅歌》熱情奔放，有著游牧的野性與質樸；《詩經》多溫柔敦厚、情意深婉，樸實無華，含蓄內向。如果說《雅歌》似熱情飛揚的摩登女郎，《國風》之愛戀則似略帶羞澀的窈窕淑女。但她們都是最淳樸、天然、健康而明淨的情感形式。或可以這樣說，這正是周作人所企盼和召喚的人性形式。這種「情」也深深影響了周作人的美學選擇，對古希臘文化的念茲在茲亦是出於「情」之美好。

正如《聖經》之《雅歌》和《詩經》之《國風》、《小雅》構成周作人抒情資源的重要內容，希臘的抒情詩同樣是周作人抒情資源的重要組成部分。「希

〔註25〕周作人：《聖書與中國文學》，1920 年 11 月 30 日在燕京大學文學會講，載1921 年 1 月 10 日《小說月報》第 12 卷第 1 號，署周作人。收《藝術與生活》。

臘古代詩皆合樂，假管絃之力，以表情思，補言語之不足。」「抒情之歌，與紀事之詩相對。又分兩類，一曰獨吟，一曰合唱。」〔註26〕在抒情詩中，薩福是其中優秀的代表。周對古希臘著名抒情詩人薩福（Sappho）推崇備至，「（古）希臘的抒情詩雖然流存的很少，但因為有一個女詩人薩普福（Sappho），便佔了世界第一的位置。」〔註27〕薩福生活在大約公元前七到六世紀之間，和荷馬相比肩，並稱「女詩人」「詩人」，希臘神話中有九個女神司文章音樂之事，薩福被柏拉圖稱為「第十文藝女神」。據說雅典立法者梭倫（Solon）聞侄輩吟頌薩普福之詩，大悅，即令傳授，或問何必啞啞，答云「俾吾得學此而後死。」韋格耳在《其他薩波詩的斷片》中很遺憾薩波詩文的散佚，「這好像是從被盜劫的珠寶匣子的底裏撿拾起幾顆散落的珠子，悲哀的去加在從前是無價之寶的項圈的一握碎片上邊，連同此外一；整片，這就是那不可思議的寶藏所被強人們遺留下的所有的一切了。」評價薩波：「凡是有識之士，無論在古代或是我們的時代，當無不知道，薩波的詩是應當列入人類的最大的藝術成就之中的，這也只是憑了她的詩才可以來對於她加以判斷。」（轉引自周文《關於薩波》）田曉菲以詩性的語言對薩福如是說：「在歐美文學傳統裏，如果荷馬是父，那麼薩福就是母親，是姊妹，是情人。她的歌聲熱情奔放，綽約閃爍，飄搖不定，穿過兩千六百年的黑暗，像火一樣燃燒，如大理石一樣清涼。然而每當我們側耳細聽，就只有冷泉潺湲，在阿佛洛狄忒殘缺不全的石像腳下哽咽。沒有薩福。只有我們對她的呼喚，從幽谷傳來回聲。」〔註28〕當然由於年代久遠加上薩福的詩散佚極多，所以後人的想像和建構成為「薩福」的重要組成部分。換而言之，現在我們談論的薩福更多是後世建構出來的薩福。即使如此，這並不影響我們對「『薩福』：一個歐美文學傳統的生成」的想像和重構。

對於這樣的一個抒情詩人，周作人早有譯介的心願，「介紹希臘女詩人薩波到中國來的心願，我是懷的很久了。」〔註29〕（《希臘女詩人薩波》序言）

〔註26〕周作人：《歐洲文學史》，河北教育出版社2002年版，第15頁。

〔註27〕周作人：《歐洲古代文學上的婦女觀》，1921年7月21日作，載10月《婦女雜誌》第7卷第10號。

〔註28〕田曉菲編譯：《「薩福」：一個歐美文學傳統的生成》，生活·讀書·新知三聯書店，2003年版引言。

〔註29〕周作人：《〈希臘女詩人薩波〉序言》，1949年8月2日作。收《希臘女詩人薩波》，上海出版公司1951年版。

因為查禁的原因，薩福的詩文遺傳下來的很少，但「花雖不多，都是薔薇」。
周極喜歡其詩文，在 1914 年就刊文《藝文雜話五·薩福》《希臘女詩人》進
行介紹，稱其詩「情文並勝，而比物麗詞尤極美妙」〔註 30〕，並對薩福詩文
賞析。1918 年作為北京大學叢書的《歐洲文學史》出版，在第三章《歌》中
周再次肯定了其在文學史上的地位。其後，周作人先後發表了《歐洲古代文
學上的婦女觀》（1921）、《希臘的小詩》（1923 年）、《希臘女詩人（二）》（1926
年）、《薩普福的〈贈所歡〉》（1927 年）、《薔薇頰的故事》（1931 年）等文對薩
福及其詩文介紹，建國後，周作人在 1908 年英國華耳敦編的《薩波詩集》、1926
年海恩斯編的集子以及 1932 年韋格耳著的傳記《勒斯婆思的薩波，她的生活
與其時代》等資料的基礎上編譯了《希臘女詩人薩波》〔註 31〕。晚年，周作人
在回憶自己在古希臘文藝上所做的工作時就對薩波的譯介表示滿意，「我弄古
希臘的東西，最早是那一冊《希臘擬曲》，還是在一九三二年譯成，第二年由商
務印書館出版的。第二種乃是《希臘女詩人薩波》，一九四九年編譯好了，經上
海出版公司印行了三千冊，就絕版了。這乃是一種以介紹薩波遺詩為主的評傳，
因為她的詩被古來基督教的皇帝所禁止焚毀，後人採集佚文止存八十章左右，
還多是一句兩句，要想單獨譯述，只有十多頁罷了，在這評傳裏卻幾乎收容了
她全部遺詩，所以這本小冊子可以說是介紹她的詩與人的。」〔註 32〕

周對薩福的詩的翻譯也是慎之又慎，以求保存原詩的風韻，從周作人到
翻譯史來看，周甚至先後對其中的詩篇翻譯多次，精益求精，唯恐翻譯上的
失誤造成對原文的損傷，但對於薩福的推崇使他甘為之譯介，「我真是十二分
的狂妄，這才敢來譯述薩普福的這篇殘詩。像斯溫朋（Swinburne）那樣精通
希臘文學具有詩歌天才的人還說不敢翻譯，何況別人，更不必說不懂詩的我
了。然而，譯詩的人覺得難，因為要譯為可以與原本相比的好詩確是不可能，
我的意思卻不過想介紹這二千五百年前的希臘女詩人，譯述她的詩意，所以
還敢一試，但是也不免太大膽了。」〔註 33〕除周外，邵洵美、朱湘、徐志摩

〔註 30〕周作人：《希臘女詩人》，1914 年 4 月 19 日作，載紹興《禹域日報》（發表具
　　　　體日期不清，見鍾叔河《周作人散文全集》第一卷，廣西師範大學出版社 2009
　　　　年版第 337 頁），署啟明。1926 年 4 月 12 日載《語絲》第 74 期時內容有所
　　　　增加。
〔註 31〕〔英〕韋格耳著，周遐壽譯：《希臘女詩人薩波》，上海出版公司 1951 年版。
〔註 32〕周作人：《我的工作一》，1962 年 9 月 9 日作，收入《知堂回想錄》（一八四）。
〔註 33〕周作人：《薩普福的〈贈所歡〉》，載 1927 年 11 月《燕大月刊》第 3 卷第 1、
　　　　2 期合刊，署周作人譯。

也譯過薩福的詩。

對於薩福其人的生平及其時代不在本文的考察範圍之內，本文意在探討薩福詩歌的特徵。如公元前一世紀的歷史學家狄奧尼索斯（Dionysus）所指出的：「有一種文學風格，不以壯麗，而以優雅與精緻取勝……永遠選擇最婉妙和諧的字眼，追求悠揚的音節，以達到優美動人的效果。」〔註34〕薩福的詩歌即是如此。

據周作人考證，今天所留存的薩波的詩，只有兩三篇是完全的，其餘都是斷片，而據說她的詩共九卷，每卷有一千行以上，故現在留存的只有百分之五而已。田曉菲重新考證輯錄了薩福的詩文，編譯為《「薩福」：一個歐美文學傳統的生成》，下文對薩福詩文的分析將以周的翻譯為基礎。

薩福的抒情詩具有熱烈奔放的特點，以較為出名的《贈所歡》為例：

贈所歡〔註35〕

Phainetai moi kenos isos theoisin──Sappho

我看他真是神仙中人，

他和你對面坐著，

近聽你甜蜜的談話，

與嬌媚的笑聲；

這使我胸中心跳怦怦。

我只略略的望見你，

我便不能出聲，

舌頭木強了，

微妙的火走遍我的全身，

眼睛看不見什麼，

耳中但聞嗡嗡的聲音，

汗流遍身，

全體只是顫震，

我比草色還要蒼白，

〔註34〕轉引自田曉菲編譯：《「薩福」：一個歐美文學傳統的生成》，生活·讀書·新知三聯書店 2003 年版，第 15 頁。

〔註35〕周作人：《薩普福的〈贈所歡〉》，1925 年 3 月 17 日譯，載 30 日《語絲》第 20 期，署開明譯。收《談龍集》。後有刪改，載於 1927 年 11 月《燕大月刊》第 3 卷第 1、2 期合刊，署周作人譯。

衰弱有如垂死的人。

但是我將拼出一切，既是這般不幸。

這裡的所歡指薩福的女友亞那克多利亞（Anaktoria），薩福是個同性戀者，據說薩普福在故鄉列色波恩講學，從者百許人，有十四女友及女弟子最相親，亞那克多利亞為其中一人。當然亦有其他種種說法，比如有學者認為嫉妒的對象可以是詩中的男子，也可以是女子，或是戀愛中的兩個人。或者認為這首詩表達了薩福無力與男子競爭，對失去女子的擔憂及絕望。〔註36〕也有研究者認為這位男子的存在僅僅是一種修辭的需要，他不必是真實存在的人，而是對詩人對女子讚歎的一種修辭。〔註37〕然而，無論怎樣，我們都可以透過詩文感受到作者的情感之不可控，「心跳怦怦」，「舌頭木強了」，「眼睛看不見什麼」，「耳中但聞嗡嗡的聲音」，「汗流遍身」等，這種生理特徵的直接書寫表現出愛戀中人的由於愛不可得的強烈情緒。卡爾森在《厄洛斯：苦甜》中指出薩福詩中的三角處境，勾勒了「欲望」的處境：欲望如要存在，必須被延宕，被阻隔，一旦愛與被愛者的距離消失，延宕被解除，欲望也就不再存在，「厄洛斯是一個動詞」。三世紀的朗吉諾思（Longinus）在其《崇高論》（Peri Hypsous）中評價說道：「這些徵候都是戀愛的真的結果，但此詩的好處如上邊所說卻在於把最顯著的情狀加以精審的選擇與配合。」

以下幾句是其以戀愛詩文明的《寄所愛》中的片段：

1. 愛（Eros）搖我的心，如山風落在櫟樹的中間。（斷片四二）

2. 愛搖動我，——融化支體的愛，苦甜，不可抗的物。（同四十）

3. 看了美的人，必是善的。善的也就將要美了。（斷片百一）

詩文用詞簡約，第一句書寫了被愛所激動搖盪的心。第二句尤為優美，愛，融化肢體，不可抗拒，使人聯想起「亂我心者，今日之日多煩憂。」「抽刀斷水水更流，舉杯銷愁愁更愁。」這種揮之不去無法排遣的正是愛，其中有著苦：愛之未得，甜：愛之美好的無限遐想。「苦甜」後來成為許多詩人的愛用語。第三句則有著哲學的雋永與耐人尋味。

1. 涼風囁嚅，過棠棣枝間，睡意自流，自顫葉而下。

2. 月落星沉，良夜已半，光陰自逝，而吾今獨臥。／月落了，

〔註36〕轉引自裔昭印：《薩福與古希臘女同性戀》，《史林》2009 年第 3 期。

〔註37〕田曉菲編譯：《「薩福」：一個歐美文學傳統的生成》，生活・讀書・新知三聯書店 2003 年版，第 77 頁。

昴星也降了，正是夜半，時光過去了，我獨自睡著。

3. 黃昏呀，你招回一切，光明的早晨所驅散的一切，你招回綿羊，招回山羊，招回小孩到母親的旁邊。

4. 你來了，那很好，因為你已經來了，雖然是在遠處，已在信裏面來了。我在想望你，你長使我的心以愛而燃燒著。多多祝福你，正如美的薩波所說，不單是祝福幾次一如我們分別的日子那麼多，卻是永久的祝福。

5. 我有一個好女兒，身材像是一朵黃金花，這就是可愛的克來伊思，我不希望那美的勒色波思，也不再要那整個的呂提亞。〔註38〕

詩文第一句通過擬人化的手法把「涼風」「睡意」形容的惟妙惟肖，兩者同時構成一種參照。第二句「／」前和後的詩句分別是周在不同時期對詩句的翻譯，語言上文言與白話的使用造成意境的微妙差別，前者簡約古樸更關聯了月落星沉的夜半，光陰悄無聲息的流逝，這種靜更襯托出「獨臥」的難眠；而後者的直白則消除了這種意蘊，但無論怎樣「月」「星」「夜」「時光」等意象的運用都襯托出眠之寂寞。第三句極佳，令人彷彿聽聞時間悄悄流淌的聲音，自然有情，人亦脈脈，暮靄中返途的群羊和歸家的孩子都披上了祥和溫情的光輝。另一譯者水建馥評其「晨光暮色，在詩人筆下同時寫來，天衣無縫。」〔註39〕第四句則是直抒胸臆，詩人為愛期盼為愛燃燒的心態躍然如生，並化作永久的祝福。第五句同樣是直抒胸臆，這首詩被周稱為「覺得很是可喜」的薩福詩。勒色波思島是薩福的故鄉，呂提亞為小亞細亞的希臘屬地，克來伊思據說是薩福的女兒。

薩波有的詩還充溢著自然之美，精密細緻的感覺，沉思明淨的欣賞掩不住對自然的喜悅之情，具有自然俊逸之美。

「風信子的花光耀花人的眼睛。」

「野生風信子，在山邊為牧人踏在腳下，可是還在地上紫紅的開著。」

「地卡，你將花餐加在你美髮上面，是用你的柔軟的手所編的茴香的小枝，因為戴花的多受到有福的神們的慈惠，但是不顧及那

〔註38〕周作人：《希臘女詩人（二）》，1926 年 3 月 9 日作，載 4 月 12 日《語絲》第 47 期，署豈明。收《自己的園地》。

〔註39〕水建馥：《古希臘抒情詩選》，人民文學出版社 1988 版，第 114 頁。

些不著花鬘的人。」（周注為：原文四行，分二節，今譯為散文，所以連寫了。）

整體而言，薩福的抒情詩有一種炙熱的溫度，對情毫不掩飾的表露，並以簡約的語言形式把情與自然融為一體。吉爾伯特‧默雷在《古希臘文學史》中評論薩福的詩說：「她所關心的只是兒女情長的、多半是柔情綿綿、內省自遣的東西……她的愛情詩涉及範圍雖然狹隘，但表達思慕之情的辭句豔麗無比，這種思慕之情過於熱切，不免帶一點感傷情調；同時情真意切，用不著隱喻和引人遐想的詞藻。」〔註40〕

以上是周譯的薩福的詩作，由於翻譯不可避免的喪失了原有的音節和韻律，以至於有詩不可譯之說，「我相信只有原本是詩，不但是不可譯，也不可改寫的。誠實的翻譯只是原詩的講解，像書房裏先生講唐詩給我們聽一樣，雖是述說詩意，卻不是詩了……因此我們的最大野心不過在述說詩意之外，想保存百一的風韻，雖然這在譯述希臘詩上明知是不可能的事。」〔註41〕而本來的希臘抒情詩是有韻律的，和音樂交映在一起。「累斯博斯島被認為是希臘歌曲的源泉，在米蒂利尼，上等人家的婦女可以參加社交集會，寫詩和吟詩。薩福的詩，就是一邊彈著豎琴，一邊吟唱的。」〔註42〕薩福的有些詩具有「薩福調」：每節的首三行的節調是：長短、長短、長短短、長短、長短，第四行：長短短、長短。周認為這節奏「這種節奏應當是由擊鼓聲而想起的」，但由於在翻譯過程中原來的語言之美便失去了，但作品本身的佳妙依然可以窺見一斑，「簡單與坦白，這確實是薩波的最顯明的美妙處之一，也正因為這些品性，與她的謹嚴的對於美的言語之選擇，她的經過洗錄的流利以及正確的節調，使得她的詩佔有獨特的地位，並且加上一種魔力，凡是她所要說的話，都使人無可非議。」（周文《薩波的愛神頌歌》，見《希臘女詩人薩波》十二）那麼這種奔放直抒之情在音樂的伴奏下更具有一種打動人心的力量。

如果說古希臘文學分為壯美和優美，崇高和典雅，周的風格和精神氣質更傾向後一類，薩福歌詠愛情，唯美率真的優美之作受到周作人的喜愛亦屬自然。進一步而言，周作人對薩福抒情詩的欣賞更多地包含著對希臘文學希

〔註40〕〔英〕吉爾伯特‧默雷著，孫席珍等譯：《古希臘文學史》，上海譯文出版社2007年版，第70頁。
〔註41〕周作人：《希臘的小詩》，1923年7月11日《晨報‧文學旬刊》第5號，署周作人。收《談龍集》。
〔註42〕羅洛譯：《薩福抒情詩集》，百花文藝出版社1989年版，第2～3頁。

臘文化的訴求，這種訴求是建立在周對希臘文學能夠體現「人情之微」體認
的基礎上，希臘文化中的愛美、現世精神給予周作人以很大的影響，薩福的
抒情詩更多的體現了遠古的希臘人的自然狀態的人性之美，這種人情人性之
美輝映了周的人道主義思想，也照亮了周在一個文學言說受壓抑的時代中的
前行之路。

綜上，兩希文學中的抒情傳統和中國文學自《詩經》以降的抒情傳統共
同構成了周作人的抒情資源，無論是愛之熱烈奔放，還是情之婉約含蓄，都
建立在一個自然而又充滿生命力的人性之基礎上，這種真實的性情既是周對
遠古時代「生」之熱烈的美好想像，也是周對當下各種「八股」的反撥和對未
來文學的一種寄託。這種抒情資源也深深影響了沈從文等一些中國現代作家
的抒情書寫〔註43〕，以建造起一座供奉「人性」的希臘神廟，表現「一種『優
美、健康、自然，而又不悖乎人性的人生形式』」。

三、周作人與抒情傳統及對新文學觀的回應

通過上文的分析，我們可以看到，周作人抒情資源既有中國自《詩經》
以來的抒情傳統，也包含了對聖經中抒情和古希臘抒情詩的繼承，這種繼承
融合了多種風格，包括婉約朦朧含蓄之美、粗獷率真之美等，但其要義並未
有變化，那就是自然人性之熱烈，流露出對理想人性的嚮往。雖然周作人在
1930年代更突出了抒情中的個人主義傾向，個人自由言志的需要，那也是對
以左翼文學為代表的一種回應。或許我們會進一步思考：當左翼文學敘事也
不乏抒情，比如郭沫若等人的詩作，流露出革命浪漫主義的抒情色彩，這又
如何和周作人所標舉的抒情相區分？這就需要考慮到對周作人抒情文學觀的
定位問題，為此，作為回答這一問題的必要前提，我們有必要簡單梳理一下
關於抒情傳統的研究現狀。

1940年，沈從文寫下了《從徐志摩作品學習「抒情」》、《從周作人魯迅作
品學習抒情》以及《由冰心到廢名》等文。對周氏兄弟的抒情作如下品讀：
「一個近於靜靜的獨白；一個近乎恨恨的咒詛。一個充滿人情溫暖的愛，理
性明瑩虛廓，如秋天，如秋水，於事不隔；一個充滿對於人事的厭憎，情感有

〔註43〕參王本朝：《沈從文與基督教文化》，《贛南師範學院學報》，2001年第2期；
　　　　厲盼盼：《〈雅歌〉對沈從文創作的影響》，《聖經文學研究·第四輯》2010年
　　　　版，第339～352頁。等。

所蔽塞，多憤激，易惱怒，語言轉見出異常天真。」然而「同是一個中年人對於人生的觀照，表現感慨」。〔註44〕「兩個批評者（胡適、朱光潛）的文章，都以敘事說理明白見長，卻一致推重周作人的散文為具有樸素的美。這種樸素的美，很影響到十年來過去與當前未來中國文學使用文字的趨向。它的影響也許是部分的，然而將永遠是健康而合乎人性的。」〔註45〕「周作人的小品文，魯迅的雜感文，在二十年來中國新文學活動中，正說明兩種傾向：前者代表田園詩人的抒情，後者代表艱苦鬥士的作戰。同樣是看明白了『人生』，同源而異流：一取退隱態度，只在消極態度上追求人生，大有自得其樂意味；一取迎戰態度，冷嘲熱諷，短兵相接，在積極態度上正視人生，也儼然自得其樂。」〔註46〕沈的文學批評與其文學創作一樣，追求文學獨立的審美趣味和前現代的人性理想，重視作家的審美氣質和藝術自身的美學規律，這一點和周有著更多的共通處。我們也可以看出沈最初對抒情文的欣賞到1960年代把抒情文發遑為把文學作為一種抒情的可能〔註47〕，這或開啟了後來的研究者對抒情進一步形而上的理解。

　　建國後，對於抒情論述的研究，海外漢學尤為矚目，陳世驤、高友工、普實克等人為代表，70年代以後，則有柯慶明、呂正惠、蔡英俊、陳國球、蕭馳、王德威等人。

　　在陳世驤看來，「中國文學的榮耀並不在史詩；它的光榮在別處，在抒情的傳統裏。」〔註48〕抒情傳統始於作為唱文《詩經》，它彌漫著個人弦音，人類日常的掛慮和切身的某種哀求。繼《詩經》之後的《楚辭》呈現給我們不同樣式的抒情詩祭歌、頌詞、悲詩、悼亡詩，它們奠定了中國文學的抒情道統。其後的漢樂府和賦推進和拓廣了抒情的趨勢，並在後來的世代綿延不息。中國文學的抒情傳統是在和西方的史詩傳統的參照下建立的，西歐的史詩和戲劇著重衝突與張力，重結構布局、情節和角色。而對於中國的抒情詩而言，

〔註44〕沈從文：原載1940年10月16日《國文月刊》第3期「習作例舉」，署名沈從文。見《沈從文全集》（第16卷），北嶽文藝出版社2002年版，第251頁。
〔註45〕沈從文：《沈從文全集》（第16卷），北嶽文藝出版社2002年版，第265頁。
〔註46〕沈從文：《沈從文全集》（第16卷），第266頁。
〔註47〕沈從文在《抽象的抒情》說：「事實上如把知識分子見於文字、形於語言的一部分表現，當作一種『抒情』看待，問題就簡單多了。因為其實本質不過是一種抒情。」同上，第535頁。
〔註48〕陳世驤：《中國的抒情傳統》，《陳世驤文存》，遼寧教育出版社1998年版，第2頁。

它「關注意象和音響挑動萬有的力量」。「這種力量由內在情感和移情氣勢維繫，通篇和諧。」〔註49〕「中國文學的道統是一種抒情的道統」。

高友工則側重通過語言分析和知識論的方法對抒情進行本體論式的論述。在他看來，至少有兩種對峙的創作態度為文學史的主流，影響到文學體類的發展，「一種是以『表現心境』為理想的『抒情』傳統，這裡自然其『本體』是個人的『心境』，而這『代體』即是所代表的『本體』的延續；另一種是以『模仿創造物境』為理想的『描寫、敘述傳統』，其本體是外在的『物境』，其『代體』是另一獨立的『本體』；而創造模仿者是二者之外的另一主體。」〔註50〕「抒情」與「描述」的對照也即「心境」與「物境」的對照。「描述」也即描述的對象或內容獨立於「描述過程」；而「抒情」則是「抒情過程」與「抒寫對象」合一的。並把中國言志傳統中「以言為不足，以志為心之全體的精神」視為抒情的真諦，故這一「抒情傳統」形成「言志傳統」的一個主流。故而，「抒情」並非一個傳統上的「體類」概念，而是帶有哲學意味，「不只是專指某一詩體、文體，也不限於某一種主題、題素。廣義的定義涵蓋了整個文化史中某一些（可能同屬一背景、階層、社會、時代）的『意識形態』，包括他們的『價值』、『理想』，以及他們具體表現這種『意識』的方式。更具體的說，我所用的『抒情傳統』是指這種『理想』最圓滿的體現是在『抒情詩』這個大的『體類』之中。」〔註51〕高同時認為：「任何偉大的文化必然地會包括這兩種傳統，但也必然地會有所偏愛；正如偉大的作家雖然兼有兩者，但依然會傾向於其一……我們才有『抒情小說』、『抒情戲劇』、『敘事詩』、「詠物詩」等等體類的出現。」〔註52〕這種非民粹主義和非二元對立的看法表現出其可貴而寬闊的眼光，而且分析極為細膩，但其西方式的分析哲學式的方法難免遭到中國傳統文論支持者的批評。

捷克漢學家普實克則對 20 世紀初期的新文學的發生作重點考察，他認為：「就其內在品質以及與現實的關係而言，這場文學（新文學）變革的特徵

〔註49〕陳世驤：《中國的抒情傳統》，《陳世驤文存》，遼寧教育出版社 1998 年版，第5 頁。

〔註50〕高友工：《美典：中國文學研究論集》，生活‧讀書‧新知三聯書店 2008 年版，第 75～76 頁。

〔註51〕高友工：《美典：中國文學研究論集》，生活‧讀書‧新知三聯書店 2008 年版，第 83 頁。

〔註52〕高友工：《美典：中國文學研究論集》，生活‧讀書‧新知三聯書店 2008 年版，第 77 頁。

可以概括如下：在舊文學中佔據主導地位的抒情性——為了審美目的而創作的散文，以及戲劇，都具有一種特殊的抒情品質——現在被史詩性所取代，因為連現代話劇也更接近敘事，而不是抒情。這本身就意味著對現實的態度的改變。在過去，對現實的觀察、體驗、冥思，都具有典型的抒情性；而現在，對現實的忠實反映、描寫和分析，成為了現代散文的主要目的。中國古代詩歌和散文使用的文學手法是綜合，而現代散文（當然還有現代詩歌）的手法是分析。」〔註53〕普實克認為中國抒情傳統的式微和「史詩的」文學的興起有賴於世紀之交文學秩序的解散和創作者的主觀意識和個人主義的萌發。普實克的這一觀察與判斷不無左翼立場的興寄。

　　與普實克相比，王德威筆下的抒情傳統有另一番的解讀：西方定義下的「抒情」（lyricism）與個人主義掛鉤，是晚近的、浪漫主義的表徵一端而已。側重於個人、主體與自我的論述。而王認為：「晚清、『五四』語境下的『抒情』含義遠過於此。『抒情』不僅標示一種文類風格而已，更指向一組政教論述，知識方法，感官符號、生存情境的編碼形式，因此對西方啟蒙、浪漫主義以降的情感論述可以提供極大的對話餘地。」〔註54〕王所強調的抒情主義是想重返中國傳統文學或文論裏面關於抒情的表述，這一線索包括《楚辭》、《九章》中詩「發憤以抒情」的問題，也包括了儒家從《論語》以來的詩教中所產生的對於「禮」、「樂」的一種烏托邦式的憧憬，以及老莊哲學，魏晉美學，陸機《文賦》的「詩緣情而起」等等。「不再只是把它當作抒情詩歌，也把它當作一個審美的觀念，一種生活形態的可能性。」「抒情與史詩並非一般文類的標籤而已，而可延伸為話語模式，情感功能，以及最重要的，社會政治想像。」而其理論動機是給予這樣的一種現實：「一般以為二十世紀中國文學的典範不外革命與啟蒙，這一典範的聲音標記可以魯迅的『吶喊』為代表。相形之下，抒情話語要麼被貶為與時代的『歷史意識』無關，要麼被看作現實主義律令以外的小道。」〔註55〕也即對中國現代文學的論述開闢出除啟蒙與革命之外的另一論述途徑。

　　由上，我們或可以從以上視域中看出周的文學抒情史觀的意義。首先，

〔註53〕〔捷克〕亞羅斯拉夫·普實克：《抒情與史詩：現代中國文學論集》，上海三聯書店2010年版，第39頁。

〔註54〕王德威：《抒情傳統與中國現代性》，生活·讀書·新知三聯書店2010年版，第5頁。

〔註55〕季進：《抒情傳統與中國現代性——王德威教授訪談錄》，《書城》2008年第6期。

周所謂的「言志」傳統其實是「緣情」傳統，我們在這裡叫做抒情傳統，對於文學史的意義是明顯的。周作人通過自己心中的「美典」，尋求文學中的「仙人」分子，以建立新文學的典範。周的抒情史觀的建構採擇了中國以及兩希文明中的抒情傳統，這在某種意義上是一次文學復興的嘗試和想像，雖然周在其中夾雜了現代人道主義的內涵，然而這種人道主義和周作人所向往的禮樂傳統接近。因此，在我看來，周的文學抒情史觀並非是一種所謂的審美「現代性」，但和審美現代性反抗技術理性和工具理性的內涵並無二致〔註56〕。周如果以此來關照自己的文字，難免對其產生不滿。雖然周作人的文學實踐並不如他所想像的那樣「余一生文字無足道矣」，他的文學作品尤其是一些美文在文學史上的價值已經取得公認。更重要的地方在於周作人的文學批評和文學抒情史觀的確立為文學史書寫提供了一個極為重要的價值參照。

作為總結，我簡要概括一下周作人抒情文學史觀的主要內涵：

在文學的功用上，主張文學的無功利性，拒絕工具論、載道論。如果說五四新文化時期「人的文學」的提出尚帶有一定的啟蒙色彩，在後五四時期，周更追求文學的獨立性，審美無功利性，拒絕為任何主義代言。

在書寫主體上，強調「個人」情感的抒發，防止「個人」淪為集團的利用的工具。「個體」和「人類」相通。後五四時期，周作人對「八股」思想的一再拒斥和反抗，就是為了能夠使「個人」發聲言志，避免個人的主體性受到各種權力話語的壓迫。

在表現形式上，更重視抒情分子的形式。周通過自己心中的「美典」《詩經》之《國風》、《聖經》之《雅歌》、古希臘之「薩福」向我們展示了文學的抒情傳統，它們是具有生命力的「仙子」。周一再強調文學要有「生命」，文學是人的心靈史，文學是人性的悲喜歌哭。

在文學的思想內涵上，更重視「情」之內涵，也就是表現優美健康的自然人性，或者說人的「求生意志」，追求健全美好生活的願望。這種求生意志是「人類」「個人」的共通之處，也和現代人道主義的某些內涵緊密相連。

另外，周的文學抒情觀，並不侷限於中國的抒情傳統，它同時包含兩希

〔註56〕馬泰‧卡林內斯庫在《現代性的五副面孔》中把現代性分為啟蒙現代性和審美現代性，前者是現代性自身的認同力量，以社會為主，張揚理性；後者是現代性的反抗力量，以個人為本體，用審美主義來對抗技術理性和工具理性。見馬泰‧卡林內斯庫：《現代性的五副面孔》，顧愛彬等譯，商務印書館2002年版，第48頁。

文化中的抒情傳統，這也是文學超越性的表現，文學連接著「個人」與「人類」，超越了國界和民族。當然這一視界緣於周作人開闊的世界文學的眼光，這一契機和陳世驤對中國文學抒情傳統的提出背後的世界文學視野不謀而合，不過周對抒情傳統的重視較早，而且兩人的問題意識、出發點和文化語境也有很大的分野。

如果進一步向前追溯，我們可看到王國維在《文學小言》中提出文學的無功利性，認為「餔餟的文學」與「文繡的文學」不是真正的文學，文學是「遊戲的事業」：「文學者，遊戲的事業也。人之勢力用於生存競爭而有餘，於是發而為遊戲。婉孌之兒，有父母以衣食之，以卵翼之，無所謂爭存之事也。其勢力無所發洩，於是作種種之遊戲。逮爭存之事亟，而遊戲之道息矣。唯精神上之勢力獨優，而又不必以生事為急者，然後終身得保其遊戲之性質。而成人以後，又不能以小兒之遊戲為滿足，於是對其自己之感情及所觀察之事物而摹寫之，詠歎之，以發洩所儲蓄之勢力。故民族文化之發達，非達一定之程度，則不能有文學；而個人之汲汲於爭存者，決無文學家之資格也。」〔註57〕王認為文學有二元質：景與情，前者客觀的，知識的；後者主觀的，感情的。並提出「抒情的文學」（《離騷》、詩詞皆是）與「敘事的文學」（謂敘事詩、詩史、戲曲等，非謂散文也）〔註58〕，並認為後者尚處於「幼稚之時代」。

魯迅在早年在《摩羅詩力說》中亦提出純文學觀：「由純文學上言之，則以一切美術之本質，皆在觀聽之人，為之興感怡悅。文章為美術之一，質當亦然，與個人暨邦國之存，無所係屬，實利離盡，究理弗存。……故文章之於人生，其為用決不次於衣食，宮室，道德。蓋緣人在兩間，必有時自覺以勤劬，有時喪我而惝恍，時必致力於善生，時必忘其善生之事而入於醇樂，時或活動於現實之區，時或神馳於理想之域；苟致力於其偏，是謂之不具足。嚴冬永留，春氣不至，生其軀殼，死其精魂，其人雖生，而人生之道失。文章不用之用，其在斯乎？……涵養人之神思，即文章之職與用也。」〔註59〕「好的文藝作品，向來多是不受別人命令，不顧利害，自然而然地從心中流露的

〔註57〕王國維著，周錫山編校：《王國維集》，中國社會科學出版社 2008 年版，第 22 頁。

〔註58〕王國維的這一觀點在董乃斌《論中國文學史抒情和敘事兩大傳統》（《社會科學》2010 年第 3 期）一文中得到更詳盡的發揮。

〔註59〕魯迅：《摩羅詩力說》，見《魯迅全集》第 1 卷，人民文學出版社 2005 年版，第 73～74 頁。

東西。」〔註60〕然而魯迅雖然重視文學的獨立性，其文字多半卻在致「用」。其實周作人的文字多半也和啟蒙與當下的政治保持著聯繫，不過他所倡導和實踐的「美文」倒是保持了審美的維度。

木山英雄曾比較了周氏兄弟的文學無功利性和王國維的文學無功利性：「周氏兄弟共通的反功利主義，是遵循莊子式的『無用之用』的邏輯，希圖依靠文學的力量使同胞純粹無垢的靈魂覺醒，從而使衰弱的古老文明保有再生的希望：在這一意義上，他們的反功利主義是為遠大的功利服務的。而王國維所追求的，是以席勒美學的『遊戲』為極致的、於已是對深刻的厭世主義和憂鬱症的直接慰藉的純文學。」〔註61〕其實，雖然周氏兄弟同是「無用之用」，但一個和現實政治保持了密切聯繫，進行著激切的戰鬥，一個和現實保持了某種程度的疏離。尤其是在後五四時期，周氏兄弟的分野更為明顯。

同是抒情，魯迅之「情」洋溢著普實克所言的「主觀主義」和「個人主義」的傾向，尼采的生命意志在魯迅這裡發遑揚聲，魯迅激切幽憤的「吶喊」和「無物之陣」的悲涼形成其獨特的「情」之座標；周作人的「情」則是知命守己而又追逐「捕風」的「求生意志」，他在自然人性的基礎上建造了優美健康而富有節制的人性形式，發抒著一個凡人的日常生命的悲歡，「抒情」文學也因此成為他訴求在「個人」基礎之上的「人類」共通的美典，也是他自我慰藉對抗外在之物而終未能付諸實行的憂鬱之殤。

如果我們把周作人的抒情文學觀放置於後五四時期的語境之中，我們就會發現它的可貴意義。後五四時期，由於革命與「建國」的任務壓倒了一切，新文化所標舉的思想文化革命退出了時代話語中心，知識分子也在其列。在革命的宏大敘事中，文學被綁上了戰車，成為黨派政治宣傳的輿論工具。無論是革命文學左翼文學還是國民黨的黨化文學莫不如此，文藝學術成為黨派政治翻雲覆雨的道具。當然，這種招納的企圖也招致抵抗和拒絕。仍有一部分人拒絕黨派的「招安」，從事獨立性的自主性的研究，他們拓展出「廣場意識」之外的另一條道路。曠新年指出 1928 年發端的「30 年代文學」所具有的鮮明特點：「它以無產階級革命文學的倡導和對『五四』資產階級現代性的

〔註60〕魯迅：《革命時代的文學》，《魯迅全集》第 3 卷，人民文學出版社 2005 年版，第 437 頁。

〔註61〕〔日〕木山英雄著，趙京華編譯：《文學復古與文學革命：中國現代文學思想論集》，北京大學出版社 2004 年版，第 224～225 頁。

「文化批判」與『五四』產生了自覺的、明顯的斷裂。它是馬克思主義的啟蒙運動，是無產階級的『五四』。」它生長在尖銳嚴峻的階級鬥爭和民族危機中，並在 1930 年代經過中共的運用達到了中國傳統文學觀念中「經國之大業、不朽之盛世」的最高理想境界。「1928 年的『文化批判』是馬克思主義的啟蒙運動，是對於現代資本主義文化和知識譜系的顛覆。它在對『五四』時期剛剛初步建立起來的科學、民主、個人主義、人性，以及藝術自治等概念的合理性批判中，有力地展開了唯物辯證主義、無產階級、集體主義、階級性，以及無產階級文學等概念和主題。」〔註62〕文學深深打上了政治意識形態的烙印。相比較，周作人的抒情文學觀把文學放置於更久遠的時空中，以普遍的人性為根柢，具有長久的生命力！

　　反觀當下林林總總的文學史書寫，它們給予了我們一個多元化的回答，但是無論是「進化論」、「階級論」還是「啟蒙論」、「現代性論」，〔註63〕無不

〔註62〕曠新年：《1928・革命文學》，山東教育出版社 1998 年版，第 1～47 頁。
〔註63〕黃修己在《論中國現代文學史的闡釋體系》（《學術研究》2007 年第 8 期）一文中歸納了中國現代文學史書寫最常見的幾種闡釋體系：進化論的闡釋體系：以進化論為文學革命的理論依據，如胡適的《白話文學史》，「文學者，隨時代而變遷者也。一時代有一時代之文學，乃文明進化之公理也。」強調今勝於昔，新文學勝於舊文學，肯定白話文學的合法性，否認則不然。階級論的闡釋體系：把階級鬥爭為社會進化的動力，文學亦是階級鬥爭的表現。這種闡釋體系構成建國後中國新文學史建構的指導思想。以「反映論」為其哲學基礎。在文學功能上，堅持「工具論」或「武器論」，即認為文學是階級鬥爭的工具或武器。整個文學都是圍繞毛澤東的創建人民文學而描述，文學史寫作包括古代文學史寫作都要強調階級分析，如王瑤的《中國新文學史稿》。啟蒙論的闡釋體系：在「新啟蒙」的 1980 年代提出，啟蒙主義思潮促成了新文學研究領域的啟蒙論闡釋體系的形成。取代了以往占主導地位的階級論、新民主主義論闡釋體系的政治視角，側重從思想史文化史的角度認識新文學。1985 年李澤厚提出「救亡壓倒啟蒙」命題，認為五四啟蒙精神未得到發展。劉再復提出中國社會運動重心轉移等原因，導致啟蒙精神失落。黃子平、錢理群、陳平原提出「20 世紀中國文學」的概念，高度評價五四啟蒙主義文學，認為 20 世紀中國文學的總主題是「改造民族靈魂」、審美風格是「悲涼」等，這些啟蒙文學的特徵為 20 世紀文學的總體特徵。啟蒙論把複雜性和豐富性簡單化了。現代性的闡釋體系：是西方「後現代」思潮對我國的衝擊，現代性的提出緣於西方對現代性的反思。這一概念來自來自思想史，應用到文學領域則偏重於文學的思想性問題，尚未深入探討文學自身問題。「進化論還講文體的演進；階級論在政治第一的前提下還有藝術第二；啟蒙論就偏重於思想了，到了現代性就更把新文學拉進中國現代思想史去了。所以有人質疑這是『思想史取替文學史』。」而且現代性這一概念的具有混雜性、模糊性、分歧性。

帶有時代思潮的影子，我們雖然無可逃脫「一切歷史都是當代史」的脅迫，但是我們仍應有優游遠眺的從容，以世界文學的眼光來觀察中國文學史的書寫。周作人在《人的文學》中指出：「一、文學是人性的，不是獸性的，也不是神性的；二、文學是人類的，也是個人的，卻不是種族的，國家的，鄉土及家族的。」幾十年之後，周的這一具有世界意識的人本主義信念仍不斷得到了響應：「『人的文學』是要求發掘普遍的人性，探討『理想的人性』，用周作人當時的話：『重新要發現人，去辟人荒！』這種文學要求顯然不是五四以後新文學發展之所趨。大多數的新文學作品，是被夏志清先生所謂的『感時憂國』的胸懷所籠罩。」〔註64〕但在今天的我們仍難以超越某種狹隘的視野，忘卻當年「放眼世界，關懷人類」之理想。這種願景願能使我們透過「當下性」的迷霧，以更高更遠的眼光來創作中國文學的「美典」，也是世界的「美典」。我想周作人的抒情文學史觀給予我們的意義也在於此。

　　周作人的抒情文學史觀與周作人所向往的生命境界互為表徵。周作人所追求的是一個沒有神像，沒有聖書，眾生有情有禮的世界。有情，故而悲憫，故而相愛，故而沒有沒有不必要的殺傷；有禮，故而有節制，故而中庸，這是通達大同世界之路，雖然在現實面前，這僅僅是他的虛妄，但也開啟了他對現代文明方案的另類想像。歷史總是與詩人互為反諷，作為「詩人」的周作人的「抒情」終被置於觥籌交錯的宴席上，被束於鐵窗，也終歸於紅衛兵皮鞭之後屍骨無存的悲愴，這悲愴對於現代中國知識分子也具有象徵意義。

　　以沈從文《抽象的抒情》的開篇作為本章的結語：「生命在發展中，變化是常態，矛盾是常態，毀滅是常態。生命本身不能凝固，凝固即近於死亡或真正死亡。惟轉化為文字，為形象，為音符，為節奏，可望將生命某一形式，某一種狀態，凝固下來，形成生命另外一種存在和延續，通過長長的時間，通過遙遙的空間，讓另外一時另一地生存的人，彼此生命流注，無有阻隔。文學藝術的可貴在此。文學藝術的形成，本身也可說即充滿了一種生命延長擴大的願望。至少人類數千年來，這種掙扎方式已經成為一種習慣，得到認可……」〔註65〕

〔註64〕張灝：《幽暗意識與民主傳統》，新星出版社2010年版，第224頁。
〔註65〕沈從文：《抽象的抒情》，見《沈從文全集》（第16卷），北嶽文藝出版社2002年版，第527頁。

第四章 「生活之藝術」與「禮樂」方案

後五四時期的周作人一個重要的思想轉向便是不再尋求各種「主義」的張揚和「佈道」，用他自己的話來說就是「夢想家與傳道者的氣味漸漸地有點淡薄下去了」，以前的各種「主義」與「烏托邦」對周而言，「這種生活在滿足自己的趣味之外恐怕沒有多大的覺世的效力，人道主義的文學也正是如此」，「以前我所愛好的藝術與生活之某種相，現在我大抵仍是愛好，不過目的稍有轉移，以前我似乎多喜歡那邊所隱現的主義，現在所愛的乃是在那藝術與生活自身罷了。」〔註1〕周轉向一種日常生活敘事，一種不同於熱烈的迫切的情愛喜悲的日常感情的追尋，「情之熱烈深切者，如戀愛的苦甜，離合生死的悲喜，自然可以造成種種的長篇巨製，但是在我們的日常的生活裏，充滿著沒有這樣迫切而也一樣的真實的感情……足以代表我們這剎那的內生活的變遷，在或一意義上這倒是我們的真的生活。」〔註2〕周把感時憂國的現代人道主義立場縫合進日常生活的「小敘事」，這種「小敘事」既是對「博學鴻詞」各種八股的反動，也蘊含著把日常生活領域納入審美範疇的努力。

後五四時期，日常生活成為理解周作人的關鍵詞。原因在於：其一，日常生活成為周現實人生遭際的一部分。我們可以進一步考察周作人的日常生活史。

〔註1〕周作人：《〈藝術與生活〉序》，1926 年 8 月 10 日作，載 22 日《語絲》第 93 期，署豈明。收《藝術與生活》。

〔註2〕周作人：《論小詩》，1922 年 6 月 13 日作，載 21 日、22 日《晨報副刊》，署仲密。收《自己的園地》。

　　對於 1930 年代生活在北京的知識分子而言,時代的緊張空氣和校園的舒緩節奏緊密地交疊在一起。後五四時期,新文化中心南移,國民黨完成對北京的統治並進行了嚴格的新聞輿論的監控;同時,北京城又籠罩在日本入侵的陰影之下。然而這種政治上的壓迫似乎並沒有徹底改變校園舒徐自如的教學氛圍。對於周作人而言,日常教學、演講、同人互訪、宴飲、購書、讀書、藏書、寫作、翻譯,構成了後五四時期周作人生活史的主線。

　　日常教學:對於以教書著譯為業的周作人而言,教學成為周作人的日常生活。周這一時期,曾在北大、北平大學女子學院、孔德學院、輔仁大學、燕京大學授課。1927 年 8 月,張作霖解散北京大學,改為京師大學,把北大、女師大、北師大、女子大學等九所學校合併為京師大學校,周拒絕了京師大學校女一院的聘書,而僅僅擔任作為北大「孑遺」的北大國學館導師和學術審議員。1928 年 8 月,國民政府將由京師大學校 6 月剛剛更名的中華大學改為北平大學,並實行大學區制,劃北平、天津、河北、熱河為「北平大學區」。11 月,北平大學成立,周作人回到北大,代理文學院國文系主任及日本文學系主任。1929 年 10 月他辭去北平大學女子學院國文系主任之職。1930 年在燕京大學休假一年。1931 年 8 月,周作人辭去在各校的兼職,專任北京大學研究教授。相對於朋輩的高升與遠遷,周仍苦住於北京一地執教,1928 年,周曾對江紹原談起這種狀況:「朋友中多已高升了,玄伯開灤局長、北平政務分會委員,尹默河北省政府委員,叔平兼士半農古物保存會委員,玄同國語統一會委員,幼漁管天文臺!只有我和耀辰還在做『布衣』,但耀辰恐不久亦須『出仕』,因他旦夕此意而鳳舉等則頗想抬他出來,鳳舉自己尚未有印綬,唯其必有一顆印可拿則是必然之事,故亦可以『官』論矣,觀於每天坐了借來的汽車各處跑,可以知其貴忙矣。我所等候的只是『中華大學』或者還有『日本文學系』,我仍舊可去教幾點鐘書,假如沒有則亦罷了,反正過去一年也闖出在『京大』之外,也仍可以敷衍過日也。」〔註 3〕如果說這種心態可能具有「當下」的侷限性,然而放到後五四時期的周作人日常生活而言,作為一個教員,平淡而又不失豐澤可謂是一個簡單的概括。「平淡」的是如水的生活,周以教書著譯為生,不時也有經濟上的擔憂,這一狀況在他和江紹原的通信中有所流露:「北平大學早已無錢,三月份發了一成,驚弓之鳥大有高飛

〔註 3〕周作人 1928 年 7 月 19 日致江紹原信,見《周作人早年佚簡箋注》,四川文藝出版社 1992 年版(下同),第 87～88 頁。

之意，日前教員會決定，如四月末不蒙付清，則從五月朔（一號）起即將『恕不』上課，尚不知李書華大人何以善其後也。」〔註4〕「北大墊發三月份薪，別的學院則只發一成，今日報載可有卅萬匯到，或可再支持一個月。」〔註5〕「大學區取消⋯⋯假如下學年可以照常開學，我擬全回『北大』去（現只算1/2Prof），從頭辦日文學系（從預科起），外邊拉散車的時間擬減少，如師大女師大皆不復去矣。」〔註6〕「豐澤」的是周仍可以過著一個文人閒趣和自由的生活，比如宴飲、演講。

宴飲：據《周作人日記》、《周作人年譜》記載，1929 年 1 月 1 日，元旦集宴，來者：沈士遠、沈尹默、沈兼士、馬幼漁、馬隅卿、劉半農、錢玄同、俞平伯、徐祖正、張鳳舉等人；1 月 2 日，北海濠濮間赴星星社之會；1 月 26 日，在苦雨齋宴胡適，出席者：馬幼漁、劉半農、張鳳舉、沈尹默等人；1 月 27 日，北海團城參加駱駝同人集會；10 月 15 日，往燕京大學，冰心、吳文藻招午餐；10 月 26 日下午，同北京大學和孔德學院同人，在中山公園水樹為即將赴法留學的張鳳舉餞行，出席者 47 人；11 月 6 日，午至德國飯店，赴沈兼士招宴，為張鳳舉餞行；11 月 14 日，往燕京大學，赴冰心邀便飯，許地山亦來。

尤其是 1930 年代初期，1933 年 7 月朱光潛回國，出任北京大學西語系教授，還在北大中文系、清華大學，輔仁大學等處主講《文藝心理學》和《詩論》。他在住處地安門裏的慈慧殿三號舉辦的「讀詩會」常常受到同人以及文藝愛好者的歡迎，從 1933 年起，他在家裏經常舉辦文學沙龍，「每月一至兩次，參加的人實在不少，北大有梁宗岱、馮至、孫大雨、羅念生、周作人、葉公超、廢名、卞之琳、何其芳、徐芳等，清華在朱自清，俞平伯、李健吾、林庚、曹葆華等，此外還有冰心、凌叔華、林徽因、周煦良，蕭幹、沈櫻、楊剛、陳世驤、沈從文、張兆和，以及當時在北京的兩位英國詩人尤連・伯羅和阿立通等」。〔註7〕周作人是其中之一。

同年 8 月沈從文到北京，9 月他和楊振聲主編《大公報・文藝副刊》，編

〔註4〕周作人 1929 年 4 月 19 日致江紹原信，見《周作人早年佚簡箋注》，第 167 頁。

〔註5〕周作人 1929 年 5 月 4 日致江紹原信，見《周作人早年佚簡箋注》，第 172 頁。

〔註6〕周作人 1929 年 6 月 21 日致江紹原信，見《周作人早年佚簡箋注》，第 174 頁。

〔註7〕商金林：《朱光潛與中國現代文學》，安徽教育出版社 1995 年版，第 92 頁。

委除此二人外還有朱自清、周作人、林徽因、鄧以蜇，作為主要編務的承擔者沈從文更是經常邀請同人每月一聚，周作人自然經常出席。10月22日，沈與楊在北海漪瀾堂招宴，出席者周作人、俞平伯、廢名、余上沅、朱光潛、鄭振鐸等；〔註8〕11月26日，周參加《大公報·文藝副刊》在豐澤園的聚會，另有朱自清、楊振聲、李健吾、巴金、梁思成夫婦等人出席；〔註9〕1934年1月21日，參加《大公報·文藝副刊》在豐澤園的聚會，出席者另有胡適、聞一多、朱自清、葉公超等人；2月25日，3月17日，4月29日，5月27日，6月24日……周均參加了《大公報·文藝副刊》大約每月一次的聚會。〔註10〕除此之外，周作人有時也參加其他宴飲活動，比如同人相訪相邀、餞別，婚喪，生日宴，茶話會，其他文學社招宴，林徽因的「太太客廳」活動、學生年終聚餐等。中國文人自古就有宴飲之習，作為現代中國知識分子，宴飲也是重要的文學場域之一，它對文人的文學交流和感情聯絡起到非常重要的作用。周作人對宴飲活動的參與或是可以給他帶來一種集體的歸屬感，舒解現實而帶來的壓抑與孤寂，保持心靈自由之一途吧。

演講：1929年2月8日，往孔德學校演講；18日往第一師範學院演講；28日，往燕京大學國文學會演講。3月1日，參加孔德學校開學典禮；10日，往婦女協會演講；12日，往燕京大學國文學會演講；15日，往北平大學法學院健行社演講。5月22日，往清華大學為終南社中國文學會演講；10月10日，往孔德學院參加國慶紀念會並演講……這樣的演講記錄非常多〔註11〕，並且並不僅僅侷限於北平一地，周也時常去天津演講，如1930年11月8日上午在天津女師學院講演，下午在南開大學講演；11月28日下午在河北大學講演；29日在保定第二女子師範、保定第二師範學院講演……不再一一舉例。一九三四年七、八月間，周攜夫人羽太信子去日本進行了近二個月的探親訪問，引起較大反響。總之，後五四時期的下半段，周演講的次數比較頻繁，所去的學校也從北京的北大、清華、輔仁、北京工學院到天

〔註8〕參吳世勇編：《沈從文年譜》，天津人民出版社2006年版，第141頁。

〔註9〕吳世勇編：《沈從文年譜》，第144頁。

〔註10〕參張菊香、張鐵榮編：《周作人年譜》，天津人民出版社2000年版，第441～461頁。

〔註11〕止菴編的《周作人演講集》中僅收錄極為少量的周作人演講，大量的演講記錄未被發現或者已經散佚，雖然近幾年來也陸續發現了周的一些演講記錄，但和周作人一生的演講比起來是少之又少，此項工作有待進一步發掘整理。

津的師範學院等院校。周之所以有如此頻繁的講演與其文名不可分開,周在五四新文化運動時期奠定了其文壇上的地位,後五四時期,新文化時期的中堅人物南移,周無疑成為北京文壇上的屈指可數的權威人物,受邀演講也是情理之中的事情。

購書讀書藏書:周一生購書讀書藏書甚多,從周作人日記中可以看出,周作人自留日時期就開始購書,周作人日記後面常有所購書目,周作人回國後,有時也和日本的有些書店比如東京丸善書店保持聯繫,常有圖書從日本寄來。在非常時期,取書甚至會帶來一些意想不到的麻煩,「近來北平反日會雷厲風行,凡自日本寄來的,即使是英文也要扣留,故取書亦是一種冒險也。」〔註12〕周在《隅田川兩岸一覽》一文中談及自己的嗜好,在一一否定酒、茶、舊戲、電影、音樂、書畫及古董之後,說「所謂嗜好到底是什麼呢?這是極平常的一件事,便是喜歡找點書看罷了。看書真是平常小事,不過我又有點小小不同,因為架上所有的舊書固然也拿出來翻閱或檢查,我所喜歡的是能夠得到新書,不論古今中外新刊舊印,凡是我覺得值得一看的,拿到手時很有一種愉快,古人詩云,老見異書猶眼明,或者可以說明這個意思。天下異書多矣,只要有錢本來無妨『每天一種』,然而這又不可能,讓步到每週每旬,還是不能一定辦到,結果是愈久等愈希罕,好像吃銅槌飯者(銅槌者銅鑼的槌也,鄉間稱一日兩餐曰扁擔飯,一餐則云銅槌飯),捏起飯碗自然更顯出加倍的饞癆,雖然知道有旁人笑話也都管不得了。」〔註13〕其實,購書成為周作人重要的生活開支之一。1927年,張作霖進京之後,解散了北京大學,把北大、女師大、北師大、女子大學等九所學校合併為京師大學校,周拒絕了京師大學校女一院的聘書,而僅僅擔任作為北大「孑遺」的北大國學館導師和學術審議員,這在一定程度上也導致周的經濟來源的減少。「我的經濟狀況總是如此,只是老闆的款不能如約寄下,因此不免時時發生困難耳。」〔註14〕周作人曾對江紹原談起「近來無錢買書,稍覺無聊,殆猶婦女之不能買衣飾歟?」〔註15〕「近日少買書,但亦不能戒淨,稍搜三四種關於希臘文學宗教

〔註12〕周作人1929年4月19日致江紹原信,見《周作人早年佚簡箋注》,第167頁。

〔註13〕周作人:《隅田川兩岸一覽》,1935年11月3日刊《大公報》,署名知堂,收入《苦竹雜記》。

〔註14〕周作人1928年7月19日致江紹原信,見《周作人早年佚簡箋注》,第87頁。

〔註15〕周作人1927年9月27日致江紹原信,見《周作人早年佚簡箋注》,第34頁。

的書，雖在黃連樹下亦不能忘彈琴也，可笑之至也。」〔註16〕「買書之興仍不淺，只可惜錢仍不夠……」〔註17〕「近頗想購書而不敢花錢」〔註18〕，「苦雨齋中已稍整頓，因新從拍買得了幾箇舊書架，把凌亂的書稍為整理了。」〔註19〕多年後，在魯迅藏書險被出售事件中，周作人在其中扮演了一個不光彩的角色，周曾言自己願意出錢購買魯迅的部分書，學界對其這種行為多有批評，我也同意這一批評，但從另一個角度可以看出周作人對書之癡。王錫榮曾有這樣的觀察：「當初魯迅搬離八道灣時，兩人唯一的一次正面衝突，就是為了這些書，以致後來兩人相互指責對方搶了自己的書——魯迅談到自己一些書沒有從八道灣取出來時說是『悉委盜窟中』，而周作人寫文章罵魯迅是『破腳骨』，意謂強搶了他的書……」〔註20〕以上可見周作人對書之癡愛。周作人日記中也時見其購書的記錄。周讀書之廣就更不必說了，1930年代，周稱自己為「文抄公」。從其文抄公體的散文中已經可以看到這一點了。以上這些構成周作人生活史的主線，周的日常生活經驗構成了其通向「生活與藝術」的一途。

其二，「生活之藝術」的提出。1924年，周作人提出「生活之藝術」。「生活之藝術這個名稱，用中國固有的字來說便是所謂禮。斯諦耳博士在《儀禮》序上說，『禮節並不單是一套儀式，空虛無用，如後世所沿襲者。這是用以養成自制與整飭的動作之習慣，唯有能理解萬物感受一切之心的人才有這樣安詳的容止。』」〔註21〕周作人贊成辜鴻銘把「禮」譯成Art，而不是Rite，就含有對現在的「禮」之思考。周希望恢復「本來的禮」，而不是現在已經墮落的禮儀禮教。按照周的理解，這種近於Art的「本來的禮」意味著一種新的自由與節制，在於「禁慾與縱慾的調和」，依據藹理斯的話來說便是：「生活之藝術，其方法只在於微妙地混合取與捨二者而已。」這種生活的藝術更接近中國的中庸，《中庸》云：「天命之謂性，率性之謂道，修道之謂教。」對於周來說，「中國現在所切要的是一種新的自由與新的節制，去建造中國的新文明，

〔註16〕周作人1927年11月1日致江紹原信，見《周作人早年佚簡箋注》，第38頁。

〔註17〕周作人1929年1月5日致江紹原信，見《周作人早年佚簡箋注》，第130頁。

〔註18〕周作人1929年5月4日致江紹原信，見《周作人早年佚簡箋注》，第172頁。

〔註19〕周作人1929年6月21日致江紹原信，見《周作人早年佚簡箋注》，第174頁。

〔註20〕王錫榮：《周作人生平疑案》，廣西師範大學出版社2005年版，第272頁。

〔註21〕周作人：《生活之藝術》，1924年11月17日《語絲》第1期，署開明。收《雨天的書》。

也就是復興前年前的舊文明，也就是與西方文化的基礎值希臘文明相合一了。這些話或者說的太大太高了，但據我想捨此中國別無得救之道……」〔註22〕在周看來，這種接近中國傳統之中庸的「節制」、「取捨」與「調和」成為「生活」的藝術或方法，周並進一步把它昇華為建構中國新文明的方法。

1930年代，周作人更明確地指出：「禮即是人情物理的歸結，知禮者必懂得情理。思想通達，能節制自己，能寬容別人，這樣才不愧為文明人。」〔註23〕周常自稱儒家，而儒家的精神在於消極的道家和徹底積極的法家之間。陶淵明《飲酒》詩中言及孔子：「汲汲魯中叟，彌縫使其淳，鳳鳥雖不至，禮樂暫得新。」獲得周的高度認同：「把孔氏之儒的精神全表白出來了」。〔註24〕我們可以看到，周氏把西方的現代人道主義思想嫁接到中國的「本來的禮」，或者說是「禮樂傳統」。這彷彿有說西方的「Art」中國已是「古已有之」的嫌疑。但是周作人的這一觀點是經過五四退潮之後的洗禮而進行的努力，新村主義在內的新理想主義的破滅，使他放棄了各種「主義」和宏大的社會改造。周早在1922年就看到人的本性改變之困難，只能以「影響」漸進的改變：「以遺傳的國民性為素地，盡他本質上的可能的量去承受各方面的影響，使其融和沁透，合為一體，連續變化下去，造成一個永久而常新的國民性，正如人的遺傳之逐代增入異分子而不失其根本的性格。」〔註25〕而在上文中又對陶淵明的「彌縫」加以認同，這也說明其「影響說」思想的延續性和一致性。

一、「現在所愛的乃是在那藝術與生活自身罷了」

如前文所言，周作人在後五四時期，轉向對「藝術與生活自身」的追求。家鄉的烏篷船，打篷的雨聲，欸乃的櫓聲，赤了足的孩子，水田裏的蛤蟆，簷頭麻雀的啾唧，故鄉城外的娛園，故鄉的野菜，北京的茶食，喝茶，蒼蠅，禹跡寺，夜糖，風物民俗，兩性倫常，凡人的日常都湧現到他的筆下。這對於周作人而言無疑是一個轉折，他從宏大敘事中抽身而去，轉向對凡人日用的關

〔註22〕周作人：《生活之藝術》。

〔註23〕周作人：《關於孟母》，1935年5月19日《獨立評論》第151號，署知堂。收《苦茶隨筆》。

〔註24〕周作人：《自己所能做的》，1937年4月24日作，載6月1日《宇宙風》第42期，署知堂。收《秉燭後談》。

〔註25〕周作人：《國粹與歐化》，1922年2月12日《晨報副刊》，署仲密。收《自己的園地》。

注。這種轉變當然也是一個漸進的過程。雖然周在其文章中仍不時隱晦地「呵佛罵祖」，但和五四時期的高歌猛進相比減弱了它的熱度，幽暗了它的光芒。我們在其筆下看到的是一個過了「不惑之年」的「智者」形象。此前的受挫經驗使周感到有些絕望，世界與時間簇擁著冥冥而來，四周都是黑暗，但他並不甘心沉墜其中，為黑暗所吞噬。作為人「永遠在於過渡時代」，現在僅僅只是過去與未來的一個交點，而且人不能在時間的川流中入浴兩次。周選擇了「閒靜的招呼那熹微的晨光」與感謝落日，「將那光明固定的炬火遞在他的手內，我們自己就隱沒到黑暗裏去。」這種將「絕望」置之死地而後死的意識和魯迅的「中間物」意識何其相似。不過和魯迅「絕望之為虛妄，正與希望相同」的激憤有所不同，周選擇了「冷眼」看世界，在命運惘惘威脅的底色中沉澱自己的亮色。轉身後的周作人選擇了對凡人日用生活的書寫，下面我將對周作人的文本進行簡略分析。

> 喝茶當於瓦屋紙窗之下，清泉綠茶，用素雅的陶瓷茶具，同二三人共飲，得半日之閒，可抵十年的塵夢。喝茶之後，再去繼續修各人的勝業，無論為名為利，都無不可，但偶然的片刻優游乃正亦斷不可少。〔註26〕

這段文字寫於 1922 年，新文化運動高潮剛過，也是周一場大病之後的復出，與《過去的生命》中所表現出的夢想者的悲觀迷惘相比，周在這裡表現出一種優游與從容，這是周確定自己的「勝業」之後的一次轉向，他把之前比如「新村的理想」之類的主義與夢想轉移到泥土的樸實與可觸可感環繞於我們周遭的日常生活。「喝茶」、「瓦屋紙窗」、「清泉綠茶」、「二三人共飲」，這些意象的選擇與運用使我們體會到日常生活的從容，其實這正是周所設想的。周在《上下身》中以一日本藝術家為例「百餘年前日本有一個藝術家是精通茶道的，有一回去旅行，每到驛站必取出茶具，悠然的點起茶來自喝。有人規勸他說，行旅中何必如此，他答得好：『行旅中難道不是生活麼。』這樣想的人才真能尊重並享樂他的生活。沛德（W・Pater）曾說，我們生活的目的不是經驗之果而是經驗本身。」〔註27〕周作人的生活觀把人生的諸多方面放置

〔註26〕周作人：《喝茶》，1924 年 12 月 29 日《語絲》第 7 號，署開明。收《雨天的書》。

〔註27〕周作人：《上下身》，1925 年 2 月 2 日《語絲》第 12 期，署開明。收《雨天的書》。

在一個平等的視角加以檢視，吃喝拉撒，飲食男女均是人生不可或缺的部分，也應該成為我們關注和考察的對象。人的生活中大抵包括飲食、戀愛、生育、工作、老死等事情，周認為它們都是生活整體中的不可分割的一部分，並且沒有上下等之別。

> 我們於日用必需的東西以外，必須還有一點無用的遊戲與享樂，生活才覺得有意思。我們看夕陽，看秋河，看花，聽雨，聞香，喝不求解渴的酒，吃不求飽的點心，都是生活上的必要的──雖然是無用的裝點，而且愈精練愈好。〔註28〕

在這段文字中，「看夕陽，看秋河，看花，聽雨，聞香」成為「日用必需的東西」以外的一種生活點綴，正是這種「裝點」使生活充滿「意思」。對周而言，這是一種文人雅趣，也是人生必不可少的「餘裕」。雅趣尚好在周作人這裡被賦予了別樣的意義。

然而我認為並不能因此低估這種生活美學的政治能量。周作人早年就注意到了日常趣味好尚的價值意義。周作人認為文明之基礎在於趣味好尚的培養，「一國文化之高下，以國民靈蠢之異為差，故趣味好尚之節，似屬細微，然其影響則甚大。」中國文明的衰落並不全在於物質文明的不具備，精神同樣有所「未逮」。國人趣味淺俗，感覺遲鈍。見諸色彩者「非受劇烈刺激，莫能覺識」，視覺不敏；見諸聲音者「中國古樂及今不傳，八音之中僅存其半」，國人談論輒作大聲，為耳之鈍；見諸文章者缺乏審美之力，為神經之鈍。「其弊則靈明漸喪，高上優美之趣弗能覺識，必有劇烈之激刺，始足以爽其意。故承平之時易流於腐敗，及際亂世，淫殺尤甚，（中國土匪之禍，外國所鮮見，）古有其例。今即不言此，第以中國方將新造文明以圖自強，使民德不昌，短於智慧，則物質之事且難達其高深，超形之學更不足論，於文明何有乎？故革除舊習，施以教養，使高上其趣味，以漸進於靈智，是跡似微末，實為文明之基礎也。」〔註29〕周作人從日常的趣味好尚中見出文明的消長，意見可謂精闢。周喜李笠翁的《閒情偶拾》一書，居處飲食及男女日用纖悉不遺，「纖悉講人生日用處正是那書的獨得處」。〔註30〕而且「道」就在凡俗的日常生活

〔註28〕周作人：《北京的茶食》，1924年2月作，載3月18日《晨報副刊》，署陶然。收《雨天的書》、《澤瀉集》。

〔註29〕周作人：《文明之基礎》，1910年7月28日《紹興公報》，署起孟。

〔註30〕周作人：《笠翁與隨園》，1935年9月6日刊《大公報》，署名知堂，收入《苦竹雜記》。

之中,人民的歷史也是日用人事的連續。「顧日新序中所說:訪諸父老,證以
前聞,糾繆摘訛,秩然有體。莊子謂道在螻蟻,道在尿溺。夫螻蟻尿溺至微且
濁矣,而不嫌每下而愈況,蓋天地之至道貫於日用人事,其傳之於世者皆其
可筆之於書者也。」〔註31〕其實不僅僅是對日常生活的凸顯,而且相對於中
國的史傳傳統,周更重視塵世凡人的悲喜:「我們不必記英雄豪傑的事業,才
子佳人的幸福,只應記載世間普通男女的悲歡成敗。因為英雄豪傑才子佳人,
是世間不常見的人;普通的男女是大多數,我們也便是其中的一人,所以其
事更為普遍,也更為切己。」〔註32〕這也為其後五四時期周的趣味養成設下
伏筆。其實,如果我們進一步觀察,周作人的這種日常生活轉向和儒家的日
常人生化不無關係。

《大學》有「三綱領」和「八條目」,「三綱領」即明明德、新民、止於
至善;「八條目」即格物、致知、誠意、正心、修身、齊家、治國、平天下。
「八條目」、「三綱領」是儒家實現「內聖外王」的根本方法。「內聖」即「內
求於己」,也即「格物、致知、誠意、正心、修身」。「外王」表「外用於世」,
即「齊家、治國、平天下」。可以說《大學》把人生哲學和政治哲學融為一
體。1930年代周作人常稱自己是「儒家」而非「儒教徒」,「半是儒家半釋
家」。周作人對儒家思想的思考伴隨其一生,從反儒到近儒以及自稱「儒家」
有個過程。〔註33〕

在筆者看來,周作人的儒家更近於原始儒家或者是日常人生化了的儒家。
周作人在其生活哲學中把「格物、致知、誠意、正心、修身、齊家、治國、平
天下」八條目中的「齊家、治國、平天下」的政治哲學抹去,而剩下的「格
物、致知、誠意、正心、修身」的人生哲學正是周所擇取的,這也正代表了儒
家的日常人生化趨向。

余英時有一洞見:儒家的日常人生化最遲在明清時代已開始萌芽。特別
是王陽明以來的儒家有一個重要的轉變,不像宋儒那樣把「道」的實現寄託
在建制上面,寄託於「聖王賢相」,而是轉向普通百姓在日常人生中各自成聖
成賢,回到了先秦儒家「人人可以成堯舜」的原始命題,打破了「內聖外王」

〔註31〕周作人:《〈清嘉錄〉》,1934年3月4日作,載10日《大公報》文藝副刊第
　　　　48期,署豈明。收《夜讀抄》。
〔註32〕周作人:《平民的文學》,1918年12月20日作,載1919年1月19日《每週
　　　　評論》第5期,署仲密。收《點滴》、《藝術與生活》。
〔註33〕詳參哈迎飛:《論周作人的儒釋觀》,《文學評論》2009年第5期。

的古老神話。日常人生化的儒家只能直接在私領域中實現，儒家在修身齊家的層次上仍可以發揮重要作用，但對於治國、平天下而言，儒家只能以「背景文化」的地位投射間接的影響力，並非和公領域完全斷絕了關係。〔註34〕余英時論證了原始儒家的日常人生化傾向和自明清以來的儒家日常人生化的轉向。余對宋明之際「士風」的轉變有過這樣的觀察：由「得君行道」「以天下為己任」轉向「思不出其位」和「百姓日用之道」。而這一轉變的原因在於：政治上，由宋至明，「士」的優容地位下降為「九儒、十丐」的轉變消泯了他們的政治主體意識，「得君行道」無從談起；經濟上，十六世紀市場經濟的發展為明代「士」的社會空間和文化空間的開拓提供了經濟基礎。故宋王安石、二程、朱熹、陸九淵的「得君行道」到了明代王守仁及其門人呈現出以上變異。〔註35〕王守仁的門人主要是指泰州學派，有論者稱之為「中國歷史中第一個真正意義上的思想啟蒙學派」，創始人王艮有個主要的思想觀念是「百姓日用是道」，他認為「愚夫愚婦」都「能知能行」；「百姓日用條理處，即是聖人之條理處」，「聖人之道，無異於百姓日用，凡有異者，皆謂之異端」。「百姓日用」成為檢驗「道」的標準。李贄（李卓吾）是泰州學派的重要傳人之一，李贄發展了王艮的「百姓日用即道」的思想，提出「穿衣吃飯是人倫物理」和「人即道」等命題，「穿衣吃飯，即是人倫物理。除卻穿衣吃飯，無倫物矣。世間種種皆衣與飯類耳，故舉衣與飯而世間種種自然在其中。」〔註36〕而李贄正是周作人所宣稱服膺的中國「思想界三賢」之一，周晚年回憶，「中國古人中給我影響的有三個人尤其是李卓吾，對於我最有力量。」〔註37〕周作人常常引用焦里堂的一段話：「先君子嘗曰，人生不過飲食男女，非飲食無以生，非男女無以生生。唯我欲生，人亦欲生，我欲生生，人亦欲生生，孟子好貨色之說盡之矣。不必摒去我之欲生，我之所生生，但不忘人之所生，人之所生生。循學《易》三十年，乃知先人此言聖人不易。」周對此評價道：「此意思至淺近，卻亦以是就極深遠，是我所謂常識，故亦即真理也。」〔註38〕在周、

〔註34〕余英時：《儒家思想與日常人生》，見《中國思想傳統及其現代變遷》，廣西師範大學出版社 2004 年版，第 130～136 頁。

〔註35〕余英時：《士與中國文化·新版序》，上海人民出版社 2003 年版，第 3～4 頁。

〔註36〕李贄：《焚書》（第 1 卷），中華書局 1974 年版，第 10 頁。

〔註37〕周作人：《一封信（致中共領導人）》，1949 年 7 月 4 日作，見《新文學史料》1987 年第 6 期。

〔註38〕周作人：《漢文學的傳統》，1940 年 3 月 27 日作，載 5 月 1 日《中國文藝》第 2 卷第 3 期，署知堂。收《藥堂雜文》。

李看來，飲食男女等日常人生是人的生命本能的重要組成部分，也是「道」的體現者。當然李贄的「凡聖如一」平等思想，「疾虛妄」的精神也給予了周很多的影響。

周作人的這種日常人生化轉向的原因，一方面是中國傳統「士」的解體，「崗位」下移。中國有著兩千多年的「士」的傳統。從孔子的「士志於道」，曾參的「士不可以不弘毅」，到宋范仲淹的「先天下之憂而憂，後天下之樂而樂」，晚明東林人物的「事事關心」，「士」一直承擔著修齊治平之責。然而「士」常是和中國的科舉制度連在一起，他們通過科舉考試而「仕」，進入權力世界，參政「治天下」。1905 年科舉廢除，儒家建制被漸漸取締。余英時曾指出：辛亥革命以來，儒家的建制開始全面地解體，儒家的經訓言行在中小學堂所容納的比例越來越少，而且並未找到現代的傳播方式。儒家通過建制化而全面支配中國人的生活秩序的時代一去不復返。〔註39〕現代知識分子（intellectual）漸漸取代「士」而起。現代學校、出版機構的建立，報刊雜誌的發行，西學的引進，使現代知識分子有了不同於傳統「士」的思想面貌。雖然如此，在很長的一段時間內，「士」的幽靈並未散去。尤其是對於新文化運動的第一、二代知識分子而言，他們都有著很深的舊學根基，參政「治天下」的思想在他們身上或強或弱地存在著。當新文化運動落潮之後，尤其是遭遇鮮血和暴力革命之後，他們的分化也是必然，有的希望「得君行道」走上了政治之途，有的則選取了日常人生化的轉向，在另外一種意義上，「日常人生化」是另外一種「道」，也即上文所提的源自原始儒家和明清時代的「百姓日用是道」。這種「凡人的日常人生」具有現代意義：一方面，「凡人」或「百姓」和「聖人」放到一個水平線上，這是平等意識關照下的結果；另一方面，「日用」人生和「國」與「天下」具有對等的意義。道體現在「日用」，「道在屎溺」；「日用」又是「道」的歸宿，因此凡人的日常人生也具有了現代的意義。而且，「凡人的日用」具有人類的共通性和普適性，超越了國族界限。許傑在《周作人論》中有過深刻的觀察：「周作人是個中庸主義者，他雖然是一個新文壇上的人物，但實在卻是穿上近代的衣裳的士大夫。」〔註40〕不過，另一方面，許把「士大夫」思想一體化、標簽化了，而且以社會進化的觀點批評周「淺薄的人道

〔註39〕余英時：《儒家思想與日常人生》，見《中國思想傳統及其現代變遷》，廣西師範大學出版社 2004 年版，第 131～132 頁。

〔註40〕許傑：《周作人論》，載 1934 年 7 月 1 日《文學》第 3 卷第 1 號。

主義」。周對凡人日常的選擇代表了眾多現代知識人的選擇方向之一，正如陳思和的概括：從廣場意識轉向民間崗位〔註41〕。總之，周的對生活與藝術的轉向是儒家日常人生化的體現，是主體意識從「治國、平天下」的政治哲學向「格物、致知、誠意、正心、修身」為代表的人生哲學的轉移，並加入了現代意識。但這種凡人日常人生的轉向並不代表它完全割裂了和政治哲學的關係。這種凡人日常人生的美學同樣蘊含有巨大的美學與政治能量。

如果說這一時期（1920年代上半期），周作人是把生活其中之一的對婦女兒童兩性的關注作為宣揚其人學思想的重要組成部分，那麼在1930年代，日常生活的突出又被賦予了政治內涵。下面我將以浮世繪為例，來探討周作人如何在這一日常的美學形式中寄寓了政治的張力。〔註42〕

浮世繪是日本江戶時代興起的一種以描寫百姓風俗和風景為主題的民間版畫藝術，它主要表現江戶市井中活生生的人物及場景，如俳優、歌舞伎、妓女、美人、浪人、花街柳巷、紅樓翠閣、旅遊風光等，被稱為「江戶時代形象的百科全書」。主要題材類型有美人繪（吉原游女）、役者繪（歌舞伎演員）和風俗繪。「浮世」來自佛教用語，意謂繁華放任、卻又虛無短暫的塵世。因為這些版畫的題材多是歌舞伎與茶社的生活場景，流露出「人生苦短，需及時行樂」之意。浮世繪的興起和江戶庶民文化的繁榮密切相關。浮世繪的出現也是日本美術第一次真正意義上從貴族繪畫轉向民間繪畫。大和繪和風俗畫是浮世繪內容上的母胎，浮世繪同時融合了中國明清版畫藝術以及西方繪畫藝術。不同於以往的狩野派大師，市井畫家成為浮世繪主要的創作者。江戶時期農民、商人、手工業者、浪人等市民階層迅速崛起，他們的經濟力量打破了將軍們的藝術霸權，通過新的美學眼光，創造了新的藝術形式，而且印刷技術的發展也使浮世繪大規模的生產與消費成為可能。日本出現許多著名的浮世繪大師，菱川師宣、鈴木春信、鳥居清長、喜多川歌麿、東洲齋寫樂、葛飾北齋、歌川廣重等。19世紀後半期，浮世繪被傳入西方，其優雅流暢的線條、明快鮮豔的平塗色彩、二維空間、庶民題材構成的東方情調對馬

〔註41〕 參見陳思和：《現代知識分子崗位意識的確立：〈知堂文集〉》，《杭州師範學院學報（社會科學版）》2004年第1期。文中陳思和認為周作人在《知堂文集》裏完成知識分子價值取向的轉變，即由知識分子的廣場意識轉向普通的民間崗位，並比之於王國維、陳寅恪。

〔註42〕 關於浮世繪的論述已發表，見《東洋人的悲哀：周作人與浮世繪》，《文學評論》2012年第6期。

奈、凡高、惠斯勒、莫奈、博納爾、畢加索等人產生啟發和影響。

　　周作人與浮世繪的淵源大致可以追溯到留日時期。當時，在大阪由《雅俗文庫》發行了浮世繪雜誌《此花》，《此花》先後出版 24 期，周均收藏並受到較大影響。周作人頗為喜歡菱川師宣、鈴木春信、喜多川歌麿、歌川豐國、葛飾北齋等人的畫作，並收藏了部分。新文化運動時期周作人發表了《日本之浮世繪》〔註 43〕一文，對浮世繪進行了簡介，包括浮世繪發展簡史、製作與特色、研究等。到了 1930 年代和 1940 年代初期，浮世繪引起了周作人的極大的興趣，周曾多次著文表示對浮世繪的興致。在《談日本文化書》和《談日本文化書之二》（1936），《〈隅田川兩岸一覽〉》（1936），《日本之再認識》（1942），《關於日本畫家》（1943），《川柳》（1944）等文多次提及浮世繪，並讚譽有加：「世界上所作版畫最精好的要算日本。江戶時代民眾玩弄的浮世繪至今已經成為珍物，但其畫工雕工印工們的伎倆也實在高明，別人不易企及。中國康熙時的所謂姑蘇畫製作亦頗精工，本國似已無存，只在黑田氏編的《支那古板畫圖錄》上見到若干，唯比浮世繪總差一籌耳。」〔註 44〕周感慨中國沒有浮世繪這樣的畫作，那麼周為什麼會有如此的感慨呢？

　　周作人對自己之於浮世繪的興趣曾有這樣的解釋：「一，對於線畫，著色畫，木板畫，有兒童時代愛好之情。二，這些畫家自稱大和繪師，離開了正統的畫派，自成一家的風格。三，所畫的是市井風俗，可以看作江戶生活一部分的畫本。在那時候我也用力讀『川柳』，這個理由很有關係。」〔註 45〕而周作人更看中第二個理由，在浮世繪之外周作人同樣愛好別的畫家，如鳥羽僧正、池大雅堂、耳鳥齋、尾形光琳以及光悅宗達、小川芋錢子等離開美術史上的大宗支派的畫家。「覺得更是氣分相近也。」相比較孩童時代的愛好的延續，周作人更重視「氣分」上的相近。簡言之，浮世繪離開了正統畫派，自成一家，這和周作人一貫的對「載道」的反動一脈相承。這一點在他對《繪本隅田川兩岸一覽》的鑒賞中也同樣能體現出來。周作人曾得葛飾北齋畫《繪本隅田川兩岸一覽》風俗繪卷圖畫刊行會重刻本（大正六年），每頁題有狂歌。

〔註 43〕周作人：《一蕢軒雜錄・日本之浮世繪》，1917 年 4 月《叒社叢刊》第 4 期，署啟明。

〔註 44〕周作人：《關於畫廊》，1935 年 2 月 21 日作，載 3 月 10 日《水星》第 1 卷第 6 期，署知堂。收《苦茶隨筆》時改題為《〈畫廊集〉序》。

〔註 45〕周作人：《關於日本畫家》，1943 年 8 月 1 日《藝文雜誌》第 1 卷第 2 期，署藥堂。收《藥堂雜文》。

周作人表示「很喜歡」。永井荷風曾對《繪本隅田川兩岸一覽》有這樣的描述：

> 書共三卷，其畫面恰如展開繪卷似地從上卷至下卷連續地將四時的隅田川兩岸的風光收入一覽。開卷第一齣現的光景乃是高輪的天亮。孤寂地將斗篷裏身的馬上旅人的後邊，跟著戴了同樣的笠的幾個行人，互相前後地走過站著斟茶女郎的茶店門口。茶店的蘆簾不知道有多少家地沿著海岸接連下去，成為半圓形，一望不斷，遠遠地在港口的波上有一隻帶著正月的松枝裝飾的大漁船，巍然地與晴空中的富士一同豎著他的帆檣。第二圖裏有戴頭巾穿禮服的武士，市民，工頭，帶著小孩的婦女，穿花衫的姑娘，挑擔的僕夫，都趁在一隻渡船裏，兩個舟子腰間掛著大煙管袋，立在船的頭尾用竹篙刺船，這就是佃之渡。〔註46〕

天空、斗篷裏身的馬上旅人、茶店、蘆簾、女郎、漁船；武士、市民、工頭、帶著小孩的婦女、穿花衫的姑娘、挑擔的僕夫……畫面有著樸素的底子，濃厚的生活氣息，風俗景色栩栩如生。周陶醉於浮世繪，並想起國內的《十竹齋箋譜》，但周認為那「總是士大夫的玩意兒罷了。」歷史上，木版畫起源於中國，而日本的木版畫也受到17世紀傳入的明清木板插圖本如《芥子園畫傳》、《十竹齋書畫譜》、《八種畫譜》的影響。但是在周作人看來，來自中國民間與日本浮世繪相仿的「姑蘇板」的圖畫則「大都是吉語的畫，如五子登科之類，或是戲文，其描畫風俗景色的絕少。這一點與浮世繪很不相同。我們可以說姑蘇板是十竹齋的通俗化，但壓根兒同是士大夫思想，窮則畫五子登科，達則畫歲寒三友，其雅俗之分只是樓上與樓下耳。」〔註47〕「日本的民間畫師畫妓女，畫戲子，畫市井風俗，也畫山水景色，但絕無抽象或寓意畫，這是很特別的一件事。《古板畫圖錄》的姑蘇畫裏卻就有好些寓意畫，如五子登科、得勝封侯等，這與店號喜歡用吉利字樣一樣，可以說是中國人的一種脾氣，也是文以載道的主義的表現吧？」〔註48〕從周作人對浮世繪的鑒賞我們可以看出周的鑒賞方式與作為藝術者的鑒賞方式有所不同，周並不關注畫面的構圖、線條、技法等，而是關注畫面內容或者說題材所透露出的思想情

〔註46〕周作人：《〈隅田川兩岸一覽〉》，1935年10月19日作，載11月3日《大公報》文藝副刊第36期，署知堂。收《苦竹雜記》。

〔註47〕周作人：《〈隅田川兩岸一覽〉》。

〔註48〕周作人：《關於畫廊》，1935年2月21日作，載3月10日《水星》第1卷第6期，署知堂。

趣。那麼對於周作人來說浮世繪的非美術意義是什麼？在筆者看來，除了浮
世繪所具有的民俗學的意義〔註49〕、對「載道」的反動之外，還有一個重要
的原因：浮世繪傳遞了永井荷風所說的「東洋人的悲哀」。而周作人的「東洋
人的悲哀」是建立在對永井荷風「東洋人的悲哀」的體認的基礎之上的，因
此，我們有必要確認永井荷風「東洋人的悲哀」的內涵，進而構成理解周作
人的基礎。

永井荷風為什麼會有「我非威耳哈侖（Verhaeren）似的比利時人而是日
本人也，生來就和他們的運命及境遇迥異的東洋人也」這樣的感慨呢？他的
「東洋人的悲哀」的指向是什麼呢？

這和「大逆事件」的發生及明治維新緊密相關。1910 年日本發生了「大
逆事件」即「幸德事件」。本年日本政府大肆鎮壓日本的社會主義運動，對全
國的社會主義者進行逮捕，封閉工會，禁止出版一切進步書刊。並對被捕的
數百名社會主義者進行秘密審判，誣陷日本社會主義先驅幸德秋水等人「大
逆不道，圖謀暗殺天皇，製造暴亂，犯了暗殺天皇未遂罪」。1911 年 1 月將幸
德秋水等 12 人處以絞刑。如果說江戶時代是日本封建社會的最後階段，與中
國的清代相仿。那麼 1868 年，明治政府完成了倒幕的任務，進入資本主義體
制。明治天皇在著名的《五條誓文》後誓言：「茲欲行我國前所未有之變革」，
脫亞入歐。明治初年，日本對歐美思想趨之若鶩，英國穆勒、維蘭德、巴克爾
的功利主義、自由主義，法國盧梭和孟德斯鳩的天賦人權論、自由思想，德
國馮臺爾曼和古奈斯特的國家主義，美國的人道主義等思想在日本得到大力
譯介和宣傳，文明開化成為社會思潮主流，各種自由民權運動方興未艾。然
而明治維新，這一日式的不徹底的「沒有資產階級的資產階級革命」，並沒有
根除封建主義的毒瘤。明治中後期日本唯我獨尊的國粹主義取代了對歐美的
熱衷，宣揚日本優越論和侵略思想。1894 年志賀重昂的《日本風景論》出版，
宣揚「日本是亞洲的前輩國，開發亞洲人文乃是日本人天職之所在」的「擴
張有理論」。日本侵犯朝鮮、中國、韓國。1903 年，受英國謝夫萊《社會主義
真髓》的啟發，作為社會民主黨重要成員的幸德秋水出版了《社會主義神髓》，
宣揚社會主義，「社會主義不承認現在的國家權力，更排斥軍備和戰爭」，「在
意味著民主的同時也意味著偉大的世界和平主義」；「社會主義國家非階級的

〔註49〕參見董炳月：《異鄉的浮世繪》，《讀書》，2001 年第 3 期。

國家，乃平等社會也；非專制國家，乃博愛之社會也⋯⋯」〔註50〕它和片山潛的《我的社會主義》在社會上產生很大反響。然而，幸德等人及其思想受到鎮壓。大逆事件發生時，永井荷風正擔任慶應義塾文科教授，他常常看到載著「囚犯」的馬車駛向日比谷法院。永井荷風時常想「真正的野蠻不就是指明治那樣的時代嗎？」身為一個東洋的文學工作者看到歷史的重來而不能有所抗爭，這正是永井荷風所憂懼的，所以永井荷風「東洋人的悲哀」蘊含著一個專制時代文人的無奈，它體現為對專制制度、壓迫思想自由的抗爭。而永井荷風創作的《法國故事》、《新歸國者日記》和《歡樂》遭到當局的查禁，這對曾經留學工作於美國、法國，深受西方人道主義影響，崇尚人性自由的永井荷風而言是一個沉重的打擊，荷風深感憤怒和對近代日本的失望，這使他後來憎惡明治文明，並在其作品中體現出對明治政府的非人性的國家主義的批判。他在短篇小說《火花》（1919）中曾回顧「大逆事件」給他的打擊，「迄今我在社會上所見所聞的事件中，還從來沒有過像這樣令人產生不可名狀的厭惡心情的。我既然是個文學家，就不應當對這個思想問題保持沉默。小說家左拉不是曾經因為在德萊菲斯事件上主持正義而亡命國外嗎？可是我和社會上的文學家都一言未發。不知怎的，我總覺得難以忍受良心上的痛苦。我因自己是個文學家而感到極大羞恥。從這時起，我就想不如把自己的創作降低到江戶時代作家那樣一種格調上去。」〔註51〕作為文學工作者對當下社會的批判無力使他轉而沉湎於江戶時代詼諧性質的文學創作。而且明治維新在某些方面摧毀了傳統中的文明，由全盤歐化帶來的新式咖啡廳、歌劇院、企業等使日本的自然景觀遭受歐化的摧殘，日本傳統中的文明也飽受衝擊。尤其是對日本文學傳統有所繼承的現代作家永井荷風而言是一大衝擊，他在《日和下馱》一文中書寫了被稱作「日和下馱」的木屐的漫步，這一象徵著對日本現代化不信任的木屐漫步在追尋著漸行漸遠的江戶文化。身處一個專制與壓迫的社會，永井荷風遙想江戶時代木板畫的悲哀的色彩：

> 在油畫的色裏有著強的意味，有著主張，能表示出製作者的精
> 神。與這正相反，假如在木板畫的瞌睡似的色彩裏也有製作者的精
> 神，那麼這只是專制時代萎靡的人心之反映而已。這暗示出那樣暗

〔註50〕轉引自宋成有：《新編日本近代史》，北京大學出版社2006年版，第284頁。
〔註51〕〔日〕永井荷風：《火花》，轉自王健宜：《日本近現代文學史》，世界知識出版社2010年版，第140～141頁。

黑時代的恐怖與悲哀與疲勞，在這一點上我覺得正如聞娼婦啜泣的
微聲，深不能忘記那悲苦無告的色調。我與現社會相接觸，常見強
者之極其強暴而感到義憤的時候，想起這無告的色彩之美，因了潛
存的哀訴的旋律而將暗黑的過去再現出來，我忽然瞭解東洋固有的
專制的精神之為何，深悟空言正義之不免為愚了。希臘美術發生於
以亞坡隆為神的國土，浮世繪則由與蟲豸同樣的平民之手製作於日
光曬不到的小胡同的雜院裏。現在雖云時代全已變革，要之只是外
觀罷了。若以合理的眼光一看破其外皮，則武斷政治的精神與百年
以前毫無所異。江戶木板畫之悲哀的色彩至今全無時間的間隔，深
深沁入我們的胸底，常傳親密的私語者，蓋非偶然也。〔註 52〕

永井荷風此文作於 1913 年，正是大逆事件發生後不久，也是第一次世界
大戰爆發的前夜。他從「木板畫的瞌睡似的色彩裏」裏看出「專制時代萎靡
的人心」，那「悲苦無告的色調」、「哀訴的旋律」再現了「暗黑的過去」和「東
洋固有的專制精神」，時光拉回到現在，「武斷政治的精神與百年以前毫無所
異」。江戶時代是一個有著嚴格等級的專制社會，在皇室和宮廷貴族之下，士
（武士）是特權階級，農、工、商是庶民，庶民若是對武士無理，武士可以將
其斬殺，包括生活的區域都有著嚴格的區劃。浮世繪則是「蟲豸同樣的平民
之手製作於日光曬不到的小胡同的雜院裏」，因而浮世繪也是一種壓迫下的視
覺藝術樣式。沒有阿波羅神祇的日本不可能產生像古希臘那樣生意盎然的藝
術，也不像西洋油畫中「有著強的意味，有著主張」，這使永井荷風感到迥異
與西洋的「東洋人的悲哀」。

然而浮世繪的平民世界給永井以慰藉，「浮世繪著實使我神遊於渾然夢想
之世界。浮世繪不像外國人所欣賞的那樣僅僅止於美術的價值。對於我來說，
著實感到了宗教般的精神慰藉。這種特殊的美術產自受壓迫的江戶平民之手，
不斷蒙受政府的迫害，並且獲得完滿的發展……浮世繪不正隱隱奏響著不屈
於政府迫害，顯示著平民意氣的凱歌嗎？它不正標明對抗宮營藝術的虛妄的
真正自由藝術的勝利嗎？」〔註 53〕浮世繪中的世界也流淌出悲哀，浮世繪中

〔註 52〕〔日〕永井荷風：《江戶藝術論》，轉自周作人《關於命運》，1935 年 4 月 21
日《大公報》文藝副刊第 148 期。

〔註 53〕〔日〕永井荷風：《浮世繪鑒賞》，選自《永井荷風散文選》，百花文藝出版社
1997 年版，第 166 頁。

的人物多是藝伎、妓女等下層平民，而藝伎、妓女為生活所迫，賣藝賣身，他們表面看起來風情萬種妖豔幽玄，但內心悲涼淒苦，永井荷風從浮世繪中「如聞娼婦啜泣的微聲」，這是對當時社會的無聲抗爭。明治末期，婦女解放運動也得到較大發展，他們爭取婦女的選舉權、結社權和公民權，精神解放等。1911 年成立的青鞜社的刊物《青鞜》的創刊號上發表平冢雷鳥《女性原本是太陽》一文，疾呼「女性的自由解放」：「本來，女性實際是太陽，是真正的人。如今，女性是月亮，是依靠他人而生，依靠他人的光芒而發光，一副病人蒼白容顏的月亮。」「被遮蔽了的我們必須奪回太陽。」〔註54〕婦女解放運動的興起自然激起了本就具有人道主義精神的永井，從浮世繪那悲哀的色彩裏他體驗到了一種情感上的悲戚與共：「凡是無常無告無望的，使人無端嗟歎此世只是一夢的，這樣的一切東西，於我都是可親，於我都是可懷。」簡言之，永井荷風從浮世繪這一藝術形式的背後體驗到日本文化的黑暗面並未減少，但又在藝術形式中獲得共鳴，找到了美和意義。

永井荷風對於浮世繪的思考可以啟發我們對周作人與浮世繪中「東洋人的悲哀」之關係的思考。永井荷風是日本著名的唯美主義作家，周作人 1918 年在《日本近三十年小說之發達》一文中對永井荷風的「新主觀主義」進行介紹。1935 年周作人在回答《宇宙風》雜誌「二十四年我的愛讀書」的提問時列了三本書，其中一本便是是永井荷風《冬天的蠅》，而此後的多篇文章中也屢次提到了永井荷風。永井荷風也是周作人比較欽慕的日本作家之一。那麼為什麼永井荷風的這段文字能夠引起周作人的共鳴呢？

如果說永井荷風筆下的「東洋」側重於日本，周作人筆下的「東洋」則重點指向東亞或亞洲。這其中包含著對東亞文化共同體的自覺認同，而這種文化認同既有歷史文化的淵源，也有周作人由於日本留學而帶來的對日本文化的體認等多方面的因素。而其中「大亞洲主義」思想的影響不可忽視。1923 年 5 月日本京都帝國大學美術史教授澤邨專太郎在北京大學演講《東洋美術的精神》時就指出：「日本某批評家曾經說過句話：『亞細亞是一個整個兒』（Asia is one），這句話的確籠統曖昧了一點，但是從世界文化的全體來說，裏面卻有至理在……」。〔註55〕東亞文化一元的觀念可以進一步追溯至 19 世

〔註54〕轉引自宋成有：《新編日本近代史》，北京大學出版社 2006 年版，第 293 頁。
〔註55〕〔日〕澤邨專太郎：《東洋美術的精神》，載 1923 年 5 月 21 日《北京大學日刊》第 1244 號。

紀末 20 世紀初流行於日本的大亞洲主義思想。它取法於 19 世紀 20 年代美國的門羅主義及 19 世紀中後期由美國、沙俄資產階級所提倡的「泛美主義」、「泛斯拉夫主義」的形式，意在倡導亞洲國家聯合起來對抗西方列強。但右翼大亞洲主義者強調亞洲國家聯合起來的同時卻主張建立以日本為霸主的新的殖民體系，帶有濃烈的侵略色彩。左翼倡導的是亞洲各民族團結起來卻又是平等關係的主張。孫中山出於中國革命的需要曾倡導大亞洲主義，意旨更接近左翼。1924 年他在日本對神戶商業會議所等團體作了「大亞洲主義」的專題演講，提出大亞洲主義就是為亞洲受痛苦的民族，要怎麼樣才可以抵抗歐洲強盛民族的問題。汪精衛抗戰投日後於 1940 年建立了偽「南京國民政府」，把孫中山的大亞洲主義歪曲為「新生政權」的理論依據，11 月發表《東亞聯盟中國同志會成立訓詞》將「大亞洲主義」與日本發起的「東亞聯盟」運動聯繫起來。太平洋戰爭爆發後，汪精衛為配合日本建立「大東亞共榮圈」的戰略目標更是極力宣傳「大亞洲主義」，並鼓吹「集團國家」「黃色人種革命」等，成為日本侵略中國的合法外衣。周作人 1942 年 5 月與偽宣傳部長林柏生前往參觀建國大學的致詞中就明確提出「東亞文化一元」〔註56〕的觀點。周作人在考察東亞文字的共通性以及道德觀念和宗教精神等內容的基礎上提出「東亞的文化是一元的」。周作人言說的時機很容易讓我們聯想到汪偽政府所倡導的大東亞主義。不可否認的是周作人提出東亞文化的一元有其內在的文化邏輯和和由於留學及家庭而帶來的情感認同。

　　周作人留日時期，日本的唐朝遺風使周作人覺得「一半是異域，一半卻是古昔，而這古昔乃是健全地活在異域的。」一個古老的文化中國在異域的流風餘韻給一個身在異國的學子以無比的慰藉。周作人推崇古希臘文化，他對日本文化的推崇使他把日本比作「小希臘」，「我以為日本人古今不變的特性還是在別地方，這個據我想有兩點可說，一是現世思想，與中國是共通的，二是美之愛好，這似乎是中國所缺乏。此二者大抵與古希臘有點相近，不過力量自然要薄弱些，有人曾稱日本為小希臘，我覺得這倒不是謬獎。」〔註57〕日本的衣食住使周作人感到無比的舒適愜意。當然周的太太羽太信子也是一位日本市民階層出身的女子，這無疑影響周對日本文化的認同。

　　然而苦住時期的周作人的文化認同仍然遭遇了危機，這個認同危機隨著

〔註56〕周作人：《東亞文化一元論》，載 1942 年 7 月《麒麟》第 2 卷第 7 期。
〔註57〕周作人：《日本管窺》，載 1935 年 5 月 13 日《國聞週報》12 卷 18 期。

日本侵華而逐步加重。周作人一面看到日本人的「愛美」（這在文學藝術以及
衣食住的形式上都可看出），另一方面卻也看到「醜」的一面，「不知道為什
麼在對中國的行動顯得那麼不怕醜」，抗戰前發生的「藏本事件」「河北自治
事件」「走私事件」等讓周作人覺得文化方面的路已經走不通。日本兩次大的
改革大化革新和明治維新分別是對中國隋唐和西歐文化的學習，然而，「我看
日本現在情形完全是一個反動的局面，分析言之其分子有二，其一是反中國
文化的，即是對於大化革新的反動，其二是反西洋文化的，即是對於明治維
新的反動，是也。」〔註58〕日本明治維新後，「反西洋文化的反動也旋即抬頭」，
周聯想到日本的「負恩殺師」，從而企圖關閉文化藝術的管窺，從宗教信仰的
源頭上尋找原因。在周看來，中國人的信仰是功利的，低級而不熱烈。而日
本則在他們的崇拜儀式中顯出壯丁抬神輿式的神憑或「神人和融」的狀態，
「日本的上層思想界容納有中國的儒家與印度的佛教，近來又加上西洋的哲
學科學，然其民族的根本信仰還是似從南洋來的神道教，他一直支配著國民
的思想感情。」「不懂得日本神道教信徒的精神狀態便決不能明白日本的許多
事情」。〔註59〕周從日本的神道教信仰看出日本的「反動」來，從而為中日文
化找出異質性的成分，「東亞文化一元」的觀點也面臨著被肢解、被分裂的危
險。然而周作人是否真的如其所聲明的那樣關閉其日本研究的大門了呢？事
實並非如此。從周作人的創作來看，這種由東亞文化內部的分裂而帶來的焦
慮一直縈繞著周作人，周作人並未放棄對東亞文化的關注，並且這種焦慮而
帶來的失望加促周作人「東洋人的悲哀」的形成。那麼周的「東洋人的悲哀」
到底指向什麼？根據周的行文，結合永井荷風所體認的「東洋人的悲哀」，筆
者認為大致有以下幾個方面：

　　對婦女與性問題關注的延續。周作人在五四新文化運動中逐步形成其人
學思想，關注婦女、性與兒童等「人」的問題，翻譯和介紹了大量的相關著
作，包括與謝野晶子的《貞操論》、凱本特的《愛的成年》、藹理斯的性學思
想，並探討「人」的生活，新村主義即是新文化運動落潮之前周作人人的生
活之理想。在周作人所反覆引用的永井荷風的文字中我們看到這些人學問題

〔註58〕周作人：《日本管窺之四》，載 1937 年 7 月 28 日《國聞週報》第 14 卷第 25
　　　　期。
〔註59〕周作人：《日本管窺之四》，載 1937 年 7 月 28 日《國聞週報》第 14 卷第 25
　　　　期。

的重現，也難怪能夠引起周作人的共鳴。新文化運動的高潮過後，「人」的問題依然十分迫切。周作人在《女人的禁忌》《男人與女人》等文章中同樣批評了中國的多妻問題，以及妓女問題、傳統的男尊女卑的觀念等。為婦女代言是周作人人學思想重要的部分，這一點已經為學界所共識，即使在「苦住時期」，周作人依然未放棄堅持言說的努力。浮世繪中日本婦女的運命引起了周作人的共鳴，其中就包含著對中國當下婦女狀況的感慨。而周作人情文並茂的翻譯又使得這段文字充滿濃厚的抒情意味和畫面感，讓人難以忘懷。

對凡人的日用人事的關注，對「專制」、「載道」與「八股」的反動，尋求思想自由與「言志」的空間。從「非基督教大同盟」事件、「三・一八」事件、「四・一二」事件以及《奉天時報》事件等等，我們可以看出周作人對鉗制思想自由、專制鎮壓的反抗。包括在與中國左翼文學的對話中我們也可看到他對於左翼文藝政策所表現出來的是「統一思想」之傾向的反撥，對「遵命文學」的抵制。他發展了「八股」的概念，斷定 1930 年代是「八股文化大成」之時代：「土八股之外加以洋八股，又加以黨八股」，一樣都是功利文。這樣的功利文會導致思想自由被專制所壓抑，「人」難免會變成「非人」，而這也是周作人所擔心的。周五四時期的人學理想在周作人的「苦住時期」並未徹底放棄，而是變更了話語體系，更多的是從中國的傳統文化資源中發展出「人情物理」「中庸」等人學命題，從凡人的日用歷史中發掘，企圖建構另一種人學圖景。他所關心的是全人類共通的主體性，其所建立的是共通的人類通性，「人民的歷史本來是日用人事的連續」〔註60〕。正如蘇文瑜所觀察到的：「周的脈絡中最具意義者，是他將日常生活物質文化高置於國家之上」，「日常的小變化是整個宇宙運行的一小部分，生活中的器物和風俗本身的意義與重要性超越了它們的物質和任何潛在的功利的意識形態價值。在日常生活和宇宙之間，我們擁有凡人的歷史，而不是國族的歷史。」〔註61〕周從東亞的藝術中感受到凡人的日常受到壓抑的歷史。

浮世繪中的素樸的風景、凡人的喜悲正和中國一些繪畫中的士大夫功名思想形成對比，這種帶有濃鬱抒情氣質和日常生活氣息的繪畫傳達了一種悠然自樂，而這種「言志」的傾向正和「載道派」形成不同的色調。浮世繪也傳

〔註60〕周作人：《〈清嘉錄〉》，載 1934 年 3 月 10 日《大公報》文藝副刊第 48 期。
〔註61〕Susan Daruvala，Zhou Zuoren and An Alternative Chinese Response to Modernity，Harvard University Press，2000. P147.

達了一種冥冥中憂鬱的悲哀，這是「東洋」所共有的，這是生活在一個專制時代一個凡人的悲哀，也是婦女運命的悲哀。簡而言之，浮世繪中所體現的「東洋人的悲哀」在周作人這裡成為他以自己的人學思想關照東亞文明的審美感知結果，是他把關於東亞文明思考的「大敘事」企圖縫合進浮世繪的日常「小敘事」的嘗試，但東亞文化的內在分裂造成使他的這種嘗試遭到了歷史的戲謔。

由上，我們可以看到周作人的日常生活的美學中蘊含了極大的政治能量。這種政治能量顯然對抗著以左翼文學為代表的宏大敘事。周在日常生活的小敘事中也實現了自我主體的確認和昇華，並以其文學敘事的方式深深影響了京派文學。這也正如趙園對《詩經》的敏銳觀察：「《詩經》不曾如印度的《梨俱吠陀》一樣成為宗教聖典。雖然儒家之徒、迂腐文士強加給它有關風教的題旨，千載之下讀來，它們仍然是生活的詩，沒有因歲月而磨損掉其所由產生的生動情趣。在中國，有時也只有這種生活情趣，才是對抗『風教』的真正力量。」〔註62〕

我在這裡還要指出的是：周對日常生活小敘事的由嘗試走向主導並不是在時間上與宏大的國族敘事構成截然二分，而是以漸變的方式，這種嘗試大約經歷了1921年到1928年，到1930年代才真正走向穩定成熟，（我個人認為，比較弔詭的是周的一些很有藝術價值的文作多發生在嘗試時期）。即使在成熟時期，周也並沒有拒絕宏大敘事的書寫或暗寓其於小敘事之中。這樣看來，周的凡人日常的小敘事和具有國族訴求的大敘事構成了一種迴旋纏繞的美學，隨著時間的推移，小敘事漸漸佔據了上風。

如果說周作人對於日常生活主體目標的確認使他找到了自己為之書寫的方向，那麼我們會進一步追問：日常生活將如何展開？用周作人的話便是「生活之藝術」，這也是周作人所言說的重點。

二、「生活之藝術，其方法只在於微妙地混合取與捨二者而已。」

1924年，周作人在《語絲》創刊號上發表《生活之藝術》一文。「生活之藝術這個名稱，用中國固有的字來說便是所謂禮。斯諦耳博士在《儀禮》序上說，『禮節並不單是一套儀式，空虛無用，如後世所沿襲者。這是用以養成自制與整飭的動作之習慣，唯有能理解萬物感受一切之心的人才有這樣安詳

〔註62〕趙園：《京味小說與北京人「生活的藝術」》，《文藝研究》1988年第5期。

的容止。』」周作人贊成辜鴻銘把「禮」譯成 Art，而不是 Rite，就含有對現在的「禮」之思考。周希望恢復「本來的禮」，而不是現在已經墮落的禮儀禮教。按照周的理解，這種近於 Art 的「本來的禮」意味著一種新的自由與節制，在於「禁慾與縱慾的調和」，依據藹理斯的話來說便是：「生活之藝術，其方法只在於微妙地混合取與捨二者而已。」從周作人的行文可知，「生活之藝術」的邏輯起點發端於藹理斯的性心理學、人類學的思想。

在筆者看來，周作人此時「生活之藝術」設想的提出，直接緣於藹理斯影響。藹理斯在 1923 年出版了他的著作 *The Dance of Life*（《人生之舞蹈》），在本書中，藹理斯論述了舞蹈、思想、寫作、宗教與道德的藝術，這些可以總結為生活的藝術，本文一開篇就說道：「人們一直難以認清這樣一個事實：即他們的生活完全是一種藝術。」〔註63〕從周作人其他的行文來看，周作人正是仔細閱讀過本書。周作人在 1924 年 2 月 14 日《晨報副雋》上發表了《花炮的趣味》一文，開篇即引用藹理斯《人生之舞蹈》第一章的一段話，並對藹理斯提到的中國人喜歡花炮這一現象做出評論，而本文的寫作時間卻是「甲子年立春日」也即 1924 年 2 月 5 日。這說明周作人此時已經閱讀過本書。同年周作人在同年 2 月 23 日發表在《晨報副刊》上的《藹理斯的話》，直接引用了藹理斯關於「生活之藝術」的觀點：「生活之藝術，其方法只在於微妙地混合取與捨二者而已。」並引用《聖芳濟與其他》一文中的一段話，這段話在後來的《生活之藝術》中被再次提及，以及藹理斯在《性的心理研究》第六卷跋文中所映像出的人生觀。

《生活之藝術》則發表於本年 11 月 17 日的《語絲》上，文中周再次提到藹理斯對於生活之藝術的獨到見解：「把生活當作一種藝術，微妙地美地生活……生活之藝術只在禁慾與縱慾的調和。藹理斯對於這個問題很有精到的意見，他排斥宗教的禁慾主義，但以為禁慾亦是人性的一面，歡樂與節制二者並存，並不相反而實相成。人有禁慾的傾向，即所以防歡樂的過量，並即以增歡樂的強度，他在《聖芳濟與其他》一文中曾說道，有人以此二者（即禁慾與耽溺）之一為其生活的唯一目的者，其人將在尚未生活之前早已死了。有人先將其一推至極端，再轉而之他，其人才真能瞭解人生是什麼，日後將被記念為模範的聖徒。但是始終尊重這二重理想者，那才是知生活法的明智

〔註63〕〔英〕藹理斯著，徐鍾珏、蔣明譯：《生命之舞》，生活・讀書・新知三聯書店 1989 年版，第 1 頁。

的大師。……一切生活是一個建設與破壞，一個取進與付出，一個永遠的構成作用與分解作用的循環。要正當地生活，我們須得模仿大自然的豪華與其嚴肅。

他又說過，『生活之藝術，其方法只在於微妙地混合取與捨二者而已』。更是簡明的說出這個意思來了。」〔註64〕

我們可以看出周作人對藹理斯生活之藝術觀點的繼承，這也可以看出正如周作人後來所一再言說的對於藹理斯的服膺。當然，不僅僅是周作人從藹理斯「生活之藝術」觀點的啟發，而且在其他一些問題上，也存在著周對藹理斯的繼承。比如對於中國古代文明，藹理斯曾在《人生之舞蹈》一書中還高度讚揚了古中國和古希臘所具有的高度文明「整個生活，甚至連政府，都是藝術，就如音樂和舞蹈一樣。」〔註65〕文中藹理斯引用了馬可波羅和培雷拉對中國的讚美，在他們看來，中國各處呈現出歌舞升平，美好而富有人性的景象，人們在日常生活中表現出優雅的行為，看不到乞丐，培雷拉認為中國人謙恭而殷勤的禮節超越了其他任何民族。當然這與當時中國的強盛相關。藹理斯認為：「中國人的生活屬於一種平衡美學氣質及其過渡發展的藝術。」並加以論證，比如：「整個古代和現代中國一直普及儒家制度，堅持儒家的禮儀，即使這種形式上的禮儀已與孔子原來『禮』的含意相去甚遠，即使孔子早已作古，中國人對禮儀的講究程度絲毫不減。儘管這種禮儀早已變成一種外在的形式主義。」「中國人愛花、愛亭臺樓閣、愛風景、愛詩詞繪畫，這些都體現了一個民族的溫和性。但同時他們又提倡禁慾主義，這又表現了他們無情的一面。」〔註66〕藹理斯對中國「禮」與「禁慾」的看法對周作人產生了影響。周作人在《生活之藝術》提出「復興千年前的舊文明」，恢復「本來的禮」，對於中庸的重視以及對中國縱慾與禁慾兩個極端的批判都與藹理斯有著莫大的關聯。可以說，周作人「生活之藝術」提出直接來自於藹理斯，並把它嫁接到中國的情境進行創造性轉化。

那麼，周作人「生活之藝術」具有哪些內涵？在伊藤德也看來，對周作

〔註64〕周作人：《藹理斯的話》，1924年2月23日《晨報副刊》，署荊生。收《雨天的書》。

〔註65〕〔英〕藹理斯著，徐鍾珏、蔣明譯：《生命之舞》，生活・讀書・新知三聯書店1989年版，第4頁。

〔註66〕〔英〕藹理斯著，徐鍾珏、蔣明譯：《生命之舞》，生活・讀書・新知三聯書店1989年版，第24頁。

人而言，「生活之藝術」則「包括飲酒的藝術、愛之術、處世法、禮、舞蹈、音樂等等，是按照『簡素』、『平淡自然』的審美標準來品味和反覆咀嚼的對象，也是作為節制「情」和「欲」的社會文化形式，在社會中訓練而個人身上表現的藝術形式。」〔註67〕伊藤把生活與如何藝術兩者結合起來。為了進一步探討，除了上文周作人對生活之藝術觀念的呈現外，周作人還在《文章的放蕩》等文中再次提及生活之藝術。藹理斯在他的《凱沙諾伐論》中說：

> 我們愈是綿密地與實生活相調和，我們裏面的不用不滿足的地面當然愈是增大。但正在這地方，藝術進來了。藝術的效果大抵在於調弄這些我們機體內不用的纖維，因此使他們達到一種諧和的滿足之狀態，就是把他們道德化了，倘若你願意這樣說。精神病醫生常述一種悲慘的風狂病，為高潔地過著禁慾生活的老處女們所獨有的。她們當初好像對於自己的境遇很滿意，過了多少年後卻漸顯出不可抑制的惱亂與色情衝動，那些生活上不用的分子被關閉在心靈的窖裏，幾乎被忘卻了，終於反叛起來，喧擾著要求滿足。〔註68〕

藹理斯在此處論證了藝術的作用，作為實生活的調劑，它使我們生活中不滿足的成分到得調和，趨於和諧。如果再進一步上溯，我們可以在藹理斯《生命的舞蹈》（*The Dance Of Life*）一書中找到「藝術」之內涵，「這種（生命的）舞蹈是數序、韻律、計量和秩序的規律，形式約束影響力的規律以及局部從屬於整體的規律。舞蹈的真諦即在此。」藹理斯採用了尼采對於舞蹈的象徵性的意象：「舞蹈呈現了生活的悲劇性停頓，生活的內在危險性，以及人們對精湛的藝術和高度訓練的追求……舞蹈的美在於能在最恰當的時刻，將它的嚴肅、神聖和莊重同時表現出來。」〔註69〕可見，舞蹈的真諦在於能把握一種非常微妙的平衡，一種數序、韻律、計量和秩序的規律。

在上述的文字中，作為性心理學家的藹理斯從性道德的角度談了縱慾與禁慾，文藝與生活的問題。藹理斯反對宗教的禁慾主義，但也認為禁慾是人

〔註67〕〔日〕伊藤德也：《「生活之藝術」的幾個問題——參照周作人的「頹廢」和倫理主體》，《魯迅研究月刊》2007年第5期。

〔註68〕周作人：《文章的放蕩》，1935年9月5日作，載8日《大公報·文藝》第5期，署知堂。收《苦竹雜記》。

〔註69〕〔英〕藹理斯著，徐鍾玨、蔣明譯：《生命之舞》，生活·讀書·新知三聯書店1989年版第9、3頁。

性之一分子，正如歡樂與節制相輔相成。人有禁慾的傾向，防止歡樂的過量，才能增加歡樂的程度。這種辯證與平衡具有一定的普適性。藹理斯的這些思想對周作人影響很大。

多年後，周作人在《關於自己》一文中提到自己文藝文化批評所受到的影響，對於周而言，克魯泡金、勃蘭兌思給自己的影響多是文藝批評方面，而文化批評的影響則來自藹理斯。

> 藹理斯是醫師，是性的心理研究專家……但是讀到《斷言》中的《論加沙諾伐》，《論聖芳濟及其他》，這才使我了悟，生活之藝術原來即是那難似易的中庸。他在《聖芳濟》中說：「生活之藝術，其方法只在於微妙地混合取與捨二者而已。」又云：「要正當地生活，我們須得模仿大自然的豪華與其嚴肅。」我就此意又演之曰，生活之藝術即中庸，即節制，即為縱慾的禁慾，——雖然這看去似稍有語病。藹理斯的理論如此，至於事實則具在性的心理研究中。〔註70〕

上文中的一些觀點我們並不陌生，因為在之前的《生活之藝術》一文中已經提及，那麼至此我們可以將周作人「生活之藝術」的核心概念羅列如下：

1.「生活之藝術，其方法只在於微妙地混合取與捨二者而已」，「禁慾與縱慾的調和」，「模仿大自然的豪華與其嚴肅。」。

2.「生活之藝術這個名稱，用中國固有的字來說便是所謂禮。」要「復興千年前的舊文明」，恢復「本來的禮」，現在「中國的禮早已喪失」，還「略存於茶酒之間而已」。

3.「生活之藝術即中庸」。

第一點比較容易理解，對於主張性道德改革的周作人而言，對生活的看法更多的來源於自然人性論，在調和的基礎上建立起生活的藝術。

對於「禮」這一具有悠久歷史的範疇則要梳理一番，為何周要復興「本來的禮」？「本來的禮」和後來的禮有什麼區別？它和「中庸」構成怎樣的關係？

禮可以追溯至上古時期的原始禮儀與歌舞，及至後人又對前代禮樂進行加工和改造。先秦時期，最典型的便是周公和孔子對禮樂的加工改造。「西周周公對於禮的第一次加工和改造，經過這次加工，減輕了禮物的交易性質而增加了德與刑的內容；同時也添加了樂的成分，遂有周公『制禮作樂』的記

〔註70〕周作人：《關於自己》，1937年7月22日作，載12月21日《宇宙風》第55期，署知堂。

載。春秋時代的孔子又有對於禮的第二次加工改造，去掉了禮的商業內容，而以仁和禮作為人類行為的準則，同時整頓了趨於紊亂的樂，所以他說：『禮云禮云，玉帛云乎哉；樂云樂云，鍾鼓云乎載。』遂有孔子『刪詩書，定禮樂』的記錄。」〔註71〕其中最重要的變化是禮樂由服務「神」轉向「人」，由宗教的鬼神祭祀轉向祖宗祭祀為主，也即重心從人和超自然事物之間的關係轉向人與人之間的關係。「樂」常常屬於「禮」的一部分，周人把表達情感的詩歌、音樂和舞蹈籠統稱為「樂」。「廣義的禮，風俗信仰、禮儀制度無所不包；狹義的禮，包括禮物、禮儀兩部分。『樂』屬於與『禮』結合在一起的『儀』，所以我們往往是禮樂合稱。」〔註72〕樂就實質而言也是禮，行禮常需要樂來配合，祭祀、朝聘、宴饗、鄉射等場合需要樂，「禮非樂不行，樂非禮不舉」。對於《詩》，「古人行禮。有辭，有樂，有儀，三者密切配合，不可分離。《詩》即行禮之辭，《雅》、《頌》雖用於貴族，但與國風相同，都可用於表達心志。表達之時，都要配樂，因此《詩》可歌，可誦。清人魏源云：『古之學者，歌詩三百，弦詩三百，舞詩三百，未有離禮樂以為詩者。』」〔註73〕子曰：「興於詩，立於禮，成於樂。」（《論語・泰伯》）

禮以情為本。儒家認為禮由人情創制而成，也即「緣情制禮」。人情大體「喜、怒、哀、懼、愛、惡、欲」七種。《禮記・禮運》云：

> 飲食男女，人之大欲存焉。死亡貧苦，人之大惡存焉。故欲、惡者，心之大端也。人藏其心，不可測度也。美惡皆在其心，不見其色也。欲以一窮之，捨禮何以哉！

人有各種欲望，必須通過禮加以約束，不至於危害社會，但這種約束不能脫離人情。也即本乎人情，以禮加以節制，方可天下太平。

南宋史學家鄭樵在《禮以情為本》一文中有精闢論述：

> 禮本於人情，情生而禮隨之。古者民淳事簡，禮制雖未有，然斯民不能無室家之情，則冠婚之禮已萌乎其中；不能無追慕之情，則喪祭之禮已萌乎其中；不能無交際之情，則鄉射之禮已萌乎其中。自是以還，日趨於文。燔黍捭豚，足以盡相愛之禮矣；必以為未足，

〔註71〕楊向奎：《宗周社會與禮樂文明》，人民出版社1992年版，第244頁。
〔註72〕楊向奎：《宗周社會與禮樂文明》，人民出版社1992年版，第352頁。
〔註73〕參張煥君：《制禮作樂：先秦儒家禮學的形成與特徵》，中國社會科學出版社2010年版，第38～39頁。

積而至於籩豆鼎俎。徐行後長，足以盡相敬之禮矣；必以為未足，積而至於賓主百拜。其文非不盛也，然即其真情而觀之，則籩豆鼎俎未必如燔黍捭豚相愛之厚也，賓主百拜未必如徐行後長相親之密也。大抵禮有本有文，情者其本也。〔註74〕

在鄭看來，禮萌芽於古代社會的人之常情，但後代社會日趨文飾，不如古代情真意切，漸漸流於形式。

孟德斯鳩認為中國古代的立法者把宗教、法律、習俗及風尚融為一體，中國政體的成功在於遵守禮儀，中國人一生都在實踐禮儀。而「中國的政體原則一旦被拋棄，道德一旦淪喪，國家立即就陷入無政府狀態，革命隨即爆發。」在他看來，中國的立法者維持秩序的有效手段是讓人們敬重父親，也敬重諸如長者、老師、官員、皇帝。同理，後者也回應關愛。這些禮儀構成民族的普遍精神。這些看似無關緊要的禮儀其實密切關聯著舉國的基本政體，帝國的治國理念建立在治家的基礎之上。「只要其中一項被削減，國家就會因此而動搖。兒媳每天清晨是否前去侍候婆婆，此事本身無關緊要。可是，我們如果想到，這些日常細節不斷地喚起必須銘刻在心中的一種感情，而正是每個人心中的這種感情構成了中華帝國的治國精神，我們就會明白，此類具體行為沒有一件是可有可無的。」〔註75〕

禮，這一攸關社稷、家國興衰的使命竟以日常生活細節的養成來維繫支撐，建立從家到國，從底部到上層的秩序，以使國家機器的運轉得以嚴絲縫合，建立起帝國的宏偉大廈。孟德斯鳩對「禮」在中國政體中的地位作用、得以普及的原因、「禮」與刑罰作用的比較、「禮」的實施（禮儀和儀規）、「禮」與民族精神治國精神之間的關係等方面進行了闡釋。在他看來，「禮」將宗教、法律、習俗和風尚融為一體，這些「日常細節」的「禮」是維持中國國族精神的根基。安樂哲將「禮」理解為日常的習慣性行為，禮將優雅的禮儀化的經驗化約為日常的例行之事。「人生深刻意義的實現，並不在於那些短暫的『重大』事件。正是通過日常的例行之事，人生得到了豐富。」〔註76〕

〔註74〕轉引自張煥君：《制禮作樂：先秦儒家禮學的形成與特徵》，中國社會科學出版社 2010 年版，第 32～33 頁。

〔註75〕〔法〕孟德斯鳩著、許明龍譯：《論法的精神》（上），商務印書館 2009 年版，第 325～327 頁。

〔註76〕安樂哲、赫大維著，彭國翔譯：《切中倫常：〈中庸〉的新詮與新譯》，中國社會科學出版社 2011 年版，第 73 頁。

上文呈現了兩種形態的「禮」:「以情為本」的「禮」和趨於文飾與成規的「禮」,前者是人性的自然流露,後者漸漸脫離了「情」之本,成為維繫天下太平,日益工具化的「禮」。繼續回到本文。那麼周作人所說的「本來的禮」到底是哪一階段與形態的「禮」?周並沒有言明,這也遭到了重民俗考證的江紹原的疑問:這個禮「不知道先生倒推到怎樣古的時代?」〔註77〕在江紹原看來,「本來的禮」不過是周作人理想化的用以對抗「宋以來的道學家」的禮。周作如此回答:「我所謂的『本來的禮』,實在只是我空想中以為應當如此的禮,至於曾通行於什麼年代,我不能確切回答,大約不曾有過這樣的一個時代也說不定……『生活之藝術』(The Art Of Living)覺得大意與『禮』字相近,所以那樣的說,這原是『理論』上的而非事實上的話。」〔註78〕其實,周此前曾對「禮」有所設想:「禮義原是本於人情的,但是現在社會上所說的禮義卻並不然,只是舊習慣的一種不自然的遺留,處處阻礙人性的自由活動,所以在他範圍裏,情也就沒有生長的餘地了。」〔註79〕由此可見,周所謂「本來的禮」在意味上更接近一種節制與整飭,是周的理論設想與建構,其目的在於對當下的生活構成一種反動。但同時從後文周對「中庸」的推崇來看,周所指的禮和儒家的中庸緊密結合,接近孔子之禮。因為原始禮儀敬神,祭祀時會有「人殉」、「人牲」現象;西周以後,神天觀念動搖而走向人,周公提出敬德思想以補天,思想信仰從「天人之際」走向「人人之際」;孔子繼承發揚了周公這一思想,樹立了「人人之際」的思想,人成為世界的主人。對於具有人道主義思想的周作人自然傾向於孔子之禮。不過,以現代的眼光加以審視,即使是孔子所推崇的周代禮樂也並非完美。周代禮樂畢竟包含有等級制度,樂須合德合禮,樂的規模大小與社會等級掛鉤,「周人把本是表達個體情感的樂,人為地使樂繁縟化。」〔註80〕

第三點,「生活之藝術即中庸」。中庸是儒家哲學思想的重要範疇,周為何說生活之藝術是中庸呢?中庸和禮樂有關聯嗎?周作人常自稱儒家,而非

〔註77〕江紹原:《禮的問題》(致周作人),1924年11月17日作,載12月1日《語絲》第3期。署江紹原。

〔註78〕周作人:《禮的問題》(致江紹原),1924年11月20日作,載12月1日《語絲》第3期。署周作人。

〔註79〕周作人:《情詩》,1922年10月12日《晨報副刊》,署周作人。收《自己的園地》。

〔註80〕劉清河、李銳:《先秦禮樂》,北京師範大學出版社2009年版,第145頁。

儒教徒。周曾說自己的思想「在知與情兩面分別承受西洋與日本的影響為多，意的方面則純是中國的，不但未受外來感化而發生變動，還一直以此為標準，去酌量容納異國的影響。這個我向來稱之為儒家精神，雖然似乎有點籠統，與漢以後尤其是宋以後的儒教顯有不同」。〔註81〕儒家思想影響了周作人，當然周作人思想中也融入了佛、道家等思想的成分。那麼儒家思想給了周作人哪些影響？其中一個重要的思想是中庸思想。從 1924 年其周在《生活之藝術》中就推崇中庸：「其實這生活的藝術在有禮節重中庸的中國本來不是什麼新奇的事物，如《中庸》的起頭說，『天命之謂性，率性之謂道，修道之謂教』，照我的解說即是很明白的這種主張。不過後代的人都只拿去講章旨節旨，沒有人實行罷了。我不是說半部《中庸》可以濟世，但以表示中國可以瞭解這個思想。」〔註82〕直到 1930 年代他還念念不忘中庸：「我覺得在《論語》裏孔子壓根兒只是個哲人，不是全知全能的教主，雖然後世的儒教徒要奉他做祖師，我總以為他不是耶穌而是梭格拉底之流亞……我從小讀《論語》，現在得到的結果，除中庸思想外，乃是一點對於隱者的同情，這恐怕也是出於讀經救國論者『意表之外』的罷？」〔註83〕中庸對周作人意味著什麼？

先從《中庸》說起，《中庸》原為《禮記》中的一篇，朱熹將其選入「四書」，與《大學》《論語》《孟子》齊名，分 33 章，3600 餘字，為語錄體著作。作者一般認為是孔子之孫子思。「子思憂道學之失其傳而作也。」（朱熹）何為「道」？朱熹說是堯舜臨民治國的「躬行心得之餘」，即「人心惟危，道心惟微，惟精惟一，允執厥中」。《中庸》即圍繞這「十六字箴言」展開。

孔子在《論語·雍也》言：「中庸之為德也，其至亦乎！民鮮久也。」這表明「中庸」是先於孔子之前而存在的至高德行，百姓很少能做到。《中庸》可以視為「儒家重構此一至德的理論體系。」〔註84〕

「中庸」一詞的意義〔註85〕，可參《中庸》第六章對舜的描述：「執其兩

〔註81〕周作人：《我的雜學》（1～20）1944 年 7 月 5 日完稿，其中 1～12 連刊於 1944 年 5 月 13 至 8 月 26 日《華北新報·文學》第 1～12 期，署知堂。收《苦口甘口》。

〔註82〕周作人：《生活之藝術》，1924 年 11 月 17 日《語絲》第 1 期，署開明。收《雨天的書》。

〔註83〕周作人：《〈論語〉小記》，1935 年 1 月 10 日刊《水星》1 卷 4 期。

〔註84〕傅佩榮：《傅佩榮譯解大學中庸（精裝版）》，東方出版社 2012 版，第 5 頁。

〔註85〕不同的研究者有不同的理解，對「中庸」一詞的翻譯亦如是。James Legge 譯為「The Doctrine of the Mean」；E.R Hughes 譯為「the Mean-in-Action」；辜鴻

端，用其中於民。」中庸即「用中」，用中所造就的至德，若「用中」，則要具備「智仁勇」三達德。「用」兼含智與勇，「中」不離仁，仁的體現是善，實行在五達道中，即「君臣、父子、夫婦、昆弟、朋友之交。」《中庸》第二章：仲尼曰：「君子中庸，小人反中庸。君子之中庸也，君子而時中；小人之反中庸也，小人而無忌憚也。」朱熹注「中庸」為：「中庸者，不偏不倚，無過不及，而平常之理，乃天命所當然，精微之極致也。」1905 年，辜鴻銘在其《英譯〈中庸〉序》中向歐洲人介紹說：「中國字『中』的意思是中心的，──因此有正確的、真實的、公正的和恰好的意思；『庸』字的意思是共同的、一般的、平常的──因此有普遍的意思。這兩個中國字合起來的意思就是正確之真實，公正恰當的普遍標準，簡而言之，即關於正確的普通常識。」〔註 86〕辜鴻銘的這一理解和周作人後來所提倡的「常識」有若干契合。自漢《中庸》單行本問世後，對其注疏與整理多有其人，不具述。金克木在《主題學的應用》一文中對《四書》作如下概括：「一、《大學》──政治綱領。二、《中庸》──哲學核心。三、《論語》──基本原理。四、《孟子》──思想體系。」〔註 87〕《中庸》是形而上之「道」。二程言：「中庸始言一理，中散為萬事，末復合為一理。」〔註 88〕「中庸之言，放之則彌六合，卷之則退藏於密。」〔註 89〕中庸融合了孔孟與莊老學說，錢穆在《中國文化特質》說：「中國孔孟儒家多言人文，莊老道家多言自然。《中庸》《易傳》乃晚出書，始會通此兩家以為說。」〔註 90〕中庸可以說是儒學乃至東方文化安身立命的根基。

　　那麼，「中庸」和「禮樂」有什麼內在的關聯嗎？在劉清河、李銳看來，先秦禮樂具有「中和」的審美特徵。「『和』主要借助『樂』來實現的，然而『禮』的基本精神也包括了『和』的因素。禮和樂都是效法天地自然的。」〔註91〕中

銘譯為「Central Harmony」；Ezra Pound 譯為「The Unwobbling Pivot」；杜維明譯為「Centrality and Commonality」；鄭玄將「庸」解釋為「用」；朱熹將「庸」解釋為「常」；安樂哲將中庸譯為「Focusing the Familiar Affairs of the Day」。參安樂哲、赫大維著，彭國翔譯：《切中倫常：〈中庸〉的新詮與新譯》，中國社會科學出版社 2011 年版，第 107 頁。

〔註86〕辜鴻銘著，黃興濤編：《辜鴻銘文集》（下），海南出版社 1996 年版，第 509 頁。

〔註87〕張岱年等：《國學今論》，遼寧教育出版社 1991 年版，第 33 頁。

〔註88〕程顥、程頤：《二程集》，中華書局 1981 年版，第 140 頁。

〔註89〕程顥、程頤：《二程集》，中華書局 1981 年版，第 130 頁。

〔註90〕胡道靜：《國學大師論國學（上）》，東方出版中心 1998 年版，第 132 頁。

〔註91〕劉清河、李銳：《先秦禮樂》，北京師範大學出版社 2009 年版，第 124 頁。

和是中國古典美學術語,其特性是剛柔並濟,協調和諧,充分體現「中庸之道」。先秦禮儀中的人倫、婚姻及飲食之禮等均體現出這一精神。孔子畢生為復興周禮而奔走,「最完美的『禮』必須符合孔子的『中庸之道』。」〔註92〕

　　然而,有不少研究者對於周作人的中庸思想存有爭議。錢理群曾指出周作人「提出復興千年前的舊文明」,要恢復原始儒學,即孔孟所倡導的禮、仁、恕、中庸等,並以此為基礎融合道與法,創造一個新的文明。這與康有為的託古改制有某些相似之處。「周作人在三十年代鼓吹回到孔孟那裡去,則是要以儒家為中心的封建正統思想體系來冒充、代替資產階級民主主義,對抗馬克思主義,這是徹頭徹尾的倒退和反動。」〔註93〕另一個研究者舒蕪評價周作人的中庸主義,「周作人從反封建的前列,一退而為封建的異端的護法,再退而與封建妖孽漢奸政客同流,其間一條曲徑通幽,就是中庸主義。中庸主義是頹廢的東西,是衰落的產物。」〔註94〕錢理群與舒蕪對儒學的理解和新中國建立以後直至1980年代初期的文化與政治語境緊密相關。1980年代初期,隨著撥亂反正的展開,對文革的反思成為文化界、思想界的重要議題之一,文學創作上則有傷痕文學等思潮的體現。同時改革開放後西方思想湧入,並漸漸成為批判中國傳統文化的思想資源。傅汝成也指出周作人「新儒學」思想的侷限性。他認為:「復興千年前的舊文明」、「文化至上主義」、「儒學文化中心論」等「新儒學」理論主張,雖然表達了周作人改造社會現實、抵禦外來文化侵略等主觀願望,但這種在傳統知識分子文化心態和周作人「歷史輪迴觀」等基礎上建立起來的理論,立論依據是錯誤的,客觀上也沒有起到過任何積極作用,而它的負面影響卻十分明顯。周作人附逆期間「儒學文化中心論」主張,與「曲線救國論」沒有質的區別〔註95〕。傅並沒有言明其立論依據,他把周附逆期間所有的思想和行為都一體化了,一概否定。

　　相對而言,隨時時代文化的多元取向,一些研究者對於周作人之於儒家的理解漸漸走出時代的迷思,富有新的視野。胡輝傑指出周作人中庸思想所

〔註92〕劉清河、李銳:《先秦禮樂》,第126頁。
〔註93〕錢理群:《試論魯迅與周作人的思想發展道路》,《中國現代文學研究叢刊》1981年第4期。
〔註94〕舒蕪:《周作人概觀》,湖南人民出版社1986年版,第108頁。
〔註95〕傅汝成:《漫談周作人的「新儒學」思想》,《河南廣播電視大學學報》2001年第4期。

具有的合理性：「周作人以中庸為核心的『儒家的人文主義（Humanism）』的復興是屬於比較理性而不情緒化、比較緩慢而不急進的方案之一，並不完全是一種烏托邦夢想。無論是就其本身的內在邏輯而言，還是從歷史發展的方向來看，它都有其自身存在的合理性依據和意義，代表了中國文化、文明發展的道路。」〔註96〕胡論證了周作人以中庸為核心的「儒家的人文主義（Humanism）」復興的合法性。

眾多研究者對於包括中庸在內的儒家思想的不同理解也見證了我們走近周作人的曲折。對於周作人而言，生活的藝術在於中庸，在於節制。中庸是儒家的重要思想。周自稱儒家而非儒教徒，「自己可以算是孔子的朋友，遠在許多徒孫之上。」〔註97〕在周看來，「人禽之辨」在於人能夠學會調節，富有理智，「因為他知道己之外有人，己亦在人中，於是有兩種對外的態度，消極的是恕，積極的是仁。假如人類有什麼動物所無的文化，我想這個該是的，至於汽車飛機槍炮之流無論怎麼精巧便利，實在還只是爪牙筋肉之用的延長發達，拿去誇示於動物，但能表出量的進展而非是質的差異。」〔註98〕周把中庸，仁與恕視為人之為人的本質性的東西。

子曰：「忠恕，違道不遠，施諸己而不願，亦勿施於人。」（《中庸》第十三章）子曰：「己所不欲，勿施於人」（《論語・顏淵》）

「子貢問曰，有一言而可以終身行者乎？子曰，其恕乎！己所不欲，勿施於人」（《論語・衛靈公》）

周十分推崇孔子的「己所不欲，勿施於人」，在周看來，人類的文化亦有惡的事情，如暗殺，買淫，文字思想獄，為文明或王道的侵略，這些都是禽獸所不為的事。周希望孔子的這一思想成為一種具有普世價值的行為準則，「作我們東洋各國的當頭棒喝者」。

總之，周作人的「生活之藝術」，一個不斷滑動的概念，是「禁慾與縱慾的調和」，是「禮樂」，是「中庸」。它在不同層次上指向一個近似的目標：「人」的生活。它是在現代人道主義視角檢驗下的「人」的生活，和孔子的「己所不欲，勿施於人」等思想相接應，它生長在周對中國禮樂傳統「復興」的想像之中。

〔註96〕胡輝傑：《周作人中庸思想研究》，湖南大學出版社2010年版，第20頁。
〔註97〕周作人：《〈逸語〉與〈論語〉》，1936年4月16日刊《宇宙風》第15期。
〔註98〕周作人：《〈逸語〉與〈論語〉》，1936年4月16日刊《宇宙風》第15期。

三、「科學精神」與「美」

如周作人一再所宣稱的：「生活之藝術，其方法只在於微妙地混合取與捨二者而已。」那麼對於周作人而言，到底取捨了哪些東西呢？如前文所示，他捨去了各種「八股」專制思想、野蠻思想。他取得有儒家的中庸之道以及佛道等家中的部分思想，除此之外，他還取來的有「科學精神」與「美」。

由於中國傳統文化更大程度上是「心性之學」，晚明黃、王、顧對此有所反省，他們欲破宋明理學內向的心性的侷限，拓展向外型思路。以牟宗三、徐復觀、張君勱、唐君毅為代表的當代新儒家 1958 年發表在香港雜誌《民主評論》的《為中國文化敬告世界人士宣言》中對此有所總結，認為中國缺乏科學精神在於中國的思想重視道德實踐，而缺乏對客觀世界的判斷，直至明末的王船山、顧亭林、黃梨洲等才意識到道德主體內縮的弊病。「中國之缺理論科學之精神傳統，故到清代，其學者之精神雖欲向外通，其對外面世界所注意及者，仍歸於諸外在之文物書籍，……終乃精神僵固於此文物書籍之中，內既失宋明儒對於道德主體之覺悟，外亦不能正德以利用厚生，遂產生中國文化精神之更大閉塞。」〔註 99〕這意味著人不僅僅是道德的主體，而且要兼自覺為政治的主體、認識的主體，及實用技術活動的主體。其實「科學精神」的缺乏已經為現代文明的先行者所覺察。五四以後，除了以《新青年》為代表的五四同人對科學與民主的大聲呼喚外，著名的便是發生在 1920 年代的科玄論戰。然而，文化「復古」、思想「復古」並沒有停止，周作人對於「故鬼重來」的憂懼也在於此。如何才能滌除各種形式的「復古」、「八股」等，在周看來，科學精神是可以借鑒的一副良方。

周對希臘比較推崇，認為科學精神來源與古希臘，「西方文明特色之一是『科學發達』，但其主線來自希臘。希臘文明差不多是一切學術的始祖，現在通常文學上科學上的用語，差不多以來自希臘的居多。」〔註 100〕柏拉圖曾說好學是希臘人的特性。希臘人對知識有一種不計功利的追求。周作人對歐幾里得、阿基米德的科學精神極為欣賞。在《希臘人的好學》一文中，周通過翻譯介紹了兩人的不計功利的科學精神。

〔註99〕封祖盛編：《當代新儒家》，生活·讀書·新知三聯書店 1989 年版，第 28～29 頁。
〔註100〕周作人：《希臘閒話》，1926 年 12 月 1 日在北京大學二院講，載 1926 年 12 月 24 日《新生》第 1 卷第 2 期，署周作人講、朱契記錄。

關於他（歐幾里得）的生平與性格我們幾於一無所知，雖然有他的兩件軼事流傳下來，頗能表示出真的科學精神。其一是說普多勒邁問他，可否把他的那學問弄得更容易些，他回答道，大王，往幾何學去是並沒有御道的。又云，有一弟子習過設題後問他道，我學了這些有什麼利益呢？他就叫一個奴隸來說道，去拿兩角錢來給這廝，因為他是一定要用他所學的東西去賺錢的。後來他的名聲愈大……

　　……

亞奇默得（Archimedes）於基督二八七年前生於須拉庫色，至二一二年前他的故鄉被羅馬所攻取，他叫一個羅馬兵站開點，不要踹壞地上所畫的圖，遂被殺。起重時用的滑車，抽水時用的螺旋，還有在須拉庫色被圍的時候所發明的種種機械，都足證明他的實用的才能，而且這也是他說的話：給我一塊立足的地方，我將去轉動這大地。但他的真的興趣是在純粹數學上，自己覺得那圓柱對於圓球是三與二之比的發明乃是他最大的成功。〔註101〕

　　歐幾里得對純幾何的鑽研，阿基米德的被殺前研究的忘我與專注。他們的研究都超出了現實功利的範圍，正是這種不計功利的求知與科學精神成就了古希臘科學的發達。而「中國似乎向來缺少希臘那種科學與美術的精神」〔註102〕。在周作人看來，中國人喜講實用，結果無知無得，格物往往等於談玄，又有許多自然之倫理化的鳥獸生活傳說，這造成了中國科學精神的缺失。為此，周從中國的傳統溯源，以造成影響國民素養的因子。周作人認為「禮就是人情物理」，其實就是希望在人性的基礎上能夠加以科學精神的調節，為此，周作人從中國的文化傳統中尋找出「重知」與「疾虛妄」的精神。

　　周作人從孔子的《論語》中讀出「重知」的精神資源。

　　　子曰，由，誨汝知之乎，知之為知之，不知為不知，是知也。（《論語·為政第二》）

　　　季路問事鬼神，子曰，未能事人，焉能事鬼。曰，敢問事死，曰，未知生，焉知死。（《先進第十一》）

〔註101〕〔英〕瑞德：《希臘晚世文學史》，見周作人：《希臘人的好學》，1936年8月作，載12月20日《西北風》第14期，署知堂。收《瓜豆集》。
〔註102〕周作人：《〈希臘擬曲〉序》，1932年6月24日作，署周作人。

樊遲請學稼,子曰,吾不如老農。請學為圃,子曰,吾不如老
圃。(《子路第十三》)

《衛靈公第十五》記公問陳,孔子也答說「軍旅之事未之學也。」

周作人推崇這種重知的精神,「孔子這樣看重知行的誠實,是我所最佩服
的一件事。」〔註103〕周作人認為這種重知的態度是中國最好的思想,是科學
精神的源泉。「我覺得中國有頂好的事情,便是講情理,其極壞的地方便是不
講情理。隨處皆是物理人情,只要人去細心考察,能知者即可漸進為賢人,
不知者終為愚人,惡人。《禮記》云,飲食男女人之大欲存焉,死亡貧苦人之
大惡存焉。《管子》云,倉廩實則知禮節,衣食足則知榮辱。這都是千古不變
的名言,因為合情理。」〔註104〕蘇格拉底把哲學定義為「愛智慧」,其重要觀
點是:自己知道自己無知。周甚至把自己的名號也改為「知堂」,含有重知精
神。周由重知的科學精神也衍生出「文人不談武,武人不談文」的崗位意識。
「蓋《大學》難懂,武人不讀正是言之要也,大刀難使,文人不耍便是行之至
也,此即是智與仁也。」需要指出的是,這種「重知」的精神包含著人文價
值的判斷,和科學技術的概念有所不同,「科學」一詞最早由日本明治維新
時期的西周將「Science」而來。嚴復、康有為等人漸漸用其取代了中國傳統
的「格致」。其實新文化時期,「科學」也含有人文色彩,被尊為「賽先生」,
並和「德先生」一起成為國人追求的目標。然而在20世紀初期,西方社會
已表現出由於科技的發展可能帶給人類造成災難的警惕,如英國作家福斯
特、伍爾芙、赫胥黎等人作品中展示的,機器操控了人類,成為被仇恨的對
象。而中國的知識分子則予以擁抱,那是因為中國還處在工業革命的前夕。
簡而言之,「重知」「科學」被國人賦予了改變落後命運、追求未來美好世界
的想像。

1920年代始,周寫出一些科學小品。所謂科學小品,周曾這樣解釋「內
容說科學而有文章之美者」,周寫科學小品除了對抗「文藝政策」的徵召外,
其實有著格物致知、探求科學精神之意。有研究者統計:「周作人一生嘗試、
創作了160餘篇以生物為主,兼及氣象、藥學、農學、工藝學等科學小品,
其數量雖僅占周氏散文的百分之一,卻使他成為寫作科學小品數量最多的現

〔註103〕周作人:《逸語與論語並說到孔子的益友》,1936年2月作,載4月16日
《宇宙風》第15期,署知堂。收《風雨談》時改題為《論語與逸語》。
〔註104〕周作人:《情理》(星期偶感一),1935年5月12日刊《實報》。

代作家之一。」〔註105〕周作人如此之多的科學小品的創作不能不說有普及科學之意。這當然也離不開其科學素養。雖然周是以海軍出身，後從事文學，但對自然科學、社會科學也保持有濃厚的興趣，其興趣從生物學、人類學、性心理學到醫學等領域，周閱讀了英國懷德的《色耳彭自然史》、法國法布耳的《昆蟲記》、英國湯木生（J·A·Thomson）《動物生活的秘密》與《自然史研究》等大量書籍，其中也包括中國的一些醫學、農學、博物等學科。周非常重視這些知識養成素養，用他自己的話說便是「妨礙自己成為某一家的信徒」，這使他能以更寬博的眼光破除迷信，周把這些知識比作「常識」，「所謂常識乃只是根據現代科學證明的普通知識，在初中的幾種學科裏原已略備，只須稍稍活用就是了……」〔註106〕周認為做些科普的工作總比「專叫口號貼標語」「畫符念咒」要好得多。

周並把這種「重知」的精神和中國古代士人「疾虛妄」的精神緊密聯繫在一起。周對於中國歐化嚴重的言論不以為然，而認為是「道士氣秀才氣以及官氣」太多了，「想要救治，卻正用得著科學精神，這本來是希臘文明的產物，不過至近代而始光大，實在也即是王仲任所謂疾虛妄的精神，也本是儒家所具有者也。我不知怎的覺得西哲如藹理斯等的思想實在與李俞諸君還是一鼻孔出著氣的，所不同的只是後者靠直覺懂得了人情物理，前者則從學理通過了來，事實雖是差不多，但更是確實，蓋智慧從知識上來者其根基自深固也。」〔註107〕王充，東漢哲學家，字仲任，會稽上虞人（今屬紹興），著《論衡》，一掃當時的天人感應的思潮和神仙讖緯學說。王不迷信權威，針對儒者由於對所謂聖人的膜拜而迷信書傳記載造成的謬誤，王充滿了批判精神，王充作《問孔》、《刺孟》、《非韓》等篇，破除偶像崇拜。針對自然現象，王在《論衡》中還充滿了科學的實證精神與懷疑精神。周對其所稱的「思想界三賢」：王充、李卓吾和俞理初的推崇也離不開他們身上所具有的「重知」「疾虛妄」精神。「王充在東漢虛妄迷信盛行的時代，以懷疑的精神作《論衡》，雖然對於倫理道德不曾說及，而那種偶像破壞的精神與力量卻是極大，給思想界開了一個透氣的孔，這可以算是第一個思想革命家。中間隔了千餘年，到

〔註105〕莊萱：《科學小品：詩與科學的融合》，《福建師範大學學報（哲學社會科學版）》2010 年第 1 期。

〔註106〕周作人：《常識》，1935 年 6 月 16 日《實報·星期偶感》，署知堂。收《苦竹雜記》。

〔註107〕周作人：《讀書的經驗》，1940 年 5 月《新光》雜誌第 2 期。收《藥堂雜文》。

明末出了一位李贄通稱李卓吾，寫了一部《藏書》，以平等自由的眼光，評論古來史上的人物，對於君臣夫婦兩綱加以小打擊，如說武則天卓文君馮道都很不錯，可說是近代很難得的明達見解，可是他被御史參奏惑亂人心，嚴拿治罪，死在監獄內，王仲任也被後世守正之士斥不孝，卻是這已在千百年之後了。第三個是清代的俞正燮，他有好些文章都是替女人說話，幸而沒有遇到什麼災難。上下千八百年，總算出了三位大人物，我們中國亦足以自豪了。」〔註108〕1930年代周對「思想家三賢」的念茲在茲的一再言說離不了他們所體現出的科學精神：重知、疾虛妄，其中也包括偶像破壞。周既可以以之抵抗外來的話語權力的壓迫，又可以和自己的「復興」之夢緊密關聯。

如果說科學精神是周「人情物理」中「物理」或「知」的一面，那麼，「美」更接近「人情」，「美」是周作人進行中國「文藝復興」而擷取的另一重要因素。周作人曾著文說自己所受的影響主要是西方和日本的「知」與「情」，而「意」則來自中國。

周作人對希臘文化的認同主要體現在「愛美」的思想上，而希臘神話是這一精神的主要體現者。希臘是歐洲文明的發源地，周作人也較早與希臘文化結緣。據其介紹，「一九○八年起首學習古希臘語，讀的還是那些克什諾芬（Xenophon）的《行軍記》和柏拉圖（Platon）的答問，我的目的卻是想要翻譯《新約》，至少是《四福音書》。」〔註109〕即在日本立教大學時便開始在三一書院去旁聽希臘語的《路加福音》講義。他在日本立教大學讀書時希臘語成績為98分。〔註110〕周作人對希臘文化極為推崇：「希臘是古代諸文明的總匯，又是現代諸文明的來源，無論科學哲學文學美術，推究上去無一不與他有重大的關係。」〔註111〕「西洋的科學文明發源於希臘羅馬，要輸入西洋的科學文明，就要瞭解中古時代希臘羅馬的人文科學。」〔註112〕1917年周作人進入北大，9月受聘為北大文科教授，擔任《歐洲文學史》和《希臘羅馬文學史》課程。周作人日記亦有相關記錄：1917年9月22日起「艸講義」；23日，

〔註108〕周作人：《道義之事功化》，1945年11月7日作。收《知堂乙酉文編》。
〔註109〕周作人：《希臘擬曲》序，1932年6月24日作，《希臘擬曲》，商務印書館1934年初版。
〔註110〕波多野真矢：《周作人與立教大學》，《魯迅研究月刊》2001年第2期。
〔註111〕周作人：《在希臘諸島·附記》，載1921年10月10日《小說月報》第12卷第10號，收《永日集》。
〔註112〕周作人：《略談中西文學》，1936年4月15日作，載4月20日武漢《人間世》第1期，署周作人。

「錄希臘文史講義第一章了」；27 日，「艸近世文學史講義第二章了」。〔註113〕
至 1918 年 6 月完成了《歐洲文學史》的編纂工作。可以說，這一時期的授課
對周作人的希臘研究的產生重要影響。周到晚年也一直從事著希臘文學的譯
介工作。以至於在遺囑之中還念念不忘希臘神話。〔註114〕那麼希臘文化究竟
對於周作人具有何種意義，以至於成為周矢志不渝的工作之一？在我看來便
是「美」之精神的召喚。

　　周作人在《歐洲文學史》中指出歐洲文明，源於兩希，史家謂之為「人
性二元」。物質與精神為人生根本，個人與民族皆是如此，但性有偏至。希臘
思想代表世間法，基督教則出世。希伯來思想為靈之宗教，籲求天國未來之
福；希臘重體，求現世之樂。周並把英國 Frederick Robertson 的希臘思想四要
義（無間之奮鬥、現世主義、美之崇拜、人神之崇拜）合併為「美之宗教」與
「現世思想」。〔註115〕

　　「以美與愛，乃能導人止於至善」：希臘神話中，神人同形，神尤完美，
不同於巴比倫、埃及有著「人身獸首」可怕形象的神，不同與中國的神：三頭
六臂青面獠牙奇形怪狀，也與希伯來的禁拜偶像有所不同。希臘造像，都是
很美的，盡顯人體之美。「人唯愛美，乃能自一物以及眾物，自形色之美，以
及美行美意，終乃至於絕對美。以美與愛，乃能導人止於至善，此實 Platon 美
之宗教觀，足為希臘思想代表者也。」〔註116〕

　　為了美，希臘的美術家與詩人蕩滌了神話及宗教中的恐怖分子。希臘希
臘神話中，地母是萬物之給予者與保護者，如愛斯屈洛斯在《奠者》中說道：
「招大地來，她使萬物生，養育他們，又收他們回她的胎裏。」。但在原始民
族看來鬼很可怕，自然死人的守護者地母也就很可怕，於是地母被想像為戈
耳共，其面乃一鬼臉（Gorgoneion），拖舌，瞪眼，露出獠牙，頭髮為長蛇，
一個恐怖的面具。但希臘人不能容醜惡，把戈耳共變成一個可愛的含愁的女

〔註113〕周作人：《周作人日記》（影印本）第 1 卷，大象出版社 1996 年版，第 696
　　　　～697 頁。
〔註114〕周作人在遺囑中頗有悲愴，「死後即付火葬，或循例骨灰亦隨便埋卻。人死
　　　　聲消跡滅，最是理想。」然而還念念不忘希臘神話，「余一生文字，無足稱
　　　　道。唯暮年所譯希臘對話，是五十年來的心願，識者當知之。（但是阿波
　　　　多洛斯的神話譯本，高閣十餘年尚未能出版，則亦是幻想罷了。）」見《周
　　　　作人散文全集》第 14 卷，第 320 頁。
〔註115〕周作人：《歐洲文學史》，止菴校，河北教育出版社 2002 年版，第 55 頁。
〔註116〕周作人：《歐洲文學史》，止菴校，河北教育出版社 2002 年版，第 56 頁。

人的面貌。「這是希臘的美術家與詩人的職務，來滌除宗教中的恐怖分子。這是我們對於希臘的神話作者的最大的負債。」〔註117〕這種宗教的淨化，恐怖之驅除，在另地之精靈藹利女斯上也可以看出。藹利女斯（Erinys）如字義所示，是「憤怒者」，即是怒鬼，——要求報復之被殺害的鬼魂（現在常稱為復仇女神），和戈耳共形相非常相近，但經過詩人的想像之力，她們變為歐默尼特思（Eumenides），即「慈惠神女」，住在雅典的戰神山（Areopagos）上，「莊嚴神女」（Semnae）的洞窟裏。「亞耳戈思地方左近有三方獻納的浮雕，刻出莊嚴神女的像，並沒有一點可怕的東西；她們不是藹利女呢斯了，不是那悲劇裏的可厭惡的恐怖物，她們是三個鎮靜的主母似的形象，左手拿著花果，即繁殖的記號，右手執蛇，但現在已不是責苦與報復之象徵，乃只是表示地下，食物與財富之源的地下而已。」〔註118〕

　　從上我們可以看出，希臘精神避開了恐怖與憤怒而轉向和平與友愛。雖然偶有野蠻精神的殘留，比如雅典娜的護心鏡上還常有戈耳共恐怖的影像存在。但在奧林匹斯諸神中粗暴及恐怖分子大抵都已洗去，成為詩化的神話。

　　希臘的神在形體上與人相同，行為舉動亦與人相同。神不是全能的神，他們有愛戀、也打仗，也受傷。這是一種人格化的神，周作人稱之為「神人」，比較能幹一些的人，他們的理想生活不外人的生活。這種「美」的思想是屬於人間的，充滿了凡人情懷和情趣。在周作人看來，希臘神話之所以是美的神話，是因為「希臘宗教沒有經典，沒有主教，各廟宇的祭師只管祭禮以及乩示的事，並不說教，其神史的編述屬於詩人畫家，神學的討論則屬於哲學家。」〔註119〕克洛諾斯吞吃自己的子女，是野蠻遺留，但在神話中成為一個插話，饒有滑稽之趣，由宗教轉向文藝，不似聖書中耶和華嚴厲的面孔。

〔註117〕〔英〕哈利孫：《論鬼臉》，載1925年8月31日《語絲》第42期，署凱明譯。收《永日集》時改為《論山母》之一節，題為《戈耳共（Gorgon）》。

〔註118〕〔英〕哈利孫：《論山母》，載1928年1月1日《北新》第2卷第5號，署豈明譯。收周作人《永日集》。這是哈利孫女士（Jane E · Harrison）所著《希臘神話》的第三章，原書在1924年出版，為「我們對於希臘羅馬的負債」叢書（Our Debt to Greece and Rome）的第26篇。哈利孫女士生於1850年，著名的希臘學者，著有《希臘宗教研究序論》等書多種。周作人在附記中表示「本書中三四兩章我最喜歡，前年秋天曾將戈耳共一節抄出，登在《語絲》上，可是沒有工夫全譯，直到現在才能抽空寫出。」

〔註119〕周作人：《關於希臘神話》，1947年6月8日作，為英國勞斯原著《希臘的神與英雄》的譯後附記。

那麼，同時為什麼印度和埃及等國的神話不美而希臘的神話卻充滿了美呢？在周作人看來，這要歸功於希臘的詩人和美術家。宗教都有兩種分子：儀式與神話。宗教的衝動在於生命的保存與發展，原始宗教驅除與招納的儀式也是「求生意志」的表現。而神話是人造像的結果。在精氣信仰（Animism）時代，神是無所不在的不可捉摸的力或物，沒有特別的人格、品性與行述，彷彿羅馬的「威力」（Numina），是超人間的，不是人性的和人形的。直到後來，賦予其人格化，人形化（Anthropomorphism）及獸形化（Theriomorphism），才有了神話和神史。可以說在神話的起源上各國基本相同。但「希臘的宗教沒有專門的祭司們，也沒有一定的聖書，保存宗教上的傳說的只是一班詩人和美術家。所以他們能把原始時代傳下來的醜陋的分子，逐漸美化。」對於不可見的力之恐怖，護符的崇拜，未滿足的欲望等卻造出他們的神人來，他們從宗教上拿去了恐怖，這是希臘人的極大的功績，也表現了希臘人作為Iconists（造像者）的極大天才。在哈理孫看來：「訶美洛思（Homeros）是史詩傳統的全體，詩人之民族即古代希臘人的傳統的書。希臘民族不是受祭司支配而是受詩人支配的，照『詩人』（Poetes）這字的原義，這確是『造作者』，藝術家的民族。」〔註120〕「希臘的宗教的材料，在神學（案即神話）與儀式兩部分，在發展的較古各時期上，大抵與別的民族的相同。我們在那裡可以找到鬼魂精靈與自然神，祖先崇拜，家族宗教，部落宗教，神之人形化，神國之組織，個人宗教，魔術，祓除，祈禱，祭獻，人類宗教的一切原質及其變化。希臘宗教的特色並不是材料，只在他的運用上。在希臘人中間宗教的想像與宗教的動作，雖然在他們行為上並非全無影響，卻常發動成為人類活動的兩種很不相同的形式，──此二者平常看作與宗教相遠的，其實乃不然。這兩種形式是藝術，文字的或造形的，與哲學。憑了藝術與哲學的作用，野蠻分子均被消除，因為愚昧醜惡與恐怖均因此淨化了，宗教不但無力為惡，而且還有積極的為善的能力了。」〔註121〕宗教因為詩人們的淨化消除野蠻與恐怖的分子，而富有美善的能力。

周作人對勞斯（W・H・D・Rouse）的《古希臘的神與英雄與人》頗為喜歡，認為著者始終不忘記他是一個學人、機智家與滑稽家，喜其文充滿了娛

〔註120〕〔英〕哈利孫：《希臘神話引言》，載 1926 年 8 月 28 日《語絲》第 94 期，署豈明譯。收周作人《談龍集》。
〔註121〕周作人：《希臘神話一》，1934 年 3 月刊《青年界》5 卷 3 期。

樂與趣味。比如潘多拉的故事勞斯這樣寫道：

> 她很是好奇，想要知道那大瓶子是怎麼的。她問道，丈夫，那瓶
> 子裏是什麼呀？你沒有打開過，取出穀子或是油來，或者我們用的什
> 麼東西。厄比美透斯說道，親愛的，這不是你管的事。那是我哥哥的，
> 他不喜歡別人去亂動它。班陀拉假裝滿足了的樣子，卻是等著，一到
> 厄比美透斯離了家，她就直奔向瓶子去，拿開那個蓋子。〔註122〕

　　對於結果著者只說道，「到得普洛美透斯回來看見這些情形的時候，他的
兄弟所能說的只是這一句話道，我是多麼一個傻子！」周作人以為這一結果
裏「很有教訓的機會」，但著者「寫的很幽默也是很藝術的」，周作人進一步
和中國的文以載道對比，中國喜歡讀經，中國的文學文化缺乏趣味，充滿政
治教條與教訓。周作人把神話中的情趣用以成為反載道的工具。並希望能以
希臘神話「美」的精神來拔除當下中國人們的內心因為專制和科舉的重壓而
充斥著的醜惡與恐怖。〔註123〕

　　中國和希臘都有現世主義，但是中國由於缺少希臘愛美的特長，現世便
流於俗惡。因此對於周作人而言，希臘這種「美術精神」正是中國所要彌補
和學習的。當然周作人又把希臘人尚美和現世思想的發達歸結為其民具有「中
和之性（Sophrosyne）」，有節制，以放逸（Hybris）為大戒。故其文學「有悲
哀恐怖之情，而無兇殘之景」；戲劇「不明演殺傷事蹟，僅以影寫出之」；美術
「安閒」；雕刻之像「多靜而少動」。希臘人有一種特性，「熱烈的求生的欲望」：
「不是只求苟延殘喘的活命，乃是希求美的健全的充實的生活。」周作人認
為「二希」文明中如「人性的二元」，「希臘思想是肉的，希伯來思想是靈的；
希臘是現世的，希伯來是永生的。希臘以人體為最美，所以神人同形，又同
生活，神便是完全具足的人，神性便是理想的充實的人生。希伯來以為人是
照著上帝的形象造成，所以偏重人類所分得的神性，要將他擴充起來，與神
接近一致合一。這兩種思想當初分立，互相撐拒，造成近代的文明，到得現
代漸有融合的現象。」〔註124〕

〔註122〕轉引自周作人：《希臘的神與英雄與人》，1935年1月28日作，載2月3日
　　　　《大公報》文藝副刊第137期，署知堂。收《苦茶隨筆》。

〔註123〕周作人：《我的雜學·希臘神話》，載1944年6月11日《華北新報·文學》，
　　　　收《苦口甘口》。

〔註124〕周作人：《聖書與中國文學》，1920年11月30日在燕京大學文學會講，載1921
　　　　年1月10日《小說月報》第12卷第1號，署周作人。收《藝術與生活》。

不僅僅希臘具有美的精神，在周作人看來，日本同樣具有這一精神。周作人一生尤其喜歡希臘文化和日本文化，也曾把日本比作「小希臘」，「我以為日本人古今不變的特性還是在別地方，這個據我想有兩點可說，一是現世思想，與中國是共通的，二是美之愛好，這似乎是中國所缺乏。此二者大抵與古希臘有點相近，不過力量自然要薄弱些，有人曾稱日本為小希臘，我覺得這倒不是謬獎。」〔註125〕周對於日本文化的喜歡或緣於他在日本長達六年的留學生活，留學時期的他也是民族主義的信徒，自然包含著對民族文化復興的訴求，這一訴求在日本的文化中找到慰安。東京的「唐朝遺風」，使他有「一半是異域，一半卻是古昔」的感覺，覺得中國的古昔仍健全地活在異域。他把日本比作自己的「第二故鄉」，包括他的妻子羽太信子也是日本人。紹興、杭州、南京、東京與北京，這幾個地標成為周作人文化經驗的重要來源之地。而對於日本，則是因為周作人長於斯而日本又具有重要的文化先導地位而在周的生涯中獲得特別意義。日本的起居、衣食、文學與「唐朝遺風」都給予了周作人很深的印象。

在這裡，我考察日本文化對周作人的影響，重點在於藝術與生活。對於日本的政治，周作人前前後後觀點變化較大，不在本文的考察之列。這兩者之間的關係，周作人曾有一個譬喻「便服」與「鐵甲」。戰時要穿上鐵甲，但在家中或路上常穿著便服，「便服裝束」才是日常的常態，才是真相。毋寧說，周作人擇取了更日常更常態化的文化作為其考察和審美的對象。

周作人留學六年，其後翻譯了大量的日本近現代文學作品、短歌、俳句以及古典文學作品，比如《徒然草》、《枕草子》、《狂言十番》、《日本狂言選》、《浮世澡堂·浮世理髮館》、《平家物語》、《如夢記》、《古事記》等，周作人的各種譯作中，日本部分佔據了相當一部分。寫過《日本管窺》系列、《懷東京》、《談俳文》、《談日本文化書》、《關於日本畫家》、《日本近三十年小說之發達》、《日本的人情美》、《日本的衣食住》和《日本與中國》等一系列文章。

出於個人性分與習慣的原因，周作人對於日本素樸清淡的生活比較喜歡。東京的食物清淡質素，沒有富家的多油多粉，與紹興尋常民家相近，為周作人所喜。日本的房屋也簡易質素，清疏有致。日本生活中清潔、有禮、灑脫的習俗也為周氏所喜。比如對於裸體的態度周認為不必「駭俗」，「日本人對於

〔註125〕周作人：《日本管窺》，1935 年 5 月 13 日《國聞週報》第 12 卷第 18 期，署知堂。收《苦茶隨筆》。

裸體的觀念本來是頗近於健全的，前後受了中國與西洋的影響，略見歪曲……」〔註126〕對於日本民間的赤足周也以為是「一件很健全很美的事」，這固有由於是對中國國內女子纏足的發動，最重要的是取其「任其自然」。周較重視日本的性觀念，1918年便翻譯了與謝野晶子的《貞操論》，有研究者將日本的性觀念概括為：「滌蕩了性恥辱感和不潔感，對『肉』的美和醜均能正視而不加臧否的『性自然觀』；區分『義理』和『情義』，強調個人享受不能侵入人生大事的『性節制觀』；眷戀『物哀』情調，熱衷追求『愛與死互相完成』的『情死觀』，這三方面合而為一，共同鑄就了融現世性和神聖性為一體的日本性文化。」〔註127〕日本的兩性觀念對周靈肉一致的主張或是一種啟發。

在周作人看來，日本國民性有個優點即富於人情。他以和辻哲郎在《古代日本文化》中論「《古事記》之藝術的價值」中的結論來說明自己的切身體會：

> 《古事記》中的深度的缺乏，即以此有情的人生觀作為補償。《古事記》全體上牧歌的美，便是這潤澤的心情的流露。缺乏深度即使是弱點，總還沒有缺乏這個潤澤的心情那樣重大。支那集錄古神話傳說的史書在大與深的兩點上或者比《古事記》為優，但當作藝術論恐不能及《古事記》罷。為什麼呢，因為它感情不足，特別如上邊所說的潤澤的心情顯然不足。《古事記》雖說是小孩似的書，但在它的美上未必劣於大人的書也。

「有情的人生觀」、「牧歌的美」，正是周感到「親近的地方」。〔註128〕它的筆致有一種潤澤的心情。這種潤澤有情的人生情致在文藝上也有所體現。周作人涉獵日本文藝甚多，俳諧、俳文、雜俳、川柳、狂歌、小唄、俗曲、灑落本、滑稽本、落語以及浮世繪、大津繪、民藝等。周尤其喜歡永井荷風和谷崎潤一郎的隨筆。

永井荷風以小說得名，但周並不喜歡，而是喜歡諸如《荷風雜稿》《荷風隨筆》《下谷叢話》《日和下駄》與《江戶藝術論》等散文筆記。周尤喜《日和

〔註126〕周作人：《日本的混堂》，1937年7月12日作，載11月10日《西風》週年紀念特大號，署知堂。收《秉燭後談》時改題為《談混堂》。

〔註127〕徐敏：《論日本文化對周作人女性思想的影響》，《外國文學研究》2001年第2期。

〔註128〕周作人：《日本的人情美》，1925年1月26日《語絲》第11期，署開明。收《雨天的書》。

下駄》。《日和下駄》是東京市中散步的記事，內分日和下駄，淫祠，樹，地
圖，寺，水附渡船，露地，閒地，崖，阪，夕陽附富士眺望等十一篇。「日和
下駄」是木屐之一種：晴天屐，普通的木屐兩齒幅寬，全屐用一木雕成，齒是
用竹片另嵌，趾前有覆。為便於對此文的感知，摘引一部分：

> 但是我所喜歡曳屐走到的東京市中的廢址，大抵單是平凡的景
> 色，只令我個人感到興趣，卻不容易說明其特徵的。例如一邊為炮
> 兵工廠的磚牆所限的小石川的富阪剛要走完的地方，在左側有一條
> 溝渠。沿著這水流，向著閻魔去的一個小胡同，即是一例。兩傍的
> 房屋都很低，路也隨便彎來彎去，洋油漆的招牌以及仿洋式的玻璃
> 門等一家都沒有，除卻有時飄著冰店的旗子以外，小胡同的眺望沒
> 有一點什麼色彩，住家就只是那些裁縫店烤白薯店粗點心店燈籠店
> 等，營著從前的職業勉強度日的人家。我在新開路的住家門口常看
> 見堂皇地掛著些什麼商會什麼事務所的木牌，莫名其妙地總對於新
> 時代的這種企業引起不安之念，又對於那些主謀者的人物很感到危
> 險。倒是在這樣貧窮的小胡同裏營著從前的職業勞苦度日的老人
> 們，我見了在同情與悲哀之上還不禁起尊敬之念。同時又想到這樣
> 人家的獨養女兒或者會成了介紹所的餌食，現今在什麼地方當藝妓
> 也說不定，於是照例想起日本固有的忠孝思想與人身賣買的習慣之
> 關係，再下去是這結果所及於現代社會之影響等，想進種種複雜的
> 事情裏邊去了。〔註129〕

悠美素樸的筆致迴旋著「物哀」情思，這哀思來自於正逐步走向歐美化的
明治維新初期，「營著從前的職業勉強度日的人家」的小店在永井荷風看起來
「沒有一點什麼色彩」，而旁邊便是現代化的企業。美好的往昔將被正在到來
的「新時代」所取代，這正是他所憂慮的，「荷風是由憎惡絕望於現代化的東京
而直接返回到殘留著舊時代的生活意識和情趣的舊街小巷，並由此追溯近世的
江戶，在浮世繪、平民藝術和邊緣的俗文化中發現了傳統世界的秩序與美。」
〔註130〕這種思想和其在《江戶藝術論》中那種「東洋人的悲哀」融為一體。

〔註129〕〔日〕永井荷風：《日和下駄》，轉引自周作人：《東京散策記》，1935年5月
　　　　5日刊《人間世》第27期。
〔註130〕趙京華：《周作人與永井荷風、谷崎潤一郎》，《中國現代文學研究叢刊》1998
　　　　年第2期。

　　周通過這些生活儀式中的瑣碎細節、民俗風物體驗其中的情致,「從表面去看,那是無益的事,須得著眼於其情感生活,能夠瞭解幾分對於自然與人生態度」〔註131〕其實周對永井和谷崎的共鳴除了共同的文明感受外,其中重要的一點在於其筆致下所體現出的人情之美。

　　可以說,「科學精神」和「美」(或者說「知」與「情」、「物理人情」)構成了生活之藝術的重要內涵。我們可以看出,周糅合了古希臘的科學精神及愛美精神,日本的人情美和中國先賢的「重知」「疾虛妄」精神。正是這種精神的擇取使周和載道主義者有了根本的分野,周自稱受了科學的影響,沒有宗教情緒,「對於載道衛道奉教吃教的朋友都有點隔膜,雖然能體諒他們而終少同情,能寬容而心裏還是疏遠。因此我看書時遇見正學的思想正宗的文章都望望然去之,真真連一眼都不瞟。」〔註132〕周也希望通過這種文化整合能夠漸進的改變中國的不健全,「不佞之意以為當重常識以救治之,此雖似是十八世紀的老藥方,但在精神不健全的中國或者正是對症服藥亦未可知。」〔註133〕

　　總之,周作人對生活與藝術的回歸,發掘出凡人的日常人生,接洽了原始儒家和自晚明以來儒家日常人生化的傾向,這種生活美學刪去了儒家的政治哲學,而保留了人生哲學,爆發出極大的政治能量,這種「小敘事」構成了對後五四時期國族「宏大敘事」的另類回應。生活之藝術在於「微妙地混合取與捨」,是中國「本來的禮」,是儒家的「中庸」,是「人情物理」。生活之藝術的提出暗含著周作人對中國遠古「禮樂傳統」的美好想像和對當下文明方案的另類訴求:以凡人大眾為主體,日常生活是生命的常態形式,以中庸等為價值規範,融合「科學精神」與「美」,通向一個有「情」有「理」的世界。

〔註131〕周作人:《緣日》,1940年6月21日作,載8月1日《中國文藝》第2卷第6期,署知堂。收《藥味集》。
〔註132〕周作人:《〈苦竹雜記〉題記》,1935年11月17日刊《大公報》,署名知堂,收入《苦竹雜記》。
〔註133〕周作人:《關於孟母》,1935年5月19日刊《獨立評論》第151號。

第五章 「左聯」與「右翼」之間：
「自由意識」及其張力

　　自由主義、馬克思主義和儒家思想是二十世紀中國文化的三大思潮。表現在文學領域，其中就有自由主義文學。一般而言，中國的自由主義文學和社會自由主義具有一種同構關係。胡適和周作人常被稱為中國自由主義文學的代言人，「當胡適在《易卜生主義》中提倡表現個性的文學，周作人提倡『人的文學』，開闢『自己的園地』的時候，他們實際上是在提倡自由主義文學。」〔註1〕但是，另一方面，中國的自由主義者常常是反對以儒家為主的傳統文化的，他們將中國傳統文化視為中國走向現代性的障礙。這其中常伴生出一些矛盾，比如周作人，他常和胡適一起被視為自由主義者，但是他本人又自稱「半是儒家半釋家」。周的思想到底應該歸入其中的哪一種？如何看待其中蘊含的矛盾與衝突？為展現周的思想面貌，我將把周置於後五四時期與各種話語對話的時代語境之中。在一個紛爭與動盪的年代，面對自己的兄長魯迅的「左轉」，面對「左聯」的革命激情，面對國民黨「右翼」的文化民族主義及革命律令，周將如何自處？周的思想面貌也將通過與別種思想的碰撞與比較而呈現。

一、周作人與魯迅的「左轉」

　　之所以把周作人和魯迅單獨做一個比較，是為了進一步探討除兄弟失和的因素外，是什麼原因導致了兩人走上了不同的道路？同為新文化運動的重

〔註 1〕劉川鄂：《中國自由主義文學論稿》，武漢出版社 2000 年版，第 18 頁。

鎮，兩人思想道路的選擇或許能夠帶給我們觀察二十世紀中國思想與文化的
重要契機，具有重要意義。五四新文化運動中的周氏兄弟對於眾多問題的看
法有著眾多的相似與契合，即使在 1923 年兄弟失和之後的一段時間內。然而
兩人最終選擇了兩條不同的道路。魯迅自 1926 年從北京南下後，兩人的道路
發生了很大的變化。一人留守北京，繼續著「苦雨齋」裏的生活，保持著「自
由主義」的立場；一人輾轉廈門、廣州、上海，日趨激進，並最終加入左聯，
進行著「戰鬥的」雜文創作。兩人開創了兩種新文學傳統〔註2〕，並對後來的
新文學的發展產生深遠影響。在筆者看來，兩種文類審美風格的分野是有著
不同的歷史語境、文藝觀、文化空間和思想資源的區分。

其一，魯迅文藝思想的轉變和文體選擇和當時的歷史語境密不可分。隨
著五四新文化的落潮，以及 1920 年代中後期「革命」形勢的變化，尤其是一
些革命文學作家對魯迅的圍剿，魯迅的文藝思想經歷了一個漸變的過程。魯
迅在《三閒集序言》中曾說道：「我有一件事要感謝創造社的，是他們『擠』
我看了幾種科學底文藝論，明白了先前的文藝史家們說了一大堆，還是糾纏
不清的疑問。並且因此譯了一本普列漢諾夫的《藝術論》，以救正我──還因
我而及於別人──的只信進化論的偏頗。」〔註3〕這可以看作是魯迅文藝思想
變化的一個信號。魯迅的文藝思想是以民族危機為邏輯起點的。早在日本留
學時期，受梁啟超《新民說》（1901 年）和《論小說與群治之關係》（1902 年）
的影響，〔註4〕他把文藝作為感化社會、振興民族精神之途：「文章之於人生，
其為用決不次於衣食，宮室，宗教，道德。」在魯迅看來，文學可以「涵養人
之神思」「啟人生之閟機」，他以世界文學的眼光來「別求新聲於異邦」，呼喚
精神界之戰士：「今索諸中國，為精神界之戰士者安在？」〔註5〕在《文化偏

〔註2〕孫郁：《當代文學中的周作人傳統》，《當代作家評論》2001 年第 4 期。

〔註3〕魯迅：《三閒集序言》，《魯迅全集》第 4 卷，人民文學出版社 2005 年版（下
同），第 6 頁。

〔註4〕梁啟超在《新民說》中提出：「今日欲抵擋列強之民族帝國主義，以挽浩劫而
拯生靈，惟有我行我民族主義之一策，而欲實行民族主義於中國，捨新民末
由」；在《論小說與群治之關係》中進一步提出：「欲新一國之民，不可不先
新一國之小說。故欲新道德，必新小說；欲新宗教，必新小說；欲新風俗，
必新小說；欲新學藝，必新小說；乃至欲新人心、欲新人格，必新小說。」
「今日欲改良群治，必自小說界革命始；欲新民，必自新小說始。」這些影
響在周作人的《魯迅與清末文壇》《關於魯迅之二》等文中有所記錄。

〔註5〕令飛：《摩羅詩力說》，1908 年 2、3 月《河南》月刊第 2、3 號。見《魯迅全
集》第 1 卷，第 65～103 頁。

至論》中，他「別立新宗」，與西方之強在於「物質文明」或「社會民主政治」的主張不同，提出：「歐美之強……根柢在人」，進而主張：「掊物質而張靈明，任個人而排眾數。人既發揚踔厲矣，則邦國亦以興起。」「個性張，沙聚之邦，由是轉為人國。人國既建，乃始雄厲無前，屹然獨見於天下。」「是故將生存兩間，角逐列國是務，其首在立人，人立而後凡事舉；若其道術，乃必尊個性而張精神。」〔註6〕把「立人」作為「立國」、實現民族復興的基本之道。五四新文化時期，魯迅通過《狂人日記》《阿Q正傳》等文學創作，把文學和下層民眾的啟蒙緊密的結合起來。然而後五四時期，面對「五卅事件」、「三一八慘案」以及「大革命」的失敗，使他感到文學的無力：「淚揩了，血消了；屠伯們逍遙復逍遙，用鋼刀的，用軟刀的。然而我只有「雜感」而已。」〔註7〕雖然堅守文學的獨立性，但不再相信文學的「革命」偉力：「因為好的文藝作品，向來多是不受別人命令，不顧利害，自然而然地從心中流露的東西；如果先掛起一個題目，做起文章來，那又何異於八股，在文學中並無價值，更說不到能否感動人了。」「自然也有人以為文學於革命是有偉力的，但我個人總覺得懷疑，文學總是一種餘裕的產物，可以表示一民族的文化，倒是真的。」〔註8〕這未嘗不是「文學」屢屢遭際「革命」後的挫折在魯迅落寞心情的一種反映，面對壓迫、虐待與殺戮，魯迅看到了文學的「無用」，「大同的世界，怕一時未必到來……但改革最快的還是火與劍。」〔註9〕

　　促成魯迅由對民眾啟蒙的「思想革命」到社會革命、無產階級革命轉向的自然還有以後期創造社、太陽社為代表的革命文學的「圍剿」。1928年3月1日在《太陽月刊》三月號上，錢杏邨發表了《死去了的阿Q時代》，稱：「在事實上看來，魯迅終竟不是這個時代的表現者，他的著作內含的思想，也不足以代表十年來的中國文藝思潮！」隨後，錢杏邨以及弱水、李初梨、馮乃超、彭康、杜荃等人在《太陽月刊》、《戰線》、《文化批判》、《我們月刊》等刊物上發文對魯迅進行大規模圍剿，稱魯迅是「五四時的林琴南先生」、「文壇的老騎士」、「中國的Don Quixote」、「徹頭徹尾的小資產階級者」、「文藝戰上

〔註6〕迅行：《文化偏至論》，1908年8月《河南》月刊第7號，見《魯迅全集》第1卷，第45～58頁。
〔註7〕魯迅：《而已集·題辭》，《魯迅全集》第3卷，第425頁。
〔註8〕魯迅：《革命時代的文學──四月八日在黃埔軍官學校講》（1927年），《魯迅全集》第3卷，第437、442頁。
〔註9〕魯迅：《兩地書·十》，《魯迅全集》第11卷，第40頁。

的封建餘孽」，對魯迅不遺餘力地加以攻擊。革命文學以其道德力量、政治立場及社會藍圖的設想通過對觀念及語言的操作爆發出強大的美學能量，「革命文學」一時成為流行，但同時也構成一種話語壓迫。

對於革命與文學之間的關係以及革命文學，魯迅是有著清醒的認識，一方面他一針見血地指出：「世間往往誤以為兩種文學為革命文學：一是在一方的指揮刀的掩護之下，斥罵他的敵手的；一是紙面上寫著許多『打，打』，『殺，殺』，或『血，血』的。」指出「賦得革命，五言八韻」終究不過是「一面鼓」。〔註10〕「革命的被殺於反革命的。反革命的被殺於革命的。不革命的或當作革命的而被殺於反革命的，或當作反革命的而被殺於革命的……革命，革革命，革革革命，革革……」，「曾將闊氣的要復古，正在闊氣的要保持現狀，未曾闊氣的要革新。大抵如是。」〔註11〕在革命與文學的關係上，他反對「指揮刀」「指揮文人」，同時也承認「創作是有社會性的」。另一方面，魯迅由於受到革命文學的圍剿而不得不做出反思或者某種調整。魯迅由於北洋政府的迫害而南下，然而由於「四一二」的屠殺讓魯迅「目瞪口呆」。到了上海雖然看不到戰場上的炮火，卻感受到了文壇上的硝煙。「創造社，太陽社，『正人君子』的新月社中人，都說我不好……」〔註12〕

這種由北京而廈門而廣州而上海的輾轉，以及重重的迫壓與圍剿帶給他的是失落與沮喪，正如有研究者所指出的：「他不甘心被人視為落伍，不甘心被新興的潮流摒諸河岸，幾乎從踏進上海的那一天起，他就自覺不自覺地想要跟上新的思潮，要重返文學和社會的中心，要找回那已經失去的社會戰士和思想先驅的自信，要擺脫那局外人的沮喪和孤獨。」〔註13〕這種身份認同的危機以及精神危機迫使他做出某種調整，也是他後來加入左聯的原因之一。當然，還有後文將提到的，他對自由主義文人的失望，以及他對中國傳統文化的深深質疑乃至絕望。周作人則在1920年代中後期走向了另一條路：恢復千年前的「禮」。

〔註10〕魯迅：《革命文學》，載1927年10月21日上海《民眾旬刊》第5期，見《魯迅全集》第3卷，第567～568頁。

〔註11〕魯迅：《小雜感》，1927年9月24日作，載12月17日《語絲》週刊第4卷第1期。見《魯迅全集》第3卷，第555～556頁。

〔註12〕魯迅：《三閒集·序言》，1932年4月24日作，見《魯迅全集》第4卷，第4頁。

〔註13〕王曉明：《無法直面的人生——魯迅傳》，上海文藝出版社1993年版，第164頁。

　　這種調整也由此帶來精神與理論的焦慮與努力，正如上文所言對無產階級文藝理論的翻譯與學習，瞿秋白曾有著名概括：「魯迅從進化論進到階級論，從紳士階級的逆子貳臣進到無產階級和勞動群眾的真正的友人，以至於戰士。」〔註14〕但這種論斷未免有些偏頗。魯迅也只是說糾正他「只信進化論的偏頗」，事實上，魯迅從留日時期到晚年，都始終是個進化論者，只是到了後期，對於進化論的認識有所深入和發展，或者說階級論和進化論並非二元對立關係，而是馬克思主義思想學說成為魯迅所關注的重心所在。魯迅所特別提到的對他產生影響的普列漢諾夫的《藝術論》闡釋了階級論與進化論的關係。在普列漢諾夫看來，唯物史觀並不和達爾文相矛盾，而是研究領域的不同，並在達爾文生物進化論的基礎上言明達爾文所未言明的東西，即由生物學移用到社會現象的研究。「他（達爾文）是考察了作為動物種的人類的起源的。唯物史觀的支持者，是想要說明這物種的歷史底命運。他們的研究的領域，恰恰從達爾文主義者的研究的終結之處，從那地方開頭。」〔註15〕普列漢諾夫的藝術論正是把作為「情感和思想的具體底形象底表現」的藝術的考察從「種的概念」移向「現實的條件」（歷史的概念）。在他看來，「一切所與的民族的藝術，為他的心理所規定，他的心理，為他的狀態所創造，而他的狀態，則到底被限定於他的生產力和他的生產關係。」〔註16〕「我所抱的見解，是社會底意識，由社會底存在而被決定。凡在支持這種見解的人，則分明是一切『觀念形態』──以及藝術和所謂美文學──乃是表現所與的社會，或──倘我們以分了階級的社會問題之際，則──所與的社會階級的努力和心情的。」〔註17〕只有社會條件才決定著生理的可能性怎麼轉變為社會的現實性。簡言之，作為審美活動的藝術「美底愉樂的根柢裏」伏著「功用」，或者說藝術初是來自功利，而後移至審美。從而把社會、種族和階級的功利主義見解引入藝術。「文學──國民底精神底本性的反映──就是創造這本性的歷史底條件本身的出產。」〔註18〕普列漢諾夫重美感的社會功利性的美學

〔註14〕何凝：《魯迅雜感選集・序言》，上海青光書局 1933 年版，第 20～21 頁。

〔註15〕〔俄〕普列漢諾夫：《藝術論》，見《魯迅譯文全集》第 5 卷，福建教育出版社 2008 年版，第 163 頁。

〔註16〕〔俄〕普列漢諾夫：《藝術論》，見《魯迅譯文全集》第 5 卷，福建教育出版社 2008 年版，第 186～187 頁。

〔註17〕〔俄〕普列漢諾夫：《藝術論》，見《魯迅譯文全集》第 5 卷，福建教育出版社 2008 年版，第 223 頁。

〔註18〕〔俄〕普列漢諾夫：《藝術論》，見《魯迅譯文全集》第 5 卷，福建教育出版

思想有力地回應了康德關於美是沒有任何利害關係而喜愛的東西的觀念。

　　魯迅從 1929 年開始發表普列漢諾夫的譯文，1930 年 7 月《藝術論》作為「科學的藝術論叢書」由上海光華書局出版。魯迅對普列漢諾夫也評價甚高：「蒲力汗諾夫也給馬克斯主義藝術理論放下了基礎。他的藝術論雖然還未能儼然成一個體系，但所遺留的含有方法和成果的著作，卻不只作為後人研究的對象，也不愧成為建立馬克斯主義藝術理論，社會學底美學的古典底文獻的了。」〔註 19〕從早年受到以尼采、叔本華為代表的唯意志論和施蒂納為代表的唯我論的影響到 1930 年代對馬克思主義思想學說的服膺，從注重個性主義與「立人」到對社會集體力量的張揚，這不能不是一個重要的轉變，甚至後來魯迅倡導無產階級文學。這既是革命形勢發展的結果，也是魯迅文藝思想轉變的結果。正是在這樣的思想背景下，雜感文成為晚期魯迅一種重要的文體選擇。魯迅對雜文的選擇一方面既有如上的「文學之用」的動機，同時也有著自覺的文體意識。相比較而言，周作人一直居於北京，壓抑式的城市文化氣質和學院式的鬆散使他在一定程度上既疏離了話語權力鬥爭的中心，也保持著和現實的疏離，他也沒有像魯迅那樣輾轉奔波。這些歷史際遇成為其「閒適」式的小品文創作的背景。

　　其二，文化空間。後五四時期，北京與上海可以說分屬於兩種不同的文化空間與文學場。新文化運動高潮過後，新文化的陣營出現了分化，北京呈現出一片蕭殺的文化景象，正如魯迅的感慨，五四時期的思想革命的戰士，現在又剩得幾個呢？尤其是 1926 年的「三·一八」慘案以及 1927 年的軍閥鎮壓，使得大批知識分子南下。1928 年 7 月國民黨完成全國形式的統一，北京被國民黨接管。1930 年代北京更是處於國民黨白色恐怖和日軍侵略的陰霾之下。文學中心的南移使北京變得較為冷清，文人的活動常常通過沙龍，或者比如《大公報》文藝副刊這樣的聚會來形成活動領域，這種形式具有鬆散的特點，但是由於北京的文化高壓政策，使這種言論空間變得非常有限。而後五四時期的上海，作家的寫作空間較北京要寬鬆得多。有研究者指出：30 年代左翼文學思潮的出現，和上海的租界文化有著密切的關係，「普羅文學的成長，首先和租界較寬鬆自由的政治話語環境分不開。租界當局執行言論自由政

　　　　　　社 2008 年版，第 183 頁。
〔註19〕魯迅：《藝術論·序》，見《魯迅譯文全集》第 5 卷，福建教育出版社 2008 年版，第 152 頁。

策，對於作家說什麼，寫什麼，不大干涉。普羅作家利用租界政黨統治薄弱的有利環境，來創作革命文學……對於大多數知識分子和工商民眾來說，普羅文學的革命煽情描寫，以及對民族主義的強調，無疑預示了黑暗租界的一種出路。普羅文學革命加戀愛的敘述模式，更是令租界的凡俗市民興奮不已。普羅文學在租界中成為一種時尚文學潮流，也就不是什麼怪事了。」〔註20〕同時革命文學與商業操作也有密切的聯繫。後五四時期北京上海由於特殊的文化空間，形成「京派」與「海派」的分野，周氏兄弟的文學創作在這一不同的文化分野中形成自己的文學文化標記。

其三，思想資源。周氏兄弟雖然都曾留學日本，但由於兩人的個性與成長環境的差異，兩人對文化資源的選擇也各有側重，尤其是周氏兄弟分道揚鑣之後兩人的思想資源的差異更加鮮明的凸顯出來。除了上文的現實語境和文化空間的不同之外，思想資源的不同構成周氏兄弟文體選擇和敘事症候不同的內在因素。以對英國文化的態度為例。

魯迅是個比較複雜的人，一方面有著強烈的文化自卑心理，以西方文明為師，把中國比喻成黑暗的「鐵屋子」；另一方面又有著強烈的自尊，對英美文化不以為然，對英美的自由主義也無興趣，在大家都熟知的與林語堂翻臉的例子中可以見出魯迅特別反感、鄙視「買辦文人」「崇洋媚外」的「奴才相」、「西崽相」。當同席的林語堂談起自己用英語「嚇」講廣東話的同胞時，魯迅怒斥了林語堂。這中間可能糾結了多種情感的因素，但魯迅和林語堂、梁實秋、陳西瀅等具有自由主義思想的文人具有氣質上的不同。魯迅還因為其早年經歷的坎坷和對人情世事的洞察，也使他對社會變革抱有一種急切的訴求，對來自英美的徐緩的改良路線、「實驗主義」並不看好，內心深處的悲觀和對「血性」的訴求以激進的行為體現出來。包括在與友人的通信中這種態度也可以看到，1927 年致江紹原信中，魯迅說：「英美的作品我少看，也不大喜歡。」〔註21〕1935 年致胡風信：「英作品多無聊（我和英國人是不對的）。」〔註22〕魯迅對英國人的人生態度、文化趣味總難以相合。但周作人就與之不

〔註20〕李永東：《租借文化與30年代文學》，上海三聯書店出版2006年版，第92～93頁。

〔註21〕魯迅：《致江紹原》，《魯迅全集》第12卷，人民文學出版社2005年版，第90頁。

〔註22〕魯迅：《致胡風》，《魯迅全集》第13卷，人民文學出版社2005年版，第458頁。

同，周作人早在新文化運動時期就對英國文化的人類學、神話學、性心理學等有所汲取，哈里森、凱本特、泰勒等人都是周作人思想資源汲取的對象，尤其是英國的文明批評家性心理學家藹理斯對其產生較大影響。周曾著文多次提到藹理斯，「所讀書中，於他最有影響的是英國藹理斯的著作。」〔註23〕「藹理斯（Havelock Ellis）是我所最佩服的一個思想家……其最大著作總要算是那六冊的《性的心理研究》。這種精密的研究或者也還有別人能做，至於那樣寬廣的眼光，深厚的思想，實在是極不易得。我們對於這些學問原是外行人，但看了他的言論，得到不少利益，在我個人總可以確說，要比各種經典集合起來所給的更多。」〔註24〕藹理斯生前出版著作近40種，1940年止，周作人收集藹理斯的圖書竟達29冊。〔註25〕可見周對於藹理斯的情有獨鍾。而藹理斯的思想來自於現代生理學、心理學等現代科學文明基礎，這使周作人的文化立論建立在現代自然科學、社會科學的基礎上，同時也具有自由主義的色彩。這和魯迅的激進形成了一個對比。

「大時代」以其大浪淘沙，血淚相伴淘洗著一個時代，周氏的「小品文」在特殊的歷史語境、文化空間和思想與文學資源中形成了自己獨特的話語方式，從而引領了一種以平和沖淡、博識理趣、閒適苦澀為其風神的小品散文派別，開創了與以魯迅為代表的匕首投槍式雜文迥然有別的創作路向與文體範式。

二、周作人與「北方左聯」

探討周作人與左翼文學之間的關係〔註26〕，北方左聯是不可忽視的一個組成部分，雖然北方左聯和中國左聯並不存在隸屬關係，在人員陣容及影響上也無法和中國左聯相比，但同樣都在中共的組織領導之下，有著相

〔註23〕《關於自己》，1937年7月22日作，載12月21日《宇宙風》第55期，署知堂。

〔註24〕周作人：《藹理斯的話，1924年2月23日《晨報副刊》，署荊生。收《雨天的書》。

〔註25〕「藹理斯是醫師，是性的心理研究專家，所著書自七大冊的《性的心理》以至文藝思想社會問題都有，一總有三十冊以上，我所得的從《新精神》至去年所出的《選集》共只二十七冊。」參見：《關於自己》，1937年7月22日作，載12月21日《宇宙風》第55期。1940年又購得藹理斯的《我的生涯》（*My Life* 1939）、《從盧梭到普魯斯忒》（*From Rousseau to Proust* 1935）。

〔註26〕前文第二章第二、三節已探討周於左翼的關係。

同的政治和文學方針。周作人定居北京,和遠在上海的中國左聯相比,北方左聯成為近在眼前的存在。但就目前而言,周作人研究界對於這一問題鮮有探討。

作為必要的前提,首先要簡單介紹一下北方左聯〔註27〕。北方左翼作家聯盟(以下簡稱北方左聯)於 1930 年 9 月在北京成立。1928 年,國民黨先後進佔保定、天津和北京。同年,中共派陳潭秋、劉少奇和周恩來等到北方來加強領導,1930 年北方左翼文化運動興起,當然它的成立也和 1930 年的 3 月在上海成立的中國左聯及魯迅的指導密不可分。北方左聯是在中共領導下成立的左翼文化團體(其他還有社聯、教聯、劇聯、語聯、美聯等)之一,受中共北方局領導,宣傳馬克思主義和中國共產黨的主張,其理論綱領明確指出:藝術的階級性是歷史的必然,而且藝術是階級鬥爭的武器。「我們這聯盟在藝術的反映上是屬於無產階級的;自然這個藝術要作為我們無產階級解放鬥爭的武器。」〔註28〕其文藝方針可以歸納為:藝術是階級鬥爭的武器。北方左聯的成員有潘漠華、臺靜農、鄭伯奇、宋之的、李文甫、孫席珍等,更多的是在校師生,「愛好文學,要求進步的青年」,其常見的活動形式比如組織讀書會、文學社團等。其文學刊物有《文學雜誌》《文藝月刊》《夜鷹》《前哨》等數十種。1930 年代,他們參與了紀念十月革命節、參加抗日救亡、請魯迅演講、公葬李大釗等活動。日常活動常有:出版革命刊物、遇革命紀念日組織到人群集中的地方高喊革命口號、舉行飛行集會、遊行、散傳單、粉刷標語等,劉少奇曾傷心紀念節上所造成的損失。認為紀念節的發傳單、遊行示威、喊口號、開會等無視敵人的戒備與迫害的冒險主義行為造成了我黨「難

〔註27〕 目前關於北方左聯的研究成果相對較少,主要有:范偉:《北平左聯與上海中國左聯的關係辨析》,《東嶽論叢》,2011 年第 3 期。鮑國華、李丁卓:《天津左翼作家聯盟成立的時間考辯》,《東嶽論叢》,2011 年第 3 期。〔日〕近藤龍哉:《〈文學雜誌〉、〈文藝月報〉與左聯活動探晴》,《東嶽論叢》,2011 年第 3 期。封世輝:《三十年代前中期北平左翼文學刊物鉤沉》,《現代文學研究叢刊》1992 年第 1、2 期。馬俊江:《二十世紀三十年代北平小報與故都革命文藝青年:以〈覺今日報·文藝地帶〉為線索的歷史考察》,北大博士論文 2009 年。何婧雅:《北平左翼文化迭動的發生:1927～1933》,中央民族大學碩士論文 2012 年。中共北京市委黨史研究室、中共天津市委黨史資料徵集委員會編:《北方左翼文化運動資料彙編》,北京出版社,1991 年版。劉道華、黃小同:《中共北方地區黨史研究(1920~1938)》,天津人民出版社,1998 年版。

〔註28〕 《中國左翼作家聯盟北方部理論綱領》,1931 年 1 月《轉換》第 2 期。轉自《北方左翼文化運動資料彙編》,北京出版社 1991 年版,第 47 頁。

以計算」的損失。〔註29〕

　　在筆者所見的材料中，周作人是和北方左聯保持一定距離的。周在後五四時期經過一段時間的落寞之後，又回到了作為大學教師這一基本角色，其日常活動除了教書外，主要是同人之間的往訪，這在周作人日記中均可看到，包括參加《大公報》文藝副刊的聚會。另外孫席珍也是周交往的一位，在周作人日記中可以看到孫和周的往來情況。〔註30〕孫席珍（1906～1984）是周作人的紹興同鄉，也是周作人的晚輩，1930年代曾在北京師大、中國大學、北平大學女子文理學院任講師。由於是中共黨員，他積極參與左翼文化運動，包括發起組織北方左聯，被推舉為常委兼書記。1934年，被國民黨逮捕，次年出獄後任中國大學兼東北大學教授。1936年，中國左聯解散，北方左聯也隨之解散，孫和曹靖華、李何林等另組北平作家協會，被選為常委兼書記。據其回憶，他在組織北平作家協會時曾經邀請周作人加入，但遭到周作人的謝絕：「依照指示，北方左聯也自動結束，但不對外宣布，同時另行籌組北平作家協會……在平的文藝工作者絕大多數都加入了，只有鴛鴦派張恨水、新月派沈從文等個人人士依然站在陣線外面，周作人也謝絕參加。」〔註31〕螺旋（筆名）在批評左聯右傾機會主義時也提到「開門主義開到投降，甚至對苦雨齋裏的老彌陀，都躍動著幻想。」〔註32〕可見周作人一直是北方左聯爭取的對象，但周作人似乎並不領情，不為所動。當然，北方左聯內部對周作人聲音也並非統一。

　　下面我還將以谷萬川為例，以此作為展示周作人與北方左聯複雜關係的窗口之一。因為谷萬川是北方左聯的成員之一，更重要的是他也是和周有著密切關係或者說糾葛的人，借助谷萬川與周作人的交往史或許對我們瞭解周作人與北方左聯之間的緊張關係有所幫助。現在權且蕩開一筆，先來看一下目前對於周作人與谷萬川的關係的研究現狀。兩者關係中的周作人，多為研究者所詬病：一是周蠻橫干涉女兒周靜子與谷萬川的戀情，谷萬川「於師大學習期間與周作人的女兒靜子相識並發生感情，後為周作人所阻。谷被捕後靜子尚去

〔註29〕劉少奇：《肅清關門主義與冒險主義》，轉引自張磐石：《我所瞭解的北平左翼文化運動》，見《北方左翼文化運動資料彙編》，北京出版社1991年版，第279頁。

〔註30〕參周作人：《周作人日記》（下），大象出版社1996年版。

〔註31〕孫席珍：《關於北方左聯的事情》，載《北方左翼文化運動資料彙編》，北京出版社1991年版，第295頁。

〔註32〕螺旋：《打擊左聯右傾機會主義》，載1933年7月《科學新聞》第2號，見《北方左翼文化運動資料彙編》，北京出版社1991年版，第207～208頁。

探望，並準備託人營救之，也是周作人作梗乃罷。後谷被轉解南京得悉此情精神上受到重創，至發病時乃罵聲訴說其被補係周作人所陷（其時獄友有樓適夷、陳沂等），又致書周作人大罵之。所以谷之發狂的誘因之一是周作人干擾其戀愛，這和周作人一貫倡導『新的性道德』恰背道而馳」。〔註33〕並致使「弄得他精神很痛苦，後來甚至有些神經不正常。」〔註34〕並且這些結論為後來的研究者不假思索地加以接受，成為指責周作人言行不一，「對女性愛情和性的干涉」〔註35〕的佐證。

當然這些指責也並非全部捕風捉影，但或有以下錯誤：忽略了歷史語境的還原，或在傳播的過程中出現誤差的情況，或預設在先，引用材料片面取材。為釐清這件事，我們先把周作人與谷萬川的交往史釐清。這是考察這一事件的基礎。據楊織如在《北方左翼作家谷萬川》〔註36〕一文交代，谷萬川的經歷大致如下：

> 1905 年，出生在河北省望都縣。
>
> 1924 年，考入北京師範大學附屬中學。
>
> 1926 年，南方革命高漲，北伐軍抵達武漢，黃埔軍校遷漢口，谷萬川中學未畢業就南下投考軍校。據軍校同學符浩的回憶，黃埔軍校自第一期起，就有不少同學是由地下中國共產黨組織派送的；萬川是黨組織派送的還是個人投考不詳，但谷萬川至少 1927 年就是中共黨員了。萬川對符浩已不諱言自己是共產黨員。
>
> 1929 年，谷萬川又回到北平，考入北師大國文系學習。他辦刊物，寫文章，參加反帝大同盟活動。在《北平益世報》辦《初步》副刊，發表了宣傳革命文學、無產階級文學的文章。「有的文章批評了周作人的文藝觀。一九二七年以前，他與周作人有師生關係，建立過文學友誼；周出於資產階級的本能，藐視並反對無產階級文學，

〔註33〕散木：《周作人的兩個學生和弟子》，《文史精華》，2002 年第 9 期。

〔註34〕曾和谷萬川在三十年代一起編輯革命刊物《文學雜誌》的「北平左聯」的陸萬美：《迎著敵人的刺刀堅持戰鬥的「北平左聯」》，《中國現代文學研究叢刊》1980 年第 1 期。

〔註35〕徐翔：《周作人女性觀中的異質性成分》，《中國現代文學研究叢刊》2006 年第 6 期。

〔註36〕楊織如：《北方左翼作家谷萬川》，《新文學史料》，1985 年第 1 期。下文的概述中加雙引號的文字為直接引用文字。

因而也就對萬川不滿。至此二人分道揚鑣了。」

1930 年秋，北方左聯成立，谷成為其中一員。與王志之、張松如、陳北鷗等師大同學辦《文學雜誌》等刊物。

1932 年，黨內左傾路線盛，在南方軍事勝利影響之下，谷接受黨的任務，回到故鄉河北望都縣與王嘉楷等策劃武裝暴動。

1933 年 3 月，回北平，8 月在白廟胡同師大宿舍被捕入獄。

1933 年 9 月，與其他 36 名革命分子解往南京，押入陸軍監獄，獄中萬川受盡折磨，精神失常。後來被判處五年徒刑。「當年與萬川關在一起的有樓適夷、陳沂等同志。據樓老回憶：萬川自關進獨自監獄後，依然鬥爭不息，終日怒斥敵人，滔滔不絕於口……聽同獄人說，萬川常說，他之被捕是周作人所陷，有人認為他語無倫次，其實這中間也有一段淵源。」所謂淵源即谷萬川初為周作人所賞識，但他和周作人之女靜子戀愛卻為周所阻之事。當年曾在南京陸軍監獄任職的阮立成先生最近給樓適夷同志來信談到有關谷萬川一件事。「據萬川對阮說，他曾與周作人之女周靜子在同學期間感情相投，谷被捕被押在憲兵三團，靜子曾往探監，並準備託人營救；事為周作人知道，多方阻止靜子再去探望谷。谷被押解到南京後，得知此事，感情受到創傷，所以才憤憤寫信罵周。」

1938 年初，日寇轟炸南京日繁，谷萬川被釋出獄。

……

1970 年 11 月，保定地區公安機關軍管會竟以「現行反革命」的罪名將之槍殺！

這則材料成為後來研究者立論的基礎，多被引證。但一些研究者省略了歷史當事人見證及缺失歷史發生多種可能性的定論，並以錯傳錯。

谷萬川 1924 年到北京就讀時和周作人有往來，谷是《語絲》讀者，看到《語絲》第 42 期《菜瓜蛇的故事》和第 44 期的《關於菜瓜蛇的通信》，谷寫信給周講述所知道的《大黑狼的故事》，周作人回信，於 1925 年 11 月 9 日第 51 期的《語絲》上以通信的形式刊登了《大黑狼的消息》，〔註37〕並對谷表示

〔註37〕周作人：《致谷萬川（大黑狼的消息）》，1925 年 10 月 10 日作，載 11 月 9 日《語絲》第 52 期。

鼓勵：「來稿記錄得極好」。此時谷還是北師大附中的學生。稍後不久，1926年 5 月 17 日第 79 期《語絲》又刊登了谷根據自己的家鄉直隸望都縣的傳說而記錄整理的《僵屍》，周作人在後面加了按語，指出此類故事民俗等方面的價值：「倘若有人把這類故事收集起來，調查他地理上的分布，再把古來的傳說拿來比較，研究他歷史上的變遷，那倒也是一件很有趣味的事罷。」1927 年2 月 5 日《語絲》第 117 期《語絲》刊登了關於民歌的通信《蓮花落》〔註38〕，周告知谷有關「蓮花落」問詢。後來在周作人的推薦下，1929 年穀萬川的《大黑狼的故事》得以在上海亞東圖書館印行出版，周作人寫序，〔註39〕對於去南方參加革命而歸「似乎他對於革命已沒有多大興致」的谷萬川寄予厚望：「對於萬川還只好照著自己的例勸他回轉來弄那不革命的文學」，在周的眼裏，「文學本來是不革命」，即使有「很巧的方法」，即「以文學代革命」，那也是「隨營的朱墨文案」，「算作『軍功』得保舉」。其實，這裡隱含著周作人對於南方興起的革命文學的譏諷，並在下文中借「貶己」巧妙地表達出來：「本來能革命的自然最好還是革命，無如現今革命已經截止，而且我又是不革命的人，不能自己浸在溫泉裏卻用傳聲筒發命令，叫大眾快步走，衝鋒！」

然而這並不為已經是共產黨員並且性格激進的谷萬川所接受。據丁文考察〔註40〕：1930 年 4 月 15 號，《新晨報副刊》上發表了谷萬川第一篇批評周作人的文章《文學果無「煽動能力」耶？》，譏諷周作人自取其辱：「如果不坐在象牙塔尖的棉花包上懶洋洋地說風涼話，誰也不來惹你。」在《答覆周豈明先生》一文中斥責周作人為「魚缸文學的權威者」，竭力醜化周作人的形象，極盡冷嘲熱諷之能事。隨後又寫了《「誤會」歟？「世故」歟？》、《十洲先生的疑誤半打》、《所謂「某君也者」》、《我的總答覆》、《向豈明先生道歉》五篇文章。以上是對谷萬川及谷周交往的簡單梳理。周谷衝突在我看來，有以下因素值得關注。

周、谷的文藝觀的衝突。周作人五四時期就提出「人的文學」，主張人間本位的人道主義文學，不同於「為人生的文學」和「為藝術而藝術」的文學。在經歷了北洋軍閥的一系列的暴力事件和國民黨的清黨風波後，更是宣布了

〔註38〕周作人：《蓮花落》，谷萬川作於 1926 年 11 月 15 日作，周作人 20 日回。
〔註39〕周作人：《大黑狼的故事》序，1928 年 12 月 22 日作。收《永日集》。
〔註40〕丁文：《周作人與 1930 年左翼文學批評的對峙與對話》，《中國現代文學研究叢刊》2009 年第 5 期。

「閉戶讀書論」，轉向「草木蟲魚」，轉向了一個「愛智者」的立場，文學創作不再具有直接的現實針對性，卻是往往微言大義，體察國民性。這和要求文學為政治服務，主張「文學就是宣傳」的「革命文學」或「左翼文學」有明顯不同。而此時歷經革命後的谷萬川卻是彌趨激烈，他的《論文學上底腐敗的自由主義》等文堅定宣傳和踐行無產階級文學和政治，這和周作人構成了文藝觀上的衝突。谷萬川北師大的同學，北方左聯的戰友王志之回憶到：「在我們的文藝戰線上有一種公式教條氣息，寫作只講『思想性』，不講『藝術性』；只講『理論』，不講『生活』。我們辦刊物，大家開會決定編輯的內容，把一個個擬定好的題目分配下來，然後又在會上討論每篇文章的要點，大體確定以後，才由各人按『大綱』寫作。」〔註41〕左翼文學的弊病一直為周作人所訴，在1930年代發展為「言志」與「載道」文學的區分，在諸如《八股文》等文中更是對當代的「洋八股」「黨八股」抨擊。他的散文創作便是對「八股」構成一種反動。

周、谷的個性衝突。谷萬川在文藝上的成長與周作人的提攜是分不開的，從發表文章，到推薦出版圖書，周作人一直給予扶持。但是谷對周的批評及指責給兩人的關係蒙上了陰影。多年之後，周作人仍不能忘懷，「多少年前有過一位青年，心想研究什麼一種學問，那時曾經給予好些幫助，還有些西文書……不久他忽然左傾了，還要勸我附和他的文學論，這個我是始終不懂，只好敬謝不敏，他卻尋上門來鬧，有一回把外面南窗的玻璃打碎，那孫伏園正寄住的那裡，嚇得他一大跳。這位英雄在和平的時代曾紀錄過民間故事，題曰大黑狼，所以亡友餅齋後來嘲笑我說，你這回被大黑狼咬了吧。他的意思是說活該，這個我自己也不能否認，不過這大黑狼實在乃是他的學生，我被咬得有點兒冤枉，雖然引狼入室自然也是我的責任」。〔註42〕多年以後，周作人對他的另一個徒弟沈啟無進行「破門」，後仍念念不忘沈是「十足之『中山狼』」。〔註43〕我們不難想像谷萬川以類似的行為回報周作人時，周的內心感受會怎樣。而且兩人的性格差異較大，周平和，谷激烈。谷在武漢軍校時，愛上謝冰瑩，但謝冰瑩愛上了符號，谷萬川感到很痛苦，甚至威脅謝：「你如

〔註41〕王志之：《谷萬川印象記》，《新文學史料》1985年第1期。
〔註42〕周作人：《遇狼的故事》，1944年3月6日作，載4月16日《古今》第45期。收《苦口甘口》。
〔註43〕周作人1961年7月31日致鮑耀明信，見鮑耀明編：《周作人鮑耀明通信集》，河南大學出版社2004年版，第69頁。

果遺棄了我，我就要殺掉你！我愛你愛到這個地步，你再也不要想逃脫……」，「你發誓不愛奇，只愛我」。後來谷意識到自己的錯誤，「又流著淚跪在謝冰瑩面前表示懺悔，並且手裏拿著自己畫的畫：一個犯罪的人，跪在十字架前懺悔。」〔註44〕最後他還是離開了謝冰瑩。谷萬川瘋狂激烈的舉動並不侷限於謝冰瑩一人。謝冰瑩回憶道：「艾斯（即谷萬川）原在師大讀書，聽說後來他的精神反常，拼命追求一位周小姐，有一次還打破了周家的玻璃窗，不久被送進瘋人院。」〔註45〕「砸玻璃」一事在周作人的上文中已經提到，無論是出於追求周靜子還是對周作人「為文」的不滿，他畢竟採取了比較極端的行動，造成的後果也是可以想像得到的。

　　谷萬川的共產黨和左聯成員身份。據楊纖如在《北方左翼作家谷萬川》中所記谷至少1927年就加入共產黨……谷的革命熱情是不容懷疑的，中學未畢業就去南方參加革命，回到北師大後不久，就加入北方左聯，創辦刊物，宣傳無產階級革命，假期間還回故鄉策劃暴動。然而，1928年7月國民黨完成全國形式的統一，北京被國民黨接管。1931年九一八事件發生，1932年3月偽滿洲國宣布獨立。國民政府為了維穩自己的政權，建立自己在國際上的合法性，一直保持著對日妥協。然而日本的改革派進一步企圖實現「華北自治」，蠶食華北，消除國民黨在這一地區的影響，建立一個受日軍嚴密控制的臨時政權。直至1936年西安事件爆發，國共才形成統一的抗日戰線。〔註46〕

　　此時，共產黨的一切活動處於地下狀態。尤其是「九·一八」事件後，國民黨對主張抗日救國的人員進行鎮壓。北方左聯的活動同樣在鎮壓之列，「共產黨及其領導下的一切革命組織處於地下狀態，我們的一切活動—寫粉筆標語、散發傳單以及『飛行集會』都在秘密中進行，而且限於有組織的革命者。」〔註47〕據谷的北師大附中和北師大同學、好友陳北歐的回憶：「師大當局竟宣布了三十二名積極主張抗日救國的學生名單，勒令他們立即遷出學校，於是

〔註44〕謝冰瑩：《女兵自傳》中《亭子間的悲劇》，四川文藝出版社，1985年版，第221～223頁。
〔註45〕謝冰瑩：《女兵自傳》中《偷飯吃》，四川文藝出版社，1985年版，第237～238頁。
〔註46〕參費正清編：《劍橋中華民國史（1912～1949年）》（下卷），中國社會科學出版社1994年版，第512頁。
〔註47〕王志之：《谷萬川印象記》，《新文學史料》1985年第1期。

這三十二名同學就被無理的開除出校,其中包括谷萬川。那時候,校內一片
白色恐怖,大有草木皆兵之勢。即便有人問『谷萬川住在哪裏』這樣一句一
般的問話,就會使人心悸。」〔註48〕作為北方左聯分子之一的谷萬川最終於
1933 年 8 被捕入獄。

而谷萬川和周靜子戀愛之時,周作人是處於痛失愛女若子的悲慟之中的。
1929 年 11 月,次女若子因醫生誤診而病故,這種喪女之痛在周作人的行文和
日記中均可表露出。〔註49〕逝者之痛轉化為生者之愛,對於剩下的唯一的女
兒靜子的婚戀之事周不能不高度關注,甚至干涉。況且他所面對的谷萬川是
一個負荷著「陰影」的谷萬川:「大黑狼」、激進左傾甚至隨時都有生命危險
的人。本文無意貶低谷萬川,相反,谷的人生遭際頗令人感慨同情。但如果
在上述的語境下來理解周作人對自己女兒戀愛的干涉,我們或許能夠能解作
為一個「父親」的周作人的這一苦衷吧。

回到本文的問題,谷萬川作為北方左聯一分子的實例成為周與左聯交往
經驗的一個部分,這和北方左聯以及中國左聯共同構成周對左聯的經驗與記
憶。這其中的緊張關係只有在具體的語境中才能加以還原和言說,而非一語
可以概括。有一點是確定的,周不喜歡北方左聯口號式的政治式的以文學為
工具的宣傳。

在周與北方左聯的關係中,公葬李大釗事件也是一個值得觀察的窗口。
1933 年 4 月北方文總聯合革命互濟會、反帝大同盟等組織發起公葬李大釗
活動。參加人員有北方文總、北方左聯、社聯、劇聯等大多數成員〔註50〕,
李大釗家屬及其友好王烈、沈尹默、周作人、胡適、蔣夢麟等人都名列創議
者之中。在中共地下黨的領導和支持下,4 月 22 日舉行公祭,23 日下葬。
周參加了公祭並送花圈一個,祭儀 10 元,後付安葬捐款 20 元。周參加李
的葬禮本屬正常,因為紅樓之誼。然而在一個非常時期一個由中共組織的
活動,周並未排斥,周所遵循的是人之常情。其實對李大釗後人的關照及對

〔註48〕陳北歐:《憶谷萬川》,《新文學史料》1985 年第 1 期。
〔註49〕周作人在《若子之死》中寫道:「睹物思人,人情所難免,況臨終時神志清明,
　　　　一切言動,歷在心頭,偶一念及,如觸腫瘍,有時深覺不可思議,如此情景,
　　　　不堪回首,誠不知當時之何以能擔負過去也。」周作人日記:12 月 4 日,下
　　　　午因心情憂鬱,女子學院臨時告假。12 月 19 日,夜,想起一月前若子尚在
　　　　人間及臨終事,不禁泫然。12 月 22 日,在家,終日悵悵無所之。1930 年 1
　　　　月 5 日致胡適信:「自思對於死生別無甚迷執,惟親子之情未能超然。」
〔註50〕《北方左翼文化運動資料彙編》,第 293 頁。

李藏書的保管與出版所做出的努力〔註51〕，已經超出了意識形態的界限。在一個充著恐怖氛圍與鬥爭哲學的時代，周以人道主義情懷詮釋了自由主義的可貴。

周是和左聯整體上是保持著一種疏離而不是對立的關係，他拒絕加入任何黨派，這既是他企圖保持自我身心自由的重要條件，也注定他將來不可能在一個高度組織化集中化的社會話語權中佔有一席之地，他留給人們的只能是其思想和文學，一個文人的使命和命運。然而抗日戰爭爆發後，周卻「匪夷所思」地「轉身」而去，這也許是歷史有太多的無奈吧！

三、周作人與國民黨「右翼」

上文探討了周作人與左翼文學之間的緊張關係以及周氏兄弟思想道路選擇的不同。上述問題也是學界研究的重點熱點問題，但周作人與國民黨右翼文學之間呈現的關係如何學界較少探討。後五四時期，北京經歷了政權更迭，從北洋政府到國民政府，考察周作人與北京當局之間的關係也變得饒有興味，畢竟革命文學和左翼文學遠在南方的廣州和上海，那麼對於眼下的當局及其文化文學場域，周作人作如何反映的呢？

對於周作人與北洋政府之間的關係，已有較多的研究〔註52〕，但為了保持行文的完整性，在這裡僅作簡單陳述。比如1925年周作人對北京師範大學風潮中對被害學生的聲援；五卅事件，周作人發表《黑背心》、《日本與中國》、《日本浪人與〈順天時報〉》等文揭露和痛斥日本侵略者；三一八慘案發生時，周作人發表《關於三月十八日的死者》、《死法》、《新中國的女子》等文，在沉痛中痛斥；1927年3月北京軍警為「滅赤」大量搜捕學生與教員，使得師生惶惶不可終日，周以為這是三一八空氣的復活，入於「恐怖時代」，對此加以譏諷〔註53〕，章太炎附和軍閥「討赤」，周作人發表《謝本師》。周作人在遭遇暴力、屠殺、專制時展現了其作為「叛徒」的一面。

周作人生活在軍閥不停交替更換的北京，正如上文所展示，這是一個交織著生與死的時代，周作人曾經回憶自己所經歷的難忘事件，比如「碰傷」

〔註51〕可參賈芝：《關於周作人的一點史料──他與李大釗的一家》，《新文學史料》1983年第4期；張菊香：《紅樓奠基的深情──周作人與李大釗》，《黨史縱橫》1994年第7期。

〔註52〕舒蕪：《周作人的是非功過》，遼寧教育出版社2000年版，第45～49頁。

〔註53〕周作人：《滅赤救國》，1927年3月25日《語絲》第124期，署豈明。

事件。周把希望寄託在南方的革命政權，把它看作「民主思想」的化身，「南北之戰，應改稱民主思想與酋長思想之戰才對。」〔註54〕然而，國民黨的「清黨」運動的發生很快打破了周作人的希望，1927年，國民黨發動了「清黨」運動，這是一場殘酷的大屠殺。周作人感到民族的虐殺性，彷彿又見到李小池《思痛記》中的情形。對於國民的劣根性周有更深刻的反省，對國人「殺亂黨的嗜好」深有痛惡：

> 我覺得中國人特別有一種殺亂黨的嗜好，無論是滿清的殺革黨，洪憲的殺民黨，現在的殺共黨，不管是非曲直，總之都是殺得很起勁，彷彿中國人不以殺人這件事當作除害的一種消極的手段，（倘若這是有效，）卻就把殺人當作目的，借了這個時候儘量地滿足他的殘酷貪淫的本性。〔註55〕

周認為雖然別國亦有嗜殺，但中國上至皇帝將軍，下至流氓學者，皆是如此，是一種「根深蒂固」的遺傳病，也是亡國之根。周對國人「嗜殺性」的發現，是對現實世事的深深失望，也是對歷史上被虐殺亡魂的追悼。並希望以反省為契機，建立對現代性的想像與對話。它和魯迅的「吃人」同出一轍，相互呼應。被殺的人中包括自己的一些學生被以「左派」的名義殺害，他悲憤地寫道：「至於那南方的殺人者是何心理狀態，我們不得而青知，只覺得驚異：倘若這是軍閥的常態，那麼驚異也將消失，大家唯有復歸於沉默，於是而沉默遂統一中國南北。」〔註56〕「北方不必說，南方亦狂熱地討赤，彷彿國民黨之宗旨是在滅共者，想更無暇來管別的閒事，『三一八』的死者恐怕終於是白死了。」〔註57〕「我不知道國民黨裏的事情，不知道國民黨終極的目的究竟是北伐還是討赤，但從表面觀察起來似乎以討赤為近，而且成績似亦不惡，即以所殺赤黨數目而論，只廣州一處有五千七百之多，實在比北方更為努力了。」〔註58〕這

〔註54〕周作人：《南北》，1926年10月31日作，載11月6日《語絲》第104期，署豈明。收《談虎集》。

〔註55〕周作人：《怎麼說才好》，1927年9月20日作，載10月1日《語絲》第151期，署豈明。收《談虎集》。

〔註56〕周作人：《偶感之三：青年朋友之死》，1927年7月5日作，載16日《語絲》第140期，署豈明。收《談虎集》。

〔註57〕周作人：《「三一八」的死者》，1928年1月3日作，載14日《語絲》第4卷第5期，署周作人。

〔註58〕周作人：《新年通信：致衣萍》，1928年1月11日作，載2月4日《語絲》第4卷第8期，署豈明。

種由於黨爭而帶來的排他性、嗜殺性使周作人感到深深的失望,「沉默遂統一中國南北」,正如魯迅筆下之「無聲的中國」。

　　問題更在於殺伐的隊伍中竟立著昔日的友人:蔡元培、吳稚暉,他們或是「幫兇」,或是沉默。蔡元培和周作人是同鄉,周作人 1917 年之所以能到北大,離不開他的幫助。周與蔡的分裂可能從 1923 年的「非宗教大同盟」運動開始,但這並不影響周對蔡的總體評價。1926 年,蔡從歐洲回國後逗留滬杭無意北上,周於 4 月 25 日寫信給蔡,懇切要求其北返:「先生復歸長校,不特在風雨飄搖之中,學校可望漸臻穩固,即個人亦可得請益之機會,實屬至可欣幸之事……作人在北大將及十年,除教課外,於教務素不過問。今因先生不來北京,與北大前途關係至大,偶有所見,不敢緘默,敬以奉陳,狂愚之言,尚祈寬容是幸。」〔註59〕可以看出,周對蔡之教育事業是持支持態度的,但「清黨」發生後,周對蔡的態度發生了較大的變化,如上文中對蔡的批評。周先後在《貓腳抓》、《怎麼說才好》、《功臣》等文中批評蔡對參與清黨而造成的冤死青年「不能辭責」,以及蔡對屠殺行為的「視若無睹」。即使在私信中也不忘對蔡元培的批評。1928 年 8 月,國民黨實行大學區制,劃河北、熱河、北平、天津為「北平大學區」。並改中華大學為北平大學,任命原代中華大學校長蔡元培主持校務的李潤章為北平大學校長。遭到國民黨平津黨部和原北京大學師生的反對。前者反對實行大學區制;後者同時反對取消北京大學和任命李潤章為北平大學校長。周作人在給江紹原的信中寫到「唯反李(李潤章)而不反蔡乃一奇,或者蔡公更善於作官可用為說明,至於瞎用武力似無甚關係,敝人在平所見聞未聞有若何武力也。」〔註60〕對蔡元培參與清黨的事件仍念念不忘。「北大將獨立,校長則以蔡太史呼聲為高,唯不佞甚反對……北大師生至今尚迷信蔡公,甚奇。至於不佞則反蔡而不擁李。近來狠想不做教員,只苦於無官可做,不然的確想改行也。」〔註61〕周對蔡的譏諷由此可見。

〔註59〕周作人致蔡元培信,1926 年 5 月 28 日《北京大學日報》1919 號。
〔註60〕周作人:《致江紹原》,1928 年 1 月 5 日作,見《周作人早年佚簡箋注》,四川文藝出版社 1992 年版,第 130 頁。
〔註61〕周作人:《致江紹原》,1929 年 7 月 20 日作,見《周作人早年佚簡箋注》第179～180 頁。張挺等認為「周作人一貫持反蔡立場,與他當年初到北京大學時因客觀原因未蒙蔡重用有關。」見(《佚簡箋注》第 183 頁),此語恐有誤。考察周蔡的交往史不難得出結論。不一一述,僅舉一例:1926 年,蔡從歐洲回國後勾留滬杭無意北上,周於 4 月 25 日寫信給蔡,懇切要求其北返:「先生復歸長校,不特在風雨飄搖之中,學校可望漸臻穩固,即個人亦可得請益

　　吳稚暉是中國近現代史上比較有特色的人物，在科玄論戰中為科學派的中堅人物。吳主張「科學萬能」，對國故、國粹頗不以為然。「這國故的臭東西，他本同小老婆鴉片相依為命，小老婆吸鴉片，又同陞官發財相依為命。國學大省，政治無不腐敗。因為孔孟老墨便是春秋亂世的產物。非再把它丟在廁所裏三十年，現今鼓吹成一個乾燥無味的物質文明，人家用機關槍打來，我也用機關槍對打，把中國站住了，再整理什麼國故，毫不嫌遲。」〔註62〕吳稚暉是中國國語統一運動和提倡拼音文字的開創者之一。但在1927年的國民黨的「清黨」運動中扮演了一個極不光彩的角色。〔註63〕在周作人的記憶中，「《青天白日報》記者二名與逃兵一同斬決，清黨委員到甬斬決共黨二名，上海槍決五名姓名不宣布，又槍決十名內有共黨六名，廣州捕共黨一百十二人其中十三名即槍決，……清法著實不少，槍斃之外還有斬首……」〔註64〕面對昔日同人胡適、吳稚暉的沉默，他詰問道：「胡先生出去只見不文明的人力車而不見也似乎不很文明的斬首」，「這回吳先生卻沉默了」。「白色恐怖絕不會比赤色的更好。」〔註65〕周作人聽聞吳稚暉致汪精衛函（發表於《大公

<hr>

之機會，實屬至可欣幸之事……作人在北大將及十年，除教課外，於教務素不過問。今因先生不來北京，與北大前途關係至大，偶有所見，不敢緘默，敬以奉陳，狂愚之言，尚祈寬容是幸。」（見5月28日《北京大學日報》1919號）蔡隨即覆函，謝其意。

〔註62〕吳稚暉：《箴洋八股的理學》，見《吳稚暉全集》卷六，上海：群眾圖書公司1927年版，第45頁。

〔註63〕1927年蔣介石預謀發動政變，3月27日蔣由南京抵上海後，招吳稚暉、蔡元培等人密談，吳對蔣說：「你今天身負軍事和黨國責任，此刻之心情，正如經書所說：『懷乎若朽索之馭六馬』，只有出之以戒懼恐懼，採堅持正確的毅力與決心，乃能無畏於橫逆，而終底於勝利成功。」（楊愷齡編：《民國吳稚暉先生敬恒年譜》，臺灣商務印書館1981年版第68頁。）建議蔣下決心對共產黨下手。當事人之一蔣夢麟回憶：「當時先生（吳稚暉）約蔡子民先生、邵元沖先生及餘四人與總司令鄰室住宿。吳蔡兩先生與蔣總司令朝夕討論清黨大計，吳先生並相約清黨明令未宣布以前我們四人不得離此外去，以免外人探知吳蔡兩公行蹤，多所推測。而這一『無盔甲的袁世凱』（指吳）尤為共產黨人所注目。」（蔣夢麟：《一個富有意義的人生》，《傳記文學》第4卷第3期。）轉引自羅平漢：《布衣大佬·吳稚暉》，北京市：團結出版社2010年1月版第184頁。吳蔡均參與了這次被稱作「護黨救國」的「清黨」運動。其中的原因比較複雜，茲不贅述。

〔註64〕周作人：《人力車與斬決》，1927年7月16日《語絲》第40期，署豈明。收《談虎集》。

〔註65〕周作人：《吳公何如？——致榮甫先生》，1927年7月16日作，載23日《語絲》第141期。

報》)中挖苦在江浙被清的人,說他們無殺身成仁模樣,叩頭乞命,畢瑟可憐云云。周大加抨擊,認為好生惡死人之常情,但不能成為嘲弄的資料,何況事實並不盡然。「吳君在南方不但鼓吹殺人,還要搖鼓他的毒舌,侮辱死者,此種殘忍行為蓋與漆髑髏為飲器無甚差異。有文化的民族,即有仇殺,亦至死而止,若戮辱屍骨,加以後身之惡名,則非極墮落野蠻之人不願為也。吳君是十足老中國人,我們在他身上可以看出永樂乾隆的鬼來,於此足見遺傳之可怕,而中國與文明之距離也還不知有若干萬里。」「今於吳老先生亦復如此,千年老尾既已顯露,吾人何必更加指斥,直趨而過之可矣。」〔註66〕吳「又忽發殺人之豪興,發起清黨之盛舉,由青紅幫司執行之責,於是殘殺遂開始,共黨之死者固不少,而無辜被害的尤多,凡略有桀驁不羈之青年非被屠戮亦在逃亡,而土豪劣紳乃相率入黨,荼毒鄉里,莫知紀極,至今江浙一帶稍知自愛者至以入黨為恥,這都是吳委員的功勞。」〔註67〕周對吳的「八股文」之說常有引用,但是對於吳稚暉參與清黨一事鞭撻不遺餘力,從中也可以看出周的人道主義立場以及對自由主義的堅持。周的自由主義精神可以追溯到其早年的民族危機之中:「即使老時不死,至地球末日,微塵世界,一切有情,皆歸虛空,則亦必死。等是待死之身,不願以血灌自由之苗,而甘以屍飽江魚之腹,烏乎可哉?如生而痛苦,則何尚天年?死而無知,則何悲菹醢?吾身雖死,自由不死;吾身雖滅,原質不滅。」〔註68〕雖然每個階段的任務不同,周作人的思想也有所變化,但其自由主義的立場並未改變,這和其以包含個人主義在內的人學思想緊密相關。

陳思和在反思五四一代知識分子時曾說:「只有拒絕了對任何一種政治力量的依賴,堅持用個人主義的立場和觀點去批評社會,推動社會進步,這樣的知識分子才是自由主義知識分子。」〔註69〕在此意義上,後五四時期的周作人也可以說是一位自由主義知識分子,這一點也得到學界的較多認可,劉川鄂在梳理中國自由主義文學時認為,「現代中國文學史上出現的那些深受西方自由主義思想和文學觀念影響的獨立作家和鬆散組合的文學派別,他們創作的那些具有較濃厚的超政治超功利色彩,專注於人性探索和審美創造的文

〔註66〕 周作人:《偶感之四(隨感錄四十)》,1927年9月17日《語絲》第149期,署豈明。收《談虎集》。
〔註67〕 周作人:《功臣》,1927年10月15日《語絲》第153期,署子榮。
〔註68〕 周作人:《說死生》,1904年5月15日《女子世界》第5期,署吳萍雲。
〔註69〕 陳思和:《關於周作人傳記》,《現代文學研究叢刊》1991年,第3期。

學作品及相關的文學現象。」〔註 70〕這些屬於自由主義文學，並把周作人、胡適、林語堂、梁實秋、徐志摩等人的文學創作歸入自由主義文學。

如果我們進一步深入探討，我們會進一步追問：周作人的這種立場呈現了怎樣的意義？自由主義的背後是面對怎樣的邏輯？費正清曾有這樣的觀察：「1921 年以後，由於共產黨和國民黨組織的發展，學界面臨一場痛苦的抉擇，學者或是避開政治埋頭學術研究，或是以學術為政治的附庸。」〔註 71〕在筆者看來，文藝被綁上了政治的戰車，自主性遭到碾壓，思想文化研究自主性被壓抑，自由主義的舉步維艱，這些與個人主義〔註 72〕與黨派、國族的衝突有著莫大的關聯。

國民黨的指導思想、孫中山的三民主義和新文化注重個人主義精神之間有衝突。國民黨對五四新文化的看法以孫中山和蔣介石為代表。孫中山曾積極支持五四學生運動，1920 年年初，孫表示新文化運動是思想界的大變動，「實為最有價值之事」，雖然開始僅為出版界的少數覺悟者倡導，但結果卻大放異彩，收效偉大。並把新文化產生的思想變動和革命的「攻心」「革心」聯繫起來。「吾黨欲收革命之成功，必有賴於思想之變化，兵法『攻心』，語曰『革心』，皆此之故。」〔註 73〕孫中山注重五四新文化思想變革之用，尤其是激發民眾愛國熱情的作用。但孫從民族主義的立場出發，並不完全接受新文化所倡導的思想。比如他對中國傳統文化的接受上具有保守主義色彩。而新文化人在對待傳統文化的態度上，是帶有激進的反傳統色彩。孫中山認為中國人是很和平、文明的民族。歐洲最新的文化其實已經在中國已經有幾千年

〔註 70〕劉川鄂：《中國自由主義文學論稿》，武漢出版社 2000 年版，第 21 頁。

〔註 71〕費正清：《中國：傳統與變遷》，世界知識出版社 2001 年 9 月版，第 524 頁。

〔註 72〕劉禾在《跨語際實踐》第三章「個人主義話語」部分考察了「個人主義」話語的由來、在 20 世紀初中國文化場域中的「遊走」和創新及民國初年關於個人主義的論辯，作者認為「個人主義」在中國的語境中從沒獲得過穩定的意義，也並不總是和「集體主義」、「國家主義」、「民族救亡」等群體的概念構成二元對立，「個人主義並不總是構成國族主義的對立面，啟蒙運動也並非是民族救亡的反面。這兩種話語中間的張力產生於歷史本身的不穩定性，同時也源於它們之間的互相滲透，互相盤結。」（劉禾：《跨語際實踐》，三聯書店 2008 年 3 月版，第 117 頁。）我認同個人主義和國族之間的辯證關係，但這裡主要考察的是它們之間的衝突關係，這裡的「個人主義」主要是指人道主義下的個人主義。

〔註 73〕孫中山：《致海外國民黨同志函》（1920 年 1 月 29 日），《孫中山全集》第 5 卷，中華書局 2006 年版，第 210 頁。

的歷史了。「近來歐洲盛行的新文化，和所講的無政府主義與共產主義，都是我們中國幾千年以前的舊東西。」但中國固有的道德：忠孝、仁愛、信義與和平遭到了外來民族新文化的入侵。〔註74〕「一般醉心新文化的人，便排斥舊道德，以為有了新文化便可以不要舊道德。不知道我們固有的東西，如果是好的，當然是要保存，不好的才可以放棄。此刻正是新舊潮流相衝突的時候，一般國民都無所適從。」〔註75〕孫中山雖然承認中國文化價值中有不好的一面，但更強調有價值層面，以政治家、革命家的眼光強調發揚中國文化的主體性，以此砥礪國民與革命。孫中山的文化保守色彩受到胡適等人的批評，胡適批評孫中山「抬高中國的舊政治思想和舊道德」，國民黨的歷史上「充滿著這保存國粹和誇大傳統文化的意味。」〔註76〕。尤其是對待個人自由的問題上，孫中山更是從一個革命家政治家的立場認識到政治團體中個人自由的不可能。孫中山在《民權主義》演講中批評「新青年」所提倡的「自由」把什麼界限都打破，流於極端個人主義、無政府主義。「中國人為什麼是一片散沙呢？就是因為各人的自由太多。由於中國人自由太多，所以中國要革命。」〔註77〕1924年11月3日，孫中山在黃埔軍官學校的告別演說中分析「近二三十年來」中國革命黨屢次失敗的原因，「我們的革命失敗，是被什麼東西打破的呢？」「依我看起來，就是歐美的新思想打破的。中國的革命思想，本來是由歐美的新思想發生的……」而歐美的革命思想是自由、平等。「中國革命之所以失敗，是誤於錯解平等、自由。」革命是政治事業，是「大家結合起來，改革公共的事業」。「我們發生了革命，為什麼又被平等、自由的思想打破呢？因為做人的事，在普通社會中有平等、自由，在政治團體中，便不能有平等、自由。政治團體中的分子有平等、自由，便打破政治的力量，分散了政治團體。所以民國十三年來革命不能成功，就是由於平等、自由的思想，衝破了政治團體……無論什麼人在那一種團體之中，不管團體先有沒有平等、自由，總是要自己個人有平等、自由。這種念頭，最初是由學生衝動，一現成事

〔註74〕孫中山：《三民主義》，見《孫中山全集》第9卷，中華書局2006年版，第230頁。
〔註75〕孫中山：《三民主義》，見《孫中山全集》第9卷，中華書局2006年版，第243頁。
〔註76〕胡適：《新文化運動與國民黨》，載1929年《新月》月刊第2卷第6～7號合刊，見《胡適全集》第21卷，安徽教育出版社2003年版，第444～445頁。
〔註77〕孫中山：《三民主義》，見《孫中山全集》第9卷，中華書局2006年版，第281～282頁。

實之初，不知道拿到別的地方去用，先便拿到自己家內用，去發生家庭革命，反對父兄，脫離家庭。再拿到學校內去用，鬧起學潮來。」「殊不知所爭的是團體和外界的平等、自由，不是個人自己的平等、自由。中國現在的革命，都是爭個人的平等，自由，不是爭團體的平等、自由。所以每次革命，總是失敗。」〔註78〕孫中山是從革命家的戰略立場，認為個體應該統一到團結的組織中去。個人和集體處於一個對立的地位，而且個人主義含有消極意義。他對列寧的建黨經驗讚賞有加：革命黨要有自由，不要革命黨員有自由，個人要絕對服從黨的命令。孫中山把個人自由近同於個人的自私自利，是與民族國家對立的一個概念。對此，胡適也有過批評，胡適認為孫中山只把新文化運動當作政治革命的工具，「今日的國民黨到處念誦『革命尚未成功』，卻全不想促進『思想之變化』……壓迫言論自由，妄想做到思想的統一。」〔註79〕胡適展示了難能可貴的批評勇氣。

　　蔣介石執政後，基本上沿襲了孫中山的這一看法，肯定五四運動的愛國主義和民族主義立場，否定五四新文化運動的「偶像破壞」精神，認為新文化太幼稚、太危險。「是不是提倡白話文就是新文化運動！是不是零星介紹一些西洋文藝就是新文化運動！是不是推翻禮教否定本國歷史就是新文化運動！是不是打破一切紀律，擴張個人自由就是新文化運動！是不是盲目崇拜外國，毫無抉擇的介紹和接受外來文化，就是新文化運動！」〔註80〕蔣介石不認同提倡白話文、推翻禮教、擴張個人自由就是新文化。後來甚至把「民主精神」解釋為「紀律」，把「科學的意義」解釋為「組織」。蔣從自己的立場對新文化進行了選擇性的理解和重構。以此角度，也不難理解他和新文化的倡導者胡適的分歧。

　　從上我們似乎可以看出，國民黨對五四新文化所宣揚的「個人」的反對。在我看來，在「個人」問題上，與其說是國民黨高層反對五四新文化，不如說是對它的一種誤讀。孫蔣是從政治革命的立場強調革命的組織性與紀律性，而新文化運動所宣揚的「個人主義」是在世界文明的思潮中對「人」的價值

〔註78〕孫中山：《在黃埔軍官學校的告別演說》，見《孫中山全集》第11卷，中華書局 2006 年版，第 264～272 頁。

〔註79〕胡適：《新文化運動與國民黨》，載 1929 年《新月》月刊第 2 卷第 6～7 號合刊，見《胡適全集》第 21 卷，安徽教育出版社 2003 年版，第 449 頁。

〔註80〕蔣介石：《哲學與教育對於青年的關係》，轉引自周策縱《五四運動》，江蘇人民出版社 1999 年 6 月版，第 347 頁。

的發現，是在人類的歷時中發掘人的生命的尊嚴與自由，而非指向「戰時」的階段性任務，兩者意義實踐的背景不同。這對服膺西方個人主義的知識分子而言是一種挑戰。以胡適為例。1930 年 12 月，胡在《胡適文選》的序中提倡「一種健全的個人主義的人生觀」，明確了「國家自由」與「個人自由」的關係，即「個人自由」是國家的基石，因為「奴才」建立了不了一個自由平等的國家。而國家常以「求國家的自由」的名義犧牲了個人自由。胡適關於個人自由與國家自由的論述，與孫中山頗為不同。在胡適這裡，「個人」是終極目的。「爭你們個人的自由，便是為國家爭自由！爭你們自己的人格，便是為國家爭人格！自由平等的國家不是一群奴才建造得起來的！』」〔註81〕其後在紀念五四的文章中再次談到個人主義，他區分了真假個人主義，假個人主義即為我主義，自私自利；真個人主義是個性主義，思想獨立，不盲從。同時為自己的思想信仰負責，不畏懼權威，不怕殺身坐牢，不計個人利害。〔註82〕胡的這一區分極為重要，因為個人主義常常成為自私自利者的道具和代言。無論新文化時期，還是後來，均是如此。胡適更重視個人自由的重要性，它構成國家自由的前提，而不是奉自由之名的國家主義。胡適認同個人的思想自由和言論自由是五四新文化的重要遺產，「充分發展個人的才能」和「造成獨立的人格」的個人主義是「新社會」與「新國家」的重要推動力。殷海光甚至反省三民主義就是一種「統戰工具」，有其侷限性。問題不止於此，個人和集體的衝突也是造成激進主義的原因之一。更重要的是由於對集體的高度統一，必然帶來一定的排他性。表現在黨派上，便是一黨對另一黨的排斥；表現在文化上，要求統一性，容不得異己的存在。胡適認為民國十五六年的國民革命運動並沒有延續了五四精神，「一是蘇俄輸入的黨紀律，一是那幾年的極端民族主義。」〔註83〕鐵紀律含著「不容忍」的態度，排斥異己，與五四提倡的自由主義相悖；民族主義也造就了「排外」，「擁護本國固有的文化」，「建立一個民族的國家」。胡適批評國民黨的話後來也在革命文學和左翼文學中應驗了。革命文學開始時，來自革命陣營中對魯迅及周作人等人的指責便是一例。

〔註81〕 胡適：《介紹我自己的思想》，見《胡適文選》，亞東圖書館 1930 年版。
〔註82〕 胡適：《個人自由與社會進步——再談五四運動》，1935 年 5 月 12 日《獨立評論》第 150 號。
〔註83〕 胡適：《個人自由與社會進步——再談五四運動》，1935 年 5 月 12 日《獨立評論》第 150 號。

其實標舉「思想自由」「兼容並包」的五四新文化內部本身就含有一種內在的衝突。比如激進主義的文化主張和思想自由的衝突。這到了後五四時期表現更甚。王造時評價新文化落潮之後的時代：「新文化運動的影子沒有了。又是一朝江山，又是一朝君臣，又是一個時代。」〔註84〕這個時代顯然不是此前的新文化時代，新文化主體陣營也產生了分化。

五四新文化知識分子中以陳獨秀最為激進，在 1920 年 9 月發表的《談政治》中陳稱「我敢說：若不經過階級戰爭，若不經過勞動階級佔領權力階級地位的時代，德謨克拉西必然永遠是資產階級底利器。……我承認用革命的手段建設勞動階級的國家，創造那禁止對內外一切掠奪的政治法律，為現代社會第一需要。」〔註85〕陳接受了暴力革命的觀點，由早期民主啟蒙立場轉向激進的政黨政治，由世界主義走向了民族主義，權力的集中帶來個人精神自由的喪失。

對胡適而言，胡適留美期間受到實驗主義哲學和自由主義政治理念的影響較大。1917 年胡適回國，聽到張勳復辟的消息，覺得這是一個「極其自然的現象」，於是「打定二十年不談政治的決心，要想在思想文藝上替中國政治建築一個革新的基礎。1918 年 12 月，我的朋友陳獨秀、李守常等發起《每週評論》，那是一個談政治的報，但我在《每週評論》做的文字，總不過是小說文藝一類，不曾談過政治。」〔註86〕胡希望思想文藝層面問題的解決能夠成為政治革新的基礎。然而 1919 年 6 月，陳獨秀被捕，胡適接辦《每週評論》，針對當時的無政府主義和馬克思主義的宣傳，胡適在《每週評論》第 31 號上發表了《多研究些問題，少談些主義》，希望能避免空談，「把一切『主義』擺在腦背後」，多研究現實問題而對政治改良有所作用。直至《每週評論》被封近三年之後，胡適再次重新涉足政治，1922 年 5 月 14 日，胡適聯絡蔡元培、王寵惠、羅文幹、湯爾和、陶孟和、梁漱溟、李大釗、等教育界人士在《努力週報》發表《我們的政治主張》一文，提倡「好政府主義」，把政治改革的目標定位為「好政府」，作為改革中國政治的最低限度的要求。他在《我的歧路》中自述到「我等候了兩年零八個月，實在忍不住了。我現在出來談政治，雖

〔註84〕參見羅志田：《西方的分裂：國際風雲與五四前後中國思想的演變》，《中國社會科學》1999 年第 3 期。
〔註85〕陳獨秀：《談政治》，載 1920 年 9 月 1 日《新青年》第 8 卷第 1 號。
〔註86〕胡適：《我的歧路》，見《胡適全集》第 2 卷，安徽教育出版社 2003 年版，第476 頁。

是國內的腐敗政治激出來的，其實大部分是這幾年的『高談主義而不研究問題』的『新興論界』把我激出來的。我現在的談政治，只是實行我那『多研究問題，少談主義』的主張。」〔註87〕從實質上說，胡適從未放棄其實驗主義哲學，甚至思想文藝是其中的一部分罷了。也可以說胡適從未放棄對現實的關懷，以此也不難理解其後來對政治的參與。總體上看，胡適展現了一個自由主義知識人的批判立場。

新文化運動啟動時，《新青年》同人相約「不批評時政」的。但這一約定並不表明他們不關心政治，而是企圖要從思想文化入手，從根本上解決中國的問題。和《新青年》的激進相比，「《新潮》和《新青年》同是進步期刊，都宣傳新思想、新文化，宣傳『賽先生』（即 Science，科學）與『德先生』（即 Democracy，民主），但在辦刊方向上卻稍有不同：1.《新青年》偏重於政治、思想、理論論述；《新潮》則偏重於思想、文學方面，介紹一些外國文學。2.《新青年》內部從一開始就分為左、右兩派，鬥爭激烈，直至最後徹底分開；《新潮》的路線相比之下則稍『右』一些。」〔註88〕這裡的「右」，意味著和政治行動一定程度的疏離。其辦刊的宗旨也是學術為本、文化優先的原則。其主將傅斯年羅家倫也是抱著學術救國的思想留學。然而歸國後 1926 年，傅斯年便說，希望中國出現一位有能力的「獨裁者」，「他將把秩序與文明強加給我們」。1936 年，羅家倫選定希特勒著的《我之奮鬥》為商務印書館的「星期標準書」。他們兩人這些同新文化運動時候那種「自由知識分子」定位大相徑庭的言行，表面上殊為難解，但其時並非特例，確是知識分子思想潮流之一種。〔註89〕

被羅家倫視為楷模的蔡元培，也有軍事化的思想。正如有學者指出的：「我們卻驚異地發現，羅家倫在清華厲行軍訓的做法，與蔡元培的思想主張有著清晰的內在聯繫。」〔註90〕蔡元培曾在北大組建學生軍，及至 1924 年遠走歐洲時，仍不忘寫信給羅家倫等人談及此事，認為先從學生訓練開始，然

〔註87〕胡適：《我的歧路》，見《胡適全集》第 2 卷，安徽教育出版社 2003 年版，第 469 頁。

〔註88〕俞平伯：《回憶〈新潮〉》，見《五四運動親歷記》，中國文史出版社 1999 年版，第 326 頁。

〔註89〕可參見林賢治：《五四之魂》，《書屋》1999 年第 6 期。

〔註90〕張曉唯：《羅家倫時代的清華大學》，《人民政協報·春秋週刊》2004 年 12 月 16 日。

後由學校推及商工農社會，蔡的軍國民教育思想源於家國的危機，效法日、德，以培養學生「整齊嚴肅，絕對服從」之精神。這一問題在他 1919 年 9 月撰寫的《戰後之中國教育問題》一文中說的比較清楚：「歐戰以後，世界事物無不改變，教育也要隨之而改變的。戰前教育偏重國家主義，戰後教育將奉行世界主義。」〔註 91〕對於晚清民初的知識分子而言，如何擺脫民族被辱被打的命運，重塑家國共同體，也許軍事化是一種直接有效的介入方式，我們也無可厚非。但是，我們也看到另一方面，思想文化文學領域的獨立性被嚴重削弱了，被要求統一到「主流」中去，甚至遭到排擠和打擊。筆者無意對人物進行價值評判，而是力圖呈現在「大時代」之中文學、思想、文化與政治之間的張力，以及人物思想的脈動，使我們試圖理走近歷史，理解歷史，反省歷史。

綜上，在與後五四時期各種權力話語對話的過程中，周展示了個人的獨立，不依附與任何的黨派和組織，同時，又有對言論自由的堅持，尤其是對權威話語的反抗，不想其成為鉗制個人自由的工具。這其實和其五四時期的主張一脈相承。但對於弱者又展示出寬容的一面。如果用關鍵詞來概括周的思想面貌的話，那就是：「個人主義」、「言論自由」、「寬容」。

而這些又常常成為自由主義的關鍵詞。當然，自由主義從西方引進，有諸多概念和不同的派別。中國的自由主義從嚴復、梁啟超的引進伊始，在 1920 年代以後又分為新自由主義與社會民主主義等等。這是一個比較複雜的問題。筆者也無意於這些概念的辨析。但大體而言，周對個體意志的強調、對言論自由的堅持、對權威的反抗可以構成自由主義的內容之一。然而，周和胡適並不相同，胡除了對個人主義、寬容的強調外，還重於社會制度的頂層設計，這是周所不具備的。而周在後五四時期也展示出和胡不同的地方，也即其所宣稱的「半是儒家半釋家」的思想面貌，尤其體現為中國傳統士的自在精神。它涵蓋了孔子的「己所不欲，勿施於人」的仁，莊子的「逍遙遊」，以及陶淵明「悠然見南山」式的隱逸。這也使周的「自由主義」內涵變得駁雜，故我名之為「自由意識」。觀察後五四時期的周作人，他與各種權利話語的對話實為「個人主義」發聲，以免形成在集權專制下「無聲的中國」；他從新文化運動就信守的「文藝上的寬容」成為多元對話的重要保障；他對草木蟲魚、故鄉

〔註91〕蔡元培：《蔡元培全集》，中華書局 1984 年版，第 335 頁。

風物的書寫乃是寄沉痛於幽微，格物致知，同時實現個人的放逐與自在。

　　簡言之，「自由主義」和中國以儒家為代表的文化傳統並非不可通約，雖然新文化運動時期，出現了較為激進的反傳統傾向，中國傳統文化成為西學的對立面，儒學自然也就成為西方的自由主義反對的對象。相反，他們具有一些共識共通。比如有學者指出的儒家的中庸之道和自由主義的寬容稟性可以形成良性互動。自由主義對權威的反抗也暗合中國「疾虛妄」、「重知」的精神，如前文中所提周所稱的「思想界三賢」：王充、李卓吾、俞理初身上所體現出的「疾虛妄」「重知」等等。周企圖從中國傳統的文化資源中尋出現代精神來以實現文藝復興之夢。後五四時期，胡適的「整理國故」就蘊含著還中國傳統文化本來面目的努力。周作人對禮樂傳統的倡導，自稱是「孔子的朋友」，都含有文化復興之意。「自由主義」和中國文化傳統的隱逸自在以及「疾虛妄」、「重知」精神都統一在周作人身上，也是周所言稱的兩個鬼：「流氓鬼」和「紳士鬼」之體現。

　　周作人在後五四時期與革命文學、左翼文學為代表的權力話語對話的過程中展現了一個具有「自由意識」的知識分子的處境，他看似「悠閒」的小品文固然有疏離時代的成分，但也體現出對於他對於權力話語的一種抗爭：寄反抗性於文學，疏離權威話語，保持自身言說自由的一種努力！這也是個人主義精神的個體對抗主流或權威話語壓迫的一種體現。而周所有這些思想的基石就是他的人學思想，這將是下一章所要探討的內容。

第六章 「復興」的起點：「人」的 發現與危機

　　以上從語言文體、抒情文學觀、生活之藝術與禮樂文化、自由意識四個方面展示了周作人復興思想的內涵及其語境，然而我們或要進一步追問：其復興思想的根源在何？在筆者看來，是其人學思想。五四新文化運動時期，作為五四新文學重鎮之一的周作人提出了一系列重要的思想和文學命題，其中最重要的便是「人的文學」，他圍繞這一命題先後發表了或翻譯了一系列文章，這不僅是他個人學術思想的重要積累，也是五四新文化的重要成果之一。「人的文學」也從此成為引領新文學的重要典範和動力。然而，五四新文化高潮過去之後，「人的文學」或者說其中的「人學」思想面臨著嚴峻的挑戰和調整，周作人在後五四時期在與各種話語的對話中依然進行了「人」的堅守，並進行了調整，發展出「禮」、「人情物理」、「言志與載道」等眾多表述。筆者在本章擬解決的問題是：作為周作人重要成果的「人」或「人的文學」的重要內涵是什麼？這一思想在後五四時期遭遇了怎樣的話語困境？周作人進行了怎樣的調整？雖然有些問題學界已經探討，但是在我看來依然缺少深入性，缺少對於後五四時期調整的勾聯和對比。

一、周作人的人學思想

　　作為探討的前提，本文有必要先對「人的文學」這一重要的概念進行解讀分析，我以為這是進入周作人文學與思想世界的一個重要的切入口，否則下文的展開將缺少對話的基礎。本文將以《人的文學》、《思想革命》、《新文

學的要求》等文作為文本分析的重點。

《人的文學》發表於 1918 年 12 月 15 日的《新青年》5 卷 6 號上。這篇文章與其說是探討文學本身的問題，不如說是探討新文學所應秉持的思想價值尺度，這一觀點在稍後的一篇文章《思想革命》〔註 1〕一文中有明確的表述：「（文學）若思想本質不良，徒有文字，也有什麼用處呢？」與其他重視語言變革的文學革命者而言，周作人更看重文學的思想革命功用。當然這在後五四時期有所調整，即不再視文學為功利性的工具，而是具有獨立的審美價值。不過依然延綿潛伏著文學的思想價值取向。從這一意義上，這篇文章更應看做一篇五四思想革命的力作。

文章開篇提出提倡的新文學是「人的文學」，反對非人的文學。何謂「人」？周首先指出歐洲歷史上的「人」的發現史：「第一次是在十五世紀，於是出了宗教改革與文藝復興兩個結果。第二次成了法國大革命，第三次大約便是歐戰以後將來的未知事件了。」周作人並未指出歐洲的「人的發現」的具體內涵，這對於諳熟歐洲文學史的他或許並不必要，但我們做一簡單梳理或許能幫助我們更好的理解周作人的話中之意。

人從來就沒有對自己有一個自明性的認識，如希臘神廟上刻著的「認識你自己」。何謂「人」？「斯芬克斯之謎」以及美少年「那喀索斯之死」等傳說就包含著古希臘人對「人」的思索，這些關於「人」的形象（image）（而非「人」的觀念 idea）的想像成為西方世界人學思想的源頭之一。「第一次是在十五世紀，於是出了宗教改革與文藝復興兩個結果。」主要是指文藝復興和宗教改革中「人的發現」。雅各布·布克哈特指出：文藝復興為「人」的發現的時代。作為但丁的後繼者彼得拉克喊出了「我同時愛她的肉體和靈魂」，他在《秘密》一詩中宣稱：「我不想變成上帝，或者居住在永恆之中，或者把天地抱在懷裏。屬於人的那種光榮對我已經夠了。這是我祈求的一切，我自己是凡人，我只要求凡人的幸福。」〔註 2〕從某種層面上說，這是感性和原欲的「人」的發現，遙映了古希臘的文化精神。他也被稱為「第一個近代人」。其後，薄伽丘挑戰了教會的禁慾主義，尋回失落的自然人性，高呼人慾的天然

〔註 1〕周作人：《思想革命》，1919 年 3 月 2 日《每週評論》第 11 期，署仲密。收《談虎集》。
〔註 2〕轉引自蔣承勇：《西方文學「兩希」傳統的文化闡釋：從古希臘到 18 世紀》，中國社會科學出版社 2003 年版，第 144 頁。

合理。這種從反對性禁忌開始的反禁慾主義轉向了人自身，這是「人」的一種自我發現，也是「人」的觀念的重要轉變。但僅止於自然人性似乎還不夠，法國作家拉伯雷在此基礎上，又發掘了人智之於人的重要意義，人智即擁有真正的知識，也即當時的人文科學，而非宗教神學。如果說薄伽丘對「人」的追尋建立在自然人性的舒展和愛慾的實現上，那麼拉伯雷則提出了完善的新「人」理想：如《巨人傳》中神瓶的啟示「暢飲知識，暢飲真理，暢飲愛情。」以上是前期人文主義的主要的文化內涵，主要傳承和復興了古希臘─羅馬文化傳統。但是後期人文主義對人又有了新的重構。文藝復興運動所反對的是被教會異化的上帝：上帝的理性力量和博愛被誇大為無所不能的「神」力，「靈」取代了「肉」，並對「人」構成一種極大的壓抑。但基督教的理性精神和博愛精神等人文主義思想在後期人文主義這裡被吸收和融入，所以「原慾+人智+上帝=後期人文主義的『人』」，也即後期人文主義的思想核心。這裡，以博愛和節制為重點的道德理性意義上的『上帝』，使後期人文主義的『人』更富有道德責任感，更理智沉穩。」〔註3〕並在莎士比亞的創作中「人」的內涵被賦予的更豐富和深刻。可以說文藝復興則是吸納了兩希文學的成果，重塑了文化模式，形成完整的「人文主義」思想。第二次「人的發現」是指啟蒙運動。科學的進步及哲學的成就造就了18世紀的啟蒙運動，是繼文藝復興之後又一次「人的發現」。較文藝復興感性慾望意義上「人的發現」，啟蒙運動主要是理性意義上的「人」，所謂理性，主指與宗教信仰相對的人的全部知性能力，是「人類認識真理的自然能力」和「人類的精神不靠信仰的光亮的幫助而能達到一系列真理」。〔註4〕啟蒙者學者認為封建專制和宗教神學扼殺了人的理性，使人愚昧無知，因此要建立一個自由、平等、博愛的「理性王國」。

相比較，周作人看到中國「人的問題」「須從頭做起」，要「發見『人』，去『辟人荒』」。那麼何為「人」呢？兩個要點：一是人是「從動物」進化的，二是從動物「進化」的。一方面肯定人的生物生活本能，「凡是違反人性不自然的習慣制度，都應該排斥改正。」另一方面又相信人的「內面生活」「漸與動物相遠，終能達到高上和平的境地。凡獸性的餘留，與古代禮法可以阻礙人性向上的發展者，也都應該排斥改正。」換言之，周既肯定了人的自然原

〔註3〕蔣承勇：《西方文學「人」的母題研究》，人民出版社2005年版，第134頁。
〔註4〕蔣承勇：《西方文學「人」的母題研究》，人民出版社2005年版，第182～190頁。

欲，又要求人的道德完善以及阻礙向上人性的禮法的排斥。周進一步用「靈肉一致」加以闡釋。「獸性與神性，合起來便只是人性。」

文章進一步指出「人」的理想生活是怎樣的圖景，探討「個人」與「人類」的關係。「彼此都是人類，卻又各是人類的一個，所以須營一種利己而又利他，利他即是利己的生活。」其實周作人的這種「人」的生活理想圖景的描繪實際上是一種新村主義的理想，帶有鮮明的烏托邦色彩，當然這是時代空氣使然。周在後文中更明確了他所提倡的人道主義：「並非世間所謂『悲天憫人』或『博施濟眾』的慈善主義，乃是一種個人主義的人間本位主義。這理由是，第一，人在人類中，正如森林中的一株樹木。森林盛了，各樹也都茂盛。但要森林盛，卻仍非靠各樹各自茂盛不可。第二，個人愛人類，就只為人類中有了我，與我相關的緣故。所以我說的人道主義，是從個人做起。要講人道，愛人類，便須先使自己有人的資格，占得人的位置。」可見周在強調人間本位的同時更把個人主義擺到了第一位，個人有「人」的資格方可使人類「茂盛」，這是周作人的「立人」意識的體現。

以上可以說是周作人對於「人」的界定，緊接著周就導入的本文的主題：人的文學。「用這人道主義為本，對於人生諸問題，加以記錄研究的文字，便謂之人的文學。其中又可以分作兩項：（一）是正面的，寫這理想生活，或人間上達的可能性；（二）是側面的，寫人的平常生活，或非人的生活，都很可以供研究之用。」從這一角度，周把中國古典文學的大部分看做異類，「中國文學中，人的文學本來極少。從儒教道教出來的文章，幾乎不合格。」並把《西遊記》《封神榜》《水滸》《笑林廣記》等古典作品視為「妨礙人性的生長，破壞人類的平和的東西」，在主義上「統應該排斥」。周的這種觀點在今人看來未免過激，但在一個「打倒孔家店」的時代也有其合理性的一面，從另一層面看，周也似乎難逃那個時代對傳統文化過激的空氣。而從其價值判斷和立意上看，周的出發點無可厚非，並且周在後五四時期進行了糾正和調整。周把文學中人的道德問題以兩性之愛和親子之愛為例。靈與肉、性愛、婦女、兒童一直是周作人人學關注的重要內容，我們通過他所舉的例子可以看到其人道思想來源的一面，易卜生的《娜拉》、托爾斯泰的《安娜卡列尼娜》、哈代的《苔絲》等作品所蘊含的現代人道精神為周作人所接受，構成其人學思想的重要思想資源之一。

　　《人的文學》是周作人人學思想的集中展現，周作人發表和翻譯了一些作品進行思想革命。我們可以將周作人「人學」思想及其文學觀的主要內容可以作簡單歸納。

　　其一，在「人」的問題上，周作人肯定人作為「動物」的自然原欲，又強調人具有神性的道德律令的節制。這些觀點在上文中已有闡述。簡言之，人是從動物進化而來，「人的一切生活本能，都是美的善的，應該完全滿足。」但人的「內面生活，卻與動物相遠，終能達到高上和平的境地。凡獸性的餘留，與古代禮法可以阻礙人性向上的發展者，也都應該排斥改正。」人的生活是靈肉一致的生活，是一種利己而又利他，利他即是利己的生活。在物質層面，各盡其力，各取所需；道德上，以愛智信勇為基本，革除一切人道以下或人力以上的因襲的禮法。周把「人」放在人類進化的鏈條上對「人」加以認識，對「人」的屬性的定位，對「人」的生活的設想無不透露出西方人道主義色彩，周希望能借助西方的人道主義思想來重新規劃中國人的生活。

　　其二，在個人與人類的關係上，提倡個人主義的人間本位主義。這是周的人學思想中獨特的一面。當然後來又有所變化，但是在周此時的思想世界裏，人學思想的兩端一邊是個人，一邊是人類，而無國族的隔閡。「許多重大問題，經了近代的科學的大洗禮，理論上都能得到了解決。如種族國家這些區別，從前當作天經地義的，現在知道都不過是一種偶像。所以現代覺醒的新人的主見，大抵是如此：『我只承認大的方面有人類，小的方面有我，是真實的。』」〔註5〕「個人」與「人類」連接在一起，充滿辯證。而國族被忽略掉了。在周看來，這無疑更具有普世價值。周期盼著一個大同世界的到來。而周的這種人間主義理想正是立足於一個健全的具有現代意識的人身上，個人為立人的基礎，也是人類文明的憑藉，而人類也是利害相通的。這是周受到歐洲文藝復興以及世界主義、新村主義等思想影響及其自我選擇的結果。這也是周作人的個人主義不同與其他五四新文化人的個人主義的地方之一，他們常常把個人主義和國族的救亡圖存緊密結合起來（這種看法比較普遍，李澤厚、劉禾等人均有論證）。即使後五四時期的周作人雖然放棄了世界主義理想，但並未放棄「個人—人類」這一鏈接模式的思考方式和訴求，不過他

〔註 5〕周作人：《新文學的要求》，1920 年 1 月 6 日在北京少年學會講，載 1 月 8 日《晨報副刊》，署周作人。收《點滴》、《藝術與生活》。

的「人間」的重心轉移到了人們的「日用」歷史，但同樣具有普範意義。

其三，對婦女、兩性與兒童的現代觀念的倡導，也即三大發現：人的發現、婦女的發現、兒童的發現。這些是周作人思想革命的重要內容。自晚清的改良運動以來，婦女解放和教育受到極大注意，各種婦女報刊比如《女子世界》等應運而生，甚至作者發表文章也用女名，周作人也曾以吳萍雲、會稽十八齡女子吳萍雲、會稽碧蘿女士等女子名發表文章。這些方面，已經取得較多的研究成果，尤其是新世紀以來，不再贅述。

其四，以「人」為中心，周作人建立了「獸」—「人」—「鬼」—「神」的人學參照系。現代意識的「人」始終是周作人追求的目標，不過其內涵的側重在不同階段有所變化。「獸」是周作人人學的起點，人是從動物進化的，人的自然原欲受到周作人的肯定，但又到人之為人的自律性的節制。「鬼」是周作人對人的蠻性遺留的獨特命名和想像，蘊含著周作人對千百年來民族劣根性的祛除，對種種壓抑人性的「黑暗」之反抗，「故鬼重來」始終是縈繞周作人的憂懼。「神」的概念相對比較複雜。周既肯定人具有「神性」的一面，這裡的神燭照著人向上的光芒，指引著人的方向，或者說是一種人神形象；另一種「神」則是壓迫「人」的高高在上的權威勢力。可以說後五四時期的周作人的人學思想基本上是在這一框架下展開的，這將在下一節中進行集中討論。

其五，「人的生活」的實現途徑是以和平的方式進行，反對以暴抗暴。強調愛與寬恕的感化。受新村主義影響，周希望能夠信託人間的理性與平和，建設規範人的生活。正如武者小路實篤在《一個青年的夢》序中所說，「我望平和的合理的又自然的，生出這新秩序。血腥的事，能避去時，最好是避去。這並不盡因為我膽小的緣故，實因我願做平和的人民」〔註6〕。周作人反對階級鬥爭，在談到新村的工作分工時，周作人承認人與人之間的差異，卻反對由此而進行的階級劃分：「我們相信工作是人生的義務……我們以人類的一個相對，各各平等，但實際上仍是各各差異。天分的高下，專門技工的不同，便是差異，卻不是階級。階級的不好，在於權利義務的不平等；現在權利卻是平等，不過義務不同，不是量的不同，只是性質的不同。」〔註7〕周作人強調

〔註6〕轉引自周作人：《日本的新村》，1919 年 3 月 15 日《新青年》第 6 卷第 3 號，署周作人。收《藝術與生活》。

〔註7〕周作人：《「工學主義」與新村的討論》，1920 年 3 月 28 日《工學》第 1 卷第 5 號，署周作人。

愛與寬恕的感化。這與其受到基督教精神的影響不無關係,周早年曾一度要
翻譯《聖經》,基督教的博愛與寬恕思想給予他一定的影響。周作人認為聖書
對於文藝思想的變遷是一個重要的參考,「現代文學上的人道主義思想,差不
多也都從基督教精神出來」。〔註8〕《馬太福音》中說:「你們聽見有話說,『以
眼還眼,以牙還牙。』只是我告訴你們,不要與惡人作對。」(第五章三十八
至三十九)「你們聽見有話說,『當愛你的鄰舍,恨你的仇敵。』只是我告訴你
們,要愛你們的仇敵,為那逼迫你們的禱告。」(同上四三至四四)「你們中間
誰是沒有罪的,誰就可以先拿石頭打他。」(約第八章七)「父阿,赦免他們,
因為他們所作的,他們不曉得。」(路第二三章三四)。「愛是永不止息。先知
講道之能,終必歸於無有;說方言之能,終必停止,知識也終必歸於無有。」
(林前第十三章八)「上帝就是愛;住在愛裏面的,就是住在上帝裏面,上帝
也住在他裏面。」(約壹第四章十六)周作人認為這些基督精神是構成近代文
藝人道主義思想的重要源泉之一,並對俄國托爾斯泰、陀思妥耶夫斯基等文
學書寫中「愛的福音」產生重要影響。周作人甚至想通過基督教來打破昏亂
的國民性,促進民智的發達,「覺得要一新中國的人心,基督教實在是很適宜
的。極少數的人能夠以科學藝術或社會的運動去替代他宗教的要求,但在大
多數是不可能的。我想最好便以能容受科學的一神教把中國現在的野蠻殘忍
的多神——其實是拜物教打倒,民智的發達才有點希望。」〔註9〕關於周作人
早期思想與基督教文化之間的關係,已有較多研究者探討〔註10〕,本文此處
想指出的是周作人的愛與恕的思想受到基督教較大影響,在後五四時期,周
作人又把這種思想和儒家的仁愛等思想建立了鏈接,成為周作人人學思想的
重要組成部分。

〔註 8〕周作人:《聖書與中國文學》,1920 年 11 月 30 日在燕京大學文學會講,載
1921 年 1 月 10 日《小說月報》第 12 卷第 1 號,署周作人。收《藝術與生
活》。

〔註 9〕周作人:《山中雜信六(致伏園)》,1921 年 9 月 3 日作,載 6 日《晨報副刊》,
署仲密。收《雨天的書》。

〔註10〕可參見哈迎飛:《「愛的福音」與「暴力的迷信」——周作人與基督教文化關
係論之一》,《福建師範大學學報(哲學社會科學版)》2006 年第 5 期;王本
朝:《周作人與基督教文化》,《中國現代文學研究叢刊》1996 年第 1 期;楊
劍龍:《論周作人與基督教文化》,《魯迅研究月刊》1997 年第 6 期等文。

二、周作人的人學思想淵源──以藹理斯為中心的考察

　　那麼，周作人人學思想的重要來源是什麼？在筆者看來，周作人人學思想具有多個維度，這既離不開當時的時代語境，也與周作人的知識來源構成有密切的關係，除了上文所提及的周作人的基督教文化的影響、世界主義思潮的影響等因素外，筆者認為最重要的是其雜學式的知識結構使然，尤其是現代生物學、人類學、性心理學等西方學科給予了周作人以極大的影響。周作人說「我不相信世上有一部經典，可以千百年來當人類的教訓，只有記載生物的生活現象的 Biologe（生物學）才可供我們參考，定人類行為的標準。」〔註11〕在周作人看來，現代科學的自然律法成為人之為人的重要參考，而現代性心理學等知識又進一步推進了對人的瞭解。藹理斯（Havelock Ellis）、凱本德（Edward Carpenter）、勃萊克（Blake）、弗洛伊德、與謝野晶子等人的性觀念及人學思想給予了周作人很大的影響。尤其是藹理斯成為周作人一再宣稱服膺的對象。凱本德《愛的成年》肯定人生和人類的本能欲求的美善潔淨，要求去除對於人身的種種不潔的思想，「世間唯一不潔的物，便只是那相信不潔的念。」希望能以自由和誠實為本改良兩性的關係。勃萊克認同：靈肉合一；力（Energy）是唯一的生命，從肉體出，理（Reason）便是力的外界；力是永久的悅樂。周所翻譯的與謝野晶子的《貞操論》也在當時產生極大的反響。周希望能把科學的光不僅放之於宗教政治領域，同樣也要放到道德、社會以及性的領域，解放拷著種種枷鎖的「人」。下面筆者以藹理斯（Havelock Ellis）〔註12〕為例

〔註11〕周作人：《祖先崇拜》，1919 年 2 月 23 日《每週評論》第 10 期，署仲密。收《談虎集》。

〔註12〕目前學界對此研究較少，據筆者看來，主要有兩個原因：一是「性」話題的敏感，其實藹理斯不僅僅是性心理學家，還是文藝批評家，文明批評家；二是資料的缺乏，藹理斯的作品中譯本極少，主要為性心理學方面的翻譯，主要有：中華書局 2006 年版，藹理士（Havelock Ellis）著，王青松譯：《禁忌的作用─藹理士隨筆》，東方出版社中心 2009 年 9 月版。〔英〕H.藹理士（Havelock Ellis）著，劉宏威等譯：《禁忌的功能》（英漢對照），中國人民大學出版社 2009 年 4 月版。〔英〕愛理斯著，莎文黑子編譯：《人性》，新世界出版社 2005 年 8 月版。〔英〕愛理斯（Havelock Ellis）著，楊東雄編譯：《幸福密碼》，喀什維吾爾文出版社 2004 年 8 月版。〔英〕埃利斯著，陳維政等譯：《性心理學》，貴州人民出版社，2004 年 5 月版。〔英〕埃利斯著，傅志強譯：《生命的舞蹈》，中國社會科學出版社 1994 年 1 月版。〔英〕埃利斯（Ellis·H.）著，尚新建等譯：《男與女》，中國文聯出版公司 1989 年 10 月版。關於《性心理學》譯本約 7 種，不再一一列出。

來考察藹理斯對周作人人學思想的影響。

周作人在《激進的妓女》一文中說道：「半生所讀書中，性學書給我影響最大，藹理斯，福勒耳，勃洛赫，鮑耶爾，凡佛耳臺，希耳須弗耳特之流，皆我師也。他們所給的益處比聖經賢傳為大，使我心眼開擴，懂得人情物理，雖然結局所感到的還是「怎麼辦」這一句話。」〔註13〕（我以為這種謙卑的態度使周作人成為一個文化上多元吸收兼蓄並包著，也促進了其自由主義立場，而盲信常常導致一元論而排外。）

探討周作人的思想，藹理斯（Havelock Ellis）的影響是一個無法繞過的路徑。蘇雪林稱周作人是「中國的藹利斯」〔註14〕，周自己也在不同時期一再宣稱藹理斯是其服膺的對象。「所讀書中，於他最有影響的是英國藹理斯的著作。」〔註15〕「藹理斯（Havelock Ellis）是我所最佩服的一個思想家……看了他的言論，得到不少利益，在我個人總可以確說，要比各種經典集合起來所給的更多。」〔註16〕藹理斯生前出版著作近40種，1940年止，周作人收集藹理斯的圖書竟達29冊。〔註17〕可見周對於藹理斯的情有獨鍾。周作人最早接觸藹理斯作品是在日本留學期間。周回憶留學期間常去的丸善書店時提到藹理斯的作品，「藹理斯的《性心理之研究》七冊，這是我的啟蒙之書，使我讀了之後眼上的鱗片倏忽落下，對於人生與社會成立了一種見解。」〔註18〕這是藹理斯對周作人的初次啟發。此外，日本的白樺派諸人如武者小路實篤、有島武郎、志賀直哉等對藹理斯的推崇也影響著周作人。藹理斯的原話、思想和觀點

〔註13〕周作人：《急進的妓女》，1936年7月25日作，載9月1日《宇宙風》第24期，署知堂。收《瓜豆集》時改題為《鬼怒川事件》。

〔註14〕蘇雪林：《周作人先生研究》，徐從輝編：《周作人研究資料》，天津人民出版社2014年版，第253頁。

〔註15〕周作人：《關於自己》，1937年7月22日作，載12月21日《宇宙風》第55期，署知堂。

〔註16〕周作人：《藹理斯的話》，1924年2月23日《晨報副刊》，署荊生。收《雨天的書》。

〔註17〕「藹理斯是醫師，是性的心理研究專家，所著書自七大冊的《性的心理》以至文藝思想社會問題都有，一總有三十冊以上，我所得的從《新精神》至去年所出的《選集》共只二十七冊。」參見：《關於自己》，1937年7月22日作，載12月21日《宇宙風》第55期。1940年又購得藹理斯的《我的生涯》（My Life 1939）、《從盧梭到普魯斯忒》（From Rousseau to Proust 1935）。

〔註18〕周作人：《懷東京之二》，1936年8月27日作，載10月1日《宇宙風》第26期，署知堂。收《瓜豆集》。

成為周多次徵引的對象。然而，學界對此研究較少深入探討。鑒於此，筆者將繼續深入探討這一命題。

藹理斯（1859～1939 年）是英國有名的善種學和性心理學家、文明批評家。和弗洛伊德與布洛赫等人的精神病學和性學研究相比，「藹理斯（Havelock Ellis）是來自英語世界唯一的主要參與者，他的『性心理研究』對維多利亞時代人們對待正常與非正常性行為的態度產生了重大影響。」〔註 19〕也有研究者將藹理斯之於現代性理論的貢獻比之於馬克斯·韋伯對於現代社會學、愛因斯坦對於現代物理的貢獻。「現代性思想出現的中心人物是藹理斯，而不是弗洛伊德，他也許有重要思想，但比不上藹理斯。」〔註 20〕不幸的是，藹理斯成為一個被遺忘的人物。儘管如此，仍有不少關於他的研究。美國評論家門肯（H·L·Mencken）稱他為「當代最文明的英國人」。他和尼采、弗洛伊德一樣是西方傳統文化的叛逆者。其 1896 年第一卷《性逆轉》（Sexual inversion）的出版出版後引起轟動，被譯成德、法、西、意等多種文字，而藹理斯卻因此受到責難，使他的思想更加沉鬱。《性心理學研究錄》的第二卷《羞怯心理的進化，性的季候性，自動戀》（The Evolution Of Modesty，The Phenomena Of Sexual Periodicity，Auto-Erotism）問世不久，出版商即被逮捕，數千冊書被查抄銷毀。就是這樣一個當時毀譽參半引起轟動的英國人如何影響了作為新文化重鎮的周作人並走進中國文化追求現代性的進程？下文將從生活之藝術，兩性觀念、婦女與兒童的發現，世界觀與人生觀三個方面做簡要考察。

「生活之藝術，其方法只在於微妙地混合取與捨二者而已。」

「生活之藝術」是周作人重要的思想命題，它密切關聯著「人」之重建。周作人「生活之藝術」設想的提出，直接緣於藹理斯影響。1924 年，周作人在《語絲》創刊號上發表《生活之藝術》一文。「生活之藝術這個名稱，用中國固有的字來說便是所謂禮。斯諦耳博士在《儀禮》序上說，『禮節並不單是一套儀式，空虛無用，如後世所沿襲者。這是用以養成自制與整飭的動作之習慣，唯有能理解萬物感受一切之心的人才有這樣安詳的容止。』」周作人贊

〔註 19〕〔英〕Johnson J. *Havelock Ellis and his "Studies in the psychology of sex."* Br J Psychiatry 1979；134(2): 522.

〔註 20〕〔英〕Paul Robinson. *The Modernization of Sex: Havelock Ellis, Alfred Kinsey, William Masters and Virginia Johnson.* Harper & Row1977: 3.

成辜鴻銘把「禮」譯成 Art，而不是 Rite，就含有對現在的「禮」之思考。周希望恢復「本來的禮」，而不是現在已經墮落的禮儀禮教。按照周的理解，這種近於 Art 的「本來的禮」意味著一種新的自由與節制，在於「禁慾與縱慾的調和」，依據藹理斯的話來說便是：「生活之藝術，其方法只在於微妙地混合取與捨二者而已。」從周作人的行文可知，「生活之藝術」的邏輯起點發端於藹理斯的性心理學、人類學的思想。

藹理斯在 1923 年出版了他的著作 *The Dance of Life*（《人生之舞蹈》）。本書中，藹理斯論述了舞蹈、思想、寫作、宗教與道德的藝術，這些可以總結為生活的藝術，本文一開篇就說道：「人們一直難以認清這樣一個事實：即他們的生活完全是一種藝術。」〔註 21〕從周作人行文時間來看，周作人正是仔細閱讀過本書。周作人在 1924 年 2 月 14 日《晨報副雋》上發表了《花炮的趣味》一文，開篇即引用藹理斯《人生之舞蹈》第一章的一段話，並對藹理斯提到的中國人喜歡花炮這一現象做出評論，而本文的寫作時間卻是「甲子年立春日」也即 1924 年 2 月 5 日。這說明周作人此時已經閱讀過本書。同年 2 月 23 日周作人發表在《晨報副刊》上的《藹理斯的話》，直接引用了藹理斯關於「生活之藝術」的觀點：「生活之藝術，其方法只在於微妙地混合取與捨二者而已。」並引用《聖芳濟與其他》一文中的一段話，這段話在後來的《生活之藝術》中被再次提及。

《生活之藝術》一文發表於 1924 年 11 月 17 日的《語絲》上，文中周再次提到藹理斯對於生活之藝術的獨到見解：「把生活當作一種藝術，微妙地美地生活……生活之藝術只在禁慾與縱慾的調和。藹理斯對於這個問題很有精到的意見，他排斥宗教的禁慾主義，但以為禁慾亦是人性的一面，歡樂與節制二者並存，並不相反而實相成。人有禁慾的傾向，即所以防歡樂的過量，並即以增歡樂的強度……一切生活是一個建設與破壞，一個取進與付出，一個永遠的構成作用與分解作用的循環。要正當地生活，我們須得模仿大自然的豪華與其嚴肅。他又說過，『生活之藝術，其方法只在於微妙地混合取與捨二者而已』。更是簡明的說出這個意思來了。」〔註 22〕我們可以看出周作人對

〔註 21〕〔英〕藹理斯著，徐鍾珏等譯：《生命之舞》，生活·讀書·新知三聯書店 1989年版，第 1 頁。
〔註 22〕周作人：《藹理斯的話》，1924 年 2 月 23 日《晨報副刊》，署荊生。收《雨天的書》。

藹理斯生活之藝術觀點的直接繼承。對周而言,「生活之藝術」包括飲酒的藝術、愛之術、處世法、禮、舞蹈、音樂等,它是凡人日常的重要組成部分,而這些連接著個人的趣味尚好,通向國族。生活如何藝術?藹理斯在《生命的舞蹈》採用了一個形象的譬喻,「這種(生命的)舞蹈是數序、韻律、計量和秩序的規律,形式約束影響力的規律以及局部從屬於整體的規律。舞蹈的真諦即在此。」生活之藝術的真諦在於能把握一種非常微妙的平衡,一種數序、韻律、計量和秩序的規律。後來,周用「中庸」來加以解釋,認為生活之藝術是似易實難的中庸。生活之藝術即中庸,即節制,即為縱慾的禁慾。中庸是儒家哲學思想的重要範疇,周為何說生活之藝術是中庸呢?

周作人常自稱儒家,而非儒教徒。儒家思想一個重要的思想是中庸思想。孔子在《論語・雍也》言:「中庸之為德也,其至亦乎!民鮮久也。」這表明「中庸」是先於孔子之前而存在的至高德行,百姓很少能做到。「中庸」一詞的意義〔註23〕,可參《中庸》第六章對舜的描述:「執其兩端,用其中於民。」中庸即「用中」,用中所造就的至德,若「用中」,則要具備「智仁勇」三達德。「用」兼含智與勇,「中」不離仁,仁的體現是善,實行在五達道中,即「君臣、父子、夫婦、昆弟、朋友之交。」《中庸》第二章:仲尼曰:「君子中庸,小人反中庸。君子之中庸也,君子而時中;小人之反中庸也,小人而無忌憚也。」朱熹注「中庸」為:「中庸者,不偏不倚,無過不及,而平常之理,乃天命所當然,精微之極致也。」1905 年,辜鴻銘在其《英譯〈中庸〉序》中向歐洲人介紹說:「中國字『中』的意思是中心的,——因此有正確的、真實的、公正的和恰好的意思;『庸』字的意思是共同的、一般的、平常的——因此有普遍的意思。這兩個中國字合起來的意思就是正確之真實,公正恰當的普遍標準,簡而言之,即關於正確的普通常識。」〔註24〕辜鴻銘的這一理解和周作人後來所提倡的「常識」有若干契合。簡言之,中庸可以說是儒學

〔註23〕不同的研究者有不同的理解,對「中庸」一詞的翻譯亦如是。James Legge 譯為「The Doctrine of the Mean」;E.R Hughes 譯為「the Mean in-Action」;辜鴻銘譯為「Central Harmony」;Ezra Pound 譯為「The Unwobbling Pivot」;杜維明譯為「Centrality and Commonality」;鄭玄將「庸」解釋為「用」;朱熹將「庸」解釋為「常」;安樂哲將中庸譯為「Focusing the Familiar Affairs of the Day」。參安樂哲、赫大維著,彭國翔譯:《切中倫常:〈中庸〉的新詮與新譯》,中國社會科學出版社 2011 年版,第 107 頁。

〔註24〕辜鴻銘著,黃興濤編:《辜鴻銘文集》(下),海南出版社 1996 年版,第 509頁。

乃至東方文化安身立命的根基。〔註25〕後五四時期的周作人對中庸推崇有加。1924 年其在《生活之藝術》中就推崇中庸：「其實這生活的藝術在有禮節重中庸的中國本來不是什麼新奇的事物，如《中庸》的起頭說，『天命之謂性，率性之謂道，修道之謂教，』照我的解說即是很明白的這種主張。不過後代的人都只拿去講章旨節旨，沒有人實行罷了。我不是說半部《中庸》可以濟世，但以表示中國可以瞭解這個思想。」〔註26〕直到 1930 年代他還念念不忘中庸，認為《論語》裏的孔子只是個哲人，不是全知全能的教主，不是耶穌而是梭格拉底之流亞，其所受益的終是中庸。〔註27〕

那麼，「中庸」和和周自 1920 年代中後期以來所標舉的「本來的禮」有什麼內在的關聯嗎？其實，先秦禮樂具有「中和」的審美特徵。「『和』主要借助『樂』來實現的，然而『禮』的基本精神也包括了『和』的因素。禮和樂都是效法天地自然的。」〔註28〕中和的特性是剛柔並濟，協調和諧，充分體現「中庸之道」。先秦禮儀中的人倫、婚姻及飲食之禮等均體現出這一精神。孔子畢生為復興周禮而奔走，孔子的「中庸之道」體現出「禮」的內在法則。由此觀之，周提出復興「本來的禮」和後來提出的「中庸」有著內在的一致，並不矛盾。

對於周作人而言，生活的藝術在於中庸，在於節制。「人禽之辨」在於人能夠學會調節，富有理智，「因為他知道己之外有人，己亦在人中，於是有兩

〔註25〕有不少研究者對於周作人的中庸思想存有爭議。錢理群曾指出周作人回到孔孟那裡去的主張是「徹頭徹尾的倒退和反動」（參《試論魯迅與周作人的思想發展道路》，《中國現代文學研究叢刊》1981 年第 4 期），舒蕪評價周作人的中庸主義「是頹廢的東西，是衰落的產物。」（參《周作人概觀》，湖南人民出版社 1986 年版，第 108 頁）錢理群與舒蕪對儒學的理解和新中國建立以後直至 1980 年代初期的文化與政治語境緊密相關。相對而言，隨時時代文化的多元取向，研究者的理解漸漸走出時代的迷思，富有新的視野。胡輝傑指出：「周作人以中庸為核心的『儒家的人文主義（Humanism）』的復興是屬比較理性而不情緒化、比較緩慢而不急進的方案之一，並不完全是一種烏托邦夢想。無論是就其本身的內在邏輯而言，還是從歷史發展的方向來看，它都有其自身存在的合理性依據和意義，代表了中國文化、文明發展的道路。」（參《周作人中庸思想研究》，湖南大學出版社 2010 年版，第 20 頁）胡論證了周作人以中庸為核心的「儒家的人文主義（Humanism）」復興的合法性。

〔註26〕周作人：《生活之藝術》，1924 年 11 月 17 日《語絲》第 1 期，署開明。收《雨天的書》。

〔註27〕周作人：《〈論語〉小記》，1935 年 1 月 10 日刊《水星》1 卷 4 期。

〔註28〕劉清河、李銳：《先秦禮樂》，北京師範大學出版社 2009 年版，第 124 頁。

種對外的態度，消極的是恕，積極的是仁。」〔註29〕周把中庸，仁與恕視為人之為人的本質性的東西。周十分推崇孔子的「己所不欲，勿施於人」，人類的文化亦有惡的事情，如暗殺，買淫，文字思想獄，為文明或王道的侵略，這些都是禽獸所不為的事。周希望孔子的這一思想成為一種具有普世價值的行為準則，「作我們東洋各國的當頭棒喝者」。總之，周作人的「生活之藝術」，一個不斷滑動的概念，是「禁慾與縱慾的調和」，是「禮樂」，是「中庸」。但它在不同層次上指向一個目標：「人」的生活。

不同於同時代的羅默（Sax Rohmer）對以「傅滿洲」為代表的中國「黃禍」形象的塑造，藹理斯對中國等東方文明保持著獨立的判斷，在《人生之舞蹈》中高度讚揚了古中國和古希臘所具有的高度文明，談及對中國「禮」與「欲」的看法，認為：「中國人的生活屬於一種平衡美學氣質及其過渡發展的藝術。」並加以論證，「整個古代和現代中國一直普及儒家制度，堅持儒家的禮儀，即使這種形式上的禮儀已與孔子原來『禮』的含意相去甚遠，即使孔子早已作古，中國人對禮儀的講究程度絲毫不減。儘管這種禮儀早已變成一種外在的形式主義。」「中國人愛花、愛亭臺樓閣、愛風景、愛詩詞繪畫，這些都體現了一個民族的溫和性。但同時他們又提倡禁慾主義，這又表現了他們無情的一面。」〔註30〕藹理斯對中國「禮」與「禁慾」的看法對周作人產生了影響。周作人在《生活之藝術》提出「復興千年前的舊文明」，恢復「本來的禮」，對於中庸的重視以及對中國縱慾與禁慾兩個極端的批判都與藹理斯有著莫大的關聯。可以說，周作人「生活之藝術」提出直接來自於藹理斯，並把直接或間接嫁接到中國的情境進行創造性轉化，以建立「人」之國度。

「凡物本來沒有不潔淨的，唯獨人以為不潔淨的，在他就不潔淨了。」

兩性觀念的開掘、婦女與兒童的發現是新文化「辟人荒」的重要內容，尤其是性的觀念緊密關聯著婦女解放，周在其中扮演了旗手的角色。從1904年發表的《論不宜以花字為女子之代名詞》到新文化時期翻譯與謝野晶子的《貞操論》，為郁達夫的《沉淪》、汪靜之《蕙的風》鳴不平，甚至延續到解放

〔註29〕周作人：《〈逸語〉與〈論語〉》，1936年4月16日刊《宇宙風》第15期。
〔註30〕〔英〕藹理斯著，徐鍾珏等譯：《生命之舞》，生活·讀書·新知三聯書店1989年版，第24頁。

後的書寫，這些都可以看出周關注這一問題的連續性。〔註31〕而靄理斯的兩性、婦女與兒童的觀念同樣給予周重要影響。

靄理斯對兩性觀念緣於自身獨特的生命體驗及維多利亞時代的社會風尚。西方女性長期以來一直作為「第二性」和「多餘的肋骨」處於附屬地位，這與其宗教傳統緊密相關。維多利亞時代的女性常常囿於家庭，無錢權，地位低微，犧牲自我、道德貞潔成為女性的道德規範。但這一時期也經歷了從女性被壓抑到女性意識覺醒的過程，女性作家的湧現即是其例。靄理斯正見證並參與了這一歷史進程。隨著達爾文的進化論在生物與人的觀念上掀起的革命，孟德爾建立了現代遺傳學，費希納和馮特等將自然科學的研究方法引入對人的精神活動的研究。在性學和性心理學領域，引人矚目的莫過於弗洛伊德和靄理斯，他們以豐富的研究成果奠定了現代性心理學的基礎。靄理斯的《性的心理》（*Studies in the psychology of sex*）（七卷）為性心理學方面里程碑式的著作。他第一個指出性別的決定與細胞裏的染色體有關，也指出性的啟發與性的教育對於「今日文明社會生活的意義，要比任何時代都大」。「性作為一種生理、心理、社會現象，始終伴隨著每一個人，它深刻地影響著一個人的健康、幸福和人格」。〔註32〕雖然性如此重要，但性問題被當時社會懸置了，靄理斯雖然並不能解決這一問題，但也努力給予人們以知識上的瞭解。「被忽視的錯誤在於它導致了試圖去壓抑不可能被壓抑住的東西，卻可以被扭曲。在其他文明中，性本能通常會在健康的環境中成長。在我們的現代文明中，卻不允許它健康發展。」〔註33〕

靄理斯不僅剖析了兩性間性衝動的心理以及兩性間的心理，而且從人類學善種學的角度來看待婦女兒童在人類進化上的意義。他在《男與女》中指出：「在類人猿中，幼仔比成體更接近於人類。這意味著幼仔進化水平比成體高。人的進化不是由雄性猿開始的，而是從幼仔開始，在較小的程度上從雌性猿開始。嬰兒與人類的關係和幼猿與猿類的關係相同，所以我們必然斷定，

〔註31〕關於周作人兩性的研究，蘇雪林、唐弢、舒蕪、錢理群、徐敏、徐仲佳等人已有研究成果，本人不再贅述，在這裡要指出的是靄理斯對周作人兩性關係研究的重要意義。

〔註32〕〔英〕愛理斯（Havelock Ellis）著，楊東雄編譯：《幸福密碼·序》，喀什維吾爾文出版社 2004 年版。

〔註33〕〔英〕John Stewart Collis: *Havelock Ellis: Artist of Life: a study of his life and work.* William. Sloane Associates1959: 105.

他與種族未來進化的關係也很相似……我們種族的進步是年輕人的進步。」
〔註34〕藹理斯強調女子在人類進化過程中的重要性，認為女子具有比男子更
高級的人類特徵，在某些方面引導進化過程，女子比男子更接近人類正在逼
近的人類形式。藹理斯指出婦女與兒童的人類學意義。

對於兩性的平等觀念，周作人受到藹理斯的影響。一方面注重男女權利
上的平等，同時又承認兩性具有不同的生理特點，每個人都具有自己獨特之
處。所謂的平等是在個體有區別、互相補充的基礎上建立起來的權利上的平
等。藹理斯曾在《男與女》中提及人們對兩性平等學說的誤解，「當女子『低
下』的傳統們被奉為無可懷疑的教條時，鼓吹女子的『平等權力』迫在眉睫，
整個 19 世紀，都是那麼轟轟烈烈，捷報頻傳。然而，嚴格地說，並沒有平等
這種東西。不僅男女之間沒有平等，男子與男子或女子與女子之間也沒有平
等，沒有哪兩個個體有真正的平等。因此，我們在談及兩性『平等』時，必須
確切地解釋其含義……我們並不能把平等理解為相像，而必須理解為『等
價』。」〔註35〕藹理斯對男女平等的闡釋對於當時的婦女運動而言無疑是一種
深化，這一觀點在周作人的思想中得到繼承。周作人在 1918 年 10 月所作首
次提到藹理斯的《隨感錄三十四》〔註36〕一文中，考察英國凱本德（Edward
Carpenter）著的《愛的成年》（*Love's Coming of Age*）時提到的女子問題，援
引了藹理斯的兩著《性的進化》（*Evolution in Sex*）和《新精神》（*The New Spirit*）
中的言論，希望能以自由和誠實為本，改良女性的狀況和兩性的關係。女子
的解放不僅僅是經濟獨立的問題，又要兼顧到女子自身的特殊情況，比如生
產（生育）；同時要去除關於女子「不潔的思想」。周在自己的文章中多次對
男女平等的實質內涵進行了深入探討。

對於兩性婚姻以及性本身，周作人希望人們能以現代健康的眼光去看待，
而不是一種道學的觀念。他在《結婚的愛》等文中常常引用聖保羅和藹理斯
的話對所謂的具有婚姻自由的新面孔而骨子裏仍是舊思想的人加以譏諷。「聖
保羅說：『凡物本來沒有不潔淨的，唯獨人以為不潔淨的，在他就不潔淨了。』

〔註34〕〔英〕埃利斯（Havelock Ellis）著，尚新建等譯：《男與女》，中國文聯出版
　　　　公司 1989 年版，第 375～376 頁。

〔註35〕〔英〕埃利斯（Havelock Ellis）著，尚新建等譯：《男與女》，中國文聯出版
　　　　公司 1989 年版，第 382～383 頁。

〔註36〕周作人：《隨感錄三十四》，1918 年 10 月 15 日《新青年》第 5 卷第 4 號，署
　　　　作人。收《談龍集》時改題為《愛的成年》。

藹理斯在《聖芳濟及其他論》中說，『我們現在直視一切，覺得沒有一件事實太卑賤或太神聖不適於研究的。但是直視某種事實卻是有害的，倘若你不能潔淨地看。』以上也就是我的忠告。」〔註 37〕周作人希望人們能以科學的純潔的眼光來看待兩性之愛，在他看來，欲是本能，愛是藝術，是本於本能而加以調節者。兩性之愛不能以道學的和宗教的眼光審視，這是周作人難能可貴的勇氣，在其溫和的氣質之下卻有為宣傳現代人學思想的堅定，周借助文化人類學的視野，將性從禮教和宗教中解放出來。比如對於裸體的態度。藹理斯在論《聖芳濟及其他》（St．Francis and others）文中有云：「希臘人曾將不喜裸體這件事看作波斯人及其他夷人的一種特性，日本人——別一時代與風土的希臘人——也並不想到避忌裸體，直到那西方夷人的淫逸的怕羞的眼告訴了他們。我們中間至今還覺得這是可嫌惡的，即使單露出腳來。」〔註 38〕周作人認為「淫逸的怕羞的眼」是一種「從淫逸發生出來的假正經」，具有「宗教與道學的偽善」。而日本生活裏的有些習俗如清潔，有禮，灑脫倒是一種生活的理想，灑脫與有禮並不衝突。正如本尼迪克特在《菊與刀》中的觀察：「在日本人的哲學中，肉體不是罪惡。享受可能的肉體快樂不是犯罪。精神與肉體不是宇宙中對立的兩大勢力。」〔註 39〕日本人把肉體享樂當作值得培養和學習的生活智慧，同時又鄙視對性的沉溺放縱，他們的性觀念洗滌了恥辱感和不潔感，抱有一種對肉體的美與醜均能正視的「性自然觀」。在《隨感錄》中，藹理斯提到「女子的羞恥」，藹理斯舉了兩個例子：房屋失火情願死在火裏不肯裸體跑出來的意大利女人和一個脫去衣服救人的女子。對於後者，在藹理斯看來是「優美而大膽的」。並提出自己的現代女性理想：「我夢想一個世界，在那裡女人的精神是比火更強的烈焰，在那裡羞恥化為勇氣而仍還是羞恥，在那裡女人仍異於男子與我所欲毀滅的世界並無不同，在那裡女人具有自己顯示之美，如古代傳說所講的那樣動人，但在那裡富於為人類服務而自己犧牲的熱情，遠超出於舊世界之上。」〔註 40〕這一女性理想也獲得周

〔註 37〕周作人：《〈結婚的愛〉》，1923 年 4 月 18 日《晨報副刊》，署作人。收《自己的園地》。

〔註 38〕周作人：《懷東京》，1936 年 8 月 8 日作，載 9 月 16 日《宇宙風》第 25 期，署知堂。收《瓜豆集》。

〔註 39〕〔美〕本尼迪克特（Benedict，Ruth）著；呂萬和等譯：《菊與刀》，商務印書館 1990 年版，第 131 頁。

〔註 40〕〔英〕藹理斯：《藹理斯〈感想錄〉抄》，周作人譯，載 1925 年 2 月 9 日《語絲》第 13 期。收《永日集》。

作人的高度認同，周在其所譯的與謝野晶子的《貞操論》的後記中也提出類似觀點。周作人曾將日本比作另一個小希臘，藹理斯的性自然觀對於周作人的影響不可忽視。周作人鼓勵青年人寫情詩，自己也寫情詩《她們》、《高樓》兩則，周作人後來把兩性感情和中國古代「發乎情止乎禮」的傳統接洽起來。

　　然周作人對於其時的中國女性解放和兩性教育似乎並不樂觀。1928 年 3 月 18 日北京《世界日報》「明珠」欄所載云召先生的《小說話》中有一節文章，是論「不良小說」的，認為其時禁止的包括《愛的藝術》在內的十一種不良小說都應該禁止，「《愛的藝術》是外人藹里斯著的……此三書便是好書也該禁止，況且在性教育尚未確定的中國，這些非科學式的科學書是應該禁止發售的。」〔註41〕《愛的藝術》為《性的心理之研究》第六卷中的一章，其學術上地位其時已有定論。然而在所謂的文明國卻遭遇被禁的命運，周為之歎惋感慨。上溯中國古代，周作人讀到《雙節堂庸訓》卷一《述先》中所記「顯生妣徐太宜人佚事」，徐氏生病遇條石可坐卻未坐，說「此過路人坐處，非婦人所宜」；徐氏寡言笑，有畫師為其寫真解頤，徐氏不應，後曰「吾夜間歷憶生平，無可喜事，何處覓得笑來。」周讀之黯然，並想到自己的祖母作為一個女人在禮教壓抑下永劫的苦境，周的親見感通，使他對封建之禮教極為憤慨，聯繫到當下女性的境況他有著深深的失落感。「我向來懷疑，女人小孩與農民恐怕永遠是被損害與侮辱，不，或是被利用的，無論在某一時代會尊女人為聖母，比小孩於天使，稱農民是主公，結果總還是士大夫吸了血去，歷史上的治亂因革只是他們讀書人的做舉業取科名的變相，擁護與打倒的東西同樣是藥渣也。」〔註42〕周作人的痛楚直指歷史的深處，幾千年的禮教使女人成為背負道德宿命，被規訓與懲罰的囚徒，故新文化啟婦女解放之先聲，女性解放是「人」的解放的重要內容，是社會改革的重要步驟。周擔心女人、孩子與農民「被損害與侮辱」，永遠處於社會的弱勢地位。女性的解放有著太多的羈絆，必須進行更深入更廣遠的改革才能有所成效。這一關懷一直持續到周之餘生。

〔註41〕周作人：《〈愛的藝術〉之不良》隨感錄（一一三），1928 年 4 月 16 日刊《語絲》4 卷 16 期，署豈明，收《永日集》。

〔註42〕周作人：《女人的命運》，1937 年 1 月 11 日作，載 2 月 16 日《宇宙風》第 35 期，署知堂。收《秉燭談》時改題為《雙節堂庸訓》。

兒童同樣是藹理斯關懷的對象，這一點也對周作人有所啟發。藹理斯注重童話對兒童的作用，為周作人所體察：「以性的心理與善種學研究著名的醫學博士藹理斯在《凱沙諾伐論》中說及童話在兒童生活上之必要，因為這是他們精神上的最自然的食物。倘若不供給他，這個缺損永遠無物能夠彌補。」〔註43〕周對童話的翻譯、對童謠的收錄等教育兒童的工作也與他的這一感受密不可分。藹理斯反對「聖書」教訓成為兒童讀物，他在《我的告白》（*My Confessional* 1934）說道：

現代教育上有許多看了叫人生氣的事情。這樣的一件事特別使我憤怒，這就是那普遍的習慣，將最崇高的人類想像的大作引到教室裏去，叫不識不知的孩兒們去摸弄。不大有人想要把沙士比亞，瑪羅和彌耳敦拉到啟蒙書堆裏去，讓小孩們看了厭惡，（還有教師們自己，他們常常同樣地欠缺知識，）因為小孩們還不能懂得這裡邊所表現的，所淨化成不朽的美的形色的，各種赤裸的狂喜和苦悶。聖書這物事，在確實懂得的人看來，正也是這種神聖的藝術品之一，然而現在卻也就正是這聖書，硬拿去塞在小孩的手裏。〔註44〕

同樣，周拒絕在兒童教育上把所謂的「聖書」「教訓」硬塞給小孩，這樣做違反了孩子的天性。周作人由英國聯想到中國，「性教育的書豈能敵得《孝經》乎」，周曾發多篇文章申訴了這一觀點。周感到在一個倫理化道德化的中國，現代科學知識的推行遭受到過去勢力的種種阻力。

「將那光明固定的炬火遞在他的手內，自己就隱沒到黑暗裏去。」

周作人的世界觀以及對人生的態度亦受到藹理斯的影響。他尤其喜歡藹理斯《性的心理研究》中的兩節話，節錄如下：

「有些人將以我的意見為太保守，有些人以為太偏激。世人總常有人很熱心的想攀住過去，也常有人熱心的想攫得他們所想像的未來。但是明智的人站在二者之間，能同情於他們，卻知道我們是永遠在於過渡時代。在無論何時，現在只是一個交點，為過去與未來相遇之處，我們對於二者都不能有所怨懟。不能有世界而無傳統，亦不能有生命而無活動。正如赫拉克來多思

〔註43〕周作人：《溝沿通信之三（致孫伏園）》，1924 年 9 月 1 日作，載 3 日《晨報副刊》，署開明。收《雨天的書》時改題為《科學小說》。
〔註44〕周作人：《關於讀聖書》，1934 年 12 月 5 日《華北日報》，署難知，收入《苦茶隨筆》。

在現代哲學的初期所說，我們不能在同一川流中入浴二次，雖然如我們在今日所知，川流仍是不斷的回流著。沒有一刻無新的晨光在地上，也沒有一刻不見日沒。最好是閒靜的招呼那熹微的晨光，不必忙亂的奔向前去，也不要對於落日忘記感謝那曾為晨光之垂死的光明。

在道德的世界上，我們自己是那光明使者，那宇宙的歷程即實現在我們身上。在一個短時間內，如我們願意，我們可以用了光明去照我們路程的周圍的黑暗。……我們所有的技巧便在怎樣的將那光明固定的炬火遞在他的手內，那時我們自己就隱沒到黑暗裏去。」〔註45〕

周作人以為這是「很好的人生觀」，「或者說是藹理斯的代表思想亦無不可。」「這兩節話我頂喜歡，覺得是一種很好的人生觀，沉靜，堅忍，是自然的，科學的態度。二十年後再來寫這一冊的《性的心理》，藹理斯已是七十四歲了，他的根據自然的科學的看法還是仍舊，但是參透了人情物理，知識變了智慧，成就一種明淨的觀照。」〔註46〕這段話常常為周氏所徵引，可見周對它的欣賞。在茫遠的時空中，「我們」只屬於「過渡時代」：一個渺小的過去與未來的交點。這種人類學意識使其跨越了國族的疆界，使「個人」的意義直通「人類」，這也是周作人在《人的文學》中所一再言說的訴求。「自我」被這種巨大的時空壓抑得近乎虛無，所以才有後文的「黑暗」。這種「過渡時代」的意識更近於魯迅的「中間物」意識，所不同的是，魯迅更多的汲取了尼采的生命意志，把尼采的「超人」轉變為「精神界之戰士」，充滿叛逆、反抗、破壞與超越。周作人則更多地取自藹理斯的「明淨的關照」，雖然其中不乏「叛徒」的因素。這種時空觀在藹理斯的《感想錄》中得到更明確的表達。藹理斯在《感想錄》（*Impressions and Comments*）中談及「進步」。在藹理斯看來，世界並非直線進步，「進步」毋寧說是世人的一種建構。「那佔據人心的進化之永久的動作，長有迴旋之永久的動作與之抗衡。」也非簡單的循環，世界像「噴泉之接續的迸躍，光輝的火焰之柱」，如赫拉克來多思（Herakleitos）的譬喻，「那永生的火焰，適度的燃著，同樣的吹熄。」世界似「這半透明的神秘的火焰不死地照在我們眼前，沒有兩剎那間是同一的，常是神異地不可測計，是一個永久流動的火之川流」，「我們是永遠立在新事件發生的瞬間，這

〔註45〕周作人：《藹理斯的話》，1924 年 2 月 23 日《晨報副鐫》，署槐壽，收入《雨天的書》。

〔註46〕周作人：《性的心理》，1933 年 8 月 18 日作。收《夜讀抄》。

些事件的重大遠過於我們一切的夢想。」「沒有人能預知生命的泉之此後的變相」。〔註47〕總之，世界既非直線型的進步，也非簡單的進步與倒退的簡單循環，而是帶有不可知論的色彩。

周的個人和人類通約，直接指向廣漠之宇宙。換而言之，周作人的個人主義是建立在承認個人理性有限性的基礎之上，這使人聯想到哈耶克關於個人主義的論述：哈耶克認為十八世紀英國思想家的真正個人主義和法國笛卡爾學派的所謂「個人主義」在對待理性的看法上有所不同，前者認為理性在人類事務中起著相當小的作用，個人理性是有限的，但保持每個人的自由就會超出個人理性所能設計或預見到的成就。後者假定每個人都是完全均等地擁有理性，並且人類取得的成就都直接是個人理性控制的結果。前者的產生由於意識到個人智力的有限而對社會過程採取謙卑的態度；後者過於相信個人理性力量，相信歷史發展的必然規律而對那些沒有經過理性設計或充分理解的事物非常輕蔑。這種對理性的迷信會導致利用強權來產生組織或協作。〔註48〕這種對理性的認知可以從人類歷史的發展中管窺。對理性有限性的認同會使人在面對遼遠宇宙時保持塵埃之微的謙遜心態。對周而言，既認可理性，又承認理性的有限性，這構成其思想的一部分，也是其保持「平和」姿態的重要思想資源。

那麼，處於這種不可知的世界中，處於永遠的「過渡時代」，「人」何去何從？藹理斯把「我們」定位於「光明使者」，「用了光明去照我們路程的周圍的黑暗」。這裡，「我們」既是既有文明的承載者，也是新文明的啟蒙者，這都處於人類文明演進的鏈條上。可能是過於遠闊的宇宙意識及人類意識，藹理斯在對待人生時選取了「閒靜的招呼」，而不是「忙亂的奔向前去」。這一人生態度在周作人這裡得到承繼。雖然這是一個充滿象徵的譬喻，但綜觀周的一生的大部分，這一說法並不為過。但周的這種「人類意識」與「閒靜的招呼」的背後是一種樂觀還是一種虛無？周所欣賞的《傳道書》做了很好的回答。

藹理斯曾在《感想錄》（*Impressions and Comments*）中談及《舊約》中的《雅歌》與《傳道書》，稱讚《傳道書》是「最明智的，最人情的，最永久地

〔註47〕〔英〕藹理斯：《藹理斯〈感想錄〉抄》，1925年1月30日周作人譯，載2月9日《語絲》第13期。收《永日集》。

〔註48〕〔英〕哈耶克著，賈湛等譯：《個人主義與經濟秩序》，北京經濟學院出版社1989年版，第17頁。

現代的那一卷」，《雅歌》則是「詠男女之美」的好詩，「這是所有對於肉體崇拜的詠歎之傑作」。但在《傳道書》中含有更深的智慧：

「這（《傳道書》）真是愁思之書；並非厭世的，乃是厭世與樂天之一種微妙的均衡，正是我們所應兼備的態度，在我們要去適宜地把握住人生全體的時候。古希伯來人的先世的兇悍已經消滅，部落的一神教的狂熱正已圓熟而成為寬廣的慈悲，他的對於經濟的熱心那時尚未發生。在缺少這些希伯來特有的興味的時代，這世界在哲人看來似乎有點空了，是『虛空』之住所了。然而這裡還留著一種偉大的希伯來特性，一切特性中之最可寶貴者，便是溫暖的博愛的世界主義。」〔註49〕

這智慧便是「厭世與樂天之一種微妙的均衡」，是「一神教的狂熱」轉化為「寬廣的慈悲」和「博愛的世界主義」。藹理斯從《傳道書》中看出智慧，周作人從藹理斯中讀出「明淨的關照」，雖然這種關照或強或弱，或激憤或平和。這種「明淨的關照」深化了周作人的轉向：由一個思想革命與主義的佈道者轉向一個沉思者，一個疏離社會卻又保持思考與關注的人，這是後五四時期周作人的主要特徵。這種「明淨的關照」也成為周作人的世界觀、人生觀及其人學思想的重要組成部分。

周的這種人類哲學使他傾心於「新村主義」，孜孜不倦地建構他的世界主義烏托邦。而「新村主義」破產後轉而俯身訴諸於「大東亞」的夢幻，雖然不無脅迫的性質，但亦雜陳著周企圖超越歷史的塵夢。歷史是殘酷的，文化之鳥折翅於歷史當下的廣漠與沈寂，周死於自己的「捕風」之旅。

「藹理斯的時代」

其實，不僅僅是周作人，20世紀初的中國對藹理斯都情有獨鍾。潘光旦、張競生、周建人、金仲華等人對藹理斯均有重要的譯介，甚至出現一時「滿城爭說藹理斯」。〔註50〕然而，藹理斯仍時有不受待見。胡風對藹理斯的批評即是其例。

胡風在《林語堂論》中批評林語堂的小品文實踐，認為林的「寄沉痛於幽閒」實際上是封建士大夫的閒居情趣，遠離了社會現實和五四文學精神，

〔註49〕〔英〕Havelock Ellis: *Impressions and Comments*，見周作人譯《藹理斯〈感想錄〉抄》，1925年2月9日《語絲》第13期。
〔註50〕呂叔湘：《藹理斯論塔布及其他》，《讀書》1991年第3期。

並把林的「閒適」上溯至周作人。胡風認為「藹理斯底時代已經過去了，末世的我們已經發現不出來逃避了現實而又對現實有積極作用的道路。」批評周文找不出真實意義的「叛徒」來。〔註51〕胡文寫於被稱為「小品文年」的 1934 年的年末，該文刊載於《文學》1935 年 1 月的新年專號上，其針對性不言而喻。1934 年，文壇上掀起了小品文熱。也有了「小品文論戰」和周作人「五十自壽詩」事件。作為左翼成員的胡風對林、周的小品文的批評同廖沫沙、聶紺弩、阿英等左翼成員對小品文的批評並無二致。寫作此文前，胡就周的「五十自壽詩」寫作《「過去的幽靈」》（1934 年 4 月）對周的「談狐說鬼」進行批評。

周作人隨後針對胡風的「藹理斯底時代已經過去了」進行回應：「他的依據卻總是科學的，以生物學人類學性學為基礎，並非出發於何種主義與理論。所以愛理斯活到現在七十六歲，未曾立下什麼主義，造成一派信徒，建立他的時代，他在現代文化上的存在完全寄託在他的性心理的研究以及由此瞭解人生的態度上面。現代世界雖曰文明，在這點上卻還不大夠得上說是藹理斯的時代，雖然蘇俄多少想學他，而卍字德國則正努力想和他絕緣，可憐中華民國更不必說了……藹理斯只看見夜變成晨光，晨光變成夜，世事長此轉變，不是輪迴，卻也不見得就是天國近了，不過他還是要跑他的路，到末了將火把交給接替他的人，歸於虛無而無怨尤。這樣，他與那有信仰的明明是隔教的，其將挨罵也是活該，正如一切隔教者之挨罵一樣，但如稱之為時代已經過去則甚不巧妙耳。」〔註52〕周秉持其一貫的態度，篤信藹理斯的生物學人類學性學，這種「自然」哲學反對各種主義和理論及其衍生的各種「八股」，這其實觸及到周思想哲學的根本。換而言之，周的生物學、人類學、性學思想歸於現代「科學」觀念的範疇。新文化時期，「科學」振聾發聵，周作為新文化的主將對科學的推崇亦不列外。及至晚年，他還不斷創作科學小品。

針對周的這種論調，胡風強調人的社會屬性，認為每種性的迷信或道德成見都是特定社會制度的反映，反對把人從社會的存在還原為自然的存在。「如果離開了社會構成和發展底法則，只是用自然科學來解釋人間社會的現象，那所謂科學就一定會變成莫名其妙的東西。」對於周作人對「明淨的關

〔註51〕胡風：《林語堂論》，1934 年 12 月 11 日作，載《文學》1935 年第 1 期。
〔註52〕周作人：《藹理斯的時代》，1935 年 1 月 20 日《大公報》文藝副刊第 135 期，署知堂。收《苦茶隨筆》。

照」的提倡和對「教徒般的熱誠」的反對，胡風立於社會現實與鬥爭的立場加以反駁：「連生命都朝不保夕的中國大眾為了『求生』為了『求勝』的『熱誠』為什麼反而是可嘲笑的東西？知堂先生『身入地府』，『如實地觀察過去』，然而卻鄙視現在身在『地府』的我們想爭取一個較好的明天！他希望我們感謝那曾為晨光之垂死的落日，但如果我們並不是苦雨的詩人而是赤地千里上的耕者或是在火熱的沙石路上雙足流血了的旅客呢？」〔註53〕在另文《藹理斯・法朗士・時代》中他引用法朗士的話譏諷周的自私與卑怯，認為周對兩個陣地的抗拒與疏離是一種趨利自保的偽善。「法朗士的聲音裏面才有真實的人間的氣息。」〔註54〕胡風認為人類的歷史是鬥爭的歷史。其時胡風剛從日本留學歸來，汲取了馬克思主義文藝理論，身為左翼的重要成員，立足於社會現實的鬥爭。對於胡而言，處於水深火熱的人民大眾需要的是「求生」、「求勝」的「熱誠」，而不是遠離當下的「明淨的關照」，胡言周「身為血肉的身子而要用上帝的眼光來看這個世界」，這符合胡風當時的左翼立場。而周則更多的承接了藹理斯的善種學、人類學、生物學和和自然人性論的關懷，因為藹理斯是一個「自然歷史家」（Natural-historian），而非唯心主義者或道德家。

胡風與周作人一個現實，一個迂儒，雖然同樣根植於人道主義立場，但一個堅守現實主義立場，一個抱有烏托邦的夢幻；一個扎根大地，面向蒼生大眾，堅持「渡人」，一個漫步於時間的長河之中，以人類學的視野，凌空蹈虛，希望「渡己」以「渡人」，然最終從空中墜落。這種夢想家的迂闊和內斂敏訥的氣質伴隨著周的一生，從新文化的新村之夢，到抗戰時期的「大東亞」之夢，一直延續到晚年的希臘神人之夢。這場論爭中，藹理斯並非論爭的焦點，而是更多的指向「言外之意」，然卻觸及到胡與周兩個人或者說兩類人不同的知識與理論背景，這也預示了以後的異路。

必須指出的是，周對藹理斯的認同在後五四時期進行了中國式的轉化與重建。他把藹理斯的世界觀與人生觀轉化為對現實的「明淨的關照」，這種關照以其人類學的視野遼闊迂遠，而不勝歷史現實的淒風苦雨，國族的旗幟在人類的當下從來都是高高飄揚；他把藹理斯的兩性、婦女與兒童的思想轉化為對中國傳統兩性關係的開化，對婦女與兒童的發現與再造；他把生活之藝術轉化為對中庸、禮樂傳統的嫁接，把凡人日常從宏大敘事中剝離出來，進而進行百姓日

〔註53〕胡風：《「藹理斯的時代」問題》，載 1935 年《文學》第 4 卷第 3 期。
〔註54〕胡風：《藹理斯・法朗士・時代》，載 1935 年 3 月 5 日《太白》第 1 卷第 12 期。

用的別類重建，這種重建因而更具備現實的土壤。這也是周一反新文化時期的激進，轉身中國現實語境的再次嘗試。不過，現代性的選擇具有多種面向和可能性，周的夢幻在中國大歷史的縱橫開合中再次成為一種捕風。

在這裡我還想指出的一點是：受藹理斯的影響，周作人對待新文化的態度是一種生理學式的眼光，不僅揭出病痛，還有建設性的方案。劉再復曾把看待社會的眼光分為兩種：生理學眼光和病理學眼光，前者著眼於「揭發、批判、破壞、療治」；後者著眼於「生長、營養、建設」。他認為五四新文化運動的特點是「用病理學的眼光來看待社會和歷史」。〔註55〕五四新文化對傳統文化的顛覆，魯迅式「吃人的筵席」「鐵屋子」，國民性的批判等，這些屬於病理學式的啟蒙。但缺少揭發批判之後如何進行傳統的現代轉換的問題意識。在我看來，周作人在這一問題上是屬於生理學式的，他在新文化運動中，對於「人」的發現，以及國語建設的意見等多方面的見解是建設性的；後五四時期，周的「復興」想像亦是對中國文化文學建設方案的另類訴求，這將在後文展開。周作人這一生理學式的眼光與其崇拜的藹理斯是一個生理學家、文明批評家的位置有很大的關係。

當然藹理斯的思想僅是周作人「人學」思想的重要淵源之一，周作人的人學思想來源具有複雜多樣性，比如儒家人文主義思想、古希臘文化、日本文化、基督教的愛與恕等思想對周作人人學思想的影響，但學界已有較多研究，所以本文不再一一探討。

三、「人」的危機：「獸」、「人」、「鬼」與「神」

> 他畢竟還是詩人，他的工作只是喚起人們胸中的人類的愛與社會的悲，並不是指揮人去行暴動或別的政治運動；他的世界是童話似的夢的奇境，並不是共產或無政府的社會。他承認現代流行的幾種主義未必能充分的實現，階級爭鬥難以徹底解決一切問題，但是他並不因此而是認現社會制度，他以過大的對於現在的不平，造成他過大的對於未來的希望，——這個愛的世界正與別的主義各各的世界一樣的不能實現，因為更超過了他們了。想到太陽裏去的雕，求理想的自由的金絲雀，想到地面上來的土撥鼠，都是嚮往於詩的

〔註55〕劉再復：《病理學啟蒙的反思：劉再復、李澤厚對談錄》，見劉再復：《共鑒「五四」》，福建教育出版社 2010 年版，第 88 頁。

烏托邦的代表者。〔註56〕

上文是周作人 1922 年紀念愛羅先珂去芬蘭旅行的文章,是對愛羅先珂的一種詩意描述,頗有意味的是,考察周作人的其時的文學與思想實踐,這未嘗不是他關於自我的一種隱喻。

五四新文化時期,周作人充滿了各種希望,但隨著新文化的落潮,周關於新村主義實踐的失敗,加上大病一場,周作人在後五四時期,漸漸放棄了各種「理想」和「主義」的訴求。周說:「托爾斯泰的無我愛與尼采的超人,共產主義與善種學,耶佛孔老的教訓與科學的例證,我都一樣的喜歡尊重,卻又不能調和統一起來,造成一條可以行的大路。」〔註57〕如同茅盾等作家所經歷的「幻滅」「動搖」,後五四時期的周作人同樣經歷了思想上的混亂與動搖,如同「鄉間的雜貨一料店」,質疑思想上可以普世的「國道」。然而其人學思想一直是周所秉持的價值尺度,即使在後五四時期。但在後五四時期,周作人人學思想的體系的話語中心由以前對於「人禽之辨」轉向了對「鬼」與「神」的批判,也即話語重點從「獸」與「人」轉向「鬼」與「神」。而這四個方面也構成周作人人學思想的重要參照體系。在我看來,周作人的人學思想是其思想的核心體系,但人學思想的生成並不是可以自我言明的,而是生成於一個參照體系之中。周作人人學思想的參照系便是「獸」、「鬼」與「神」,正是在這一參照系中,「人」的思想才得以確立,才構成一個完成的人學思想體系,雖然如上文所示,它是一個逐步完善和遷移的過程,但其概念的基本範疇幾乎未有變動,這也使我們更好地理解周作人的人學思想。

「獸」,從西方文化背景而言,人與動物的聯繫由來已久。柏拉圖、亞里士多德等人曾指出「人」與「動物」之間的關係。柏拉圖在《法律》中說:「人是一種溫順的有教養的動物;不過,仍然需要良好的教育和優良的素質;這樣,在所有動物之中,人就可以變得最高尚、最有教養。但如果他所受的教育不足或很壞,那麼他就是世界上所有生物中最粗野的。」〔註58〕柏拉圖闡

〔註56〕周作人:《送愛羅先珂君》,1922 年 7 月 14 日作,載 1922 年 7 月 17 日《晨報副刊》,署仲密。

〔註57〕周作人:《山中雜信一(致孫伏園)》,1921 年 6 月 6 日作,載 7 日《晨報副刊》,署仲密。收《雨天的書》。

〔註58〕〔美〕莫特瑪·阿德勒等編:《西方思想寶庫》,周漢林等譯,中國廣播電視出版社 1991 年版,第 6 頁。

釋了教育和素質之於人的重要意義，正因為如此，才使人和動物有了區分。亞里士多德在《政治學》中說：「人趨於完善之後，就是動物中最好的，但一旦脫離法律與正義的約束，卻是最壞的。——如果人沒有美德，人就成了動物中最邪惡、最殘暴、色慾與食欲也最大的動物。」〔註59〕亞里士多德人物人要在法律和正義的約束之下才能趨於完善。他們兩者指出了教養、美德、法律之於人的重要意義。人一方面是「獸」，具有「獸」的生理特徵，另一方面，又是從「獸」進化而來，需要道德律法的節制。尤其是達爾文提出進化論之後，人一直就擺脫不了和動物的關係。

中國的先秦儒家也有「人禽之辨」的說法。孔子曰：「鳥獸不可與同群，吾非斯人之徒與而誰與？」（《論語·微子》）孔子著重人與鳥獸的分別，首在人與鳥獸為不同類別之物種，也即《周易·繫辭上》「人以類聚，物以群分」之義。孔子的「人禽之辨」重在人有「仁」與「知」。在馮友蘭看來，所謂「仁」即人之真性情，「《論語》中言仁處甚多，總而言之，仁者，即人之性情之真的及合理的流露，而即本同情心以推己及人者也。」〔註60〕孟子繼承發展了孔子的思想，更側重道德倫理是人之為人的特質，使人「最為天下貴也」。人與禽獸差異在於「幾希」：「人之所以異於禽獸者幾希，庶民去之，君子存之。」（《離婁下》）清學者焦循在注疏此句時指出：「飲食男女，人有此性，禽獸亦有此性，未嘗異也。乃人之性善，禽獸之性不善者，人能知義，禽獸不能知義也。因此心之所知而存之，則異於禽獸。」〔註61〕「幾希」即孟子在孔子的「仁」的思想基礎上對儒家倡導的美德的概括，包括了克己復禮、愛人、孝悌、忠恕、敬、忠、勇、恭、等內容。到了清代，「人禽之辨」內涵的豐富性進一步擴大，並出現了放棄理學話語和嚴格的道德主義傾向，戴震、龔自珍等清代學者否定了道德的先驗性，認為道德是後天建構的，是經過人類的實踐而形成的，並把人的自然欲望的滿足放入合乎道德的範疇之中。也即他們肯定了生物意義的人和文化意義上的人而不是只是道德主義的人。

後五四時期，周作人在現實的屢屢碰壁中轉向了對草木魚蟲的閱讀，格

〔註59〕〔美〕莫特瑪·阿德勒等編：《西方思想寶庫》，周漢林等譯，中國廣播電視出版社1991年版，第7頁。

〔註60〕馮友蘭：《中國哲學史》（上冊），上海：華東師範大學出版社2000年版，第60頁。

〔註61〕焦循：《孟子正義》，河北人民出版社1988年版，第334頁。

物致知，以資人生問題的探尋。清朝平湖錢步曾著《百廿蟲吟》一卷，一百二十章詩為詠蟲之作。著者自序云：「盈天地間皆物也，而其至紛賾至纖細者莫如昆蟲……暇日無事，偶拈小題，得詩百餘首，補《爾雅箋疏》之未備，志《齊民要術》所難周，蠕動蜎飛，搜羅殆略盡矣。明識雕蟲末技，無當體裁，或亦格物致知之一助云爾。」周作人認為格物可以記錄生物之生態，益於學術；同時還可以看出生物生活的本來，做人生問題的參考。生物的行為無是非善惡可言，但人卻不同。

「人因為有了理智，根本固然不能違反生物的原則，卻想多少加以節制，這便成了所謂文明。但是一方面也可以更加放縱，利用理智來無理的掩飾，此乃是禽獸所不為的勾當，例如燒死異端說是救他的靈魂，占去滿洲說是行王道之類是也。」〔註62〕周指出作為高級生物「人」的悖論：一方面造就了文明，另一方面也可以比其他禽獸更為放縱墮落。正如周在《人的文學》中對「獸」的比較，周意在建立「人」的價值尺度。周在此處通過格物來批判「人」之「獸」所不為的勾當，這是對人之為人的極大諷刺。充滿人文主義精神和具有現代意識的「人」始終是周作人的核心價值，個體的自由意志，節制，寬恕，博愛構成其「人」之理想的關鍵價值。從五四新文化以及後五四時期，周一直秉持這一價值尺度。由此，他才會在北洋軍閥的鎮壓下進行激烈的抨擊，才會對「四·一二」、「七·一五」等事件表示極大的憤慨。周的價值觀反對激進的暴力革命，而不排除思想的現代性變革。後五四時期，「故鬼重來」一直是周常常憂懼的命題，因為革命固然可以使一個新的政權替代一箇舊的政權，但新政權會不會成為舊政權的輪迴？周對此是有著焦慮的。

「鬼」是周作人人學譜系中另一重要參照。按照民間迷信的說法，人死後為鬼。周是唯物論者，自然不信鬼。然而在周看來，鬼是人生喜懼願望之投影：「雖然，我不信人死為鬼，卻相信鬼後有人，我不懂什麼是二氣之良能，但鬼為生人喜懼願望之投影則當不謬也……我們聽人說鬼實即等於聽其談心矣。蓋有鬼論者憂患的人生之雅片煙，人對於最大的悲哀與恐怖之無可奈何的慰藉。」〔註63〕對於唯物論者因為沒有「鬼」可以慰安的憑藉，所以只好「醒著割肉」。在周作人這裡，「鬼」的概念的提出和頻繁運用是到了新文化

〔註62〕周作人：《百廿蟲吟》，1934 年 7 月 3 日作。收《夜讀抄》。
〔註63〕周作人：《鬼的生長》，1934 年 4 月 21 日刊《大公報》。

運動高潮過去之後。易卜生的《群鬼》在五四時期就產生較大影響，另外周作人受到法國 G・LeBon 的影響，「G・LeBon 著《民族進化的心理》中說道：『我們一舉一動，雖似自主，其實多受死鬼的牽制。將我們一代的人，和先前幾百代的鬼比較起來，數目上就萬不能敵了。』我們幾百代的祖先裏面，昏亂的人，定然不少：有講道學的儒生，也有講陰陽五行的道士，有靜坐煉丹的仙人，也有打臉打把子的戲子。所以我們現在雖想好好做『人』，難保血管裏的昏亂分子不來作怪，我們也不由自主，一變而為研究丹田臉譜的人物：這真是大可寒心的事。」〔註 64〕周作人希望能以「科學」來醫治好這中國的「昏亂病」，這裡「鬼」預指著中國國民蠻性或劣根性的遺留。雖然政治革命或者社會革命能夠給社會生活帶來巨大變革，但是「蠻性」未必能從人們的心頭去除。五四新文化高潮之後，復古思潮，以及一系列的軍閥的血腥鎮壓和專制制裁使周作人認識到去除人們心中的「鬼」實為不易。此處，「鬼」走向了「人」的反面，是人的劣根性的遺留，考察周作人筆下的「鬼」大致指向以下方面：一是國民劣根性〔註 65〕，其中包括奴性、麻木、嗜殺性等；二是文化之遺傳，比如制藝與聖道。下文逐一展開。

《古城週刊》1927 年第二期短評中報導這樣一個消息：天津因為要處決幾個黨案的犯人，竟轟動萬人去看熱鬧，而主因是其中有兩個女犯。有兩個路人的對話：

甲問：「你老不是也上上權仙去看出紅差嗎？」

乙答：「是呀，聽說還有兩個大娘們啦，看她們光著膀子挨刀真有意思呀。」

〔註 64〕周作人：《隨感錄三十八》，1918 年 11 月 15 日《新青年》第 5 卷第 5 號，署迅。收魯迅著《熱風》。

〔註 65〕劉禾在《國民性話語質疑》一文中梳理了國民性話語的來源及使用語境，提出「西方有關中國國民性的知識受當時的理論決定，而與現實較少有關聯。」它像阿 Q 穿的「洋布的白背心」，是「洋布」編製出來的，認為任何關於中國國民性的籠統概念都不可靠的，國民性理論鉗制了大多數中國讀者和批評家，而文學批評恰恰鞏固了國民性理論，使學者重蹈魯迅當年的文化困境。國民性是「現代性」理論中的一個神話。（參劉禾：《跨語際實踐》，北京：三聯書店 2008 年版，第 73～109 頁）我認同劉禾反對對國民性本質化的概括，以致使其變成「具有穩固性、超然性或真理性的東西」，但同時我也認為在具有這一意識的前提下，國民性話語可以成為臨時性的針對當下的有效的批評話語，對於周作人而言，對國民劣根性的批判，都與那一特定的歷史語境不可分割。

　　周對此感到異常憤慨和絕望：「這實在足以表出中國民族的十足野蠻墮落的惡根性來了！我常說中國人的天性是最好淫殺，最兇殘而又卑怯的。——這個，我不願外國流氓來冷嘲明罵，我自己卻願承認；我不願帝國主義者說支那因此應該給他們去分吃，但我承認中國民族是亡有餘辜。這實在是一個奴性天成的族類，兇殘而卑怯，他們所需要者是壓制與被壓制，他們只知道奉能殺人及殺人給他們看的強人為主子。我因此覺得孫中山其實迂拙得可以，而口講三民主義或無產階級專政以為民眾是在我這一邊的各派朋友們尤為其愚不可及，——他至們所要求於你們的，只有一件事，就是看光著膀子挨刀很有意思！」〔註66〕激憤和徹骨的悲涼！啟蒙心態燭照下的周無論如何不願面對這樣的結論：「中華民族亡有餘辜」，這是「哀其不幸，怒其不爭」的激憤之語！然而通過這一事件所體現出的國民的兇殘與卑怯、淫殺與奴性實在令人無可面對！

　　周作人對民眾的觀察使我們不由得想起了魯迅先生筆下的看客，既有「幻燈片事件」中圍觀的麻木的中國民眾，《藥》中用饅頭蘸著革命者鮮血的華老栓，魯迅看到國民的愚弱、麻木，棄醫從文，進行吶喊。和魯迅相比，周作人「哀其不幸，怒其不爭」的心理並不減少，「我承認中國民族是亡有餘辜。這實在是一個奴性天成的族類，兇殘而卑怯，他們所需要者是壓制與被壓制，他們只知道奉能殺人及殺人給他們看的強人為主子。」我們感到一種徹骨的絕望與憤懣。與魯迅的小說創作相比，周作人更多的是通過散文以現實和歷史中的實例來表達自己的感情。周感到對被啟蒙者麻木和愚昧的絕望。然而和這種麻木與奴性相比，國民的嗜殺性更為周所恐懼。1904 年，周在《論死生》一文中談及「揚州十日」「嘉定三屠」：「揚州十日，堆百萬之頭顱；嘉定三屠，斷萬家之煙火。試一披野史，雖相去二百年，猶覺磷飛鬼嘯，紙上森森有陰氣，是莫非我同胞畏死一念之所致也。嗚呼！種族之感，人畜皆然。我同胞之瀕於盡者亦屢矣，而今之尚苟延殘喘者，不過『野火燒不盡，春風吹又生』耳。」〔註67〕此時的他還抱有通過種族革命來實現民族的「吹又生」，然而在自己親身經歷或聽聞身邊的各種屠殺後，這種體驗似乎已經深入骨髓成為生命中揮之不去的悲哀色調。周作《詛咒》一文時，正是國民黨「清黨」之後不久，也是在五卅、三一八事件之後，周先後作文《李守常君之死》、《愚見》、《青年朋友之死》、《侮辱死者

〔註66〕周作人：《詛咒》，1927 年 9 月作，載 10 月 8 日《語絲》第 152 號，署子榮。收《談虎集》。

〔註67〕周作人：《說死生》，1904 年 5 月 15 日《女子世界》第 5 期，署吳萍雲。

的殘忍〉、〈功臣〉等文對國民的殘忍和不人道進行批判，這種殘忍嗜殺似乎處處可見。1935 年 9 月 19 日《大公報》登載了一則消息，關於兩起活埋的案例。周感慨道：「世界大同無論來否，戰爭刑罰一時似未必能廢，鬥毆謀殺之事亦殆難免，但野蠻的事縱或仍有，而野蠻之意或可減少。船火兒待客只預備餛飩與板刀面，殆可謂古者盜亦有道歟。人情惡活埋尤其是倒埋，而中國有人喜為之，此蓋不得謂中國民族的好事情也。」「中國民族似有嗜殺性，近三百年中張李洪楊以至義和拳諸事即其明徵，書冊所說錄百不及一二，至今讀之猶令人悚然。今日重翻此記，益深此感。嗚呼，後之視今亦猶今之視昔乎。」〔註68〕翻閱歷史，野蠻嗜殺之事撲面而來！1930 年代，周喜用「文抄公體」，現把周所抄讀書筆記轉引幾例，以見周對國民嗜殺性的認識。

《舊唐書》卷五十六〈朱粲傳〉：

> 朱粲者亳州城父人也，初為縣佐史。大業末從軍討長白山賊，遂聚結為群盜。……軍中罄竭，無所虜掠，乃取嬰兒蒸而啖之，因令軍士曰，『食之美者寧過於人肉乎，但令他國有人，我何所慮。』即勒所部，有掠得婦人小兒，皆烹之分給軍士，乃稅諸城堡取小弱男女，以益兵糧。隋著作佐郎陸從典、通事舍人顏愍楚因譴左遷並在南陽，粲悉引之為賓客，後遭饑餒，闔家為賊所啖。

謝在杭《文海披沙》卷七中有「食人」一條，其文云：

> 隋麻叔謀朱粲常蒸小兒以為膳，唐高瓚蒸妾食之，嚴震獨孤莊皆嗜食人，然皆菹醢而食也，未有生啖者。至梁羊道生見故舊部被縛，拔刀刳其睛吞之。宋王彥升俘獲胡人，置酒宴飲，以手裂其耳，咀嚼久之，徐引巵酒，俘者流血被面，痛楚叫號，而彥升談笑自若，前後凡啖數百人，即虎狼不若也。

徐君義《玉芝堂談薈》卷十一「好食人肉」條下有云：

> 宋莊季裕《雞肋編》，靖康丙午歲金狄亂華，六七年間山東京西淮南等處荊榛千里，斗米至數千錢，盜賊官兵以至居民更互相食。人肉之價賤於犬豕，肥壯者一枚不過十五錢，全軀曝以為脯。又登州范溫率忠義之人泛海至錢塘，有持至行在充食者，老瘦男子謂之饒把火，婦女少艾者名之為美羊，小兒呼為和骨爛，又通目為兩腳羊。〔註69〕

〔註68〕周作人：〈關於活埋〉，1935 年 10 月 7 日刊《國聞週報》12 卷 39 期。
〔註69〕周作人：〈談食人〉，1937 年 3 月 1 日作，載 4 月 1 日《宇宙風》第 38 期，

這是中國歷史上的吃人事件，正如魯迅筆下狂人透過字裏行間看到的「吃人」二字，如果說魯迅尚帶有對封建吃人禮教的隱喻，那麼周作人則通過活生生的史事告訴人們民族的「吃人」史，這無疑是一個痛苦的發現，雖然難以面對，雖然不忍卒讀，但畢竟是歷史無法抹去的污點。周一直致力於現代人道主義價值的弘揚，對比周氏五四新文化時期和後五四時期的思想，這正如一枚硬幣的兩面，前期重在人的正面價值的宣揚，包括現代人的意識、婦女解放、性的觀念、兒童教育、人的文學等正面價值，這是周自覺借鑒西方等外來文明，希望能夠加以介紹並進而影響中國的現代性的進程，然而五四落潮後，周看到了太多的罪惡與悲愴，看到民族蠻性之遺留，從故紙堆中尋出歷史上的「群鬼」來，晾曬出來，讓人痛楚，或有療救的希望。此時的周由前期宣揚的高亢與自信轉向後期的低徊與抑鬱，然而「人」依然在其心中，也是「人」之立場的堅持，才使得他尋出「故鬼」來。「吃人」是「故鬼」之一，同樣是周作人的一大發現，這種警世意義同樣震耳發聵，「故鬼」在前人學者的筆下，栩栩如生，從歷史深處嬝嬝而來，彌散在國人追求「現代性」的「當下」。周作人在《談食人》文末提到清末「煮賊為糧」的事，說道這樣的事「以後大約沒有了罷？」這種反詰沒想到一語成讖，甚至延續到新中國建立以後。這是難以直面的真相！正如徐君義所言：「至時值亂離，野無青草，民生斯時，弱肉強食，其性命不啻蟲蟻。每閱史至此，不覺掩卷太息，豈真眾生業障深重，致令閻浮國土化為羅剎之場耶。」當生命的吉光片羽消散在「故鬼」的不堪中，「人」顯得何其卑微、脆弱與渺小！

周收集較多中國近世的喪亂記事，如曹靜山的《十三日備嘗記》，丹徒法又白的《京口僨城錄》，楊羨門的《出圍城記》，朱月樵的《草間日記》，陳晝卿的《蠱城被寇記》，會稽楊華庭的《夏蟲自語》，魯叔容的《虎口日記》，李小池《思痛記》，汪悔翁《乙丙日記》，王秀楚的《揚州十日記》從「哄夷」犯江南到太平天國，周言最有情分的算是《思痛記》了，大有韋編三絕之概，而常生感慨，因為吃人的事「太多而且深切」〔註70〕。

文化之遺傳是「故鬼」的另一形態，比如中國文化的「四大遺產」：太監、小腳、八股文、鴉片煙，尤其是新時代的八股文——制藝與聖道是周作人所批判的重點。

署知堂。收《秉燭談》時改題為《談史志奇》。
〔註70〕周作人：《〈思痛記〉及其他》，1937 年 5 月 10 日《談風》第 14 期，署知堂。

　　「神」是周作人人學思想的另一價值參照系。相對於「人」,「神」彷彿高高在上,有著無上的權威,從西方的基督教中的上帝,乃至中國的玉皇大帝,他們往往無所不知,無所不能。周作人對此種「神」是頗有微詞的。

　　早在《聖經》研究中,周就不喜耶穌的佈道,認為他是權威者的化身。雖然他對於耶穌的博愛、寬容讚揚有加。因為「神」意味著言論自由,思想自由的壓迫。「神」在周作人這裡是一種集權專制的象徵,是權威偶像之凝聚。而五四的工作之一就是偶像破壞,所以神成為周作人批評和抵制的對象。《平民文學》中他又提出不必書寫英雄豪傑的事業,而是書寫凡人的日常。周作人的人生觀和宇宙觀使其深深打上了凡人意識,並轉換為對於強權的抵抗,「文學是不革命,然而原來是反抗的。」〔註71〕在後五四的語境中,黨派政治權力話語成為「神」的象徵,周拒絕他們的徵召。

　　但周獨對希臘的「神」情有獨鍾。甚至在自己的遺言中仍不忘興寄,「路吉阿諾斯的對話一直蠱惑了我四十多年,到去年才有機緣來著手選譯他的作品,想趁炳燭之明,完成這多年的心願,故鄉有兒歌云:『二十夜,連夜夜,點得紅燈做繡鞋。』很能說出這種心情。」〔註72〕「余一生文字無足稱道,惟暮年所譯希臘對話是五十年來的心願,識者當自知之。」所謂暮年所譯希臘對話也即《路吉阿諾斯對話集》。如何理解周的這種心情?

　　在第一篇《諸神對話》的序言中倒是可以梳理出周的心靈軌跡:

> 　　希臘的宗教與各國的宗教有一個極大的不同,這便是沒有聖書,因此也就沒有所謂先知,它的聖書乃是詩人所作的詩篇,流傳至今的有赫西俄多斯(Hesiodos)和荷墨洛斯(Homeros 今通稱荷馬)的三篇史詩,以及荷墨洛斯派的頌歌三十六章。換句話說,便是他們以詩人作為他們的祭師,而詩人卻又照例是愛美與富有人情的,以是希臘的神話經他們的手寫出來,顯得那麼的美妙,雖是神異,卻也是很近情的。他們的神也動感情,搞戀愛,做出了好些不大可以佩服的事……〔註73〕

〔註71〕周作人:《〈燕知草〉跋》,1928 年 11 月 22 日作。收《永日集》。

〔註72〕周作人:《八十心情——放翁適興詩》,1964 年 3 月 15 日香港《新晚報》,署知堂。

〔註73〕(古希臘)路吉阿諾斯著,周作人譯:《路吉阿諾斯對話集》(上),中國對外翻譯出版公司 2003 年版,第 3 頁。

　　換句話說，周看中的是希臘神話中的「美」與「人情」，而這兩者正是「非聖無法」精神的體現。古埃及、印度、希伯來的神在周看來過於偉大威嚴，太神聖，「距離人間太遠」，「彷彿有一種異物之感」。而希臘神話中的神雖然身份是神，但言動全是凡人，驅除了神的威嚴與高高在上之感。周在其思想的形成過程中逐漸形成了「反抗」的哲學，反抗「專制」、「權威」、「神聖」及其象徵物，希望將其還原為可以對話的狀態中來。希臘神話中的神正符合周的這一期待與召喚。而文本中的諸神也頗為有趣，令人讀來興味盎然。他們實是凡人的化身，多情，嫉妒，憂愁，他們中男子可以留長髮，彈琵琶或豎琴。阿波隆可以為戀愛而頹唐，也用模棱兩可的所謂的「預言」欺騙主顧。赫拉、雅典娜和阿佛洛狄忒美麗至極，但又去爭「最美的人」。赫拉為愛而產生的嫉妒。愛神愛洛斯是一個頗為頑皮的「小孩」。

　　宙斯，作為希臘神話中最高的神，沒有中國玉皇大帝的威嚴，也沒有基督教中耶穌的無所不能。他可以給別人神示，卻無法左右自己的運命，顯示了全知的不可能。他做過專恣暴虐之事，也有仍帶有人間的習氣，處處留情，甚至為情不惜變成公牛、金雨、天鵝、鷹、羊人，或者令太陽神赫利俄斯和月神塞勒涅延緩他們的行進，以便黑夜更長方便偷情。同時他還是一個同性戀者，他看到特洛伊的美少年伽倪墨得斯，就化作鷹把他帶到了奧林匹斯山。伊克西翁對自己的妻子赫拉存有愛戀之心，這是對宙斯很大的不敬，宙斯卻用雲做成赫拉的模樣去騙他，因為在宙斯看來，戀愛是個強有力的東西，統治著天上人間。而後來罰他則是因為伊克西翁講大話。

　　赫爾墨斯，宙斯其中的一個兒子，諸神的使者，向自己的母親邁亞報怨自己可憐辛苦，「我必須一早起來，掃除餐室，鋪那坐榻上的被單，整理一切，隨後去伺候宙斯，拿了他的書札，像信差似的這裡那裡去送，等我回來的時候，還是滿身的塵土，就該分配那神食了……」（P11）

　　第一篇第 12 節當宙斯之兄波塞冬想要拜見宙斯時遇見值守的赫爾墨斯，有下面的對話：

　　　　波塞冬：赫爾墨斯，我現在可以會見宙斯嗎？

　　　　赫爾墨斯：波塞冬，這不行呀。

　　　　波塞冬：給我通知他一聲吧。

　　　　赫爾墨斯：我說，請你不要叫我為難吧。因為時候不大合適，

　　所以你現在不能見到他。

　　波塞冬：難道他是和赫拉睡覺麼？

　　赫爾墨斯：不，這是別一回事。

　　……

　　中國式的臣子拜見君上的情景在希臘神話上演，這種世俗化，或曰現世主義正是希臘神話的特點之一。希臘神話中的神不是神，而是神人，屬於人的一種，或曰人格化的神，他們具有人的歡喜哀怨，戀愛生死。簡言之，他們是「人」而不是「神」。除此之外，希臘神話還具有「愛美的精神」。神的形象多是美的。相比較，中國的神有三頭六臂青面獠牙，埃及的神人面獸身，有可怕的形象。

　　周對此曾歸納為：希臘民族是不受祭司支配而是受詩人支配的，希臘的宗教沒有祭司，沒有聖書，保存宗教傳說的只是一班詩人和美術家，他們滌除了原始時代遺留下來的醜陋分子。〔註74〕周認為作為近代歐洲文明的源泉兩希思想中「希臘思想是肉的，希伯來思想是靈的；希臘是現世的，希伯來是永生的。希臘以人體為最美，所以神人同形，又同生活，神便是完全具足的人，神性便是理想的充實的人生。希伯來以為人是照著上帝的想像造成，所以偏重人類所分得的神性，要將他擴充起來，與神接近以至合一。這兩種思想當初分立，互相撐拒，造成近代的文明，到得現代漸有融合的現象。」〔註75〕由此看來，周作人所推崇的希臘的「神」之精神倒是契合了自己所追求的精神境界：現世的，愛美的，人情的，非聖無法的……這在一個言說受到壓制的時代，恐怕這是周「借他人之酒杯，澆自己的塊壘」，周借助這些「神」話來完成自身的烏托邦想像，重造他的人國。但丁言：「人的高貴就其許許多多的成果而言，超過了天使的高貴。」在周作人筆下，「神」的高貴在於他所具備的「人」之光輝。因此凡俗的真人，「凡人的幸福」是周所追索的目標。而這也是歐洲文藝復興至高的價值標尺。

　　總之，「人」成為周作人思想的核心命題，「獸」、「鬼」與「神」都是圍繞「人」而展開的重要譜系元素，「獸」是周作人人學思想中「人」的生理起點，「鬼」是周作人對「人」的蠻性輪迴的憂懼，而「神」則蘊含著周作人對壓抑

〔註74〕周作人：《希臘閒話》，1926年12月1日在北京大學二院講，載1926年12月24日《新生》第1卷第2期，署周作人講、朱契記錄。

〔註75〕周作人：《聖書與中國文學》，1920年11月30日在燕京大學文學會講，載1921年1月10日《小說月報》第12卷第1號，署周作人。收《藝術與生活》。

「人」的各種權力話語的反抗和「人」的另一種想像。這些譜系基本構成了周作人人學思想的基本框架，雖然「人」的內涵有所調整和變化，但仍處於這一思想範疇，包括其文學觀的生成也是在這一基礎上建立的，可以說「人」成為理解周作人思想的重要切入口，周作人在後五四時期與各種話語的對話基本是以這一思想譜系為邏輯起點的。

周希望能以「科學的光與藝術的香」去救治「落在禮教與迷信的兩重網裏」的中國〔註76〕，在現代科學與藝術之美建立人國。

〔註76〕周作人：《再談香園》，1927 年 8 月 5 日作，載 13 日《語絲》第 144 期，署豈明。收《談龍集》。

結語　回望「五四」：未竟的「復興」

　　五四新文化運動距今已有百年的歷史，它構成了一個眾聲喧嘩的話語場。
世界主義與國族主義、無政府主義與好政府主義、理性主義與浪漫主義、個人
主義與集體主義等各種話語相互伴生交織，既繽紛炫目、鼓舞振奮，又令人無
所適從、迷離困惑。無可否認，五四運動是一個多層次多方面的運動，有其複
雜性。張灝曾指出五四思想中的兩歧性：「就思想而言，五四實在是一個矛盾
的時代：表面上它是一個強調科學、推崇理性的時代，而實際上它卻是一個熱
血沸騰、情緒激蕩的時代；表面上五四是以西方啟蒙運動理性主義為楷模，而
骨子裏它卻帶有強烈的浪漫主義色彩。一方面，五四知識分子詛咒宗教，反對
偶像；另一方面，他們卻極需偶像和信念來滿足他們內心的饑渴。一方面他們
主張面對現實，『研究問題』；同時他們又急於找到一種主義，可以給他們一個
簡單而『一網打盡』的答案，逃避時代問題的複雜性。」〔註1〕「五四」聚集
了太多的期盼與話語。

一、重返「五四」

　　本文中的「五四」側重五四新文化運動或者胡適所言的「中國文藝復興」，
同時包括五四學生運動。先從五四學生運動談起。

　　五四學生運動高潮後，周並未停止對它的反思。周認為五四運動是國民
覺醒的起頭，但五四是一種群眾運動，五四學生運動缺乏科學的理知的計劃，

〔註1〕張灝：《重訪五四：論五四思想的兩歧性》，見余英時等著：《五四新論》，臺
　　　　灣聯經出版社1999年版，第34～62頁。

趨於玄學的激進的感情是其弊端。這種虛妄的情感主要表現為對公理與群眾運動的迷信，進而思想言論自由受到壓迫。它相信「有公理無強權」「群眾運動可以成事」，結果造成無數大小同盟的設立，憑檄電、宣言、遊行企圖解決一切的不自由不平等，把思想改造與實力養成等事放在腦後。「五四以來前後六年，國內除兵匪起滅以外別無成績，對外又只是排列赤手空拳的人民為亂七八糟的國家之後盾，結果乃為講演——遊行——開槍——講演……之循環，那個造因的五四運動實不能逃其責。」結果五四之後打破傳統變為繼承正統，倫理改革變為忠孝提唱，貞操的討論變為擁護道德，與女學生通信的教員因學校之呈請而緝捕，主張自由戀愛的記者因教授之抗議而免職。思想言論之自由受到政府、民眾及外國人三方面協同迫壓，「舊的與新的迷信割據了全國的精神界，以前《新青年》同人所夢想的德先生和賽先生不但不見到來，恐怕反已愈逃愈遠：復古與復古，這是民國的前途。」〔註2〕1924年北大教員楊先生與一位不認識的女生通信而被學校革職，周認為這種事「用不著校長過問，也用不著社會公斷」，這種過重的處罰使人感到教育界「假道學的冷酷」，缺少「健全的思想與獨立的判斷」，而一些學生在其中也扮演了不好的角色，有在便所裏寫啟事的GG，有張貼黃榜，發檄文者，周感到「現代青年的品性的墮落」。在周看來，這是五四群眾運動的結果之一，「中國自五四以來，高唱群眾運動社會制裁，到了今日變本加厲，大家忘記了自己的責任，都來干涉別人的事情，還自以為是頭號的新文化，真是可憐憫者。我想現在最要緊的是提倡個人解放，凡事由個人自己負責去做，自己去解決，不要閒人在旁吆喝叫打。」〔註3〕周從立人的立場注重個人的解放作為對抗群眾運動的方法。魯迅對於學生運動也曾有反省：「我還記得第一次五四以後，軍警們很客氣地只用槍托，亂打那手無寸鐵的教員和學生，威武到很像一隊鐵騎在苗田上馳騁；學生們則驚叫奔避，正如遇見虎狼的羊群。但是，當學生們成了大群，襲擊他們的敵人時，不是遇見孩子也要推他捧幾個筋斗麼？在學校裏，不是還唾罵敵人的兒子，使他非逃回家去不可麼？這和古代暴君的滅族的意見，有什麼區分！」〔註4〕這種「凶獸」和「羊」本性同時兼具的國民遇「獸」則顯示

〔註2〕周作人：《五四運動之功過》，1925年6月29日《京報副刊》，署益噤。

〔註3〕周作人：《一封反對新文化的信——致孫伏園》，1924年5月13日作，載16日《晨報副刊》，署陶然。收《談虎集》。

〔註4〕魯迅：《忽然想到（七）》，1925年5月10日作，見《魯迅全集》第3卷，人民文學出版社2005年版，第63頁。

出「羊」來，遇「羊」則顯示出「獸」來，這在將來的黃金世界是要摒除的。周作人受到呂滂（G·LeBon）的《民族發展之心理》及《群眾心理》的影響，對群眾運動頗不信任。在他看來，五四運動中的群眾運動同樣是歷史之重現，「我相信歷史上不曾有過的事中國此後也不會有，將來舞臺上所演的還是那幾齣戲，不過換了腳色，衣服與看客。五四運動以來的民氣作用，有些人詫為曠古奇聞，以為國家將興之兆，其實也是古已有之，漢之黨人，宋之太學生，明之東林，前例甚多，照現在情形看去與明季尤相似：門戶傾軋，驕兵悍將，流寇，外敵，其結果——總之不是文藝復興！」〔註5〕周直接否定了五四新文化是中國的文藝復興之說，認為其中的群眾運動並不鮮見。而重視「做人的資格」之覺醒，只有如此，才能「改革傳統的謬思想惡習慣」，才有希望的萌芽。

對於學生運動的反思也成為部分新文化人的共識。「五四」一週年之後，胡適、蔣夢麟發表紀念文章《我們對於學生的希望》，一方面肯定了五四學生運動「是青年一種活動力的表現，是一種好現象」，它對於學生的自動的精神，學生對於社會國家的興趣，增加團體生活的經驗，求知識的欲望的發生有著積極的作用。但另一方面，這是在政治腐敗的「變態社會」而不得已的下下策，也容易養成「依賴群眾的噁心理」，「逃學的惡習慣」，「無意識的行為的惡習慣」。建議「學生運動如果要想保存五四和六三的榮譽，只有一個法子，就是改變活動的方向，把五四和六三的精神用到學校內外有益有用的學生活動上去。」〔註6〕可以說胡既肯定了學生運動的長處，也看到了隱憂。其後，胡適圍繞五四學生運動在不同時間場合發表了《學生與社會》、《五四運動紀念》、《紀念五四》、《個人自由與社會進步——再談五四運動》等紀念五四的言辭。直到晚年，胡適在口述自傳中仍認為五四運動是新文化運動的「政治干擾」，「從我們所說的『中國文藝復興』這個文化運動的觀點來看，那項有北京學生所發動而為全國人民一致支持的、在1919年所發生的五四運動，實是這整個文化運動中一項歷史性的政治干擾。它把一個文化運動轉變成一個政治運動。」〔註7〕對於五四運動的遺憾溢於言表。蔡元培也發表過類似的看

〔註5〕周作人：《代快郵——致萬羽的信》，1925年7月27日作，載8月10日《語絲》第39期，署凱明。收《談虎集》。

〔註6〕胡適、蔣夢麟：《我們對於學生的希望》，原載1920年5月4日《晨報副刊》，又載於1920年5月《新教育》第2卷第5期。

〔註7〕胡適口述，唐德剛譯注：《胡適口述自傳》，廣西師範大學2005年版，第183頁。

法，在「讀書」與「救國」之間，如果說五四時期蔡強調「救國」，五四後則強調「讀書」。蔡在《去年五月四日以來的回顧與今後的希望》、《學校是為學術而設》、《犧牲學業損失與失土相等》等文章或演講中表達了學生的本位在於讀書的這一觀點，「救國之道，非止一端；根本要圖，還在學術。」

當然也有不同的聲音，本來學生運動的實際情況也比較複雜。比如在放火曹宅這件事上，並沒有得到所有在場同學的贊同，如放火打人超越了理性的範疇，和五四倡導的精神並不相符。但一個悖論是，如果沒有這些超越底線的行為，沒有軍警的抓捕，是否有後來如火如荼影響廣泛的五四了呢？「北大、法政等校學生的講究『文明』與『理性』，反倒不及匡互生們不計一切後果的反抗來得痛快淋漓，而且效果顯著。」〔註8〕這種看法和陳獨秀的「直接行動」和「犧牲精神」一脈相承。陳獨秀指出五四「特有的精神」就是「直接行動」和「犧牲精神」。所謂「直接行動」，就是「對於社會國家的黑暗，由人民直接行動，加以制裁，不訴諸法律，不利用特殊勢力，不依賴代表。因為法律是強權的護符，特殊勢力是民權的仇敵，代議員是欺騙者，決不能代表公眾的意見……中國人最大的病根，是人人都想用很小的努力犧牲，得很大的效果。這病不改，中國永遠沒有希望。」〔註9〕所謂犧牲精神就是「出了研究室就入監獄，出了監獄就入研究室」。在一個強權和非正義社會，五四學生運動在一個特定的情景中無疑有一定的合理性，但這種合理性並不能成為一個正常社會粗暴與違法行為的注腳。

胡適的觀點也受到今人的遙映：「遊行示威，抗議政府喪權辱國的舉止，到頭來免不了要同維護公眾秩序的警察發生衝突，這樣開了一個學生界直接用暴力干政的先例，對國家有無好處，還是個值得我們深思的問題……我總覺得一大群學生火燒曹汝霖的住宅揪打一個駐日公使，沒有什麼光榮。即使把曹汝霖抓住了打死，又怎麼樣？國家這樣弱，巴黎和會的中國代表團即使無意媚日，也很難為國家爭還權利。對正在受高等教育的大學生而言，放火打人至少可說是無理性的暴行。參與五四運動的全國學生，當然出於一片愛國真心，他們的行動也的確提高了一般人民的愛國情緒。但此例一開，學生

〔註8〕陳平原，夏曉虹編：《觸摸歷史・五四人物與現代中國》，北京大學出版社2009年版，第43頁。

〔註9〕陳獨秀：《五四運動的精神是什麼？在中國公學第二次演講會上的講演》，載1920年4月22日《時報》。見《陳獨秀著作選編》第2卷，上海人民出版社2009年版，第222～223頁。

嘗到了權力的滋味，覺得直接參與時政比讀書更重要，更有意思，隨時都可找個藉口，推動一個學潮，同政府為難。」〔註10〕從而走上易為政治力量所利用的路途。其中的隱憂，朱家驊說得更明確：「五四運動以後不久，青年運動的本身，又趨重於政治活動。當時的各種政治組織，都在『誰有青年，誰有將來』的觀念之下，要取得青年的信仰，來領導青年。於是青年運動，變作了政治運動的一部分，於是青年也變作了獲得政權的一種手段。」

對於新文化運動，周作人更願採取以平實的眼光地看待，「實無功罪可說」，也並不認為其是「文藝復興」。周作人 1927 年 7 月 29 日致江紹原信：「北大的光榮孟真還以為是在過去。我則乏懷疑·以為它就還未有，近十年來北大的作為實在只是『幼稚運動』，那種『新文化運動』──注意，這新文化不是那新文化，與張競生博士之大報有別，──實無功罪可說，而有人大吹大擂以為中國之『文藝復興』，殊屬過獎，試觀我中華之學問藝術界何處有一絲想破起講之意乎？」〔註11〕「有人」大吹大擂，以為是中國的「文藝復興」。此處的「人」應該是胡適，胡適曾在多個場合把新文化運動比作「文藝復興」。周為何對胡適暗含譏諷呢？同為新文化的中堅，又同屬自由主義知識分子。考慮到寫信的時間，應是周對胡在國民黨清黨運動中保持沉默的不滿。更主要的是周並不看高新文化的實績，後五四時期五四諸將的星散、社團刊物的難以為繼……新文化的落潮讓周相信過去北大的作為是「幼稚運動」。究竟哪些具體因素使周對新文化運動保持反省，並不一味高估？在周以後的反思中，大致可以見出以下因素：

其一，五四新文化運動積蓄不夠，持續時間也不夠長久。1948 年，周在談到五四新文化運動時曾做了一個比方：「說起發源於北大的新文化運動，即是中國知識階級的鬥爭史來，實在是很可悲的。這有如一座小山，北面的山坡很短，一下子就到了山頂，這算甲點，從甲點至乙點是小小一片平地，南邊乙點以下則是下山的路，大約很陡，底下是什麼地方還沒有人知道。……這其間的知識階級運動的興衰史的書頁是很暗淡的──自然，這是中國現代全面史的一頁，其暗淡或者不足為奇，不過這總是可悲的一件事。」這裡的甲點與乙點即「五四」與「三一八」事件。在周看來，「五四的意義是很容易

〔註10〕夏志清：《五四雜感》，見《新文學的傳統》，新星出版社 2005 年版，第 44 頁。
〔註11〕張挺、江小惠箋注：《周作人早年佚簡箋》，四川文藝出版社 1992 年版，第 24 ～25 頁。

明白的。如說遠因，自東漢南宋的太學生，以及明末的東林，清末的公車上書等，都有關係，但在民國實在醞釀並不久，積蓄也並不深，卻是一飛衝天，達到了學生運動的頂點，其成功的迅速是可驚異的。可是好景不長，轉瞬過了七年，就到了下坡的乙點，民國十五年三月十八日在執政府門前死的那些男女學生和工人市民，都當了犧牲品，紀念這大轉變的開始。我真覺得奇怪，為什麼世間對於『三·一八』的事件後來總是那麼冷淡或是健忘，這事雖然出在北京一隅，但其意義卻是極其重大的，因為正如五四是代表了知識階級對於北京政府進攻的成功，『三·一八』乃是代表北京政府對於知識階級以及人民的反攻的開始，而這反攻卻比當初進攻更為猛烈，持久，它的影響說起來真是更僕難盡。」〔註12〕周認可新文化的意義，但認為其積蓄不夠，持續時間也不夠長久，所以其影響而很快被隨之而來的以「三·一八」事件為代表的政府對知識分子的壓抑所取代，所以他覺得是「很可悲的」「很黯淡的」。簡言之，政治構成了對思想文化運動的壓制，使其最終夭折。

其二、新文化運動缺乏動力機制，尤其體現在「人」的方面，其中「仕」的思想為烈。「民初新文化運動中間，曾揭出民主與科學兩大目標，但不久展轉變化，即當初發言人亦改口矣，此可為一例。國民傳統率以性情為本，力至強大，中國科舉制度與歐洲文藝復興同時開始，於今已有五百餘年，以八股式的文章為手段，以做官為目的，奕世相承，由來久矣。用了這種熟練的技巧，應付新來的事物，亦復綽有餘裕，於是所謂洋八股者立即發生，即有極好的新思想，也遂由甜俗而終於腐化，此又一厄也。」〔註13〕要克服文人「八股式文的做法與應舉的心理」。

周作人在《新中國文學復興之途徑》一文中反省了新文化運動，突出了「人」的因素，周言「在二十多年前中國有過一次文藝復興的運動，即是所謂新文化運動。雖然那時途徑還沒有像現在的那麼明瞭，但是整理國故，接受新潮，這目標並未定錯，而且也有相當的人才，相當的熱心，然而成績不很大，這是什麼緣故呢。中國士流向來看重政治，從事文化工作者往往心不專一，覺得弄政治更為有效，逐漸的轉移過去了。其實文化工作者固不必看輕政治，卻也無須太看重，只應把自己的事業看作與政治一樣重要……要能

〔註12〕周作人：《紅樓內外之二》，1948 年 12 月 3 日《子曰叢刊》第 5 輯，署王壽遐。
〔註13〕周作人：《文藝復興之夢》，1944 年 2 月 29 日作，載 5 月 15 日《求是月刊》第 1 卷第 3 號，署知堂。收《苦口甘口》。

耐久，耐寂寞。」〔註14〕以上這段話似乎也對 1940 年代的周作人具有反諷意味，但是周的言論未嘗不是一種值得納入考察範圍的思考。

　　其三、對文藝的採擇要兼容並包，注重「整個的復興」，並注意從源頭梳理。周作人認為歐洲的文藝復興是整體的復興，文藝、學術、美術、思想、宗教等領域都取得了成績，這種「整個的復興」從而在「人與事業的重與大與深與厚上面，是再也沒有可以和這相比的了。」日本的明治維新也是在藝術、文史，理論的與應用的科學，以及法政軍事方面，都有極大的進展。而中國的新文化運動「偏於局部」：「中國近年的新文化運動可以說是有了做起講之意，卻是並不做得完篇，其原因便是這運動偏於局部，只有若干文人出來嚷嚷，別的各方面沒有什麼動靜，完全是孤立偏枯的狀態，即使不轉入政治或社會運動方面去，也是難得希望充分發達成功的。」〔註15〕周的這一評價可謂一語中的。至今，以整體的眼光、世界的眼光來關照中國文學，產生重要影響的仍是《詩經》、《楚辭》、唐詩、宋詞等，中國新文學作家能夠放置於世界文學中產生重要影響的經典作品少之又少，這讓我們不得不客觀反思五四新文化的實績。

　　新文化運動帶來了古今中外的思想文化成果，但其整理需要時日，激進或保守都不可取，要「認清了上自聖賢下至凡民所同具的中國固有思想，外加世界人類所共有的新興文明，膽大心細的決行調整，基礎既定，然後文化工作才可以進行。」（《新中國文學復興之途徑》）這也是周作人思想的一貫，1920 年代周就希望「以遺傳的國民性為素地，盡他本質上的可能的量去承受各方面的影響，使其融和沁透，合為一體，連續變化下去」，方可望「造成一個永久而常新的國民性，正如人的遺傳之逐代增入異分子而不失其根本的性格。」〔註16〕周強調對傳統文化的繼承，否則很難建立起新的大廈。這一點，胡適的觀察頗與其相似。胡適反省中日兩國在接受西方文明成敗的原因時曾指出中日兩國文化類型的不同，日本是「中央控制型」，而中國則屬「發散滲透型」，這種類型的文化變革常通過「長期接觸」和「緩慢滲透」而實現。〔註17〕

〔註14〕周作人：《新中國文學復興之途徑》，1944 年 1 月 20 日《中國文學》創刊號，署周作人。

〔註15〕周作人：《文藝復興之夢》，1944 年 2 月 29 日作，載 5 月 15 日《求是月刊》第 1 卷第 3 號，署知堂。收《苦口甘口》。

〔註16〕周作人：《國粹與歐化》，1922 年 2 月 12 日《晨報副刊》，署仲密。收《自己的園地》。

〔註17〕胡適：《中國的文藝復興》，歐陽哲生等編，外語教學與研究出版社 2001 年版，第 167～169 頁。

對於文化的採擇，周希望能通過「外援內應」來實現「復興」。文化的採擇，周作人認為要追根溯源，務求深廣，「對於外國文化的影響，應溯流尋源，不僅以現代為足，直尋求其古典的根源而接受之，又不僅以一國為足，多學習數種外國語，適宜的加以採擇，務深務廣，依存之弊自可去矣。」〔註 18〕故而周的翻譯實踐和文學的典範直取兩希文明的成果，這一思路即使在今日仍值得推崇。

「兼容並包」需要克服激進主義的思想對文化汲取的影響。包括對傳統的全盤否定或民粹主義思想都是不足取的，歐洲的文藝復興，是在固有的政教的傳統上，加上外來的文化的影響，發生變化，成就了這段光榮的歷史。「中國如有文藝復興發生，原因大概也應當如此。不過這裡有一件很不相同的事，歐洲那時外來的影響是希臘羅馬的古典文化，古時雖是某一民族的產物，其時卻早已過去，現今成為國際公產，換句話說便是沒有國旗在背後的。而在現代中國則此影響悉來自強鄰列國，雖然文化侵略未必盡真，總之此種文化帶有國旗的影子，乃是事實。接受這些影響，要能消化吸收，又不留有反應與副作用，這比接受古典文化其事更難。」〔註 19〕不僅僅是「國旗」，古今中外的有益分子都要採擇。譬如國語，周提出「現代國語須是合古今中外的分子融合而成的一種中國語」，要使它高深複雜，「足以表現一切高上精微的感情與思想，作為藝術學問的工具」〔註 20〕，要採納古語、方言、新名詞及語法的嚴密化，周作人的復古的經驗告訴他復古一途是行不通的，而改用外語也不可取。周對古今中外語言分子的採擇展現了一種兼容並包的胸懷。王元化曾在 1990 年代對五四的激進情緒、功利主義、庸俗進化論、意圖倫理進行反思〔註 21〕，如果進一步上溯，我們可以看到，周作人一直在規避著前

〔註 18〕周作人：《文藝復興之夢》，1944 年 2 月 29 日作，載 5 月 15 日《求是月刊》第 1 卷第 3 號，署知堂。收《苦口甘口》。

〔註 19〕周作人：《文藝復興之夢》，1944 年 2 月 29 日作，載 5 月 15 日《求是月刊》第 1 卷第 3 號，署知堂。收《苦口甘口》。

〔註 20〕周作人：《國語改造的意見》，1922 年 9 月 10 日《東方雜誌》第 19 卷第 17 號，署周作人。

〔註 21〕王元化認為「五四」時期所流行的四種觀念值得注意的：「第一，庸俗進化觀點（這不是直接來自達爾文的進化論，而是源於嚴復將赫胥黎與斯賓塞兩種學說雜交起來而撰成的《天演論》。這種觀點演變為僵硬地斷言凡是新的必定勝過舊的）；第二，激進主義（這是指態度偏激、思想狂熱、趨於極端、喜愛暴力的傾向，它成了後來極左思潮的根源）；第三，功利主義（使學術失去其自身獨立的目的，而作為為其自身以外目的服務的一種手段）；第四，意圖倫

三者而帶來的弊端，當然兩人的語境不同。

總之，周作人對五四新文化本身的看法既有和其他五四同人的共通之處，也有自己的獨特感受，這一思想和他在後五四時期的文學與思想實踐緊密結合起來。多年之後的今天我們仍能受到一些有益的啟發。

二、對話「現代性」

我對「現代性」這一概念並不熱衷，覺得它所預設的古今對立的邏輯使論者有落入觀念預設在先自說自話的風險。然而，在蘇文瑜筆下，「現代性」這一內涵包含著深刻的問題意識，她把周作人置於這一深廣的背景中加以考察富有意義。下文將圍繞蘇對周的論述為中心〔註22〕。

蘇文瑜在其論著《周作人：自己的園地》〔註23〕以探討周作人對現代性及與之緊密關聯的國族主義的回應為中心，它置放於探討第三世界的知識分子對被啟蒙主流話語所壓抑的另類文明發展可能性的訴求的背景之中。蘇區分了兩種形態的現代性。她借用霍金斯等人的全球化來闡釋現代性的兩種形態。霍金斯等人把全球化分為四類：古全球化，由大帝國主導；全球化原型，十六至十八世紀，國家開始張揚、穩固，金融與製造業逐漸活躍，貿易、人、物的流動頻繁；現在全球化，1800年至1950年，全球化與國族興起和工業化的普及密不可分；後殖民全球化，1950年至今。蘇文瑜認為「第一種形態」的現代性，非常多樣化，更普遍，有些布羅戴爾（Braudelian）式的社會經濟改變過程，能促成更高層次的全球經濟整合，與「全球化原型」相對應。「第二種形態」則與「現在全球化」相對應，國族在其中扮演主要角色。那麼二級現代性為何與民族國家不可分割？它們之間的關係如何？蘇認為「現代性產生於過去兩百年來的帝國主義和殖民主義的大環境中」。這是因為一方面亞洲深受向外擴張的歐洲國家的影響，二是出現在都市和殖民地的現代民族國家及國族意識形態是引發全球性危機創造現代性的重要因素之一。蘇文瑜梳理

理（即在認識論上先確立擁護什麼和反對什麼的立場，這就形成了在學術問題上往往不是實事求是地把考慮真理是非問題放在首位）。」見王元化：《九十年代反思錄》，上海古籍出版社2000年版，第127頁。
〔註22〕以下部分內容已發表，見《周作人對現代性的另類回應：評蘇文瑜〈周作人：自己的園地〉》，《現代中文學刊》2012年第3期。
〔註23〕Susan Daruvala, *Zhou Zuoren and An Alternative Chinese Response to Modernity*, Harvard University Press, 2000.中譯本為陳思齊、凌曼蘋合譯：《周作人：自己的園地》，臺灣麥田出版社2011年3月版。

和考察了伯曼（Marshall Berman）、包曼（Zygmunt Bauman）、葛爾納（Ernest Gellner）、安德森（Benedict Anderson）、格林菲爾德（Liah Greenfeld）、吉登斯（Anthony Giddens）、查特吉（Partha Chatterjee）、泰勒（Charles Taylor）、呂格爾（Paul Ricoeur）等人關於現代性或國族主義研究的相關理論，這是蘇文瑜進行論證的理論參照起點。其中伯曼和包曼的觀點對蘇對現代性的反思產生影響，伯曼認為對於資產階級無休止的創造方式和不斷更新的生產方式讓「一切固態物體皆化為煙雲」；包曼則對現代性危害亦有深刻的認識：理性和科技原則下所形成的現代社會，使道德行為和價值淪為個人私事，科技的目標成為社會行動的唯一量尺，並指出現代性是造成猶太人大屠殺的決定性因素。這些觀點對蘇有所啟發，但他們均未指出國族主義與現代性之間的內在聯繫。相比較葛爾納和安德森關於現代民族國家是工業化的結果的觀點，蘇文瑜更傾向於格林菲爾德和查特吉的關於現代民族國家的觀點。格林菲爾德通過對英、法、德、蘇俄以及美國的國族主義的研究，得出「國家是現代性的框架元素，不可倒置」的結論，但其並沒指出民族國家概念散播所涉及的權力關係。查特吉認為思想本身具有征服力，任何的論述場域都是政治的角力場，「國族主義思想進入殖民世界是，既是定位歐洲後啟蒙時期理性與認識知識論述的一部分，又扮演支撐歐洲經濟和軍事力量的角色。」這一觀點對蘇產生兩點啟發：國族主義是隨著帝國主義而進入非西方世界；國族主義產生了「變異論述」。

那麼是現代性的哪種特質使世界走向了民族國家的道路而抑制了其他歷史選擇的可能性？蘇從查特吉、泰勒那裡找到重要因素。查特吉的回答是：「理智騎在資本的市場肩背上巡遊世界」，也即第三世界被納入到理性和資本控制的世界格局之中。在泰勒看來，「離根理智的立場」（stance of disengaged reason）是現代性的品質特性之一，其重要的一點是「能『事先關閉一切選項』，否定或忽略哪些所它所取代的哲學先例。」正是這一姿態不斷侵擾現代世界，使倫理無法發聲。但這種對「過去」的切割看起來似乎與現代民族國家建國所需要的「獨特的文化遺產」「獨特傳統」相違背。在蘇看來，實際上，建國論述即是經過馴化以適合現代民族國家所具有的獨特理性化參數滲入人際關係和個人主體意識的過程，並因此而喚起、發明或再造建國過程中的文化身份標記，而對於現代性理性化行動之外的知識形式及自我意識模式都不認為是不合法或不合時宜的。這是蘇的一個深刻的觀察和延伸。這種「離根理智

的立場」緊密地和杜贊奇（Prasenjit Duara）所稱的「啟蒙大歷史」糾合在一起：

> 它允許這個民族國家把自己視為獨特的社群，在傳統與現代、位階與平等、帝國與國族的拉扯之中為自己找到適當位置。在這樣的脈絡中，國家以新近實現的大歷史主權主體現身，具體實現某種道德與政治力量，這種力量曾經征服那些被視為在歷史上代表自己的王朝、貴族、當道僧侶，以及滿人。與他們對照之下。國家是一個集體的歷史主體，它四平八穩地等著實現它在現代化未來中的命運。〔註24〕

這種論述得到進化論及社會達爾文主義的加持。我們何以面對？在蘇看來，正如南迪所言，文明是一個偉大而空間豐足的整體，每一種文明涵納多重脈絡，不同的文明有不同的價值，且有自我批判產生不同願景之資源，他們可以共存於同一地理空間。正是帶著這樣的文明關照與審視性思考蘇文瑜走入周作人的文本世界。

周作人所針對的是現在全球化語境下的民族國家所操辦的現代性（即二級現代性），周作人的精髓在於「他清楚地看到，中國知識界正熱中於現代性，個人的知識與道德自由因此而飽受國家論述的摧殘。」蘇追溯了中國立國論述或者說國族主義形成的過程。五四的特殊歷史語境導致了立國論述，五四運動繼承，並且擴大了清朝改革派針對人民的論述，而其敘述主軸是中國對現代性的回應，與歷史敘事中現代性的不可避免，不謀而合。但立國論述的過於強大構成了對五四運動和知識分子在知識及文學上展現的不同面貌的壓抑。這種立國論述，形成在帝國主義主宰之下的中國的現實語境之中，它所提到的文明劣勢深深扭曲了文學、現代國家以及被文學所形塑的現代自我。但周作人身上呈現出一種前所未有的意圖，想要重新思考個人與國家，以及國家與現代性之間的對應關係。周將傳統美學置於其作品的中心地位，他顯示「儘管現代性宣稱『現在』較之『過去』質優，我們仍可以不受它擺佈。周的行動本身就是一種聲明：倘若我們善加利用中國文明的資源，是可以建構中國自己的現代性的。」同時，「因為民族國家是現代性的獨有特色，周的文學之聲代表著對現代性的另類回應，影響深遠的改變現代性最危險的一項特

〔註24〕蘇文瑜：《周作人：自己的園地》，陳思齊、凌曼蘋合譯，臺灣麥田出版社2011年版，第20～21頁。

質，即是身為道德主體的個人，在觀念上由現實抽離出來。」〔註25〕周的個人主體和地方性的文學建構方式挑戰了國族主義意識形態邏輯和文學想像國家的方法。

蘇文瑜把魯迅和周作人放在比較的視野上加以觀察。在蘇看來，魯迅表達了主流派五四啟蒙論述的內在思考邏輯，是五四運動知識分子的典範，正代表了南迪所稱之為「對現代性的主流回應」，魯迅作品中成為典範形式的群眾及國家論述。他將中國文明比喻成一個鐵屋子，中國的歷史是吃人的歷史，而賓客都是自欺欺人的阿Q。蘇認為魯迅「擁抱了現代性中兩樣哲學基礎的極致，即馬克思思想中尼采的自我觀及黑格爾的史學模式。尼采的『征服意志』建造在自我能創造自我的美學主體之觀點上……馬克思主義公認為替意志角色超越進化論提供了科學依據；因為革命正巧表達了社會有機體中最先進的部分之意志。此外，在行鑄計劃的過程中，痛苦地取得科學知識也象徵一種『克服』。以他對哲學客觀中正的忠誠，魯迅既代表他想克服的那一部分，又代表他對未來的希望；結果，他的文學自我身份就被『國家』所制約了。」〔註26〕

那麼，周作人是如何對現代性做出另類回應？早在白話文運動中，陳獨秀胡適的路線「代表建國過程中的一大步」，是「人民論述之延伸」，他造就的是「一個白話文表述平民思想的現代國家」，是以新國家的形象來想像普羅大眾，這種想像發生在「對照西方所產生的中國自卑感的母體之內」。周與之不同的是「周並不以中國人文化與個性上固有低劣性為念」，並不以為中國的文明已經破產。周更關注如何把國外的觀念引進中國社會，更關注思想革命。否則語言變革就會淪為新瓶舊酒。因此在新文化運動之初，周在使用白話文的意義上就與胡適、陳獨秀有所不同。直至周「新村運動」相關的文章出現，他和陳胡路線上的根本差異才顯示出來。在蘇看來，周作人以三種策略對現代性做出另類回應：他使用傳統的美學範疇；看重作家的身份認同及自我表達時相關的地方性；他建構了與主流模式背道而馳的文學史。

周極力推崇傳統美學範疇中的趣味和本色。蘇認為在一九三○年代左翼

〔註25〕蘇文瑜：《周作人：自己的園地》，陳思齊、凌曼蘋合譯，臺灣麥田出版社2011年版，第29頁。

〔註26〕蘇文瑜：《周作人：自己的園地》，陳思齊、凌曼蘋合譯，臺灣麥田出版社2011年版，第63頁。

文學「載道」意味濃厚的時刻，周作人轉接了文學史中的一直被「載道」派斥為「小道」的「詠物」傳統，從而把雙方置於相對立的局面。「周作人對這些活活潑潑生命的興趣、對日常生活的投入、對平凡的熱情，在美學上可用兩個字概括，那就是『趣味』。『趣味』便是他把『日常』從政治、宗教等霸權中拉拔出來的法寶。」〔註 27〕作為地方與物質文化的詩意的趣味不同於一向是富國強兵／種族，一切以大我為依歸的五四傳統，周氏的理論重點在「個人」、在「日常」，也即「小我」，五四「國強民富」的神聖性便被削弱。

趣味與地方性緊密相連，書寫地方色彩，一位作家才最能落實『趣味』美學的要求。正如蘇所認為的「地方性」是瞭解周作人美學觀的關鍵，它是國家與作家的中介，將地方性而非國家看作作家身份和自我表述的重要條件。周所宣稱的地方性「並不以籍貫為原則，只是說到風土的影響，惟重那培養個性的土之力。」（《地方與文藝》）周引尼采的話：「忠於地」，人是「地之子」。維多利亞時期的人類學、神話學，周作人對東京和江戶庶民文化的興趣以及柳田國男等人的作品，周作人對民俗的興趣以不同的方式影響周氏作品中地方性和文化觀念的理路和深度。地方性如同一具緩衝器，抵擋那把文學視為國家現代化服務、當作意識形態傳聲筒工具運用的風潮。

本色是作家能否覺察和發展他的真知灼見，並藉重語言的敏感加以傳輸。周作人把「個人情志」置於文學創作中心。詩言志的「志」，不是五四主流所提倡的「家國之志」，而是私人之緣情，文學與個人本身生命緊密相連，周作人把他喚作「本色」。周以傳統美學範疇來試圖對抗政治及教條主義。周的美學來自於晚明新儒學派，在這裡他找到了現代自我主體，認為人類生而具有道德判斷能力。周的創造在於把其中自由自在不受拘束的「自我」加以放大，獨立於宗教、政治教條之外並使之世俗化。在蘇看來，周對中國傳統美學概念的使用成為他在國族論述下建構自我身份的途徑。在這裡，「美學變成雙刃刀的尖銳端，將『國家』從習以為常作為現代性的象徵之位置翹起來，以便於質問現代性概括一切的宣示。」〔註 28〕

在蘇看來，《中國新文學源流》，這部在國族主義高漲時期寫出的文學史，

〔註 27〕蘇文瑜：《周作人：自己的園地》，陳思齊、凌曼蘋合譯，臺灣麥田出版社 2011 年版，第 186 頁。

〔註 28〕蘇文瑜：《周作人：自己的園地》，陳思齊、凌曼蘋合譯，臺灣麥田出版社 2011 年版，第 86 頁。

既隱含對中國只有自體繁殖之身份認同的抗拒，又影射五四運動是清朝桐城學派教條主義的繼承人。周作人把現代散文源頭推至晚明小品，相對於五四新文學運動是散文起因，以及馬克思主義觀點說（散文興起有其歷史任務）來說，周的這種做法可能看似有違「現代」。在蘇看來，小品文論爭，「散文在當時政治或意識形態所扮演的角色，已在爭辯中居次要位置，它的源頭才是大家關注的焦點，這已轉換為合法性的爭奪，確定源流，就能為散文的現在以及未來定位。此外，這場爭奪『合法性』的辯論不僅為了在文學上建構自我，更是為了現實生活裏作者的自我認同，更進一步說，是要建構那忍耐國家現代化話語底下的『我』。」〔註 29〕周所追求內省而自我圓滿的自我，不同於五四現代性所要建立的是西方啟蒙之後的自我，周對小品文溯源和作用的強調即是想以此和笛卡爾式主體的缺陷相抗衡，也因此和國族主義話語發生衝突。

周的美學深深置於歷史的反思，周作人關心的是全人類共通的主體性，其所建立的是共通的人類通性，有別於笛卡爾已降的由帝國主義、殖民主義和國族建構結合而成的現代性，而後者涵蓋了多數以意識形態想像國家民族的人。周所關心的是人民的「日用人事」。日常的小變化是整個宇宙運行的一小部分，生活中的器物和風俗本身的意義與重要性超越了它們的物質和任何潛在的功利的意識形態價值。在日常生活和宇宙之間，我們擁有凡人的歷史，而不是國族的歷史。換言之，生活本身具有它內在的道德秩序。也就是說周對文明與國族有個自覺的分野，他拒絕把「人」的意義消泯於國族的整體價值之中。其實，蘇所言的周對日用人事的關注正是延續了前文所言的儒家的日常人生化的取向，只不過蘇把周的文學與思想置於現代性的視野之下進行關照。

三、未竟的「復興」：「夢想者的悲哀」

余英時在《五四運動與中國傳統》文末問道：「五四運動也成功地摧毀了中國傳統的文化秩序，但是五四以來的中國人儘管運用了無數新的和外來的觀念，可是他們所重建的文化秩序，也還沒有突破傳統的格局。中國大陸上自從『四人幫』垮臺以後，幾乎每個知識分子都追問：何以中國的『封建』和『專制』，竟能屢經『革命』而不衰？」〔註 30〕這確實是一個值得認真思考的

〔註 29〕蘇文瑜：《周作人：自己的園地》，陳思齊、凌曼蘋合譯，臺灣麥田出版社 2011
　　　　年版，第 271 頁。
〔註 30〕余英時：《五四運動與中國傳統》，見《中國思想傳統及其現代變遷》，廣西師

問題。需要指出的是，中國較其他國家經歷了漫長的封建時期，「走出中世紀」注定是一次艱難長久的旅程，而未來的世界會不會有「技術高度發達的中世紀」的復歸仍將是擺在世人面前的一項重大課題。

林毓生認為五四新文化運動和建國後的「文化大革命」有著共同的特點：「都是要對傳統觀念和傳統價值採取疾惡如仇、全盤否定的立場。而且這兩次革命的產生，都是基於一種相同的預設，即：要進行意義深遠的政治和社會改革，基本前提是要先使人的價值和人的精神整體的改變。如果實現這樣的革命，就必須進一步徹底摒棄中國過去的傳統主流。」〔註31〕林認為現代中國第一二代知識分子有著「借思想文化以解決問題的途徑」的觀念。

我認同林對激進主義的反省，新文化運動初期，確實出現過「打倒孔家店」、「廢除漢字」等激進的文化主張，這一點也得到學界認同。但我認為就價值取向上而言，思想文化作為解決問題之一途也值得重視，如余英時之問，我以為國人的思想沒有變化，很難建立一個新的國度，當然林所指有具體語境。對周作人而言，周贊同思想革命，認為這是政治和社會革命的深入進行的必要條件，但問題在於：其一，周並未否定政治和社會改革，而是提出思想革命的重要性；其二，人的價值和精神的改變是漸變式的，而不可能一蹴而就整體改變；其三，周並未主張「徹底摒棄中國過去的傳統主流」，相反認可傳統文化中的有益成分，並加上外來文化精神的調和，進而「立人」。在我看來，周的「復興」想像是建立在民間個人的覺醒的基礎之上，也即「百姓日用」或者說凡人的日常倫理完善的基礎之上。周為之訴諸中庸之道，禮樂傳統，訴諸科學精神與美，訴諸文藝上的抒情美典，訴諸……而這些是建立在既有的國民性的基礎之上，通過漸進的影響以實現「復興」之夢。周的這種自力的「復興」植於其「絮絮叨叨」的「啟蒙」之中，然而終歸於「虛空」，歸於「夢」。

1921 年病後的周作人寫下了《夢想者的悲哀》：

「我的夢太多了。」
外面敲門的聲音，
恰將我從夢中叫醒了。
你這冷酷的聲音，

範大學出版社 2004 年版，第 89 頁。
〔註31〕林毓生：《中國意識的危機》，貴州人民出版社 1986 年版，第 2～3 頁。

叫我去黑夜裏遊行麼？

阿，曙光在那裡呢？

我的力真太小了，

我怕要在黑夜裏發了狂呢！

穿入室內的寒風，

不要吹動我的火罷。

燈火吹熄了，

心裏的微焰卻終是不滅，——

只怕在風裏發火，

要將我的心燒盡了。

阿，我心裏的微焰，

我怎能長保你的安靜呢？〔註32〕

周作人以詩的語言為自己的道路寫下了預言。建立在虛妄之上的捕風乃是夢想，因之實現的可能也小。周在後五四時期對個人自由發聲言志的篤守，外援內應式的以生活的藝術為中心的「復興」的想像與努力，對文學抒情性與獨立性的堅持構成了對新文化的另類回應，也證實了一個理想者的追夢，這個夢在血與火的年代終究沒能實現，其「人」的理想也不勝迂遠。他的夢是宏大的，因為他在中國現代文學史上形成了另一個和魯迅傳統相交織的傳統，並在新時期的文學中有所繼承和發展；他的夢又是微弱的，很快湮沒於時代的強音之中，漸漸消失在塵封的記憶裏，碾落為泥，化入這廣袤而冷寂的大地。這既是他個人的悲劇，也是一個時代知識分子命運的隱喻，有研究者把其比作「哈姆雷特」〔註33〕，其實在某些方面他更像「唐吉訶德」，他的抗爭更多的是通過建設性的、看似平淡的方式而進行的，只不過他建立的國度過於美好，也過於迂遠，在一個激進的年代也僅僅是一陣細雨，陽光出來，嫋嫋而去！他的言語只能化成「晝夢」的囈語：

「我曾試我的力量，卻還不能把院子裏的蓖麻連根拔起。

我在山上叫喊，卻只有返響回來，告訴我的聲音的可痛地微弱。

〔註32〕周作人：《夢想者的悲哀》，1921 年 3 月 2 日作，載 7 日《晨報副刊》，署仲密。收《過去的生命》。

〔註33〕李劼：《作為唐·吉訶德的魯迅和作為哈姆雷特的周作人》，見 http://www.aisixiang.com/data/15736.html。

我住何處去祈求呢？只有未知之人與未知之神了。」〔註34〕

　　總之，在我看來，周作人在後五四時期所建立的凡人的日常敘事書寫了以凡人大眾為主體，以日常生活為生命的常態形式，以中庸等儒家價值為規範的文明訴求，它構成了對在新文化運動中逐步加強的國族訴求的另類回應；周作人所主張的抒情文學觀充滿著對理性人性的想像：建立在自然人性基礎上的優美健康而又富於節制的人性形式，這種文學也是連接「個人」與「人類」的「美典」，具有審美無功利性，它構成了對自新文化以來「為人生」的文學以及後五四時期革命文學、左翼文學和國民黨的黨派文學的文學政治化、功利化的另類回應。因為周所主張的凡人日常敘事承接了原始儒家以及晚明以來儒家日常人生化的傾向，周所標舉的抒情文學亦以兩希文學的抒情傳統和中國文學自《詩經》以來的抒情傳統為根柢，具有一種「復興」的特徵，這也正是周所宣稱的，但它並不是完全意義上的「復興」，它糅合了更多的現代意識。

　　這種「復興」的想像在 1940 年代上半期由於周作人登上政治的舞臺而呈恢弘之勢，周先後撰寫了《漢文學的傳統》、《中國的國民思想》、《新中國文學復興之途徑》、《文藝復興之夢》等文，只是此時的「復興」想像在政治的脅迫下有更多的異質性成分〔註35〕，我們需要以更加審慎的態度去甄別。這種「復興」想像也綿延在晚年周作人的翻譯生活中，周延宕著他虛弱的囈語！

　　周僅是新文化群像中一員，他在後五四時期對新文化的思考與探索構成我們回眸新文化的重要視角之一。其實這也應是新文化的一部分，它是大浪淘沙之後的積澱與淡然。時至今日，「德先生」與「賽先生」，「寬容」與「兼容」，「獨立之精神，自由之思想」仍是新文化多聲部交響曲中的優美篇章，也是我們的寶貴遺產！先賢們在「感時憂國」的悲愴中綻放著自己的「新聲」與「吶喊」，裝飾著這無聲的中國與悲涼的大地！

　　我常遙想：假如又過了一個世紀、兩個世紀乃至更久遠的世紀，我們又如何回過頭來看待新文化？在時間的長河中它又居何位置呢？是不是像今人觀之於宋明之際的別樣「啟蒙」？甚至軸心時代的諸子百家？還是如福柯視

〔註34〕周作人：《畫夢》，1923 年 1 月 3 日作，載 15 日《晨報副刊》，署作人。收《過去的生命》。

〔註35〕對於周作人敵偽期間的文字，包括周「復興」的想像，不同的研究者有不同的看法。在我初步看來，周敵偽時期的「復興」想像更容易讓人勾聯起日本當時的「大東亞共榮圈」的建設，這一問題將另文考察。

域中的沙灘肖像被隨之而來的海水輕輕抹去了呢？

　　歷史如森林中的幽靈，不可捉摸；又如赫拉克利特筆下之水，浩浩湯湯，不可復踏。然而，在歷史的另一頭，我們遠遠地眺望彼岸，想像著燈火通明、人花相映的盛宴。我想，在 21 世紀，乃至更久遠的未來，我們回頭時，仍可回想起先人的復興與逐夢之旅，因為它仍將燭照著我們的前行之路！

參考文獻

一、周作人作品（按時間順序）

1. 《周作人詩全編箋注》，王仲三箋注，學林出版社，1995 年。

2. 《周作人日記》（影印本），魯迅博物館藏，大象出版社，1996 年。

3. 《周作人晚年書信》，香港真文化出版公司，1997 年。

4. 《周作人自編文集》，止菴校訂，河北教育出版社，2002 年。

5. 《近代歐洲文學史》，止菴、戴大洪校注，團結出版社，2007 年。

6. 《周作人散文全集》，鍾書河編，廣西師範大學出版社，2009 年。

7. 周作人自編文集的原版本（略）。

二、譯文

1. 《如夢記》，文匯出版社，1997 年。

2. 《希臘的神與英雄》，海南出版社，1998 年。

3. 《全譯伊索寓言集》，中國對外翻譯出版公司，1999 年。

4. 《希臘神活》，中國對外翻譯出版公司，1999 年。

5. 《財神·希臘擬曲》，中國對外翻譯出版公司，1999 年。

6. 《古事記》，中國對外翻譯山版公司，2001 年。

7. 《平家物語》，中國對外翻譯出版公司，2001 年。

8. 《枕草子》，中國對外翻譯出版公司，2001 年。

9. 《狂言選》，中國對外翻譯出版公司，2001 年。

10. 《浮世澡堂》，中國對外翻譯出版公司，2001 年。

11. 《浮世理髮館》，中國對外翻譯出版公司，2001 年。

12. 《歐里庇得斯悲劇集》（上、中、下三冊），中國對外翻譯出版公司，2003 年。

13. 《路吉阿諾斯對話集》，中國對外翻譯出版公司，2003 年。

14. 《周氏兄弟合譯文集·現代小說譯叢第一集》，止菴編，新星出版社，2006 年。

15. 《周氏兄弟合譯文集·現代日本小說集》，止菴編，新星出版社，2006 年。

16. 《周氏兄弟合譯文集·紅星佚史》，止菴編，新星出版社，2006 年。

17. 《周作人譯文全集》（套裝共 11 卷），止菴編，上海人民出版社，2012 年。

三、周作人研究著作（按時間順序）

1. 倪墨炎：《中國的叛徒與隱士：周作人》，上海文藝出版社，1990 年。

2. 錢理群：《周作人傳》，北京十月文藝出版社，1990 年。

3. 孫郁：《魯迅與周作人》，河北人民出版社，1997 年。

4. 黃開發：《人在旅途：周作人的思想和文體》，人民文學出版社，1999 年。

5. 程光煒：《周作人評說八十年》，中國華僑出版社，2000 年。

6. 張菊香、張鐵榮：《周作人年譜（修訂版）》，天津人民出版社，2000 年。

7. 舒蕪：《周作人的是非功過（修訂版）》，遼寧教育出版社，2000 年。

8. 王友貴：《翻譯家周作人》，四川人民出版社，2001 年。

9. 孫郁：《周作人和他的苦雨齋》，人民文學出版社，2003 年。

10. 孫郁、黃喬生：《回望周作人叢書》，河南大學出版社，2004 年。

11. 錢理群：《周作人研究二十一講》，中華書局，2004 年。

12. 張鐵榮：《周作人平議（再版）》，天津人民出版社，2006 年。

13. 徐敏：《女性主義的中國道路：五四女性思潮中的周作人女性思想》，中國社會科學出版社，2006 年。

14. 陳漱渝、宋娜：《胡適與周氏兄弟》，湖北人民出版社，2007 年。

15. 哈迎飛：《半是儒家半釋家——周作人思想研究》，人民文學出版社，2007 年。

16. 劉緒源：《解讀周作人》，上海書店出版社，2008 年。

17. 〔日〕木山英雄：《北京苦住庵記》，趙京華譯，三聯書店，2008 年。

18. 止菴：《周作人傳》，山東畫報出版社，2009 年。

19. 張先飛：《人的發現：「五四」文學現代人道主義思潮》，人民出版社 2009 年。

20. 胡輝傑：《周作人中庸思想研究》，湖南大學出版社，2010 年。

四、其他著作（按時間順序）

1. 〔日〕日本新潮社，過耀根譯述：《近代思想》，上海商務印書館，1918 年。

2. 〔英〕耶德瓦德‧嘉本特著，後安譯述：《愛的成年》，北京晨報社，1920 年。

3. 〔日〕廚川白村著，羅迪先譯述：《近代文學十講‧上卷》，學術研究會總會，1921 年。

4. 〔日〕廚川白村著，羅迪先譯述：《近代文學十講‧下卷》，學術研究會總會，1922 年。

5. 〔日〕武者小路實篤著，李宗武等譯：《人的生活》，上海中華書局，1922 年。

6. 孫俍工編著：《新文藝評論》，上海民智書局，1923 年。

7. 沈雁冰等編：《近代俄國文學家史話》，上海商務印書館，1923 年。

8. 鄭振鐸：《俄國文學史略》，上海商務印書館，1924 年。

9. 〔日〕廚川白村著，樊從予譯：《文藝思潮論》，商務印書館，1924 年。

10. 〔日〕與謝野晶子著，張嫻譯：《與謝野晶子論文集》，上海開明書店，1926 年。

11. 〔日〕武者小路實篤著，孫百剛譯：《新村》，上海光華書局，1927 年。

12. 〔日〕谷崎潤一郎著，章克標輯譯：《谷崎潤一郎集》，開明書店，1929 年。

13. 謝六逸：《日本文學史》，北新書局，1929 年。

14. 〔日〕本間久雄著，沈端先譯：《歐洲近代文藝思潮概論》，上海開明書店，1929 年。

15. 茅盾:《西洋文學通論》,上海世界書局,1930 年。

16. 〔日〕相馬御風述著,汪馥泉譯:《歐洲近代文學思潮》,上海中華書局,1930 年

17. 孫席珍:《近代文藝思潮》,北平人文書店,1932 年。

18. 陶明志編:《周作人論》,上海北新書局,1934 年。

19. Theodore Whitefield Hunt 著,傅東華譯,《文學概論》,商務印書館,1935 年。

20. 司馬長風:《中國新文學史》,昭明出版社,1980 年。

21. 李何林:《近二十中國文藝思潮論》,陝西人民出版社,1981 年。

22. 章太炎:《章太炎全集》,上海人民出版社,1982 年。

23. 王瑤:《中國新文學史稿》,上海文藝出版社,1982 年。

24. 《中國新文學大系(1927～1937 年)》,上海文藝出版社,1984～1989 年。

25. 俞元桂等編:《中國現代散文理論》,廣西人民出版社 1984 年。

26. 王哲甫:《中國新文學運動史》,景山書社 1933 年 9 月,上海書店影印,1986 年。

27. 〔美〕林毓生:《中國意識的危機》,貴州人民出版社,1986 年 12 月版。

28. 〔美〕蘇珊·朗格,劉大基譯:《情感與形式》,中國社會科學出版社,1986 年。

29. 康有為:《康有為全集》(卷 1),上海古籍出版社,1987 年。

30. 陳旭麓:《五四以來政派及其思想》,上海人民出版社,1987 年。

31. 〔捷〕普實克著、李燕喬譯:《普實克中國現代文學論文集》,湖南文藝出版社,1987 年。

32. 朱光潛:《朱光潛全集》,安徽教育出版社,1987 年 8 月版。

33. 劉再復、林崗:《傳統與中國人》,生活·讀書·新知三聯書店,1988 年。

34. 〔日〕近藤邦康著,丁曉強等譯:《救亡與傳統:五四思想形成之內在邏輯》,山西人民出版社 1988 年。

35. 〔美〕張灝著,高力贏等譯:《危機中的中國知識分子:尋找秩序與意義》,山西人民出版社 1988 年。

36. 〔英〕藹理斯著,徐鍾環等譯:《生命之舞》,生活·讀書·新知三聯書店,1989 年。

37. 〔法〕戈德曼:《文學社會學方法論》,工人出版社,1989 年。

38. 俞元桂等著:《中國現代散文十六家綜論》,華東師範大學出版社 1989 年。

39. 〔英〕H·埃利斯著,尚新建等譯:《男與女》,中國文聯出版公司 1989 年。

40. 〔美〕維拉·施瓦支著,李國英等譯:《中國的啟蒙運動:知識分子與五四遺產》,山西人民出版社 1989 年。

41. 〔美〕紀文勳著,程農等譯:《現代中國的思想衝突:民主主義與權威主義》,山西人民出版社 1989 年。

42. 丁曉強、徐梓編:《五四與現代中國:五四新論》,山西人民出版社 1989 年。

43. 王躍、高力克選編:《五四:文化的闡釋與評價——西方學者論五四》,山西人民出版社 1989 年。

44. 蕭延中、朱藝編:《啟蒙的價值與侷限:臺港學者論五四》,山西人民出版社 1989 年。

45. 〔捷〕馬立安·高利克著,伍曉明等譯:《中西文學關係的里程碑》,北京大學出版社,1990 年。

46. 中共北京市委黨史研究室、中共天津市委黨史資料徵集委員會編:《北方左翼文化運動資料彙編》,北京出版社,1991 年。

47. 梁啟超:《梁啟超文選》,中國廣播電視出版社,1992 年。

48. 〔美〕易勞逸著,陳謙平等譯:《流產的革命——1927～1937 年的國民黨》,中國青年出版社,1992 年。

49. 〔美〕費正清:《劍橋中華民國史(1912～1949)》(上、下),中國社會科學出版社,1993 年。

50. 許道明:《京派文學的世界》,復旦大學出版社,1994 年。

51. 汪暉:《無地彷徨:「五四」及其回聲》,浙江文藝出版社,1994 年。

52. 劉夢溪等編:《中國現代學術經典·黃侃劉師培卷》,河北教育出版社,1996 年。

53. 俞平伯:《俞平伯全集》,花山文藝出版社,1997 年。

54. 曹聚仁:《文壇五十年》,東方出版中心,1997 年。

55. 陳萬雄:《五四新文化的源流》,三聯書店,1997 年。

56. 張君勱、丁文江等著:《科學與人生觀》,山東人民出版社,1997 年。

57. 胡適:《胡適文集》,歐陽哲生編,北京大學出版社,1998 年。

58. 錢理群等:《中國現代文學三十年》,北京大學出版社,1998 年。

59. 陳世驤:《陳世驤文存》,遼寧教育出版社,1998 年 12 月版。

60. 曠新年:《1928:革命文學》,濟南:山東教育出版社,1998 年

61. 錢玄同:《錢玄同文集》,中國人民大學出版社,1999 年。

62. 李澤厚:《中國思想史論》,安徽文藝出版社,1999 年。

63. 〔美〕周策縱著,周子平等譯:《五四運動:現代中國的思想革命》,江蘇人民出版社,1999 年。

64. 舒蕪:《回歸五四》,遼寧教育出版社,1999 年。

65. 劉禾:《語際書寫——現代思想史寫作批判綱要》,上海三聯書店,1999 年。

66. 〔德〕荷爾德林著,戴暉譯:《希臘的美的藝術的歷史》,《荷爾德林文集》,商務印書館,1999 年。

67. 〔日〕永井荷風著,陳薇譯:《永井荷風選集》,作家出版社,1999 年。

68. 〔美〕杜維明:《論儒學的宗教性》,武漢大學出版社,1999 年。

69. 高恒文:《京派文人:學院派的風采》,上海教育出版社,2000 年。

70. 范培松:《中國散文批評史(20 世紀)》,江蘇教育出版社,2000 年。

71. 劉川鄂:《自由主義文學論稿》,武漢出版社 2000 年。

72. 范培松:《中國散文理論批評史》,江蘇教育出版社 2000 年。

73. 〔美〕威廉·科爾曼著,嚴晴豔譯:《19 世紀的生物學和人學》,復旦大學出版社,2000 年。

74. 〔法〕布迪厄著,劉暉譯:《藝術的法則——文學場的發生與結構》,中央編譯出版社 2001 年。

75. 〔法〕米歇爾·福柯著、莫偉民譯:《詞與物》,三聯書店,2001 年。

76. 〔美〕赫伯特·馬爾庫塞著、李小兵譯:《審美之維》,廣西師範大學,2001 年。

77. 〔美〕舒衡哲著,李紹明譯:《張申府訪談錄》,北京圖書館出版社,2001 年。

78. 周仁政:《京派文學與現代文化》,湖南師範大學出版社,2002 年。

79. 南京大學中國現代文學研究中心編：《中國現代文學傳統》，人民文學出版社，2002 年。

80. 曠新年：《1928 革命文學》，山東教育出版社，2002 年。

81. 徐復觀：《徐復觀文集》，湖北人民出版社，2002 年。

82. 〔美〕愛德華‧W‧薩義德著，單德興譯：《知識分子論》，北京三聯書店，2002 年。

83. 〔美〕格里德爾著、單正平譯：《知識分子與現代中國》，南開大學出版社，2002 年。

84. 〔美〕薩義德著，單德興譯：《知識分子論》，生活‧讀書‧新知三聯書店，2002 年。

85. 〔美〕劉禾著，宋偉傑等譯：《跨語際實踐：文學，民族文化與被譯介的現代性》，三聯書店，2002 年。

86. 吳承學等編：《晚明文學思潮研究》，湖北教育出版社，2002 年。

87. 〔英〕傑佛瑞-威克斯著，宋文偉等譯：《20 世紀的性理論和性觀念》，江蘇人民出版社 2002 年。

88. 王凱符：《八股文概說》，中華書局出版社，2002 年。

89. 《中國新文學大系（1917～1927 年）》（影印本），上海文藝出版社，2003 年。

90. 楊義：《京派海派綜論》（圖志本），中國社會科學出版社，2003 年。

91. 〔美〕余英時：《士與中國文化》，上海人民出版社，2003 年。

92. 羅根澤：《中國文學批評史》，上海書店出版社，2003 年。

93. 陳方競：《多重對話：中國新文學的發生》，人民文學出版社，2003 年。

94. 〔日〕柄谷行人著，趙京華譯：《日本現代文學的起源》，三聯書店，2003 年。

95. 〔俄〕巴枯寧：《國家主義與無政府》，中國政法大學出版社，2003 年。

96. 〔德〕恩斯特‧卡西爾著，甘陽譯：《人論》，上海譯文出版社，2003 年。

97. 汪文頂：《無聲的河流：現代散文論集》，上海遠東出版社，2003 年。

98. 王爾敏：《中國近代思想史論》，社會科學文獻出版社，2003 年。

99. 余英時：《中國思想傳統及其現代變遷》，廣西師大出版社，2004 年。

100. 黃開發：《從啟蒙到革命》，北京十月文藝出版社，2004 年。

101. 謝天振：《中國現代翻譯文學史》，上海外語教育出版社，2004 年 9 月版。

102. 朱曉進：《非文學的世紀》，南京師範大學出版社，2004 年。

103. 〔法〕古斯塔夫·勒龐著，佟德志等譯：《革命心理學》，吉林人民出版社，2004 年。

104. 〔日〕木山英雄：《文學復古與文學革命》，趙京華譯，北京大學出版社 2004 年。

105. 謝天振等主編：《中國現代翻譯文學史（1898～1949）》，上海外語教育出版社，2004 年。

106. 陳平原：《文人之文到學者之文》，三聯書店，2004 年。

107. 錢基博：《現代中國文學史》，上海書店出版社，2004 年。

108. 〔美〕費約翰著，李恭忠等譯：《喚醒中國——國民革命中的政治、文化與階級》，生活·讀書·新知三聯書店，2004 年。

109. 啟功、張中行、金克木：《說八股》，中華書局出版社，2004 年。

110. 魯迅：《魯迅全集》，人民文學出版社，2005 年。

111. 高恒文：《論京派》，天津社會科學院出版社，2005 年。

112. 余英時：《現代危機與思想人物》，生活·讀書·新知三聯書店，2005 年

113. 宗白華：《美學散步》，廣西師範大學出版社，2005 年。

114. 〔美〕李歐梵著，王宏志等譯：《中國現代作家的浪漫一代》，新星出版社，2005 年。

115. 〔法〕古斯塔夫·勒龐著，馮克利譯：《烏合之眾》，中央編譯出版社，2005 年。

116. 〔日〕竹內好：《近代的超克》，生活·讀書·新知三聯書店，2005 年。

117. 〔美〕勒內·韋勒克、奧斯汀·沃倫：《文學理論》，江蘇教育出版社，2005 年。

118. 程光煒：《文人集團與中國現當代文學》，人民文學出版社，2005 年。

119. 孟昭毅，李載道：《中國翻譯文學史》，北京大學出版社，2005 年

120. 〔日〕伊藤虎丸著、孫猛等譯：《魯迅、創造社與日本文學：中日近現代比較文學初探》，北京大學出版社，2005 年。

121. 夏曉虹等：《文學語言與文章體式：從晚清到「五四」》，安徽教育出版社，2005 年。

122. 錢穆：《中國文學論叢》，三聯書店，2005 年。

123. 王爾敏：《中國近代思想史論續集》，社會科學文獻出版社，2005 年。

124. 陳離：《在「我」與「世界」之間：語絲社研究》，東方出版中心，2006年。

125. 曹聚仁：《魯迅評傳》，東方出版中心，2006 年。

126. 張全之：《火與歌：中國現代文學、文人與戰爭》，新星出版社，2006 年。

127. 〔英〕藹理士：《性心理學》，潘光旦譯，上海三聯書店，2006 年 6 月第1 版。

128. 〔美〕耿德華：《被冷落的繆斯中國淪陷區文學史 1937～1945》，張泉譯，新星出版社，2006 年。

129. 陳離：《在我與世界之間——語絲社研究》，東方出版中心，2006 年。

130. 譚家健：《中國古代散文史稿》，重慶出版社，2006 年。

131. 周振甫：《中國文章學史》，江蘇教育出版社，2006 年。

132. 徐復觀：《中國文學精神》，上海書店出版社，2006 年。

133. 黃修己：《中國新文學史編纂史》，北京大學出版社，2007 年。

134. 〔英〕默雷著，孫席珍等譯：《古希臘文學史》，上海譯文出版社，2007年。

135. 楊義：《京派文學與海派文學》，上海三聯書店，2007 年。

136. 〔美〕舒衡哲：《中國啟蒙運動》，新星出版社，2007 年。

137. 〔法〕米歇爾·福柯著、謝強等譯：《知識考古學》，三聯書店，2007 年。

138. 〔美〕薩義德著，王宇根譯，《東方學》，生活·讀書·新知三聯書店，2007 年。

139. 〔美〕史書美著，何恬譯：《現代的誘惑書寫半殖民地中國的現代主義1917～1937》，江蘇人民出版社，2007 年。

140. 王國維：《王國維集》，周錫山編校，中國社會科學出版社，2008 年。

141. 許志英等：《中國現代文學主潮》，南京大學出版社，2008 年。

142. 高友工：《美典：中國文學研究論集》，生活·讀書·新知三聯書店，2008年。

143. 周憲主編：《中國文學與文化的認同》，北京大學出版社，2008 年。

144. 汪暉：《中國現代思想的興起》，生活·讀書·新知三聯書店，2008 年。

145. 郭預衡：《中國散文史長編》（上、下），山西教育出版社，2008 年。

146. 孔慶茂：《八股文史》，鳳凰出版社，2008 年。

147. 陳獨秀：《陳獨秀著作選編》，任建樹編，上海人民出版社，2009 年。

148. 廢名：《廢名集》，北京大學出版社，2009 年。

149. 江紹原：《苦雨齋文叢·江紹原卷》，北京魯迅博物館編，遼寧人民出版社，2009 年。

150. 沈啟無：《苦雨齋文叢·沈啟無卷》，北京魯迅博物館編，遼寧人民出版社，2009 年。

151. 葉渭渠：《日本文學思潮史》，北京大學出版社，2009 年。

152. 羅志田：《裂變中的傳承》，中華書局，2009 年。

153. 師為公：《〈中庸〉深解》，作家出版社，2009 年。

154. 〔俄〕克魯泡特金：《互助論》，商務印書館，2009 年。

155. 吳福輝：《中國現代文學發展史》（插圖本），北京大學出版社，2010 年。

156. 羅志田：《變動時代的文化履跡》，復旦大學出版社，2010 年。

157. 王德威：《抒情傳統與中國現代性》，生活·讀書·新知三聯書店，2010 年。

158. 陳平原：《中國散文小說史》，北京大學出版社，2010 年。

159. 〔美〕杜維明：《儒家傳統與文明對話》，人民出版社，2010 年。

160. 〔美〕安樂哲、郝大維著，彭國翔譯：《切中倫常：〈中庸〉的新詮與新譯》，中國社會科學出版社，2011 年。

五、英文書目

1. Susan Daruvala, Zhou Zuoren and An Alternative Chinese Response to Modernity, Harvard University Press, 2000.

2. Charles A. Laughlin, The Literature of Leisure and Chinese Modernity, University of Hawaii Press, 2008.

3. Claire De Obaldia, The Essayistic Spirit, Oxford University Press, 1995.

4. Theodore Whitefield Hunt, Literature, Its Principles and Problems, Nabu Press, 2010.

5. Ellis Havelock, Affirmation, Walter Scott, Limited, London, 1898.

6. Ellis Havelock, Impressions and Comments, 1914~1920, Constable and Company Limited, London, 1921.

7. Ellis Havelock, Impressions and Comments, 1920~1923, Houghton mifflin Company, Boston, 1924.

8. Ellis Havelock, The Dance of Life, Houghton mifflin Company, Boston and New York, 1923.

9. Ellis Havelock, New Spirit, Constable and Company Limited, London, 1925.

10. Ellis Havelock, *The Art of Life*, Constable and Company Limited, London, 1929.

11. Ellis Havelock, *Studies in the Psychology of Sex*, V.1-V.4，Random House，New York, 1936

12. Ellis Havelock: *My life-autobiography*, Boston：Houghton Mifflin, 1939.

13. Ellis Havelock: *Studies in the psychology of sex. V.5, erotic symbolism, the mechanism of detumescence, the psychic state in pregnancy*, Philadelphia: Davis, 1926.

14. Ellis, Havelock: *Studies in the psychology of sex. V.1, Evolution of modesty, the phenomena of sexual periodicity, auto-erotism*, Philadelphia: Davis, 1926.

15. Ellis Havelock: *Fountain of life: being the impressions and comments*，*Boston:* Mifflin, 1930.

16. Lsaac Goldberg: *Havelock Ellis: A Biographical and Critical Survey,* London: Constable, 1926.

17. Peterson Houston: *Havelock Ellis, philosopher of love. Bost. :* Mifflin, 1928.

18. Collis, John Stewart: *Havelock Ellis: artist of life: a study of his life and work,* W. Sloane Associates, 1959.

19. Adele Austin Rickett, *Chinese Approaches to Literature from Confucius to Liang Ch'i-Ch'ao*, Princeton University Press, 1978.

20. Brome Vincent: *Havelock Ellis: philosopher of sex: a biography.* London: Routledge, 1979.

21. Matei Calinescu, *Five Faces of Modernity*, Duke University Press, 1987.

22. Marston Anderson, *The Limits of Realism: Chinese Fiction in the*

Revolutionary Period, university of California press 1990.

23. Dewei Wang, *Fictional Realism in Twentieth-Century China*, Columbia University Press, 1992.

24. Lydia Liu, *Translingual Practice: Literature, National Culture, and Translated*, Stanford University Press 1995.

25. Kirk A. Denton ed, *Modern Chinese literary thought: writings on literature, 1893~1945*, Stanford University Press 1996.

26. Ellen Widmer, *Kang-i Sun Chang, Writing Women in Late Imperial China*, Stanford University Press 1997.

27. Susan Daruvala, *Zhou Zuoren and An Alternative Chinese Response to Modernity*, Harvard University Press2000.

28. Merle Goldman, *Leo Ou-fan Lee ed, An Intellectual History of Modern China*, Cambridge University Press, 2002.

29. Theodore Huters, *Bringing the world home: appropriating the West in late Qing and early Republican China*, University of Hawai'i Press, 2005.

30. Jing Tsu, *Failure, Nationalism and Literature: The Making of Modern Chinese Identity*, Stanford University Press 2005.

31. Rudolf G. Wagner ed, *Joining the Global Public: Word, Image, and City in Early Chinese Newspapers*, State University of New York. 2007.

六、期刊論文

（一）周作人研究

1. 李景彬：《評周作人在文學革命中的主張》，《新文學論叢》1980 年 3 月號。

2. 許志英：《論周作人早期散文的思想傾向》，《中國現代文學研究叢刊》1980 年第 4 期。

3. 錢理群：《試論魯迅與周作人的思想發展道路》，《中國現代文學研究叢刊》1981 年第 4 期。

4. 李景彬：《兩個尋路的人——魯迅與周作人比較論》，《晉陽學刊》1981 年第 5 期。

5. 許志英：《論周作人早期散文的藝術成就》,《文學評論》1981 年第 6 期。

6. 錢理群：《魯迅、周作人文學觀發展道路比較研究（摘要）》,《中國現代文學研究叢刊》1985 年第 1 期。

7. 陳思和：《讀〈知堂雜詩抄〉》,《中國現代文學研究叢刊》1988 年第 2 期。

8. 趙京華：《周作人審美理想與散文藝術綜論》,《文學評論》1988 年第 4 期。

9. 張鐵榮：《〈魯迅周作人比較論〉讀後》,《魯迅研究月刊》1989 年第 1 期。

10. 舒蕪：《不為苟異（上）——關於魯迅、周作人後期的相同點》,《魯迅研究月刊》1989 年第 1 期。

11. 李書磊、趙京華、舒蕪：《關於周作人文化態度的討論》,《中國現代文學研究叢刊》1989 年第 1 期。

12. 止菴：《晚期周作人》,《讀書》1989 年第 6 期。

13. 陳漱渝：《兩峰並峙雙水分流（上）——胡適與周作人》,《魯迅研究月刊》1990 年第 12 期。

14. 陳漱渝：《兩峰並峙雙水分流（下）——胡適與周作人》,《魯迅研究月刊》1991 年第 1 期。

15. 顧琅川：《越文化與周作人》,《中國現代文學研究叢刊》1991 年第 2 期。

16. 陳思和：《關於周作人的傳記》,《中國現代文學研究叢刊》1991 年第 3 期。

17. 汪暉：《循環的歷史讀錢理群著〈周作人傳〉》,《讀書》1991 年第 5 期。

18. 顧琅川：《論周作人的「人學」理論》,《紹興文理學院學報（社科版）》1992 年第 1 期。

19. 譚桂林：《論周作人與佛教文化的關係》,《中國文學研究》1992 年第 3 期。

20. 孫郁：《周作人的審美追求與現代社會之牴牾》,《天津師範大學學報（社會科學版）》1992 年第 4 期。

21. 董炳月：《周作人的附逆與文化觀》,《二十一世紀》1992 年 10 月號。

22. 錢理群：《「五四」新村運動和知識分子的堂吉訶德氣》,《天津社會科學》1993 年第 1 期。

23. 張光芒：《符號學闡釋：周作人散文小品的語言藝術》,《山東師範大學學

報（人文社會科學版）》1993 年第 2 期。

24. 顧琅川：《論周作人的中庸主義》，《紹興文理學院學報（社科版）》1993 年第 2 期。

25. 顧琅川：《論周作人的中庸主義（續）》，《紹興文理學院學報（社科版）》1993 年第 3 期。

26. 鍾友循：《試論周作人後期散文的歷史地位——兼與舒蕪先生商榷》，《長沙理工大學學報（社會科學版）》1993 年第 3 期。

27. 袁良駿：《魯迅、周作人雜文比較論》，《北京社會科學》1993 年第 4 期。

28. 錢理群：《有缺憾的價值——關於我的周作人研究》，《讀書》1993 年第 6 期。

29. 伊藤德也著、文萍譯：《周作人研究在日本》，《魯迅研究月刊》1993 年第 8 期。

30. 顧琅川：《鐵與溫雅——論周作人的氣質及其變遷》，《中國現代文學研究叢刊》1994 年第 2 期。

31. 常風：《記周作人先生》，《黃河》1994 年第 3 期。

32. 王鐵仙：《周作人的人性觀和個性主義思想的嬗變》，《華東師範大學學報（哲學社會科學版）》1994 年第 3 期。

33. 黃開發：《論周作人的「人學」思想》，《北京教育學院學報》1994 年第 4 期。

34. 黃開發：《論周作人「自己表現」的文學觀》，《魯迅研究月刊》1994 年第 6 期。

35. 舒蕪：《重在思想革命——周作人論新文學新文化運動》，《中國文化》1995 年第 1 期。

36. 高瑞泉：《作為思想家的周作人》，《書城》1995 年第 2 期。

37. 楊揚：《〈解讀周作人〉閱後》，《文學自由談》1995 年第 3 期。

38. 袁進：《略談周作人早期的文學美學思想》，《文藝理論研究》1995 年第 4 期。

39. 王福湘：《評周作人研究中的非歷史傾向》，《衡陽師範學院學報》1995 年第 4 期。

40. 舒蕪：《理論勇氣和寬容精神》，《讀書》1995 年第 12 期。

41. 王福湘：《關於周作人研究的幾個問題》，《中國現代文學研究叢刊》1996 年第 1 期。

42. 胡有清：《論周作人的個性主義文學思想》，《中國現代文學研究叢刊》1996 年第 1 期。

43. 王本朝：《周作人與基督教文化》，《中國現代文學研究叢刊》1996 年第 1 期。

44. 黃科安：《周作人早期抒情小品的民俗現象及其表現藝術》，《泉州師專學報（社會科學版）》1996 年第 1 期。

45. 謝茂松：《普通人日常生活的重新發現——40 年代淪陷區散文概論》，《北京大學學報》（哲學社會科學版） 1996 年第 1 期。

46. 王軍：《魯迅與周作人人道主義思想比較》，《大連大學學報》1996 年第 3 期。

47. 羅崗：《寫史偏多言外意——從周作人〈中國新文學的源流〉看中國現代「文學」觀念的建構》，《中國現代文學研究叢刊》1996 年第 3 期。

48. 解志熙：《文化批評的歷史性原則——從近期的周作人研究談起》，《中州學刊》1996 年第 4 期。

49. 王向遠：《文體材料趣味個性——以周作人為代表的中國現代小品文與日本寫生文比較觀》，《魯迅研究月刊》1996 年第 4 期。

50. 高恒文：《周作人與永井荷風——周作人與日本文學》，《魯迅研究月刊》1996 年第 6 期。

51. 胡有清：《二三十年代周作人文學思想論析》，《南京大學學報（人文社科版）》1997 年第 2 期。

52. 楊劍龍：《論周作人與基督教文化》，《魯迅研究月刊》1997 年第 6 期。

53. 趙京華：《周作人與永井荷風、谷崎潤一郎》，《中國現代文學研究叢刊》1998 年第 2 期。

54. 王確：《中庸傳統與周作人的文化選擇——兩種文化之間的靈魂困境》，《東北師大學報（哲學社會科學版）》1998 年第 3 期。

55. 張先飛：《從普遍的人道理想到個人的求勝意志——論 20 年代前期周作人「人學」觀念的一個重要轉變》，《魯迅研究月刊》1999 年第 2 期。

56. 喻大翔：《周作人言志散文體系論》，《文學評論》1999 年第 2 期。

57. 何爾光：《錢鍾書眼裏的周作人》，《中國現代文學研究叢刊》2000 年第
2 期。

58. 董炳月：《周作人的「國家」與「文化」》，《中國現代文學研究叢刊》2000
年第 3 期。

59. 駱玉明：《古典與現代之間——胡適、周作人對中國新文學源流的回溯及
其中的問題》，《中國文學研究》2000 年第 4 期。

60. 溫儒敏：《文學史觀的建構與對話——圍繞初期新文學的評價》，《北京大
學學報（哲學社會科學版）》2000 年第 4 期。

61. 徐敏：《論日本文化對周作人女性思想的影響》，《外國文學研究》2001 年
第 2 期。

62. 〔日〕波多野真矢：《周作人與立教大學》，《魯迅研究月刊》2001 年第
2 期。

63. 董炳月：《異鄉的浮世繪》，《讀書》2001 年第 3 期。

64. 孫郁：《當代文學中的周作人傳統》，《當代作家評論》2001 年第 4 期。

65. 古大勇：《魯迅周作人人道主義思想比較論》，《伊犁師範學院學報》2001
年第 4 期。

66. 傅汝成：《漫談周作人的「新儒學」思想》，《河南廣播電視大學學報》2001
年第 4 期。

67. 李仲凡：《詩情與詩藝——魯迅與周作人詩觀合論》，《社科縱橫》2001 年
第 4 期。

68. 哈迎飛：《「無信」與「中庸」——周作人「中庸」觀之我見》，《東南學
術》2001 年第 6 期。

69. 何勇：《從功利到審美：周作人早年文學功用觀新探》，《魯迅研究月刊》
2001 年第 9 期。

70. 顏浩：《〈語絲〉時期的苦雨齋弟子》，《魯迅研究月刊》2001 年第 12 期。

71. 王光東：《在民間與啟蒙之間——五四時期周作人的民間理論》，《文藝爭
鳴》2002 年第 1 期。

72. 孫郁：《周作人談胡適》，《魯迅研究月刊》2002 年第 1 期。

73. 黃昌勇、郅庭閣：《從「為人生的藝術」到「為藝術的藝術」——周作人
文學觀念變遷軌跡之描述》，《河北學刊》2002 年第 3 期。

74. 趙恒瑾:《中庸主義、個人主義對中國現代知識分子人格的影響——以周作人及與魯迅的比較為例》,《杭州師範學院學報(社會科學版)》2002 年第 4 期。

75. 周荷初:《周作人與晚明文學思潮》,《魯迅研究月刊》2002 年第 6 期。

76. 季蒙:《周氏弟兄的文學史》,《魯迅研究月刊》2002 年第 9 期。

77. 散木:《周氏兄弟眼中的蔡元培》,《魯迅研究月刊》2002 年第 9 期。

78. 趙京華:《周作人與柳田國男》,《魯迅研究月刊》2002 年第 9 期。

79. 呂若涵:《現代性個人主體的堅執——論 1930 年代周作人及論語派的政治思想理念》,《魯迅研究月刊》2002 年第 12 期。

80. 曾鋒:《周作人與尼采》,《中國現代文學研究叢刊》2003 年第 1 期。

81. 靳新來:《胡適、周作人文學革命觀比較》,《勝利油田師範專科學校學報》2003 年第 2 期。

82. 董炳月:《夢與夢之間——中國新文學作家與武者小路實篤的相遇》,《魯迅研究月刊》2003 年第 2 期。

83. 胡慧翼:《論「五四」知識分子先驅對民間歌謠的發現——以胡適、周作人、劉半農為中心》,《西南民族大學學報(人文社科版)》2003 年第 3 期。

84. 曾鋒:《輪迴對歷史敘述的支配——〈中國新文學的源流〉及周作人論之一》,《魯迅研究月刊》2003 年第 4 期。

85. 孫郁:《〈周作人和他的苦雨齋〉引子》,《魯迅研究月刊》2003 年第 6 期

86. 葛飛:《周作人與清儒筆記》,《魯迅研究月刊》2003 年第 11 期。

87. 姜異新:《五四啟蒙主體的文化原罪意識》,《魯迅研究月刊》2004 年第 1 期。

88. 陳思和:《現代知識分子崗位意識的確立:〈知堂文集〉》,《杭州師範學院學報(社會科學版)》2004 年第 1 期。

89. 高玉:《「自由至上主義」及其命運:周作人附敵事件之成因》,《河北學刊》2004 年第 3 期。

90. 束景南、姚誠:《激烈的「猛士」與沖淡的「名士」——魯迅與周作人對吳越文化精神的不同承傳》,《文學評論》2004 年第 3 期。

91. 方長安:《形成、調整與質變——周作人「人的文學」觀與日本文學的關

係》,《文學評論》2004 年第 3 期。

92. 黃開發:《周作人的文學觀與功利主義》,《中國現代文學研究叢刊》2004
年第 3 期。

93. 張先飛:《從人道主義理想到「自己的園地」——1918～1922:周作人現
代人道主義觀念的轉變》,《淮北煤炭師範學院學報(哲學社會科學版)》
2004 年第 4 期。

94. 徐鵬緒、武俠:《論周作人的人生哲學及其對文藝觀和文學創作的影響
(一)》,《魯迅研究月刊》2004 年第 4 期。

95. 蔡長青:《論周作人生活觀的建構》,《安徽教育學院學報》2004 年第 4
期。

96. 徐鵬緒、武俠:《論周作人的人生哲學及其對文藝觀和文學創作的影響
(二)》,《魯迅研究月刊》2004 年第 5 期。

97. 徐鵬緒、武俠:《論周作人的人生哲學及其對文藝觀和文學創作的影響
(三)》,《魯迅研究月刊》2004 年第 6 期。

98. 黃科安:《「人情物理」:周作人隨筆的智慧言說》,《紹興文理學院學報
(社科版)》2005 年第 3 期。

99. 莊萱:《周作人中庸思想的文化淵源與歷史評估》,《福建師範大學學報
(哲學社會科學版)》2005 年第 6 期。

100. 丸川哲史、紀旭峰:《日中戰爭的文化空間——周作人與竹內好》,《開放
時代》2006 年第 1 期。

101. 王風:《文學革命的胡適敘事與周氏兄弟路線——兼及「新文學」、「現代
文學」的概念問題》,《中國現代文學研究叢刊》2006 年第 1 期。

102. 王劍:《中國文學現代演進的三個環節——以梁啟超、王國維、周作人為
個案的考察》,《周口師範學院學報》2006 年第 1 期。

103. 張先飛:《發生期新文學科學「人學」觀念的建構》,《文學評論》 2006
年第 3 期。

104. 張麗華:《從「君子安雅」到「越人安越」——周作人的風物追憶與民俗
關懷(1930～1945)》,《魯迅研究月刊》2006 年第 3 期。

105. 馮尚:《周作人的神話意識與對現代性建構的自省》,《文學評論》2006 年
第 3 期。

106. 劉全福:《「主美」與「移情:」周作人古希臘文學接受與譯介思想述評》,《解放軍外國語學院學報》2006 年第 4 期。

107. 哈迎飛:《「愛的福音」與「暴力的迷信」——周作人與基督教文化關係論之一》,《福建師範大學學報（哲學社會科學版）》2006 年第 5 期。

108. 黃仁生:《論公安派在現代文壇的多重迴響》,《復旦學報（社會科學版）》2006 年第 6 期。

109. 徐翔:《周作人女性觀中的異質性成分》,《中國現代文學研究叢刊》2006 年第 6 期。

110. 哈迎飛:《基督教文化對周作人文學觀的影響》,《武漢理工大學學報（社會科學版）》2007 年第 1 期。

111. 丁智才:《「人的文學」燭照下中國現代審美性文學的功利觀——以周作人、沈從文、徐訏為例》,《隴東學院學報（社會科學版）》2007 年第 2 期。

112. 梁仁昌:《論周作人的「言志」與「載道」觀》,《廣西大學學報（哲學社會科學版）》2007 年第 2 期。

113. 徐萍:《寂寞沙洲冷——周作人 1923 年之作品讀解》,《魯迅研究月刊》2007 年第 3 期。

114. 哈迎飛:《論「五四」時期周作人的國家觀》,《魯迅研究月刊》2007 年第 3 期。

115. 伊藤德也:《「生活之藝術」的幾個問題——參照周作人的「頹廢」和倫理主體》,《魯迅研究月刊》2007 年第 5 期。

116. 郝慶軍:《兩個「晚明」在現代中國的復活——魯迅與周作人在文學史觀上的分野和衝突》,《中國現代文學研究叢刊》2007 年第 6 期。

117. 尹康莊:《論 20 世紀中國人本主義文學思潮的形成及其特異性——以王國維、魯迅、周作人為中心》,《暨南學報（哲學社會科學版）》2007 年第 6 期。

118. 耿傳明:《「公共寫作」與「私人書寫」中的周作人》,《新文學史料》2008 年第 1 期。

119. 褚自剛:《多元‧寬容‧流變——由〈歐洲文學史〉及〈中國新文學的源流〉看周作人的文學史觀》,《開封大學學報》2008 年第 4 期。

120. 胡輝傑：《貴族與平民——周作人中庸範疇論之一》，《魯迅研究月刊》2008 年第 4 期。

121. 姜異新：《淺談周作人的生活啟蒙》，《中國現代文學研究叢刊》2008 年第 6 期。

122. 范永康、徐中原：《周作人「言志」文藝觀的發展分期和理論形態》，《楚雄師範學院學報》2008 年第 10 期。

123. 譚佳：《「晚明敘事」的美學話語建構與中國的審美現代性問題——以周作人的晚明研究為考察點》，《文藝爭鳴》2008 年第 11 期。

124. 陳平原：《燕山柳色太淒迷》，《讀書》2008 年第 12 期。

125. 范永康：《悲情的古典主義——周作人「言志」文藝思想探析》，《瀋陽大學學報》2009 年第 1 期。

126. 張旭東著、謝俊譯：《散文與社會個體性的創造——論周作人 30 年代小品文寫作的審美政治》，《中國現代文學研究叢刊》2009 年第 1 期。

127. 胡輝傑：《載道與言志——周作人中庸範疇論之二》，《魯迅研究月刊》2009 年第 1 期。

128. 胡輝傑：《人情與物理：周作人中庸範疇論之三》，《魯迅研究月刊》2009 年第 2 期。

129. 張旭東：《現代散文與傳統的再發明——作為激進闡釋學的〈中國新文學的源流〉》，《現代中國》第 12 輯。

130. 哈迎飛：《論周作人的儒釋觀》，《文學評論》2009 年第 5 期。

131. 徐仲佳：《思想革命的利器——論周作人的性愛思想》，《魯迅研究月刊》2009 年第 5 期。

132. 丁文：《周作人與 1930 年左翼文學批評的對峙與對話》，《中國現代文學研究叢刊》2009 年第 5 期。

133. 郜元寶：《從「美文」到「雜文」（上）·周作人散文論述諸概念辨析》，《魯迅研究月刊》2010 年第 1 期。

134. 王本朝：《「文以載道」觀的批判與新文學觀念的確立》，《文學評論》2010 年第 1 期。

135. 張先飛：《「五四」現代人道主義觀念的當下反思》，《北京科技大學學報（社會科學版）》2010 年第 1 期。

136. 郜元寶：《從「美文」到「雜文」（下）‧周作人散文論述諸概念辨析》，《魯迅研究月刊》2010 年第 2 期。

137. 宋劍華：《「言志」詩學對中國現代文學的內在影響》，《中國社會科學》2010 年第 6 期。

138. 張鐵榮：《周氏兄弟與五四新文化運動》，《廣東社會科學》2010 年第 6 期。

139. 朱曉江：《論周作人散文的「反抗性」特徵及其思想內涵》，《文學評論》2011 年第 4 期。

140. 胡令遠：《周作人日本文化研究方法芻議》，《日本學刊》2012 年第 1 期。

141. 郜元寶：《失敗者的抵抗──從〈北京苦住庵記〉說起》，《學術月刊》2012 年第 5 期。

142. 李雅娟：《周作人與「人情美」的日本文化像》，《魯迅研究月刊》2012 年第 5 期。

（二）其他研究

1. 賈芝：《關於周作人的一點史料──他與李大釗的一家》，《新文學史料》1983 年第 4 期。

2. 吳小如：《讀朱自清先生〈詩言志辨〉》，《北京大學學報》（哲學社會科學版），1984 年第 6 期。

3. 陳北歐：《憶谷萬川》，《新文學史料》1985 年第 1 期。

4. 王志之：《谷萬川印象記》，《新文學史料》1985 年第 1 期。

5. 楊纖如：《北方左翼作家谷萬川》，《新文學史料》，1985 年第 1 期。

6. 趙園：《京味小說與北京人「生活的藝術」》，《文藝研究》1988 年第 5 期。

7. 李少雍：《朱自清先生對古典文學研究的貢獻》，《文學遺產》1991 年第 1 期。

8. 封世輝：《三十年代前中期北平左翼文學刊物鉤沉》，《現代文學研究叢刊》1992 年第 1、2 期。

9. 張菊香：《紅樓奠基的深情──周作人與李大釗》，《黨史縱橫》1994 年第 7 期。

10. 李之舟：《傳統文人抒情模式的困境與詩的復興》，《貴州社會科學》，1996 年第 6 期。

11. 羅志田：《西方的分裂：國際風雲與五四前後中國思想的演變》，《中國社會科學》1999 年第 3 期。

12. 林賢治：《五四之魂》，《書屋》1999 年第 6 期。

13. 李新宇：《1928：新文化危機中的魯迅》，《中國現代文學研究叢刊》2001 年第 7 期。

14. 傅汝成：《漫談周作人的「新儒學」思想》，《河南廣播電視大學學報》2001 年第 4 期。

15. 劉俊陽：《論雅詩中的抒情詩與中國詩歌抒情傳統的形成》，《國際關係學院學報》，2005 年第 2 期。

16. 張節末：《中國美學史研究的新途之一——海外華人學者對中國美學抒情傳統的研尋》，《江西社會科學》，2006 年第 1 期。

17. 吳奇：《從「文學場」看「發憤抒情」文學傳統之形成》，《北京教育學院學報》，2006 年第 2 期。

18. 黃修己：《論中國現代文學史的闡釋體系》，《學術研究》2007 年第 8 期。

19. 季進：《抒情傳統與中國現代性——王德威教授訪談錄》，《書城》，2008 年第 6 期。

20. 王德威：《現代性下的抒情傳統》，《復旦學報》，2008 年第 6 期。

21. 張春田：《王國維的學術轉變與抒情傳統的現代危機》，《杭州師範大學學報》，2009 年第 1 期。

22. 鄔國平：《朱自清與〈詩言志辨〉（上、下）》，《古典文學知識》2009 年第 1、2 期。

23. 張伯偉：《中國文學批評的抒情性傳統》，《文學評論》，2009 年第 1 期。

24. 陳國球：《「抒情傳統論」以前——陳世驤與中國現代文學及政治》，《現代中文學刊》，2009 年第 6 期。

25. 馬俊江：《二十世紀三十年代北平小報與故都革命文藝青年：以〈覺今日報・文藝地帶〉為線索的歷史考察》，北大博士論文 2009 年。

26. 莊萱：《科學小品：詩與科學的融合》，《福建師範大學學報（哲學社會科學版）》2010 年第 1 期。

27. 董乃斌：《論中國文學史抒情和敘事兩大傳統》，社會科學》，2010 年第 3 期。

28. 陳國球：《詩意的追尋——林庚文學史論述與「抒情傳統」說》，北京大學學報》，2010 年第 4 期。

29. 周展安：《進化論在魯迅後期思想中的位置——從翻譯普列漢諾夫的〈藝術論〉談起》，《中國現代文學研究叢刊》2010 年第 5 期。

30. 〔斯洛伐克〕馬利安‧高利克：《〈雅歌〉與〈詩經〉的比較研究》，《基督教文化學刊》，2011 年第 1 期。

31. 沈一帆：《臺灣中國抒情傳統研究述評》，《華文文學》，2011 年第 1 期。

32. 沈一帆：《普林斯頓的追隨者：抒情傳統視野下的中國古典文學史敘事》，《海南師範大學學報》，2011 年第 2 期。

33. 陳國球：《「抒情傳統」論述與中國文學研究——以陳世驤之說為例》，《文化與詩學》，2011 年第 1 期。

34. 范偉：《北平左聯與上海中國左聯的關係辨析》，《東嶽論叢》，2011 年第 3 期。

35. 鮑國華、李丁卓：《天津左翼作家聯盟成立的時間考辯》，《東嶽論叢》，2011 年第 3 期。

36. 龐書緯：《以「中國」的方式想像中國——讀王德威〈抒情傳統與中國現代性〉兼談中國現當代文學研究中的「漢學化」問題》，《中國比較文學》，2011 年第 3 期。

37. 〔日〕近藤龍哉：《〈文學雜誌〉、〈文藝月報〉與左聯活動探晴》，《東嶽論叢》，2011 年第 3 期。

38. 劉毅青：《作為文化認同的抒情美學傳統》，《中國文學研究》，2011 年第 4 期。

39. 吳盛青、高嘉謙：《抒情傳統與維新時代：一個視域的形構》，《揚子江評論》，2011 年第 5 期。

40. 呂正惠：《抒情傳統與中國現代文學》，《現代中文學刊》，2011 年第 5 期。

41. 薛祖清：《晚年周作人與文化復興之夢：——以〈路吉阿諾斯對話集〉為中心》，復旦大學博士論文，2011 年。

42. 沈一帆：《觀念的肇始：陳世驤與「中國抒情傳統」的發明》，《當代文壇》，2012 年第 2 期。

43. 何婧雅：《北平左翼文化迭動的發生：1927～1933》，中央民族大學碩士

論文 2012 年。

44. 李榮華、呂周聚:《中國文學現代性的重新發現與闡釋——評王德威〈抒情傳統與中國現代性:在北大的八堂課〉》,《海南師範大學學報》,2012年第 6 期。

七、附周作人研究的相關博士論文及專著

(一)博士論文

1. *Chou Tso-jen: modern China's pioneer of the essay*, Ernst Wolff, Thesis(Ph. D.)——University of Washington, 1966.

2. *The literary values of Chou Tso-Jen and their place in the Chinese tradition*, David E Pollard, Thesis(doctoral)——University of London, 1970.

3. 『西洋の衝撃と中日近代文化の創出と挫折——周作人と永井荷風』,劉岸偉,東京大學 1989 年。

4. *Chou Tso-Jen: a serene radical in the new culture movement*, William Cheong-Loong Chow, Thesis(Ph. D.)——University of Wisconsin——Madison, 1990.

5. *Zhou Zuoren and Japan*, Nancy Elizabeth Chapman, Thesis(Ph. D.)——Princeton University, 1990.

6. *Zhou Zuoren(1885~1967) and an alternative Chinese response to modernity*, Susan Daruvala, Thesis(Ph. D.)——University of Chicago, Dept. of East Asian Languages and Civilizations, 1993.

7. *The politics of aestheticization : Zhou Zuoren and the crisis of the Chinese new culture(1927~1937)*, Xudong Zhang, Thesis(Ph. D.)——Duke University, 1995.

8. 《周作人論》,趙恒瑾,南京大學,1998 年。

9. 『新しき村から「大東亜戦争」へ一一周作人と武者小路実篤との比較研究』,董炳月,東京大學,1998 年。

10. 『周作人と日本文化』,趙京華,一橋大學,1998 年。

11. 『日本近現代文學と周作人』,於耀明,武庫川女子大學 1999 年。

12. 《人文河流中的自由文人:中日文化與魯迅周作人的自由人文精神》,韓星嬰,華東師範大學,1999 年。

13. 《周作人文學翻譯研究》，王友貴，復旦大學，2000 年。

14. 『周作人と日本江戶庶民文芸』，吳紅華，九州大學，2000 年。

15. 《周作人個人主義論》，韓靖，南京大學，2003 年。

16. 《周作人翻譯多視角研究》，劉全福，上海外國語大學，2003 年。

17. 『周作人とギリシア文學』，根岸宗一郎，東京大學，2003 年。

18. 《東有啟明・西有長庚：周氏兄弟散文風格比較研究》，肖劍南，福建師範大學，2004 年。

19. 《周作人文學思想及創作的民俗文化視野》，常峻，華東師範大學，2004 年。

20. 《周作人文學思想略論》，高娟，山東大學，2005 年。

21. 《周作人與中國傳統文化（1885～1949）》，吳炳釗，中山大學，2005 年。

22. 《周作人中庸思想研究》，胡輝傑，武漢大學，2005 年。

23. 『周作人の児童文學論・婦人論と日本』，劉軍，北京外國語大學，2005 年。

24. 《周作人：「言志」與「載道」之間的文學選擇》，汪成法，南京大學，2006 年。

25. 《周作人文學思想研究》，關峰，蘭州大學，2006 年。

26. *Authority on the margin: the informal essays of Virginia Woolf, Natsume Sōseki, and Zhou Zuoren*, Daniel Dee Baird, Thesis(Ph. D.)——University of Oregon, 2006.

27. 『「生活の芸術」を目指して：周作人のセクシュアリティ論』，王蘭，大阪大學，2006 年。

28. 『近代中國における民俗學研究：周作人、江紹原、顧頡剛の民俗學研究の檢討を通じて』，子安加余子，お茶の水女子大學，2006 年。

29. 『周作人と日本古典文學：その一九二〇年代の日本古典の翻訳をめぐって』，潘秀蓉，東京外國語大學，2006 年。

30. 《周作人的文學翻譯研究》，於小植，吉林大學，2007 年。

31. 《從「先驅」到「附逆」》，王美春，山東大學，2008 年。

32. 《五四新文化人的自我塑造——以魯迅、周作人為考察中心》，林分份，北京大學，2008 年。

33. 《周作人：「士大夫」的發現》，石堅，華東師範大學，2008 年。

34. *A modernity in pre-modern tune: classical-style poetry of Yu Dafu, Guo Moruo, and Zhou Zuoren, Haosheng Yang*, Thesis(Ph.D. , Dept. of East Asian Languages and Civilizations)——Harvard University, 2008.

35. 《當代文學研究中的神話化現象批判》，徐翔，北京師範大學，2009 年。

36. 《周作人晚期散文研究（1949～1967)》，嚴輝，華中師範大學，2009 年。

37. 《過渡時代的炬火》，莊萱，福建師範大學，2009 年。

38. 《周作人的文學道路》，黃江蘇，復旦大學，2011 年。

39. 《晚年周作人與文化復興之夢》，薛祖清，復旦大學，2011 年。

40. 《日本夢與中國鄉：論周作人對風物的「寄情」書寫》，石圓圓，復旦大學，2011 年。

41. 《周作人文學思想研究》，賀殿廣，東北師範大學，2011 年。

42. 《傳統文化對周作人的影響以及周作人的道路》，陳文輝，復旦大學，2011 年。

43. 《「文學」與「文明」：周作人散文「反抗性」因素研究》，朱曉江，復旦大學，2011 年。

44. 《審美現代性視域下周作人文學思想研究》，賴博熙，遼寧大學，2012 年。

（二）研究著作及論文集

1. 《周作人論》，陶明志編，北新書局 1934 年 12 月第 1 版。

2. 『周作人先生的事』，〔日〕方紀生編，日本光風館 1944 年第 1 版。

3. Chou Tso-Jen, By Ernst Wolff, New York, Twayne Publishers, 1971.

4. A Chinese Look at Literature: The Literary Values of Chou Tso-jen in Relation to the Tradition, by David E. Pollard, Berkley, University of California Press, 1973.（注：本書後來被翻譯《一個中國人的文學觀——周作人的文學思想》，〔英〕大衛・卜立德著、陳廣宏譯，復旦大學出版社，2001 年 7 月）

5. 《周作人著作及研究資料》香港九龍實用書局，約 1977 年。

6. 《北京苦住庵記——日中戰爭時代的周作人》，〔日〕木山英雄著，日本築摩書房 1978 年第 1 版（注：後趙京華譯，三聯書店，2008 年 8 月）。

7. 《周作人年譜》，張菊香編，南開大學出版社，1985 年 9 月第 1 版。

8. 《周作人評析》，李景彬著，陝西人民出版社，1986 年 3 月第 1 版。

9. 《周作人概觀》，舒蕪著，湖南人民出版社，1986 年 8 月第 1 版。

10. 《周作人研究資料》，張菊香、張鐵榮編，天津人民出版社，1986 年 11 月第 1 版。

11. 《周作人論（修訂版）》，陶明志編，上海書店，1987 年 3 月修訂版。

12. 《魯迅周作人比較論》，李景彬著，南開大學出版社，1987 年 10 月第 1 版。

13. 《尋找精神家園：周作人文化思想與審美追求》，趙京華著，中國人民大學出版社，1989 年 11 月第 1 版。

14. 《周作人散文欣賞》，張恩和著，廣西教育出版社，1989 年 12 月第 1 版。

15. 《中國的叛徒與隱士：周作人》，倪墨炎著，上海文藝出版社，1990 年 7 月第 1 版。

16. 《周作人傳》，錢理群著，北京十月文藝出版社，1990 年 9 月第 1 版。

17. The development of Zhou Zuoren's style: essays， 1917~1927, Clare Wilshaw, Cambridge, 1990.

18. 《東洋人的悲哀——周作人與日本》，劉岸偉著，日本河出書房新社，1991 年 1 月第 1 版。

19. 《凡人的悲哀——周作人傳》，錢理群著，臺北業強出版社，1991 年 1 月第 1 版。

20. 《周作人》，張恩和編著，臺北海風出版社，1991 年 1 月第 1 版。

21. 《周作人論》，錢理群著，上海人民出版社，1991 年 8 月第 1 版。

22. 《周作人的是非功過》，舒蕪著，人民文學出版社，1993 年 6 月第 1 版。

23. 《解讀周作人》，劉緒源著，上海文藝出版社，1994 年 8 月第 1 版。

24. 《閒適渡滄桑——周作人》，肖同慶，中國青年出版社，1994 年 12 月第 1 版。

25. 《在家和尚——周作人》，蕭南編，四川文藝出版社，1995 年 5 月第 1 版。

26. 『周作人先生のこと：伝記・周作人』，方紀生編，東京大空社，1995。

27. 《周作人評傳》，李景彬、邱夢英著，重慶出版社，1996 年 2 月第 1 版。

28. 《周作人平議（初版）》，張鐵榮著，天津人民出版社，1996 年 3 月第 1 版。

29. 《苦境故事——周作人傳》，雷啟立著，上海文藝出版社，1996 年 4 月第 1 版。

30. 《閒話周作人》，陳子善編，浙江文藝出版社，1996 年 7 月第 1 版。

31. 《周作人印象》，劉如溪編，學林出版社，1997 年 1 月第 1 版。

32. 《周作人》（名家簡傳書系），錢理群著，中國華僑出版社，1997 年 4 月第 1 版。

33. 《知堂情理論》，顧琅川著，中國文聯出版公司，1997 年 6 月第 1 版。

34. 《魯迅與周作人》，孫郁著，河北人民出版社，1997 年 7 月第 1 版。

35. 《兄弟文豪》，葉羽晴川編著，四川人民出版社，1997 年 11 月第 1 版。

36. 《渡盡劫波——周氏三兄弟》，黃喬生著，群眾出版社，1998 年 1 月第 1 版。

37. 《苦雨齋主：名人筆下的周作人·周作人筆下的名人》，劉緒源編，上海東方出版中心，1998 年 1 月第 1 版。

38. 《話說周氏兄弟——北大講演錄》，錢理群著，山東畫報出版社，1998 年 12 月第 1 版。

39. 《五四時期周作人的文學理論》，〔新加坡〕徐舒虹著，上海學林出版社，1999 年 4 月第 1 版。

40. 《人在旅途：周作人的思想和文體》，黃開發著，人民文學出版社，1999 年 7 月第 1 版。

41. Zhou Zuoren and An Alternative Chinese Response to Modernity, Susan Daruvala, Harvard University Press, 2000.

42. 《周作人評說八十年》，程光煒編，中國華僑出版社，2000 年 1 月第 1 版。

43. 《周作人》，余斌著，江蘇文藝出版社，2000 年 2 月第 1 版。

44. 《周作人年譜（修訂版）》，張菊香、張鐵榮編著，天津人民出版社，2000 年 4 月

45. 《周作人的是非功過（修訂版）》，舒蕪著，遼寧教育出版社，2000 年 9 月修訂版。

46. 《周作人與日本近代文學》，於耀明著，日本翰林書房，2001 年第 1 版。

47. 《翻譯家周作人》，王友貴著，四川人民出版社，2001 年 6 月第 1 版。

48. 《寂寞的烏篷船——周作人傳》，徐國源著，臺北文史哲出版社，2001 年 9 月第 1 版。

49. 《讀周作人》，錢理群著，天津古籍出版社，2001 年 10 月

50. 《苦雨齋識小》，止菴著，東方出版社，2002 年 3 月第 1 版。

51. 《周作人和他的苦雨齋》，孫郁著，人民文學出版社，2003 年 7 月第 1 版。

52. 《苦雨齋主人周作人》，倪墨炎著，上海人民出版社，2003 年 8 月第 1 版。

53. 《周氏三兄弟》，朱正著，東方出版社，2003 年 9 月第 1 版。

54. 《回望周作人·知堂先生》，孫郁黃喬生編，河南大學出版社，2004 年 4 月第 1 版。

55. 《回望周作人·周氏兄弟》，孫郁黃喬生編，河南大學出版社，2004 年 4 月第 1 版。

56. 《回望周作人·國難聲中》，孫郁黃喬生編，河南大學出版社，2004 年 4 月第 1 版。

57. 《回望周作人·致周作人》，孫郁黃喬生編，河南大學出版社，2004 年 4 月第 1 版。

58. 《回望周作人·其文其書》，孫郁黃喬生編，河南大學出版社，2004 年 4 月第 1 版。

59. 《回望周作人·是非之間》，孫郁黃喬生編，河南大學出版社，2004 年 4 月第 1 版。

60. 《回望周作人·研究述評》，孫郁黃喬生編，河南大學出版社，2004 年 4 月第 1 版。

61. 《回望周作人·資料索引》，孫郁黃喬生編，河南大學出版社，2004 年 4 月第 1 版。

62. 《周作人研究二十一講》，錢理群著，中華書局，2004 年 10 月第 2 版。

63. 『周作人「対日協力」の顚末·補注「北京苦住庵記」』ならびに後日編，木山英雄著，東京岩波書店，2004 年版。

64. 《周作人傳》，錢理群著，北京十月文藝出版社，2005 年 1 月第 2 版。

65. 《周作人的最後 22 年》，耿傳明著，中國文史出版社，2005 年 4 月第 1

版。

66. 《周作人生平疑案》，王錫榮著，廣西師範大學，2005 年 7 月第 1 版。

67. 『周作人と江戸庶民文芸』，吳紅華著，東京都創土社，2005 年版。

68. Der kritische politische Essay in China: Zhou Zuoren, Ba Jin und Zhu Ziqing in neuem Licht, Martin Woesler, Bochum: Europäischer Universitätsverlag, 2005 年版。

69. 《周作人平議（再版）》，張鐵榮著，天津人民出版社，2006 年 5 月第 2 版。

70. 《女性主義的中國道路：五四女性思潮中的周作人女性思想》，徐敏著，中國社會科學出版社，2006 年 10 月第 1 版。

71. 《周作人文學思想研究》，關峰著，民族出版社，2006 年 12 月第 1 版。

72. 《魯迅與周作人》，孫郁著，遼寧人民出版社，2007 年 1 月第 1 版。

73. 《翻譯家周作人論》，劉全福著，上海外語教育出版社，2007 年 4 月第 1 版。

74. 《胡適與周氏兄弟》，陳漱渝、宋娜著，湖北人民出版社，2007 年 6 月第 1 版。

75. 《半是儒家半釋家——周作人思想研究》，哈迎飛著，人民文學出版社，2007 年 8 月第 1 版。

76. 《周氏三兄弟：周樹人周作人周建人合傳》，黃喬生著，浙江人民出版社，2008 年 1 月第 1 版。

77. 《周氏兄弟與浙東文化》，顧琅川著，人民出版社，2008 年 3 月第 1 版。

78. 《解讀周作人》，劉緒源著，上海書店出版社，2008 年 6 月第 1 版。

79. 《魯迅與周作人》，張耀傑著，臺北市秀威信息科技出版，2008 年版

80. 《周作人傳》，止菴著，山東畫報出版社，2009 年 1 月第 1 版。

81. 《周作人左右》，孫郁編著，貴州人民出版社，2009 年 1 月第 1 版。

82. 《周作人文學思想及創作的民俗文化視野》，常峻著，上海書店出版社，2009 年 2 月第 1 版。

83. 《「人」的發現：「五四」文學現代人道主義思潮源流》，張先飛，人民出版社 2009 年 12 月第 1 版。

84. 《周作人正傳》，錢理群，江蘇文藝出版社，2010 年 1 月第 1 版。

85. 《周作人的清風苦雨》，寋小蘭編著，東方出版社，2010 年 2 月第 1 版。

86. 《周作人中庸思想研究》，胡輝傑著，湖南大學出版社，2010 年 6 月第 1 版。

87. 《日本文化視域中的周作人》，劉軍著，上海文藝出版社 2010 年 12 月第 1 版。

88. 《從「先驅「到」附逆:「周作人思想、文化心態衍變研究》，王美春著，四川大學出版社 2011 年 1 月第 1 版。

89. 《胡適往來書信選》，中國社會科學院近代史研究所中華民國史研究室編，中華書局香港分局 1983 年 11 月第 1 版。

90. 《魯迅、許廣平所藏書信選》，周海嬰編，湖南文藝出版社，1987 年 1 月第 1 版。

91. 《偽廷幽影錄──對汪偽政權的回憶紀實》，黃美真編，中國文史出版社 1991 年 5 月第 1 版。

92. 《審訊汪偽漢奸筆錄》，南京市檔案館編，江蘇古籍出版社 1992 年 7 月第 1 版。

93. 《淪陷時期北京文學八年》，張泉，中國和平出版社，1994 年 10 月第 1 版。

94. 《新思潮與傳統──五四思想史論集》，周昌龍，臺北時報出版公司，1995 年第 1 版。

95. 《中國近代文學大系‧史料索引集》，魏紹昌編，上海書店 1996 年 8 月第 1 版。

96. 《周作人俞平伯往來書札影真》，北京圖書館出版社，1999 年 11 月第 1 版。

97. 《中國淪陷區文學大系‧史料卷》，封世輝編著，廣西教育出版社 2000 年 4 月第 1 版。

98. 《文學復古與文學革命》，〔日〕木山英雄著、趙京華譯，北京大學出版社 2004 年 9 月第 1 版。

99. 《被冷落的繆斯‧中國淪陷區文學史 1937～1945》，〔美〕耿德華（Edward M. Gunn）著、張泉譯，北京新星出版社，2006 年 8 月第 1 版。

100. 《江紹原藏近代名人手札》，江小惠編，中華書局 2006 年 10 月第 1 版。

101. 《魯迅回憶錄》（手稿本），許廣平，長江文藝出版社 2010 年 3 月第 1版。

102. 《周作人俞平伯往來通信集》，周作人、俞平伯，上海譯文出版社 2013年 1 月第 1 版。

103. 《周作人致松枝茂夫手札》，周作人著，小川利康、止菴編，廣西師範大學出版社 2013 年 1 月第 1 版。

附錄　周作人佚文小輯及附注
（共 16 則）

注：佚文以發表時間為序，其中《與傅孟真先生談圖書館事書》發表在
《現代中文學刊》2012 年第 3 期；《小說之研究》、《學問實用化》發表在《新
文學史料》2013 年第 3 期；《華北教育一年來之回顧》、《東亞文化一元論》發
表在《海南師範大學學報》2014 年第 10 期。其中，在中央大學和南方大學演
講的 4 篇已為其他研究者先行發表，但有的篇目來源不同，在此作為附件，
亦為紀念在上圖對著縮微膠卷一字字辨認錄入、收集資料的日子。

一、小說之研究〔註1〕（1917 年 12 月 28 日）

（一）研究小說不外歷史的或個別的二方面，就一國之小說沿流溯源，
自始至終作一系統的研究乃歷史的方面；專就一書或一人或一時或一派而研
究之，則入於個別的方面也。

（二）小說之研究宜分為二大部。一為過去的小說之研究，凡現此所有
之小說皆歸人此，而研究之二為新小說之發展，此為吾輩對於小說前途之希

〔註 1〕標題、標點為編者加，本文係周作人參加 1917 年 12 月 28 日北大國文門研究
所召開的第二次小說科研究會時的演述大旨，由傅斯年記錄，載 1918 年 1 月
17 日《北京大學日刊》。原文注：到會者教員二人，周作人先生、劉復先生；
研究員三人，袁振英、崔龍文、傅斯年。原文後一部分載有劉復、傅斯年的
演述，這裡從略。1917 年周作人入主北大，周作人的這篇演述是繼《論文章
之意義暨其使命因及中國近時論文之失》等文之後的文學研究論述的重要資
料。

望，欲成此希望並求其有良好之果勢，不得不取材於外國小說，蓋外國小說今日所臻之境遠非中土所及也。

（三）中國小說之演進可分為三時期。一曰野史時代，此時小說但為正史之助，重在記載質料，所取兼容並包。中國自有小說至於宋時，均在此期也。二曰閒書時代，此期中之作專為消遣之用，作者本此旨以成文，讀者本此旨以遣興，無精湛之思、純潔之想，為士大夫所排斥，屏諸文學之外，而影響於民國思想者其力則甚大也。三曰人生文學時代，此期中之小說，精神體式均能據有文學上之地位，變消遣之主，旨在研究人生問題。中國小說之進化至於第二期，而止言乎三期，蓋未之逮。近年以來雖有新小說之出現，要無特別思想存乎其中，即實為社會情狀，亦不過如新聞。三面記事之類是猶為消遣之資，而非含有如何之問題也，甚至翻譯亦然，如德人 Sudermum 著 Regina，一經中國人譯為賣國奴精神，盡變在彼，乃正重發表其個人之意見，在我則僅為文章遊戲而作。今欲離此弊境，促之進化，自不能不借助於外國小說以為矩範，此為國文門研究所而研及外國小說，似不合宜然不知取材外國，但為便利起見，研究之結果仍歸功於中國小說，以此為途，方足詔人以小說之真正價值也。

（四）近中餘個人所欲研究者列題如下：

（1）擬就古小說中，尋其歷史的發展。

（2）擬研究古小說中之神怪思想。

二、減發講義案《文科各教員之意見・周作人》〔註2〕 （1918 年 1 月 1 日）

敬復者弟所講學科來年仍須印發講義，中文第一年級用之。《歐洲文學史》大約下學期末可以編了，第三年級則本學期講了，唯現講《十九世紀□》兩學期以後則須三學期，故雖講了尚須增訂，大約八月中方可成也。

弟周作人上言

三、周作人啟事〔註3〕（1924 年 10 月 27 日）

選修日本散文諸君務請於星期一（二十七日）上午準十時至第一院國文學教授會一談為要。

〔註 2〕注：原載 1918 年 1 月 1 日《北京大學日刊》第三、四版「紀事」欄目，標題、標點為編者加。原文豎排無標點，「□」為未標清者，應為「歐洲文學史」。
〔註 3〕載 1924 年 10 月 27 日《北京大學日刊》。

四、周作人啟事〔註4〕（1925 年 3 月 8 日）

下列二書忘記被哪一位借去了。現在另外有人要看，請借用的人檢出還我，或交國文教授會代收為要。

1. Pater, Renaissance

2. Carpenter, Love's Coming-of-age

三月八號

五、周作人教授等致校長書〔註5〕（1925 年 8 月 22 日）

經啟者，章士釗媚外無恥，摧殘教育，罪惡還在彭允彝王九齡之上，已為國人所不容；本大學為全國最高學府，早應不承認其為教育長官。聞本校評議會已於八月十八日開會決定，不收受章士釗任內教育部之任何公文，同人極端贊成；但議決多日，尚未執行，同人等不勝惶恐，特此提出嚴重質問，務乞將決議案速為執行，實為公便。

此致

校長

周作人　李宗侗　李麟玉

徐炳昶　李書華　張鳳舉

江紹原　王尚濟

六、本校教員為教工分會問題致院長函〔註6〕（1929 年 5 月 21 日）

啟者本校成立教職員工分會一事，同人等以為極應慎重。案五六年前會有國立八校教職員聯席會議，本校派出代表規定以索薪為限，此外一切對外問題均由本校教職員大會隨時議定，另行辦理。嗣後因聯席會議之活動涉及索薪以外，本校即不再派代表加入。前例具在。此次似亦應照理辦，凡本校同人全體對外表示仍須由教職員大會決議行之，無專設教工分會之必要，如以後有單純之索薪運動發生，本校同人認為可以參加時，仍可臨時選派代表協同進行，此外各方行動似可無庸一一附和。至於本次決定教工分會成立與

〔註 4〕載 1925 年 3 月 8 日《北京大學日刊》。

〔註 5〕載 1925 年 8 月 22 日《北京大學日刊》。因周作人為署名第一人，暫將此函歸入周作人文。

〔註 6〕載 1929 年 5 月 21 日《北大日刊》，原文無標點，為編者所加。

否，其方法亦宜鄭重，如照日刊上所宣布徵求意見而以不表示者為默認，恐不甚安當，擬請將此項辦法變更，改為開會決議或仍函徵意見但以收到之回答為準，如贊成成立者居多數作為通過，似較適宜，專此奉達上。

　　院長先生臺鑒

　　　　周作人 劉文典 馬裕藻 馬衡 潘家洵 張煦 俞平伯 同啟

　　　　五月十四日

七、與傅孟真先生談圖書館事書〔註7〕（1931年3月5日）

孟真兄：

　　在四日北大日刊上得讀尊函，至有同感。北大圖書散失在外，共數恐怕不小，這個責任我們的確不容易追尋，但其原因似可一談。據我的推測，直接的遺失至多不過百分之一二吧，其餘恐怕多是間接的散逸，即是由於借書不還之故。以前曾經聽到一種流言，說京師大學時代曾經被整車的搬出去過，不過這只是流言，那一年間鄙人流落在外，不曾跨進校門一步，別無耳聞目睹可作證據，而且北大恢復後也不會清查公布，究竟缺少若干，所以這只好存作疑案。但是十八年度鄙人曾任過一年的北大圖書委員會委員長，有一次開會時候，有人提出清查借書的問題，圖書館方面挐出兩大厚本的清冊來，記明教員及學生某人某人借去什麼書若干冊，我沒有能夠仔細計算，但總之這兩百頁的帳簿上都記著欠書的人名，有些人借去的書有二三百本之多，可以說是洋洋大觀了。當時我們商定了一個善後方法，借書期滿即去信催還，隔一星期去信一次，催至三次仍無回答時，即以遺失論，請借書人照估價賠償。但是既不還書，又不回答，那麼請求賠償亦必無效，這是可以想像得來的，大家又覺得沒有辦法，有人主張可按月將遺失書目及賠償數目在日刊上宣布，雖然未必能夠收回賠款，總之表明某書已由某人遺失，某人對於學校欠有若干賠款，比現在那樣總要好點，但是大家多贊成息事寧人，這件事也

〔註7〕本信函作於1931年3月5日，載本月6日《北京大學日刊》。此前，傅孟真因在廠甸攤上買到北大圖書館的圖書而向校長蔣夢麟建言，後以書信形式刊登在3月4日《北京大學日刊》的「函牘」欄目上，題為《傅孟真先生致蔣校長函》。周作人向來嗜書如命，傅斯年對圖書館的建議引起周作人的反響自在情理之中，況且有師生之誼以及共事的經歷。不過抗戰勝利後，傅斯年作為北大代理校長在重建北大時主張「偽北大之教職員均係偽組織之公職人員，應在附逆之列，將來不可擔任教職」，兩人反目。解放後周作人提起傅斯年的文章時有「偽君子」「幫兇」等字樣。

就擱起不再提了。這是鄙人親見的事實，可以供兄的參考。論借書不還的年代，恐怕至少得有十年以上，論人物則有種種，有的已歸道山，有的已往外埠，有的尚在北平而不教北大的書了，有的或者還繼續在校，在這許多年經過這許多人借去的這許多書——這幾千冊的中西書籍，自然難免不流到東安市場等小攤上去。我不能斷定小攤上的都是這樣流出去的書，但是總是大部分的吧？要講補救，治標有兩個辦法，第一是看見一本便買一本回來，第二是卑禮厚幣的徵求借書人賜還借去的書。不過這第二個仍是難於實行，歸根結底還只有一個辦法。有人要問，這算得一個辦法麼？是的，這是一個辦法，在沒有辦法之中。

說到治本，這完全是學校的責任。第一，學校應該使教員不但能夠生活，還要有錢買書。三日兩頭要參考，離不開手頭的書，教員應當自己買，不能十年八年的老借學校的書來用，至於偶而查考則自己該跑到圖書館去。然而現在教員大都還無力買書，這是一個大缺陷。第二，學校應該有設備完全內容充實的圖書館供人利用，使人家多來館閱覽，少借書出去。這個我想北大亦尚未能做到。鄙人曾對夢麟先生說過，要整頓北大，提倡講學，該趕緊在松公府將圖書館辦起來，有適宜的閱覽室研究室，有合用的參考書籍，種種方便，教員學生要讀書或著作自然都到那裡去，不曾像以前的下課之後急忙回家或公寓去了。現在圖書館的地方實在太不行，書也不見得很夠罷，平常便都不大想到那裡去坐。即以鄙人而論，無學無術，夠不上講什麼研究，但是偶然想要看看以廣見識，或者想寫兩三千字的小文，找點參考資料的時候，往往難得找到適當的幫助，結果還只好回敝廬來翻自己買的幾本舊書，（近來金價太貴，新書買不起了。）於是一下課就得馳驅回來了。借書券已有六七年沒有拿了吧，這或者說是我自甘暴棄也行，實在我不喜歡坐在那裡看書，又不喜歡借書，雖然鄙人是必定還的，——這是說有書的話，何況想看的又未必有呢？鄙人以為北大圖書館必須增加刊物擴充地盤這才辦得好，這才能夠使大家去多看書少借書，而後可恥的現象可以減少消滅。這個先後問題與尊見略有不同，不知以為如何？

可談的事尚多，匆匆不及寫，改日再談吧。

三月五日，周作人白。

八、學問實用化〔註8〕（1933 年 11 月 4 日）——二十二年一月 四日在天津講

講的題目是《學問實用化》。這題目包括的範圍似乎太大了，所以我只借這題來講《初中至高中所學應如何應用》。

中學六年所學的功課已然不少，普通當然是為升學，可是除去升學以外，主要的是應該知道怎樣利用它。現在分開來講中學的功課：生物學，關於動植物許多人以為沒什麼用處，但是要看你如何應用；由生物學是可以瞭解人的進化和人與社會的關係的，譬如生物學所講人類身體組織以及人類日常生活等。在應用一方面確是不易，就是我的許多留學歐美的朋友也極少是能應用他們所學的學問，猶之從現在一般物理化學博士所學而非所用一樣。明白生物學，從動物到人一直到植物是都可以理解的。

關於歷史，歷史是極有用的，它講人是怎樣從古代社會演進到現代社會。普通人們有一種觀念，以為一切都是靜止的，但從歷史觀點來看，我們立刻就可以知道一切都是時時在變動和演進的，尤其對於現代社會要有充分瞭解，就不能不深深注意到過去的歷史。

關於數學，數學普通的用處，除去用以作為日常在家庭計算以外，最重要的是可以訓練人類的思想。有數學的訓練遇事就有一定的解決方法——而且只有一個解決方法，猶如數學解題一樣。數學不是專為學理工科或升學的，乃是訓練人類思想的。

作為同樣是訓練人類思想的還有文法，譬如英文文法雖然頗為繁複，然而正是訓練人類思想比較好的方法。一個鄉下人讀英文，和外人接觸或應用的機會雖少，他卻能有一些文法或論理學的訓練。英國名哲說：「文法是論理學的初步」，實際觀察，文法與論理學是出自同一系統的。中國學術思想所以

〔註 8〕本文原載 1934 年 3 月 20 日《讀者月刊》第一卷第四·五期，署周作人講，明基記。但演講日期誤記為 1933 年 1 月 4 日，實為 1933 年 11 月 4 日，據《周作人日記》（下）第 363 頁、第 515 頁，《周作人早年佚簡箋注》第 288 頁。《周作人年譜》（第 437 頁）或誤記為 12 月 4 日。此文探討中學生學習生物學、歷史、數學、文法等學科的重要性，周的這一觀念在時隔近十年之後仍得到延續和深化，在周 1943 年去南京、蘇州的學校演講中我們可以看出，比如《女子教育和一般中學教育的經驗》（載 1943 年 5 月 15 日出版的《江蘇教育》第 6 卷第 1 期，為周作人 1943 年 4 月 14 日在模範女子中學演講）以及《知識的活用》（1943 年 4 月 11 日在蘇州教育學院）等文。

不能時時進步，說不定漢文文法單純就是其原因之一。——講到這裡，我想到了國文，不論在形式或內容這都是有意思的，但關於形式就是在於學裏講文學也沒有如何注意。我相信從形式的文字中往往可以看出過去的社會和文化變遷的，換言之，即可自文字研究歷史和文化以補歷史之不足。龜甲文和鍾鼎文是中國最古的文字——我們普通讀漢文以為難記，但從其來源探討也很有興趣。例如「父」做「□」，表示一個人手裏執著火，即所謂父權起於火，可以知道火在原始社會是怎樣的重要。「奚」作「□」，表示用鐵練（鏈）拉著奴隸走，可以知道當時的奴隸社會。其次在英文的自中如：「Lord」原作「Plafward」即「Loaf ward」，表示 Lord 最初是管麵包的人；「Husband」原作「Houseband」表示有房子住的人。關於這樣的例子多極了，因此從這一方面是可以幫助歷史，甚至能藉以瞭解古代社會的。

　　一般說來，中學六年所學已是夠我們利用；學問不可不利用，可是學理化只顧理化，學數學只顧數學，那也不能算為完善的。

　　不能說是學術的演講，今天就止於此了。

九、北方學者關於大眾語問題的討論〔註9〕（1934 年 9 月）

　　發言人

　　周作人　俞平伯　胡適　錢玄同　魏建功

　　林語堂　吳稚暉　孫伏園　黎錦熙　劉夢葦

　　前兒，北京西北園九號熱鬧得很；錢玄同黎錦熙是主人，到的客很多，我認得的有胡適、周作人、劉復、趙元任、林語堂、顧頡剛、孫伏園、俞平伯、魏建功、江紹原，還有南邊來的無錫老頭吳稚暉，他們酒酣耳熱，談得十分起勁。我坐在角兒上，靜靜地聽，默默地記；現在從頭至尾，一五一十把他們的談話記了下來。

　　周作人：玄同，近來很流行「民眾」這個字，容易生出許多誤解。譬如說「民眾的言語」，大家便以為這是限於小百姓嘴裏所說的話，他們語彙以外的字都是不對的，都不適用。其實這民眾一個字乃是全稱，並不單指那一部分，你我當然也在其內——所謂平民國民等等名詞，含義也當如此。以前紳士們關了門做文章，把引車賣漿之徒推出去，這是我們所反對的；覺得不足為法；

〔註 9〕本文載 1934 年 9 月 15 日《社會月報》第 1 卷第 4 期「大眾語問題特輯」。收錄時原文中的標點改為新式標點，繁體改為簡體。

現在這班「之徒」擂鼓似地打門，打了幾年，把這扇牢門總算打開了，那麼這問題也就解決，大家只要開著門去做文章好了；倘若那些新貴人依照古法關起門來，定出他們的新義法，那麼這與桐城選學何擇？古文不宜於說理，不必說了。狹義的民眾的言語，我覺得也決不夠用，決不能適切地表現現代人的情思：我們所要的是一種國語，以白話（即口語）為基本，加入古文（詞及成語，並不是成段的文章）方言及外來語，組織適宜，具有理論之精密與藝術之美。這種理想的言語倘若成就，我想凡受過義務教育的人民都不難瞭解，可以當作普通的國語使用。平伯，（平伯正在聽他的談論）你以為怎樣？

俞平伯：我是主張方言文學的。我有一信念，凡是真的文學，不但要使用活的話語來表現它，並應當採用真的活人的話語。所以我不但主張國語的文學，而且希望方言文學的產生。我贊成統一國語，但我卻不因此贊成以國語統一文學。文學的國語，國語的文學，如膠似漆的挽手而行，固不失為一個好理想；不過理想終久不能因為它的好而徒變為事實。方言文學的存在——無論過去，現在，將來，我們絕不能閉眼否認的，即使有人真厭惡它。在我的意中，方言文學不但已有，當有，而且應當努力提倡它。我主張儘量採用方言人文，其理由有二：一、凡一切文學中的人物，都是應當活靈活現的。現在真的活人們口中所說的，大都是龐雜的方言。文學的描寫如不要逼真則已；如要逼真，不得不採用以求逼肖。二、作者於創作時，使用的工具原是可以隨便的。但是，恕我有說句討厭的話。我覺得最便宜的工具畢竟是母舌，這就是牙牙學語後和小兄弟朋友們搶奪泥人竹馬的話。惟有它，和我最親切稔熟；惟有它與我無絲毫的隔膜；惟有它，可以流露我的性情面目於諸君之前。這種話的神氣自然是土頭土腦，離漂亮、流利、簡潔等等差得遠；只是記住了，我們既一不做演說者，二不做辯論者，三不做外交官，四不做國語專家，五不做太太小姐們的情人；為什麼厭棄你的髫年侶伴而趨時髦呢？（對適之）我想適之先生一定贊成我的話。

胡適：我贊成您的說法。我從前，會說「將來國語文學興起之後」，盡可有「方言的文學」。方言的文學越多，國語的文學越有取材的資料，越有濃富的內容和活潑的生命。國語文學造成之後，有了標準，不但不怕方言的文學與他爭長，並且還要依靠各地方供給他新材料，新血脈。當時我不願驚駭一班提倡國語文學的人，所以我說這段話時，很小心地加上幾句限制的話。老實說罷，國語不過是最優勝的一種方言；今日的國語文學在多少年前都不過

是方言是方言的文學。正因為當時的人肯用方言作文學，所以一千多年之中積下了不少的活文學，其中那最有普遍性的部分遂逐漸被公認為國語文學的基礎。我們自然不僅僅抱著這一點歷史上遺傳下來的基礎就自己滿足了。國語的文學從方言的文學裏出來，仍需要向方言的文學裏去尋他的新材料，新血液，新生命，這是從國語文學的方面設想。若從文學的廣義著想，我們更不能不依靠方言了。文學要能表現個性的差異；乞婆娼女人人都說司馬遷、班固是可笑，而張三李四人人都說《紅樓夢》《儒林外史》的白話也是很可笑的。古人早已見到這一層，所以魯智深與李逵都打著不少的土話，《金瓶梅》裏的重要人物更以土話見長。平話小說如《三俠五義》《小五義》都有意夾用土話。南方文學中自晚明以來崑曲與小說中常常用蘇洲土話，其中很有絕精彩的描寫。試舉《海上花列傳》中的一段做個例：「雙玉近前，與淑人並坐沐沿。雙玉略略欠身，兩手都搭著淑人左右肩膀，教淑人把右手勾著雙玉頭項，把左手按著雙玉心窩，臉對臉問道：『倪七月裏來裏一笠園，也像故歇寶概樣式一淘坐來浪說個閒話，耐阿記得？』」假如我們把雙玉的話都改成官話：「我們七月裏在一笠園，也像現在一塊說的話，你記得嗎？」意思固然一毫不錯，神氣卻減少多多了。所以我常常想，假如魯迅先生的阿Q傳，是用紹興土話做的，那篇小說要增添多少生氣呵！玄同先生是提倡國語的，你意下如何？

　　錢玄同：平伯先生和適之先生底意見，大部分我都同意的。你們說「真的文學應當採用真的活人的話語」，「方言文學應當努力提倡它」，「儘量採用方言入文」，這些話，我不僅是完全同意，我平日也就是這樣主張的。可是我就是平伯先生說的國語熱的一個人，我因為有國語熱，所以連帶有國語文學熱。我對於文學雖然完全是個外行，可是我極相信文學作品對於語言文字有莫大的功用，它是語言文字底血液。語言文字缺少了文學，便成了枯槁無味的語言文字：低能兒的語言，今天天氣哈哈哈的語言；「老虎」派不通的文字，市儈們編的國語教科書的文字。拿人來比，這種缺少文學的語言文字便好像是一個「鮮鮮活死人！」這樣，我是提倡國語文學的人了，似乎跟平伯先生要努力提倡方言文學的有點背道而馳的樣子了。其實不然。我以為國語應該用一種語言做主幹。這種語言，若用官話，固然也好；不過我底意見最好還是用一種活語言，就是北京話。我們用了北京話做主幹，再把古語、方言、外國語等等自由加入。凡意義上有許多微細的辨別的。往往甲混乙析，或丙備丁缺；國語對於這些地方，應該冶古今中外於一爐，擇善而從，例如甲混乙

析則從乙，丙備丁缺則從丙是也。我認為國語應該具有三個美點：活潑，自由，豐富。採用活話，方能活潑；（做主幹的北京話，加入的方言跟外國語，這三種都是活話，惟有古話是死語；但它底本質雖是死的，只要善於使用，自能化腐朽為神奇，變成活潑潑地。總而言之，我們盡可以把古語這死鬼捉來給今語做奴隸，聽後驅遣；萬不可自己撞進鬼門關，給鬼捉住，親筆寫下賣身字據，願為鬼倀。）任意採之，斯乃自由；什麼都來，然後豐富。因為我的國語觀是這樣，所以我承認方言是組成國語分子，它是幫國語底忙的，不是攔國語底路的。用古文八股底筆調來說：「方言與國語，乃不相反而相成者也。」因為我有了以上的信念，所以我要這樣說：在我底意中，方言文學，不但已有，當有而且應當努力提倡它；它不但不跟國語文背道而馳，而且它是組成國語文學的最重要的原料。方言文學日漸發達。國語文學便日見完美。
——以上談方言問題

　　孫伏園：你們提倡方言文學，其實這是太早了。如果中國文還是同現在一樣的方塊兒字，那麼方言文學與非方言其間的差別到底有得了多少，還不是就是那麼一回事嗎？如果寫到像九尾鳥之類一樣，那麼，中國字總有一些中國字衍形的來歷，這麼一來反使一般人看不懂了。吳語「耐」，國語「你」，在字形上差得甚遠；一旦能代以拼音文字，那麼便有一個表 N 音的字母相同，比現在方塊兒字如此通行的局面之下發展方言文學一定要容易多了。所以在方塊兒字沒有成拼音文字以前，提倡方言文學是徒然的，要求文學的進步也是徒然的。現在我們的路只用一條，就是趕緊把我們的文字改成與歐洲的拉丁一樣。所謂拉丁者，就是拉丁會以拼音文字統行全歐，我們也必須以拼音文字統一全華。語堂，您對於這方面一定會有挺好的意見的，玄同，您往常不是為了廢漢字挨許多罵聲嗎？

　　林語堂：我們的意見還是讓我一條一條的說來：

　　一、中國不亡，必有二種文字通用，一為漢字，一為拼音字。

　　二、漢字是廢除不了的，凡是必逐漸的變簡單化。

　　三、漢字之外，必須有一種普遍可用的易習易寫的拼音文字。反對一種普通可用的易習易寫的拼音文字而以漢字美質為詞者，是普及教育的大罪人。

　　四、凡文字有「美」與「用」兩方面。知道「美」不知道「用」的人不配談文字問題，也不配談普及教育開通民智的話。

　　五、拼音文字不過是拼音說話的聲音。凡話，聽時可以懂的拼起來。看

時也必可以懂，不懂便是拼寫上的乖謬所致。說話本是一個字，拼下來分為兩字，便是拼寫上的乖謬，便惹人家不懂起來。猶如不說「牌樓」而說「牌」，再說「樓」，也是說話說的乖謬。說「東」及「動」，聽起來時是極端不同，拼寫時把他弄成同了，也是拼寫的乖謬。果使說話時有法子使的確有意義不相同而音相同的，文字上拼寫為相同之字，其錯不在字而在話。說話時不明之處少，文字的不明處也必少；說話時有法子使此不明白的話變為明白，文字上也有法子可使不明白的變為明白。

六、天下沒有一種語言不可拼音的，只有中國語言不可拼音，奇不奇？別種語言的拼音字讀起來都可懂，中國的拼音字讀起來倒必須不可懂，此亦是奇聞。

七、拼音本很容易，只不要學究及發音大家來干涉，便樣樣好弄。

我的意見如此。

魏建功：我常望我們的刊物能做到滿紙不見一個方塊字，雖然林語堂說漢文是廢除不了的。

劉夢葦：先生以「滿紙不見一個方塊字」為鵠的，我頗有些懷疑；我覺得不但如林先生所說不可能，而且是不必如此。我以為方塊字有方塊字的好處，正如蟲行字有蟲行字的好處一樣。

錢玄同：我從中國文字底變遷上研究，認為今後的國語應該廢除漢而改用拼音文字。中國文字底進化，走的路也和歐西文字相同，最初是象形，稍近是象意，再近是象聲。六書的形聲，還是一半象意，一半象聲。到了假借，便是純粹主聲了。寫假借字的人對於一切固有的字，完全當它音標看待，所以凡同音的字，隨便寫那個都行。所未達一間者，便是未分析音來，改成拼音形式而已。自反切法興而韻書及字母繼作，注音字母承其中流，拼音之法已具。再進一步，便可用通行世界之羅馬字母構成拼音的中國字了。我對於國語底拼音字母，主張用羅馬字母，並非主張用注音字母；不過我也擯斥注音字母像林語堂先生那樣。我和吳稚暉先生底意見一樣，認為注音字母可以做正式拼音文字底草稿。

吳稚暉：天下的事物有兩種不同的價值，一是自己的價值，一是從他方面發生的價值。譬如皮鞋價高，草鞋價低，這是一定的；有時在那山路潯泥的地方，草鞋的價值比皮鞋要高多了。我們中國是一個穿草鞋的國家，很多地方是需用草鞋的，是故在中國是草鞋的價值高些。這種拼切國音或土音的

注音字母，我們有二個法子去研究他：（一）像皮鞋一樣的研究，字母要極好極完善；（二）像草鞋一樣的研究，不過要將草鞋做得精美一點；（三）只要有草鞋穿，不必一定要多費時日去做好，因為即刻就要穿。我們的注音字母，自然應該要造的極好，研究地極精細，和造皮鞋一樣，但皮鞋的工程大，價值又貴，皮子要到國外去買，本地的皮工手藝又不好；我們既然馬上就要鞋子穿，那就要急求進取，沒奈何暫且做一雙草鞋穿得了。我們是一個共和國，內憂外患又很緊急，普及初等教育是救國的根本法子；這個火燒眉毛時應急的注音字母，是普及教育的最好的利器。現在有一個隨地拼音的好法子，用注音字母隨地拼切土音，一般人要用二三月工夫，就能夠識字，看報，記帳，寫信了，你看好不好呢！這就是我主張穿草鞋應急的道理。

黎錦熙：好了！我們主張漢字革命，我們深信這一條路是一定要走。我輕脆地作一個結論：

你們要科學救國嗎？

非漢字革命不可！你們要讀書救國嗎？

也非漢字革命不行！

十、華北教育一年來之回顧（1941 年 4 月）

我國教育文化中心在北京。事變以還經故督辦湯公爾和收拾殘餘。力圖恢復，對於新興之文教事業，尤抱重大決心，積極推進，兩三年來成效漸著。作人今者謬繼湯公之後，總持華北文化教育之樞紐，實感任重才輕。受任以來，悠已三月，愧無特殊成績之可言，惟於肅正思想，普及教育二端，認為根本要圖，黽勉以赴期於有成。值茲華北政務委員會及本總署成立週年之際，用將一年來施政情形，攝要陳述，以見華北教育之現況。幸垂並賜批評。

前臨時政府教育部成立之初，鑒於已往教育之被政治利用復經蠱惑宣傳，遂使一般青年思想誤入歧途，乃至禍發日夕，不可收拾。當茲情勢自不容忽視。為補救計，毅然以滌盡容共排外諸邪說為首要之圖，然後循建設新秩序之大旨。以實行改造青年思想，普及國民教育為今後華北之教育方針。正本清源方針既定，教育總署同人，在湯公領導之下，遂開始努力工作，以期見諸實現。其開始二年之工作，如舉行中小學教職員演講會，通飭華北市仿照辦理以改正中小學校職教育。當時之觀念設置師資講肄館，及外國語學校，以應各地方各項師資之臨時急需，在北京集中舉辦中等學校教員暑期講習班

並令各省市舉辦同樣之小學教員暑期講習班，以增強教員之學識經驗。恢復男女兩師範學校歸併前國立北京大學，及國立北平大學改組為新國立北京大學，內分農工，醫，文，理，各學院次第成立。規復藝術專科學校，以恢復華北教育中心之舊觀，其餘四省三市之中小學校，其恢復學業者，截止二十九年底止總計師範學校（包括高師簡師）成立者三十餘處。初高等中學約計一百六十餘校，各項初高級小學每省均在一千數百校，以上每市均在六七十校以上。至教材問題尤為重要，為統一內容，及適合新教育方針起見，設置直轄編審會編纂中小學，師範各級學校應用教科書籍，及教授法，已發行者一百二十餘種，早經通令一體採用在案，此臨時政府教育設施之大概情形也。

茲更就最近一年以來華北教育設施之經過，擇其較為重要者數端約略繼陳如次：

（一）為慎選師資計，在師範學校，未普及以前，除由各省市成立中小學教員檢定委員會，檢選合格教師外，二十九年秋復將師資講肄館改組不招新生，而就現在中等學校教員中分文理科以六個月為一期，分別抽調訓練，其小學教員則由各省市教育當局自行抽調訓練，施行以來成績尚稱不惡。

（二）各校青年學生意志薄弱。易入歧途。本總署於此極為注意，除將訓育方針八條早經頒布運動飭一體遵照實行外，復於國內各校院內成立學生生活指導委員會，對於學生之思想舉止可加以監察指導。同時亦可為學生謀公私生活之福利並為積極推行計，在最近期間擬由本總署負責主持集中施行。更規定於暑假期中每年舉辦學生集體勤勞運動，以養成學生奉公習苦精神，業經舉行兩次，成績良好。

（三）注意留學教育，選派優秀學生遣赴友邦，俾得學成為國服務。

（四）獎勵日本語文之研究，各省市早經設有日文專修學校，長期短期日語講習所訓練班，每省市納六七處或十幾處不等，俾學校職員及一般人均有研究日本語文之機會，且不時舉辦日語觀摩競賽等會，以資鼓勵而增強其研討之興趣。

（五）增設法學院以完成北京大學之健全組織。

（六）關於社教之推進，如圖書館，識字運動，閱報處，新民小學，成年職業補習學校，民眾體育運動，巡邏講演等等，每一省市多者數十所少亦六七處，或十數處不等，只以限於經費難以按照原定計劃積極進行，是為遺憾耳。

（七）關於文化事業，其已舉辦之事件，如設立華北觀象臺。成立北京西郊及昌黎張州兗州德縣等測候所五處，創設觀象臺技術員養成所，造就專門人才。設立華北編譯館，廣聘著述專家編譯各種書籍，發揚東方固有之文化，並灌輸世界之新知識，現已籌備完竣，成立在即。整頓歷史博物館清理新出土之古物，督促中國辭典編纂辭典，本年內即可完成出版。

（八）關於教育經費問題，乃本總署為注重事件，去年各省長官會議時，根據華北教育行政會議之決議案，曾提出整頓地方教育辦法，當經決定省市教育經費，應按各該省市全年總收入額，提撥成數，最低不得少於百分之十五，其原有超過此最低成數者仍應維持原額，不得減少，同時各地之校產基金學田，應一併加以清理整飭，以□（注：字跡不清）資源，早經本總署通令在案。現正在調查清理中。俟有詳盡之費計自易妥為規劃督促，廣籌教育的款，以應普及教育之需，此為首要工作。其次則為提高職教員之待遇，各級學校畢業職教員之薪俸表，早經規定，現在從事修改，一俟呈准政委會即可見諸實行。上列數項，僅一年以來設施之犖犖大者，藉此約略可見華北教育現狀之輪廓。至預計之日後發展，如增設各地之簡師鄉師，推廣農工商各級職業學校，充實中等學校自然科學之設備，實行義務教育，創辦教育行政人員講習班，舉行日本語文檢定實驗，調查文化團體之設備，及各地名勝古蹟加以維護等等，以計在本文化範圍之列姑置不論。總之為政不在多言今後惟有督飭所為，並與各省市教育長官，群策群力奮勉推進，以期於成，庶不負復興東亞及建設新秩序之重責，斯為作人唯一之希冀耳。幸文化教育界同仁弗吝指示，匡其未逮，曷勝企盼。

注：本篇演講詞載 1941 年 4 月 15 日出版的《大亞洲主義》月刊第 2 卷第 4 期，為「國民政府還都週年紀念專號」，署名周作人。同期刊有汪精衛《國民政府還都一週年：三月三十日國府還都週年紀念於國府大禮堂對全國廣播演詞》等文。《大亞洲主義》於 1940 年 8 月 15 日創刊，其研究綱領是：「在研究學術的立場上，公開討論大亞洲主義之理論」，「依據總理之大亞洲主義、發揚東方的王道精神」，討論亞洲一般的文化、民族、政治、經濟、軍事、外交等問題。創刊號上刊登了孫中山的《大亞洲主義》一文，即孫中山 1924 年 11 月 28 日在日本神戶的演講。本期還刊登了汪精衛的題詞以及林柏生、周化人等人的文章。

1940 年 11 月，偽華北教育總署督辦湯爾和病死，12 月，周被任命為偽

華北政務委員會委員及偽華北教育總署督辦。1941 年 1 月 4 日，周作人參加偽華北教育總署督辦的就職典禮，這篇文章為其任職三個月後，值華北政務委員會及教育總署成立週年之際所發表的施政演講。所以演講一開始便提到了他的上任湯爾和。

這篇演講稿主體部分講了三次意思，首先是對中華民國臨時政府（華北臨時政府）教育部以往教育工作的簡要概述，尤其是教育設施狀況，這是周為政的起點，這也是對湯爾和時期的教育工作的總結；其次是本次演講的中心：近一年來華北教育的實施情況，主要集中在師資訓練、學生思想與生活指導、留學教育、日本語文研究之獎勵、增設北大法學院、推進社教、文化事業以及教育經費等八個方面的問題。周尤為關注教育經費問題，文中提出「省市教育經費，應按各該省市全年總收入額，提撥成數，最低不得少於百分之十五」，「廣籌教育的款，以應普及教育之需」，同時提高職教員的待遇；最後一層是對未來之展望，並表示「為政不在多言」而在「督飭所為」。從周的言辭似乎可以看出，周正如有的研究者所指出的那樣，不遺餘力，重實行。

這篇演講中周提出「以實行改造青年思想，普及國民教育為今後華北之教育方針」，「不負復興東亞及建設新秩序之重責」，展現了極為複雜的思想面貌，新文化運動時期的巨人終於走下神壇，成為政治的傀儡和國族的罪人。這篇演講是我們重識敵偽時期周作人的重要材料之一。當然周的政治附逆已經無可爭辯，現在對其進行政治或道德指責已經沒有意義。作為學術研究，我更關注的是周為何進行了這樣的思想蛻變？這方面已有很多的研究成果，不贅述。筆者在這裡想指出的一點是：周作人的「氣節」與「事功」觀對周的附逆起到一定的推動作用。抗戰前夕，周就對顏習齋批評「重氣節輕事功」的陋習表示認同，認為儒生高唱氣節八股，「什麼事都只以一死塞責，雖誤國殃民亦屬可恕。一己之性命為重，萬民之生死為輕，不能不說是極大的謬誤」。更反對「自己躲在安全地帶，唱高調，叫人家犧牲，此與浸在溫泉裏一面吆喝『衝上前去』亦何以異哉。」〔註 10〕這是周對當時的革命文學的諷喻。在《岳飛與秦檜》（1935 年）、《關於英雄崇拜》（1935 年）、《責任》（1935 年）等文中周表達了他的觀點：「徒有氣節而無事功，有時亦足以誤國殃民」。對於周的這些觀點，不同的研究者有不同的看法，撇開這些不談，在我看來，

〔註 10〕周作人：《顏氏學記》，1933 年 10 月 25 日《大公報‧文藝副刊》第 10 期，署豈明。收《夜讀抄》。

這些思想或是促成周「落水」的重要因素之一。然而，周「落水」後，事情的發展顯然超出了他的預期，作為一個文人，無論是其被動的捲入政治漩渦還是主動投誠，他都很快地被趕下政治的舞臺，1943 年 2 月，周作人的「督辦」職務被辭去，兩年一個月。1944 年、1945 年，周在《夢想之一》、《論小說教育》、《道義之事功化》等文中重提「道義之事功化」，然而這種說辭是其感到山雨欲來為自己謀生的伏筆，還是念茲在茲的一貫初衷？我們就不得而知了。

十一、東亞文化一元論〔註11〕（1942 年 5 月 9 日）

個人是在新中華民國擔任一部分的，文化事業：今天隨同汪主席一同來滿：現在更得著機會來到貴校，是個人覺得非常歡喜的。

這次來到貴校的目的，是為著看一看貴校的做法和精神：現在讓個人在此同諸位談幾句話：個人很覺得沒有什麼貢獻給諸位的。

然而！現在大東亞內的青年們，應當共同具有一個必須徹底的觀念。這個觀念是什麼？就是，東亞的文化是一個的！這是根據什麼說的呢？

文化的內容，不外學術，藝術，道德，宗教等。我們考察考察形成學術和藝術之要素的「文字」，我們東亞內所使用的文字，都是起源於「漢字」最古從黃帝之史，蒼頡著書，因見鳥獸之足跡，而造象形文字，其後隨著時間的進展，文化的演變，也達到了現在所被使用的漢字，就是今日東亞內學術藝術最發達的國家，日本的文字，最初也是使用漢字，後又因漢字而造出假名，即今日日本所使用之文字的兩種；東亞內的民族，甚至於中世道近代前期的土耳其的文字，也都是根據於漢文和漢字加以分析而製成的。

其次再看一看東亞的道德和宗教，所謂東亞的道德是人人所知道的：忠，孝，弟，仁，義，禮，智，信，廉，恥，十項原則，即儒家所說的「德」，同時都是儒教的基本精神，也就是東亞精神文明的根本。

儒教是東亞最古的宗教，起源於中國，距今約一千餘年前（日本應神天皇時代）傳至日本，漸漸發展為為東亞固有的宗教，其後在於東亞內所生的其他宗教，也都是根據儒教的十項原則、教理。受儒教精神的影響，所以儒教實為其他宗教精神的本源，在於今日尚能發揮儒教的偉大精神，於我們東

〔註11〕本篇原載 1942 年 7 月出版的《麒麟》第 2 卷第 7 期，為周作人 1942 年 5 月 9 日與偽宣傳部長林柏生前往參觀建國大學的致詞速記原稿。在這裡要特別感謝劉曉麗老師提供的文章信息！

亞人民日常生活之間的原因，也就是具有東方道德的真精神，東亞宗教之本源的原故：今日不僅全東亞為儒教精神之發揚地，就是現代希特拉政權，也有東亞精神的存在，是足證今日之儒教影響於德國政治思想，可以明瞭儒教精神之偉大，且為東亞宗教和道德的根本精神了。

就以上所說過的，可以明瞭東亞的文化是一元的。第一漢字具有文字的共通性，第二東亞民族的道德觀念和宗教精神，都是本著儒教的精神。雖然今日東亞的文化的形態，也許是因為進展的速度和空間的關係，就表面上看來好像有許多異點，可是若研究其根本是一元的，都具著不可消滅的關聯性，有若一個賦有生命的人體，人體的各部分，雖生著種種不同的機構，然而每部的機構對於全體的生命都是具有著關聯性的，如果若有一部分的文化消滅，就是失掉一部分的機構，當然也影響到整個的生命體！

由前回說過文化的內容，可以知道東亞的文化是一元的，由於東亞文化的一元，也可以想到今後推進東亞文化方法了。

東亞文化今後的推進，是須要具有特長的各部文化，協力來進展，以期將來築成光明燦爛的大東亞文化，這是我期望現代的青年們，都本著這種信念，來向前努力！

今天我看見了貴大學，做得這麼好，諸同學之間都充滿著協和的精神，個人欽佩之至，今後更希望諸君和中國青年攜手，共同向東亞的途上邁進！最後祝諸君，健康！

注：本篇講稿原載 1942 年 7 月出版的《麒麟》第 2 卷第 7 期。周作人 1942 年 5 月 9 日與偽宣傳部長林柏生前往參觀建國大學，本文為其演講速記原稿。《麒麟》是東北偽滿洲國時期的通俗文學雜誌，1941 年 6 月創刊於長春，由「滿洲雜誌社」發行，發行人先後是顧承運、唐則堯、黃曼秋。該刊以所謂的「安慰民眾」、「含養國民情操」為辦刊宗旨，主要刊登言情、實話秘話、偵探、史材、幽默、武俠等通俗文學。

東亞文化一元的觀念並非周作人首創，雖然發表此文之前周作人曾有類似的表態。東亞文化一元的觀念可以追溯至 19 世紀末 20 世紀初流行於日本的大亞洲主義思想，它取法於 19 世紀 20 年代美國的門羅主義及 19 世紀中後期由美國、沙俄資產階級所提倡的「泛美主義」、「泛斯拉夫主義」的形式，倡導亞洲國家聯合起來對抗西方列強。但右翼大亞洲主義者強調亞洲國家聯合起來共同驅逐歐美侵略勢力的同時，卻主張建立以日本為霸主的新的殖民體

系。孫中山出於中國革命的需要曾倡導大亞洲主義，意旨更接近日本左翼大亞洲主義者所倡導的亞洲各民族團結起來卻又是平等關係的主張，倡導亞洲民族團結起來，共同抵抗歐美侵略。汪精衛 1940 年建立了偽「南京國民政府」，把孫中山的大亞洲主義歪曲為「新生政權」的理論依據，11 月發表《東亞聯盟中國同志會成立訓詞》將「大亞洲主義」與日本發起的「東亞聯盟」運動聯繫起來。1941 年 12 月太平洋戰爭爆發後，汪精衛為配合日本建立「大東亞共榮圈」的戰略目標更是極力宣傳「大亞洲主義」，並鼓吹「集團國家」「黃色人種革命」等，成為日本侵略中國的合法外衣。周作人此篇演講從東亞的文字、宗教與道德論證東亞文化的一元，但周言說的時機很容易讓我們聯想到汪偽政府所倡導的大東亞主義，這使我們不得不另眼看待周作人複雜的另一面。這也違背了周作人自身早年所標榜的一系列原則。

止菴曾說：「思想家和文學理論家周作人的形象，很大程度上是通過講演來完成的。」〔註12〕新文化時期的周作人成就的取得和其演講分不開。值得指出的是，演講也同樣是周作人擔任偽職以後的重要的日常內容，是研究者觀察周作人的重要窗口。演講具有公開性，它不同於書信等文體所具有的私密性。一方面，由於公開性，面對的對象也較多，演講者往往具有縱橫開合的即興，其中不乏真性情的流露；另一方面，由於公開性，演講也伴生有表演性，甚至虛假性，因此對於演講內容的勘察也變得極為複雜。

以上兩篇演講材料展現了周作人思想的複雜性。一方面，周作人延續了他前期作為一名文人學者對教育與文化的關注，同時也和他現在的職位職能相符，是忠於其崗位的；另一方面，這些演講也有新的元素融入。

其一，行政化、官僚化氣息。這兩篇演講分別提到了湯爾和與汪精衛，並顯露出對他們的「歡喜」膜拜之意。這兩人都是周的上司，雖然湯爾和剛剛過世，但從周的語氣可以看出周的身份認同已經悄然發生轉變：從一個自由主義式文人到官僚式文人的轉變。周前期提出思想言論的自由表達，反對「統一思想」，並耕種「自己的園地」，但他「落水」後，卻要「肅正思想」，「監察指導」，乃至「建設新秩序」。個中因由已有眾多研究，非本文論述內容。

其二，思想上的變化。周在演講中分別提及「肅正思想，普及教育」，「建

〔註12〕止菴：《周作人講演集・序》，見周作人：《周作人講演集》，河北人民出版社
2004 年版，第 2 頁。

設新秩序」，以儒教精神為根柢，「推進東亞文化」，以「築成光明燦爛的大東亞文化」，甚至認為「現代希特拉政權」也有「東亞精神」的存在。這些思想悖反了其前期思想的立場，以對待「儒」的態度為例。眾所周知，雖然周以反儒始，留日時期，周認為「孔子以儒教之宗，承帝王教法，割取而制定之……刪詩定禮，殀闕國民思想之春華，陰以為帝王之右助，推其後禍猶秦火也。」〔註13〕但新文化高潮之後，周對此有所反省，周作人在 1930 年代初期就自稱「半是儒家半釋家」〔註14〕，以「儒家」自居，但其反對儒教，對「儒家」與「儒教」這兩個概念有著自覺的明確的區分，「儒本非宗教，其此思想者正當應稱儒家，今呼為儒教徒者，乃謂未必有儒家思想而掛此招牌之吃教者流也。」〔註15〕認為儒教「統制思想，定於一尊」，「中國儒生漢以後道士化了，宋以後又加以禪和子化了，自己的生命早已無有……所餘留而或將益以繁榮者，也只是儒教式的咒語與符篆而已。」〔註16〕簡而言之，周把先秦儒家和後世儒教區分開來，自稱是「儒家」而非儒教徒。但是在《東亞文化一元論》的演講中，周為何宣稱：包括他以前一再反對的「忠」在內的儒家的「德」，都是「儒教的基本精神」，是「東亞精神文明的根本。」「儒教是東亞最古的宗教，起源於中國，距今約一千餘年前（日本應神天皇時代）傳至日本，漸漸發展為東亞固有的宗教……今日不僅全東亞為儒教精神之發揚地，就是現代希特拉政權，也有東亞精神的存在，是足證今日之儒教影響於德國政治思想，可以明瞭儒教精神之偉大，且為東亞宗教和道德的根本精神了。」周在這裡把「儒家」與「儒教」並為一體，並聲稱「儒教精神之偉大」，這是他之前所一再反對的，周走到了自己的對立面！周緣何有如此變化？

　　另外，關於東亞文化「一元」的觀念，周雖曾認同過東亞文化的內在聯繫，包括中日文化聯繫的密切性，但抗日戰爭爆發前後，周作人已經看到中日文化異質性的存在，「日本的上層思想界容納有中國的儒家與印度的佛教，近來又加上西洋的哲學科學，然其民族的根本信仰還是似從南洋來的神道教，他一直支配著國民的思想感情。」「不懂得日本神道教信徒的精神狀態便決不

〔註13〕周作人：《論文章之意義暨其使命因及中國近時論文之失》，1908 年 5 月至 6
　　　　月《河南》第 4、5 期，署獨應。
〔註14〕周作人：《五秩自壽詩》，1934 年《人間世》第 1 期。
〔註15〕周作人：《談儒家》，1936 年 12 月 4 日《世界日報·明珠》第 65 期，署知堂。
　　　　收《秉燭談》。
〔註16〕周作人：《釋子與儒生》，1940 年 3 月 7 日作。收《藥堂雜文》。

能明白日本的許多事情。」〔註17〕周認為要瞭解日本需從宗教入手，日本的神道教是觀察日本的重要途徑，這是周從文學、藝術、日用生活等方面管窺日本不通之後反省的一個結果，這也是中日文化的重要差異。但是在《東亞文化一元論》的演講中，周卻對差異性視而不見，一味強調東亞文化的一元性，「東亞的文化是一個的」。周為什麼在反省東亞文化的異質性之後又強調東亞文化的一元性？無疑，言說的背景、演說的形式是我們不得不考慮的內容，於是便有了上面的話。

　　周的上述兩次演講給我們呈現了周作人思想的複雜性，也希望這些材料能給研究者提供一些線索與思考。作為周作人研究者應不掩美不避惡，儘量客觀公正地看待周作人的是非功過。

十二、學問之用〔註18〕（1943 年 4 月 8 日）——四月八日周作人先生講

諸位同學：

　　我這次到南京來，能夠有機會同各位見面，非常榮幸。本來講演不是我所能夠做的事，我在北方二十多年，很少到外邊去講演，去年到貴校來講演，我也說過我所以不講的理由有兩點：（一）我沒有什麼專門的學問可講。我年青的時候在南京，那時是在儀鳳門內的江南水師學堂（即今海軍部地址）讀書。讀了六年，所以我本來是一個武人，並非是文人，我從前的老同學現在任職於南北軍界方面的很多，尤其是在海軍方面更來的多。至於談到學問方面，實在沒有容我開口的地方。（二）我在北方雖住了二十多年，可是北京官話還是說不好，我說起話來，北方人只能懂一半，不過到了南京來，這個理

〔註17〕周作人：《日本管窺之四》，1937 年 6 月 16 日作，載 7 月 28 日《國聞週報》第 14 卷第 25 期，署知堂。收《知堂乙酉文編》。

〔註18〕本篇原載 1943 年 4 月 17 日出版的《中大週刊》第 94、95 期合刊，為周作人 1943 年 4 月 8 日在南京中央大學演講。篇首附有樊仲雲校長介紹詞，如下：今天周作人先生到我們校裏講演，我們覺得很光榮，周先生的大名，我想毋庸向大家介紹了。因為二三年級的同學，去年曾經聽過一次周先生的講演。就是一年級的同學，我想也應該知道。周先生的文章，同學們差不多都讀過。在教科書中，在雜誌上，隨時可以看到周先生的作品。我們以前讀過他的文章，現在可以目睹周先生的風采，並且親聆他的言論，這是非常愉快的一件事。今天周先生講的題目是：《學問之用》，意思是我們所學的學問，應該怎麼去用它。今天周先生對本校全體同學演講，以後還有一次講演比較專門一些，是專對文學院的同學講的。現在為了寶貴時間，即請周先生講演。

由似乎不能成立，因為我在南京念書的時候，全說的是藍青官話，當時大家還能聽得懂，所以現在就說藍青官話，想來還可以通融，因此為了言語的關係而不講話的理由就不充足了，不過第一個理由還是成立的。今天樊校長要我演講，我不能固辭，我的說話中，土話很多，但比在北方講，我想大家或許容易瞭解一點。

我同諸位談的是閒話，但儘管閒話，似乎也應有個題目，今天的題目是《學問之用》，不過講起來，怕並不切題，所以題目也許就是一個題目而已。我在南京讀了六年書，所學的雖不是專門學問，但與我很有用處。謂「學問之用」並非一定是高深的學問。現在的新教育，大家總覺得越弄越糟，所學非所用，大學中學的程度較前低落，學生畢業後不能貢獻於國家，這些也許是事實，不過現在我所說的學問，不能算是真正的學問，只能稱為知識，我以為中學裏的功課也很有用，以個人經驗而談，我幾十年來寫文章講話，都是以中學功課為基礎。中學出來升入大學，有的進文科有的進理科，做學生的往往以為以前所學的什麼有用，什麼無用，這就要看你怎樣去活用它。實在並不如此，學問都是有用的。現在的問題，所謂學非所用，實在是你自己沒有好好兒卻用它的原故。學問是死的東西，必須你自己想辦法去活用它才行。這是我個人特別感到的一點。我覺得中學的功課，大抵有兩種，一種是作為將來研究高深學問的準備，另一種即是對於學的人的智識和能力的訓練。關於第一個理由很簡單，譬如預備學理科方面的，在中學裏就得先學起一部分來，如數學、物理、化學、微積分，這些都是初步的學問，初步的學好了，然後可以進一步學高深的。學文科的在中學裏也有文科的基礎學問，有了文科基礎知識，才可以到大學裏去研究比較高深的學問，此理極易明瞭。我們現在要討論的，就是有些學生中學畢業後不進大學，或者進了大學文科，那麼在中學裏所學習的關於理科方面的基本知識，大家似乎覺得沒有用處了，其實還是有用處的。譬如講到數學，如幾何、三角、微積分等所有難題，可以訓練我們的頭腦，是一種解決問題的訓練，在數學上我們遇到了問題，便得想出一條解決的途徑來，循此途徑，才可以求出答案，這種方法，我們同樣可以用來解決個人問題，家庭問題，甚至社會問題。我以為只要經過初中三年的數學訓練，便可以養成一個清晰的頭腦來。以後遇到了任何問題，都可一步一步的去解決它。平時有了數學的訓練，對於任何問題，都可以一步一步順著步驟去解決它，如果平時沒有這種訓練，你缺少能力，便有無從下手

之苦。此點，外國的學者也常常講到。還有各國的文法，我覺得如英文日文文法的變化，有一定的次序，而中國文法並無嚴密規定。文法的用處是訓練思想的工具。西洋人的文法，便是論理學的起首，特別是德文法文希臘拉丁文，非常麻煩，但我覺得這種麻煩的文法，倒是訓練我們思想的良好工具。中國寫文章，次序沒有一定，好的文章不是在於文法，而是文章寫的好，這實在是一個缺點。現在中學生都是學習英文法文文法，我覺得大學生應該學習德法文，而大學文科的同學，更應該學習希臘拉丁文。在古典文裏，拉丁文的動詞照理有一百零八個變化，記起來很難用處很大。而每句話裏，字字都有來源，字與字之間都很關聯，不能隨便。初中高中六年內讀了外國文，有極大的用處。中國文向來是籠統的，一方面是受科舉的流毒；一方面因為中國話不講文法。西洋人說話，句句都有文法，因為受論理學的訓練。我覺得文法的訓練，除了本身的用處之外，對於中國人有訓練思想的功用，向來學外國文的，總覺得外國文不能不懂，可是外國的文法太難，因此不大歡迎。在十多年前，我就說中國教育要改良，尤其是中學教育頂好學習德文，可以幫助頭腦的訓練。大學生學習拉丁文，除看書外，對於訓練思想，用處很大。

中學時代的理科，學生全部都學動植物，以後倘若進了大學，除非升入理科，要是升入文科，那麼以前所學的全部放棄了。我以為中國思想的太紊亂，到了大學裏才糾正，已經晚了。在中學裏最要緊的應該大家讀讀進化論。我以為人生觀，反正人人都有，總要彷彿有概念，然後各人的思想可定。學校的各種功課，自然是樂觀，使一般青年能夠對於各種事物有一個正確的認識。新的人生觀，即是以知識為基礎。各人的環境性格是不同的。因此對於人所在的宇宙，有悲觀有樂觀，但如果在中學裏提出一部分知識來，就可以幫助你解決許多問題。我有一個朋友，他學物理的，也是理科的一種，可是他把生物丟開來講到，什麼靜坐練氣，氣可由頭頂出去，我們照生理上講，頭頂上有頭蓋骨，氣怎麼可以鑽的出去，可是我們儘管這樣說，他還是深信不疑。關於這個問題，我以為只要有初中的畢業知識已夠判別，但是我那位朋友明明有了知識卻不去用它，這真是一大損失。學生在學校裏讀了書，考起來頭頭是道，考完即算，不去用它，真是可歎！我以為關於思想問題，到了大學已經來不及，應該在中學裏就注意。中國的思想不能確定，這是一個大原因。生物如何變化而來，實在中學的知識已夠了，比如講到宇宙進化，當然中學不夠。這得在這上面再去研究歷史和道德，然後可以造成正確的人

生觀。中國教育辦了三十年。學生讀完了書，還是以舊思想做基礎，只知陞官發財，因此這時要擔當事情，當然不夠，其實也不必另外去補救，致要能夠切實利用中學裏的知識即夠了。

此外關於歷史方面，我在北方學校教了好幾年書，常聽到學生缺乏歷史知識，此是一個嚴重的問題，文科的學生對中國歷史朝代，都弄不清楚，唐朝在北宋以前還是以後有時還弄不清楚。王安石是何時人，對當時社會是好是壞，也分辨不出來，這實在是可笑的事。中學裏讀了六年書，進了大學還是不清楚，為中國前途設想，深覺可悲，抑亦可怕！讀歷史的人，對自己本國的歷史弄不清楚，讀理科的人，把迷信混在一起，這種種在此時，我更覺得是一件大事情。現在教科書的材料夠不夠還不能說，大體說來是夠了。從前我在北京，常常與錢玄同先生談論（錢先生於民國廿八年逝世至今已有四年）。他說：我們從前讀歷史，材料不多，僅僅看《綱鑑易知錄》，現在已享受不盡。我們對於國家的觀念，可說是由這些書中得來的。並且時常這樣講，大學教科書亂而無系統，在中學裏面本國文、日本文、數學、生物，有重大地位。當然需要參考書來補充，僅僅教科書是不夠的。教科書材料不充足，是一個理由，不能活用也是一個理由。

無論哪一種學問呢都是必要的。現在缺乏的是材料問題，教的方面也有問題。中國文字很好，我雖是門外漢，但是也覺得有趣味。中國文字是世界上特別的，英美各國對啟蒙的學生有一種小叢書的發行，中國卻沒有。以後中國也應有此種叢書的發行，比如英文也有它的歷史，英文怎麼會變到現在這種樣子，他們都有說明。譬如在 English Language 裏對於在 Bacon 時期添了什麼字，都有記載。中國文字如果把它用歷史的筆法來敘述，也很有趣。

嚴幾道先生說：中國文字在一方面用處很大，我從前看到貞松老人遺稿，由一個字變出許多意義。自從龜甲文字發現以後，又增多了許多文字出來。王筠（菉友）著的《文字蒙求》是根據說文做的，在龜甲文字未發現的時候，現在倘若從新做一部書，那麼是世界上最富有興趣了。現在中國國文材料不夠，大有可發展之處。綜合起來說，中學功課時間的如何分配，和課程內容的審定，這是教育上的專門問題。不過我們總說一句：幾何、三角、物理化學、天文、地理、歷史、國文、都很重要。現在的問題就是怎麼去活用它。中學教育最大的缺點就是沒有把各科打通，好比藥鋪裏的許多抽屜，這邊新的抽屜裝的是物理、化學、生物，那邊舊的抽屜裝的狐狸精，新舊並有，各不相

干。應該新舊打成一起，整理一下，不要混在一起。新的全新，舊的全舊。不要一個頭腦裏有了兩種作用，這是一個重大問題。

再講大學教育，據我想：無論什麼學問，沒有用的東西很少。古代學者特別是古代希臘人，他們研究學問是為學問而學問，發明幾何的幼克利有段故事：有個貴族學生學幾何，他問先生學幾何有什麼用處？學生問先生這句話的用意，是挖苦先生。幼克利就用：「你聽著，拿個銅元去」，這句話來諷刺他。幾何實際上是一切學問的基礎，物理學上著名的發明家亞奇密得，他在洗澡時發現各種定律，當羅馬兵已經追來，他還說著不要弄壞我的圖樣，後來被羅馬兵殺死。他完全為學問而學問，什麼都不管。他是物理學的祖師。一個人研究學問，不必求有用，當時應該要有犧牲生命的精神，方可得到一個非常有價值的結果。中國大學也應有此精神。唐朝以後的考試，明清的科舉，使中國學問無形中停頓，我們應該要有希臘科學祖師的求用態度才可使學術發皇起來。

日本數理研究家林鶴一、他是東北帝國大學的數理教授。他買了許多中國數學書，他說：中國數學最發達，在六朝唐朝稍有停頓，五代到元朝特別發達。唐時大家專做詩，亂世時候讀書沒有出路，專門研究學問，所以成績特別好。幾年來，我們所受苦痛很深，中國學術要復興，此其時矣。學問總是有用，我們所學的不求現在有用，應該為學術而研究，結果用處更大，至於自然科學，我不懂，不便多述。關於文化方面，附帶講一講。十年前，我在北京大學，大概二十周紀念吧，我記不清楚了。我曾經講過，我說大學有一條正路，也有一條支路。正路是普通科目，分路是特別科目。情形特別時代，要弄此時此地應特別注意的一種學問。好像鐵路有幹路，也有支路。這個也不限於北京大學，其他大學也是一樣的。中國要弄學問，應該從幾方面去弄。弄西洋文，大抵限於現代。我們知道弄理、農、工、醫，古時無用，這不過是物質文明。講到精神文明，決不能以現在為標準。廿世紀的物質文明，是十九世紀工業革命以後起來的。實際上西洋文明，早在十九世紀以前也有源流。工業革命以前，有文藝復興，而文藝復興亦有它的源流。我們研究理、農、工、醫的，固然可以不必注意到以前，但如果瞭解西洋真的文明，那麼對於希臘羅馬的研究是絕對不可缺少的。大家知道，歐洲近代的文明，是潛水艇、飛機，但如果追溯它的源流，就不能不歸根到古代希臘和羅馬的文化。二十世紀西洋的文明固然與中國不同，但在古代中國與希臘的古代，說不定有許

多相同的地方。我們要研究東方文明，或是西方文明，對於東西兩方面學術交流，卻應該加以研究的。第二印度同中國有直接關係，印度的哲學、佛教，與中國的關係很深。還有一部是阿拉伯方面的，我們大家曉得，中國是五族共和，但學術界大抵沒落。對於其他各族的歷史文化，很少注意，北大大學曾經添設蒙古文、滿洲文，後來因故停辦。中國向來的態度是等人家來朝貢，自己不須要對人家說。至於阿拉伯文，就我們中國而講，比希臘文明更重要。因為在中國國內至今留有一大部分回教民族，所以研究阿拉伯文非但必要，而且十分迫切。這是文學院同學應有的一種義務。第四向日本方面去研究，我們要研究日本文，應該為了一種政治上交流作用，在現在似乎更不必多說。如果純粹為了研究自己國家的文化起見，對於日本文學也非要研究不可。因為有些自己沒有的而人家還保存在那裡。我們看書寫文章寫信，常常用到「久違塵教」，這句話在中國只有末尾兩個字，東西是看不見了，而在日本至今還保留著。可是我們大家不知道，還有唐朝時日本有和尚到中國，住在紹興城內的一個廟宇裏，後來他要到潼關去，當時過關也須要旅行證，那時候旅行證另外有過名稱，叫做「過所」。在過所上面注著某年某月某日，這個東西被他帶回到日本去，一直保存至今。中國人向來不知道，現在經日本把他仿印出來，大家才知道。那過所上面所寫的字，與現在的公文格式不同，很隨便的不大整齊。寫字後用印，與現在日本印相同現在中國的官印，是宋朝以後的。日本文部省的官印，就是用唐朝時的刻法。現在日本的公文不拘形式，也是仿照唐朝時的公文形式。如此可以知道日本替我們保存過去的文化，實在不少，要研究中國文學，日本文學是該研究的。

　　我所說的，大抵如此，沒有中心。想到中學的知識，勉強叫它做學問，我們對於中學的知識要能活用，我們把中學知識做基礎，來造成個人的人生觀。根據了這一點，再做一番專門的研究。我們對於各種學問，不能說這一種有用，那一種沒有用處。實際上既然稱為學問，都有用處。我們研究學問，要以不求實用的目的的一種態度去努力。如果以實用為目的，那麼所得的結果一定很少。只要認定一個目標，中間有沒有用用處不去管。總之，學問決不是沒有用處的。現在不管有用無用，社會上不時在變動，我們應該為國家文化前途著想，不要僅僅為個人目前的利害著想。我以為一個人的力量並不薄弱，勉力去做，也可以對國家有貢獻。研究學問，要博要深，單研究國文是不行的，單研究一種外國文也是不行的，必須對英法德文都加以研究。外國

文懂得愈多愈好，許多研究國文的，往往對於理科方面以為可以不必去研究，其實也不對的。研究文科的，也應該對理科有一點基礎的知識，雖非專門，也應涉獵。有許多學問，看來似乎不相干，可是到處應用時也非常有用據我個人的經驗，我本來不是弄文學的，民國六年到北京大學擔任歐洲文學史及希臘文學等功課，因沒有準備，急來抱佛腳，參考各種書籍，後來因為覺得自娛誤人，是不應該的，於是不願再繼續教下去。在這幾年的工夫，我很覺得對不起當時的一般同學。不過，雖然自己亂七八糟的教，可是對自己也有好處。後來我教國文，把各方面的材料編講義，倒覺得很有幫助。

現在亂世，歷史的眼光來看，應該是學問發達的時期。在亂世時期，個人要多負擔一點辛苦。我覺得太平時不妨懶惰，不過在亂世各人要負擔一點責任，天下太平，有能力的人很多，由他們多分擔一點責任。現在亂世，擔負責人的人減少了，因此大家應多負點責任，多辛苦一點。

在學校時代，固然大家沒有擔負國事的責任，但對於求學方面也得比太平時多吃一點辛苦，多勤勞一點。只要渡過難關，到了天下太平時，大家就不妨馬虎點，尤其是我，素性疏懶，也想希望回覆過去的偷懶，今天所講的，不過是隨便談談，費了各位的寶貴的時光，請各位多多原諒。

十三、知識的活用〔註19〕（1943年4月11日）（在教育學院演講）

諸位：本人此番南來，因欲拜見章太炎先生之墓，且慕蘇地景物幽美，故特由京來蘇一遊。昨蒙教育學院汪院長之邀，來此作學術演講，惟本人平時不善此道，此番情不可卻，僅與諸位作二小時談話而已。值此時局動盪不定之際，一方面人民遭遇極大之困難，然亦未始非人民加倍為國效忠之時。中國現在正屆極危機之關頭，凡我人民亟宜加倍勞苦，負擔一個半人之責任，以期挽此危機，渡此難關。此言想各位均早深切瞭解，無庸本人再行贅述也。諸位所學科目為教育，養成中國下一代優良國民之責任，即在今日研究教育之諸位，深望諸君切勿推卸此重大責任。

自民國六年至民國二十六年間，社會上之輿論均謂目前只大學畢業生毫無辦事能力，即一般中學生之程度，亦日益低落，不獨北方輿論如此，即南方亦然。此問題表面上觀之，似甚重大，實則此即學生不能以學校中所授之

〔註19〕本篇原載1943年5月15日出版的《江蘇教育》（蘇州1940）第6卷第1期，為周作人1943年4月11日在蘇州教育學院演講，予南筆記。

學識作實際上之應用而已。只須學生能活用其所有之學識，即此嚴重之教育問題即已解決矣。

　　健全之國民，必須有豐富之常識，然學生雖能將教授所授之學識，盡行牢記心頭，若不能予以運用，則仍不能算是具有豐富之常識。例如中學生學習數學，並非僅為學生將來升學時入數學系或理科之準備，其最大之目的，則為訓練學生思維能力之運用，使學生能解決任何疑難問題，將來社會上困難之問題甚多，此項問題，雖與數學問題不同，然其解決困難之步驟，則完全相同也。普通之學生，對於數學多無興趣，在本人之心目中，此實一極大損失耳。又一般人心目中之文法，以為僅係學習外國語時所用，殊不知學習文法之另一用意，厥在訓練學生，使具有一有系統有條理之腦，蓋外國語之應用僅限於都市，照受其訓練之腦力，則隨時隨地均可應用也。至於博物方面，如生物學，植物學，地質學等等，更與吾等之人生觀有密切之關係，人生觀雖似塔尖，人各不同，照其建築之基礎，則同為博物學耳。

　　或有自西洋留學歸者，忽與人暢談狐狸作祟之故事，彼固與生物學頗有研究，然竟出此荒謬之談吐，豈非咄咄怪事。又有自西洋歸來之留學生，終日作煉丹辟穀之術，凡略知生理學者，即均識其荒謬。照此留學生仍一意孤行，不稍中輟，此即新舊學識未經清算，不能統一之故也。

　　國文與歷史，亦同樣如此，文字之相同意見，此為人類獨能之活用，故對國文無相當之修養，則斷難立身於社會。歷史則能使人得知過去國家民族榮辱與興亡之概況，故亦斷乎不可稍予忽略也。

　　諸君均為將來之教育家，下一代之中國國民均將由諸君訓練養育，諸君之努力可以挽回中國過去之失敗。

　　今日來此，由於時間所限，致未能與諸君長談，深以為歉，茲謹以此淺薄而誠實之意見，貢獻於諸君。

十四、女子教育和一般中學教育的經驗〔註20〕（1943 年 4 月 14 日）　　　在模範女中演講

　　鄙人本來是個武人，在本國學的是軍事，後來到日本也是學的軍事，回國後在北京大學教了幾年書，不知怎的卻轉到教中國文學了。可是鄙人對於

〔註20〕本篇原載 1943 年 5 月 15 日出版的《江蘇教育》（蘇州 1940）第 6 卷第 1 期，
　　　　為周作人 1943 年 4 月 14 日在模範女子中學演講。

教育實在是個門外漢，在去年這幾天鄙人隨汪主席來京一次，當時萬校長就要我到貴校演講，當時因為時間短促，在京只逗留了三天，所以對於這門功課未會考了，今天萬校長鄙人到貴校來演講，那正是要鄙人對於這門功課重行補考一下。

今天鄙人的講題是「女子教育和一般中學教育的經驗」，鄙人以為要討論女子教育，就不得不牽涉婦女問題，要論及婦女問題，又不能不和經濟有關，而經濟問題，是女子和男子都該負荷的，因此鄙人以為要談婦女問題，還該和男子並提。鄙人以為青年男女的教育問題，應注意兩點，就是：（一）男子方面要有深切的反省，（二）女子方面須有極大的努力。先講男子方面。青年人對於自己的人生，國家世界的現狀應加以考慮，求它的合理，因此該用一種反省工夫，這反省工夫，就是所謂自肅，因為我們要知道自民國成立到現在已經三十二年，所謂革命，僅僅在國家的體制上改革，對於其他社會和家庭等問題都可以說沒有什麼進步，雖常有西洋新學識的灌輸，可是翻來覆去，總覺得不切實用，所以無甚意味。至於女子方面，那麼所謂自由獨立既是人所給予的，那麼女子本身，一無保障，有何利益呢？因此女子今後應力謀真正的自立，去做女權的後盾，那就非得自己努力了。其次再講女子教育的方針，鄙人覺得女子教育和男子教育一樣，就是要對於知識，能力，道德，要有一種適當的培植。我們知道民國以來，中國女子有一部分受了西洋思想的感染，所以行動就趨於極端的西洋化。還有一部分的女子，給舊思想佔據著，一切舉動還不脫封建社會羈連。這兩種鄙人都不敢贊同，鄙人所主張的卻是要用中庸之道，這中庸與騎牆派不同。騎牆派是專講利益的，中庸卻不專講利益，要合情理的，鄙人把跨步做個比喻，我們要前進，那麼就要左腳跨一步，然後右腳跨一步，這左右腳向前的尺度是平均的，這就是所謂中庸，鄙人以為現在的女子，對於國家社會擔負的責任，應該和男子一樣，雖然女子所受的教育在科目上有烹飪，縫紉、家政等科目，和男子不同，可是女子教育，如果專注重家政，而對於國家社會漠不關心，這也是錯誤的。至於男子教育，對於日常生活技能也不可缺少，如果一個男子，飯不能煮，衣不能洗，衣破了自己不能縫，甚至有的人也要掛一副對，自己連釘都不能敲一隻，這也太不便了，所以鄙人以為對於家政等日常生活技能，不但女子要說，男子也應注意的。綜上所說，就是女子教育，該把家庭生活為本位，而對社會國家的責任也該同時並重，這是女子教育所當盡極大努力的。至於男子教育除

於必修課程外，對於日常生活上的技能，鄙人以為也不可缺少，所以像上面所講男子的缺點，是對於男子教育所該深切反省的。

其次鄙人對於一般的中學課程（概括男女）有一些見解，鄙人對於中學科程像對於科目的支配，教科書的編選，教授法的方針，和學制的年限，鄙人都覺得以前的還可以適合，可是在中學六年級中，最注意的就是在應用方面。也就是要注意日常生活方面。至於中學生修的目標，大概不外兩種，其實也可說分三種，可是其間的第三種，我覺得是可笑的，就是中學生為著考試而修學，這是極不正當的。因為為了考試而修學，當然是一種急就章，等到考試完畢就忘掉了，這是很可笑的，所以不列入。這一二種是什麼呢？就是（一）為了升學而修學。鄙人看大多數的中學生，他們畢業後是希望升大學的，所以他們所學的只希望作升學的準備，就把日常應用的需要忽略了，這也是不完備的。（二）功課本身的效能，對於這一點，大多數中學生往往不能注意及此，可是這是最重要的一件事，例如我們學算學，專在數字，方式，和形體的計算上得到些技能就算罷了。最重要的目的，就在鍛鍊思想，因為在演算時，要運用著合理的步驟，精密的思考，這種步驟和思考，就是訓練我們腦子的好方法，等到我們把思考訓練好了，將來可以運用到任何事業上，甚至解決社會國家的大事。我們要知道世界上的事，是不能一律的，除非法官對於法律有成案可依據外，其他的那（注：應為哪）一件不要自己想辦法解決；又如文法，外表好像學些字法句法，可是我們要知道在增一字或減一字之間，意義就大不相同，這期間的斟酌的，可以說煞費苦心的，所以這也是一種訓練思想的工具。又像學生學習生物學，外表雖係學習動植物的生活種態，而實質上可以做我們人生觀的參考，可以使我們的人生觀，格外的深切明瞭，這就是我們要做廿世紀人的人生觀之基礎。俗話說：人為萬物之靈，這句話似是而非為，因為不能知道我們人生究係怎樣，所以是不合理的。鄙人以為，人生觀的認識，是將來做人的根本。至於國史國文的重要，更為中學生必當注意的，因研究國史，可知中國過去和將來的演變，可是鄙人近幾年發現近來投考大學的中學畢業生，對於國史的常識實在太差了。中國人而不知中國史世，實在是一大缺點。國文之重要，尤其是中學生等應該切實研究的，最低條件，就是要中國人能說中國話，可是中國人能在中國語法上少差誤的，實在很少，這是一點。又在中國境內，語言、文化、文字都應該統一，對於語言文化，那麼自五四以來，像新文化運動，像國語普及運動，這些

已有相當的進展。至於要說改革文字,甚至有人主張把羅馬文字代本國文字,這點鄙人不敢贊同,因為文字不但是代表思想的符號,而最重要的,是要團結民族的感情,一國的特有文字,可以使國民對於本國民族,發生一種特殊的愛重心理,所以本國文字,是應該保存的。況且鄙人覺得在小學六年,和中學六年中,對於國文根基,也可以學好了。綜上所說,我們可以知道中國課程的修習,都有他本身作用的,況且中學生的所學,雖都是普通知識,可是對我們的實際生活上,都可以有很多的幫助。例如俗語常常傳說的狐仙,我們對於狐仙的有無,固不可知,可是受了中學教育的,能知道狐狸是屬於動物的脊椎動物門,它的生理和生活情形,已大概都知道了。那麼對於這種傳說的神話,就可以加以判斷了。所以鄙人以為,中學教育的效果就在這點。

總之,中學教育,鄙人以為,不可偏重死的書本,和呆的知識,最重要的,就是要能合實用,和社會的日常生活,要有密切的關係,所謂學以致用,這是中學教育的最大目標。今天我所講的,並不是講空泛的學問,是把我所感到的實在的經驗,貢獻給諸位,這正像鄙人上次未曾考了的功課,再做個補考的工作罷了。

十五、整個的中國文學〔註21〕(1943 年 4 月 14 日)在南方大學演講

諸位,最近到南京來,承江先生的約請到校演講,實在覺得不敢當,本人早先本不是研究教育的,這次由蘇州回到南京時,路過挹江門,還看到以前的母校——海軍學校。我是辛丑年進的這學校,在校六年,在學歷上講,我實在是武人。從辛亥回國後,才在教育界服務,不過江先生的邀請,不能固辭,今天特來與諸位談談。談話總得有個題目,今天的題目便是:整個的中國文學。現在大家全有一種憂慮,恐怖,便是中國的前途究竟怎樣?從清末以來,我們便憂慮中國怕要不能存在,要有瓜分,甚至滅種的危險,直到現在,還是如此。今天要說的卻是樂觀方面的話。在國民立場上,這種憂慮本是不能或忘的,可是往遠處講,中國前途未始不可樂觀。原來中國文學以至於中國文化,本是整個的。有這一條有力的連鎖,分裂的危機,自然可以勉去。國家民族的保存與統一,實在很有希望。這話並非空想,卻有許多根據。

〔註21〕本篇原載 1943 年 5 月 15 日出版的《江蘇教育》(蘇州 1940)第 6 卷第 1 期,為周作人 1943 年 4 月 14 日在南京南方大學演講。

　　我們可以拿中國文學代表整個中國文化來講。文學有兩方面：一是內容；一是形式。先講內容方面，從古至今，中國有一個與水源樹根相似一線下來的思想，雖間有變化，本質卻從無更異。所以中國思想，原是整個統一的。這就是中國的中心思想，也就是中國的固有思想問題，討論的人很多。有的以為中國現在沒有了中心思想，便想去找一個或者做一個。其實中心思想，找或者做，乃是不可能的。我以為中國本來有中心思想，便是儒家思想。這話如不加以說明，易於引起誤解。所說儒家思想，並不全指經傳理論而言，否則讀書階級受過薰陶教訓，自無問題，至於不讀書的人，未受過薰陶教訓，便沒有這種思想，那麼就不能說是中心思想，固有思想了。我們舉例說：基督教的思想勢力很大，可是必得是教徒受過訓練，才能知道。不然，便不知道。中國儒家思想，苟亦如此，我們所說的，便不大安當。儒家學說本來很深，非平常人可理解。

　　宋以後的理學，更為精深，即讀書人，亦不易瞭解。要說中國老百姓明白，自然更不可能，但是儒家精神，在鴻蒙以前便有，如孔孟推崇堯舜禹稷。如孟子所講禹治洪水，稷教稼穡，全是為人民服務，不惜犧牲個人。禹視人溺猶己溺之，稷視人飢餓猶己饑之，此聖人用心，即仁心也。自己要存在，便要使他人存在：人能存在，己才能存在。這便是仁的本意。這思想，中國老百姓全能明白，而且多能奉行。所以有人說中國人是實際主義，並不如佛教之想長生不老，只要能生活下去便好，要自己存，便得家族生存，由家族生存，而至鄉人生存，由鄉人生存，而至國人生存，由國人生存，乃至天下人生存。如此，即是現在所說的共存共榮主義，這便是中國的中心思想，也就是仁義之道。如求其高深，可以研究不盡。著幾十本書講述不完。至其淺近，則老百姓全可以用為日常生活相處之道。中國人一樣是為了自己要生存，可是不是你死我活的求生存，而是要大家共同生存。高興處，可以成為最精深的學理，平淡處，就是目不識丁的人也可應用。中國不識字的人有多少，可是在鄉村裏全有互助的精神，而不是你殺我害你，這豈不就是孔孟之道。這中心思想，確是十分實在。以進化論來講，生存意志乃是人類本能，禽獸也有此種本能，只他們大都是你死我活的求生存，這便是人之所以異於禽獸者幾希。人有要求生存的本能，卻更有維持生存的道德，所以才能共存，才能進化。否則，人群便不能長久。人在生存狀態以外，還有別種欲望。如佛家感覺人生苦痛，而求永久解脫，不只要生存，而求永久生命。羅馬人希望成立羅馬

帝國，支配全世界，而成帝國主義嚆矢。中國人卻極平淡無奇，只講中庸作人之道。所以中國人的中心思想，只是互助共存，不過近來社會上生活困難，有此人生觀道德思想而不能實行的確是太多了。但是如果這種中心思想，共存共榮的道德，竟已消滅了，卻並無其事。

在中國文學中，憂國憂民的文章很多，如屈原的離騷，以及杜甫的作品，內容皆表現憂國憂民的思想，其實這乃是他們為了自己要求生存，而知道在人民痛苦時，自己生存危險，為要自己生存因而想減少人民痛苦，以求共存。今日不能舉多少例來詳細解說。總之，在現在亂世情形下，這種中心思想雖然不易充分發揮，可是這種中心思想趨勢整個統一，自古至今，從無間斷的，要想消滅他，是根本不可能。

其次說到形式方面：在中國文學形式上，雖有古文白話等等的區別，可是中國文學，使用漢字，卻是一致的。不論體裁如何，自古至今，以至東西南北四方，全用漢字。漢字自有其特別獨到之點，漢字所及之處，無不受其文化之影響，如安南朝鮮等地，從前借用漢字，便受到儒家思想影響很大。中國的漢字文化有如此力量，中國前途自然可以樂觀。漢字中的形聲字，雖與外國文字相差不多，他卻還有象形指事會意等體，是世界各國文字所無的。外國文字所謂形聲，亦屬拼音之用，並不代表其意義。中國文字卻不然，如犬字就是畫一條狗。漢字還可以有許多運用之處，如作律詩駢文，外國文字全是不可能的。漢字的形式，雖歷有變遷，大體卻還相似。現在楷書與小篆相差很多，但是由楷書而隸書而小篆，而大篆，以至鍾鼎甲骨，全有線索可尋。至於外國文字，如現代英國文字，大家知道才有五百年的歷史，在十四世紀以前，與現在便迥不相同。中國漢字的變化，絕沒有如此利害。其根本性質，從未變動。在民初雖然鬧過文白的問題，那不過是一時的現象。當時不過以為用語體更能達意。其實歷來學者多寫小說，有許多意思，用俗語寫來比較困難。我以為文學用在抒情達意，不管文言白話，但能抒情達意就好。現在有人以目前文學文白摻雜為病，其實這乃是必然的進展階段。再說古文白話體裁的區別，還沒有駢文古文的差別重大。文學在體裁字句上面，雖然有些區別，其形式用漢字與內容一貫的中國精神，看來看去卻是古今四方，全都一致的。因為有這樣的一條有力鎖鏈聯繫著，所以就是在五代時，遼、金、元、清時，政治上有如何的變化，在文化上卻始終是整個不變，沒有被打破過。中國有此整個的文學，整個的文化，這樣可靠的聯繫，國家民族的前

途，實在可以放些心。在國民的立場上，憂慮是應當的，但是由此總可以希望其危機，不致如何嚴重。在別的方面，恐怕還可以找到有力的證明，這不過本人就過去經驗讀書所得的一些感想而已。

總之，我覺得中國文學表現出來，由古至今，是一個整個的，推而至於文化也是一個整個的，民族也是一個整個的。因為時間關係，不及提出許多材料來討論，僅只說出一個結論的綱領，只希望能對於大家的憂慮，能夠有一點安慰。

十六、致世界文學編輯部〔註22〕（1964 年 4 月 20 日）

世界文學編輯部同志：

來信敬悉。「宙斯被盤問」擬發表，別無什麼意見。承詢注文中之「他」，即是指克洛索斯，因為他那時擬攻波斯國王庫洛斯，去問神示，結果是戰敗被俘，庫洛斯大概因以前有注說過，所以在這裡不再說了。此致敬禮

四月十二日　周啟明

附記

一、上述佚文中，《學問實用化》、《華北教育一年來之回顧》、《東亞文化一元論》、《學問之用》、《知識的活用》、《女子教育和一般中學教育的經驗》、《整個的中國文學》七篇為周作人的演講記錄稿。

周作人一生曾有多次演講，張菊香、張鐵榮編的《周作人年譜》（2000 年版）中有這樣的記載：

（1942 年 5 月 9 日）「與敵偽宣傳部長林柏生等前往參觀建國大學，並致詞。」P633

（1943 年 4 月 8 日）「下午往偽中央大學講演，晚同沈啟無同往汪精衛宅，赴汪招宴。」P656

（1943 年 4 月 11 日）「下午往蘇州教育學院講演，講題為《知識的活用》。」P658

（1943 年 4 月 13 日）「上午至偽中央大學演講，講題為《中國文學上的

〔註22〕此信出自李文俊：《縱浪大化集》，北京：九洲圖書出版社，1997 年 2 月版第58～59 頁。但為周作人各種集子所失收，特補之。此信為周作人就其譯文《宙斯被盤問》擬先行發表在《世界文學》回答編輯部李文俊的相關問題的一封信。

兩種思想》，講稿載 7 月《藝文雜誌》第 1 卷第 1 號，署名周作人，收《藥堂雜文》。」P658

（1943 年 4 月 13 日）「下午，往南京市偽模範女子中學講演一小時，又致偽南方大學講演一小時。」P659

······

以上據《周作人日記》記載。好多演講文稿散佚在當時的報刊，而這些演講對於瞭解周作人的思想同樣具有很重要的意義。止菴先生曾於 2004 年編選了《周作人講演集》（河北人民出版社），收錄了除《中國新文學的源流》以外其他所有的演講。筆者查閱報刊時發現了散佚的周作人演講稿，這在《周作人研究資料》（張菊香、張鐵榮編，天津人民出版社 1986 年版）和《回望周作人·資料索引》（孫郁、黃喬生主編，河南大學出版社 2004 版）均未記載，《周作人散文全集》《周作人集外文》《周作人講演集》等集子也均未收入。通過新發現的這組演講稿，我們可以更充分地瞭解周作人思想。其中《東亞文化一元論》為劉曉麗老師提供線索，在此予以表示感謝！

二、周作人另有一篇演講原文《人的文學的根源》刊登在 1943 年 5 月 3 日出版的《中大週刊》第 97 期，1943 年 5 月 15 日出版的《江蘇教育》（蘇州 1940）第 6 卷第 1 期，1943 年出版的《真知學報》第 2 期。為周作人 1943 年 4 月 12 日在中央大學演講，由芮琴和、張月娥、黃奎彬、陳繼生記錄，本篇周作人已修改載 7 月《藝文雜誌》第 1 卷第 1 號，收入《藥堂雜文》，即《中國文學的兩種思想》。修改後的文章有多處省略。比如開頭部分：

我今天在這裡演講，覺得很光榮，但也極不適當。因為我原來不是學文學的，不過喜歡看一點文學書籍，隨便談談講講，實在不成為學術的研究。此次從蘇州回來，打挹江門進城，路邊現在海軍部，它便是我三十年前遊息的地方水師學堂的原址，所以我實在是一個武人。後來由日本回來，做了教師，教一些國文，實在教國文並不能算是研究文學。古人說班門弄斧，今天來這裡講文學，實在是很可笑的，簡直是班門弄斧了。我平常時以為中國政治道德和文學上有兩大思想，互相消長，在廿年前的《新青年》雜誌上，曾發表一篇《人的文學》這裡當然是少年氣甚，胡說八道，但在現在看來，裏面所說的話，加了廿餘年歷史事實的證明，覺得還有適宜的地方，今天所要講的，《人的文學之根源》，大體和那篇文章相同，可以參看。（《人的文學》收入《生活與藝術》中華書局出版）。

中國的政治和文學，向來有正統派的意見，但明代李卓吾，清代的俞理初諸人，往往言論不同於流俗，因此一般正統派認為是怪論，在那裡惑世誣民，據我想來，亦未必然。我的意見，這便是我以前所謂兩大思想，一派的出發點是人民，一派的出發點是君主，在文學表現上亦然……

《周作人年譜》中記為「13 日上午至偽中央大學講演……」，講演日期記載可能有誤，或是周作人在日記中誤記。

三、在這裡要略作說明的是：由於周作人的演講係他人速記，不可避免有誤記的情況，遇到這種情況，本文均在文中加注。無礙大體的均保持與原文一致，因此文章有意思重複等口語化的情況。

後　記

　　尋訪「周作人」、重返「新文化」、再估「文藝復興」是一件很辛苦的事，亦是一種修煉。一次偶然的機緣我編選了《周作人研究資料》，雖頗費時力，卻加深了我對周的認識，增加了對周研究的興趣和信心，因為我一向對周作人研究是畏懼的：周之知識結構少有人能及；學界仍有以道德批判代替學術研究之現象，因為周的政治污點。我是抱著極大的勇氣來嘗試的。隨著對周閱讀的深入，我有了更多的思考，並確定了以「復興的想像：周作人對新文化的另類回應」為題，作為我博士論文的研究對象。而今時過多年，雖做了些許修改，但文中仍有種種不足和不夠完善的地方，然畢竟也付出了許多努力，拙作的出版，對我來說，算是對在華東師大求學的一種紀念吧。

　　華東師大是我與學術結緣的地方，亦是我的福地。我在華師讀書的時候文學院已從中北校區移至「閔大荒」閔行校區，學校旁邊就是吳涇鎮。閔行校區有條河從校區穿越到一路之隔的研究生公寓，叫櫻桃河，雖然我並沒有注意到旁邊有沒有櫻桃樹，它似乎也比不上中北校區的麗娃河，麗娃河有美麗動人的傳說，還閃爍著「麗娃作家群」的星光，然而我的多數記憶卻停留在這平實素樸的櫻桃河上。圖書館就在櫻桃河的旁邊，我至今還覺得它是華師最美的景致，曾有很長一段時間我常常泡在那兒，不停地閱讀、寫作。晚上時有在圖書館前面的一塊大草地上散步，看著圖書館綻放的華光，別有一番滋味。偶而去打打球，或是三五成群在鐵道旁邊的酒家小聚，天南地北、海闊天空地亂說一通，這些星星點點的快樂點綴著我的博士生活。

　　讀博期間，我編選了《周作人研究資料》，並關注到了在劍橋大學執教的

Susan Daruvala，她在美國芝加哥大學攻讀博士學位時師從著名學者李歐梵先生，其博士論文 *Zhou Zuoren and an alternative Chinese response to modernity* 於 2000 年在哈佛大學出版社出版。於是在一個美麗的四月，我來到了劍橋，開始了我的訪問學生生活。劍橋的美於今仍是我記憶中的美好。康河潺潺的流水，撐篙者輕輕劃過的舟影，兩岸綠草如茵，穿梭過有著動人傳說的古橋，漫溯在漣漪與綠柳之間，恍然如夢。在 Granchester 果園待上半日，把身體舒展於散落在草地上的躺椅上，品著下午茶，與友人聊聊學術乃至家常，看著小鳥就在你身邊踱步，或是跳上你的茶桌。那份人與物的悠容自在可抵塵世的舊夢。時有抵 Castle Mound 之巔，於黃昏日出之時，眺望劍橋，遙想遠方；在夜色中倚於 Jesus Green 的草地上，看燦爛星空。騎上單車尋訪徐志摩與張幼儀當年在 Sawston 的寓所⋯⋯這一切於我都是最美，都是可懷。劍橋的美還來自其濃厚的學術氛圍，我時常在圖書館遇見上了年紀或是白髮蒼蒼的老人流連其間，這種求知的執著給了我很大的影響。感謝 Susan，她的親和與善良溫暖了一個異國學子的問學之心，她為學的理論視野給予我極大的啟發！

在這裡，我尤其要感謝我的導師楊揚老師，當年我背著沉重的希冀祈求問學之門，承蒙楊老師不棄，接納了我，給予了我再一次的學習機會，這對於我來說意義非凡！衷心感謝楊老師對我的栽培，感謝他給予我的學術指導，對我的鼓勵、批評與關懷！對我自由選擇的寬容！他治學的嚴謹與廣博，為人的獨立與灑脫都給了我很大影響。這將是我生命中的重要財富！只是我一向愚鈍拙笨，怕是負了他的一番苦心。

感謝陳子善老師，我在華師研修時的導師，他對文學史料的隨手拈來，舒徐自如地把控讓我感佩！感謝殷國明老師，感謝他的睿智與寬容為我開啟的路！感謝朱七春老師，我本科時的班主任，正是她的溫良與鼓勵促我不斷前行！感謝吳尚華老師，我的碩士導師，他的灑脫與不羈給予我影響！感謝我華師的授課老師，正是你們給予了我成長！感謝華師一起學習與玩耍的同學與朋友，是你們陪我度過了那段難忘的時光！感謝答辯委員會主席錢谷融先生，已是 90 多歲高齡的他依然神采奕奕地出席我的論文答辯會！感謝答辯委員王紀人、殷國明、夏中義、郜元寶、文貴良、劉曉麗教授，諸位老師針對我的博士論文給予我中肯的建議。我博士論文的大部分都已以論文的形式在《文學評論》《魯迅研究月刊》《新文學史料》《文藝爭鳴》《華東師範大學學

報》（哲社）等刊物發表，真心感謝這些編輯們的無私支持！

　　感謝華東師範大學，賜予我新的起點與人生！感謝康河！她的靜美與灑落給予我恒久的溫馨回憶！

　　我同時還要感謝黃開發教授，以及本書的編輯楊嘉樂女士為本書的出版而付出的努力！

　　是以為記，紀念我的華師歲月！

徐從輝

2021 年 10 月於浙江師大